KB193694

神學에서 信學으로
신 학 신 학

참 인류세를 위한 한국 信學

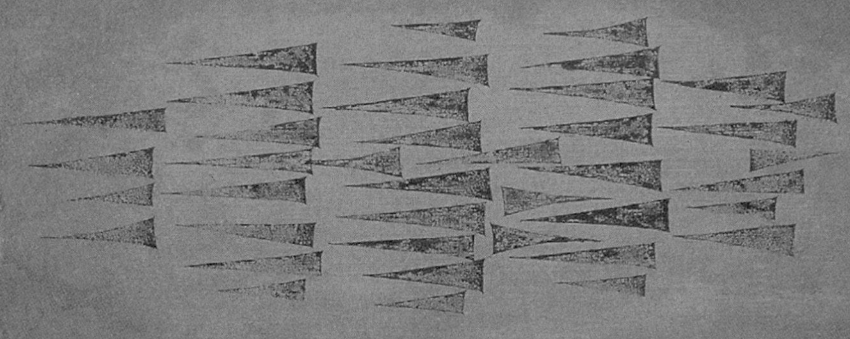

참 인류세를 위한 한국 信學

神學에서 信學으로

신학 신학

이은선 지음

도서출판 모시는사람들

책을 내며

1.

지난 10월 27일 한국교회총연합, 한국장로교총연합회 등 일련의 한국 개신교 그룹이 모여서 서울 광화문, 시청, 남대문 일대에서 '1027 한국교회 200만 연합예배 및 큰 기도회'를 열었다. 그 기도회가 내건 기도의 내용도 그러하거니와 원래 내세운 이름만큼 200만이 모이지는 않았지만 서울 도심 한복판에서 그런 대형 종교집회를 계획한다는 것 자체가 놀랍다. 그 한 달 전 9월 28일에는 불교 조계종이 같은 장소에서 '2024년 불교도 대법회(국제 선명상대회)'를 열어서 광화문 일대가 온통 불교 종교인들로 매워졌었다. 왜, 또는 어떻게 오늘 21세기의 한복판, 세계 10대 무역국에 속하고, 인터넷 문화가 가장 발달해 있다고 하는 한국에서 그와 같은 거대한 '종교' 집회가 드물지 않게 열리고, 거기서 시민들은, 또는 다른 종교의 종교인들은 그러한 집회에 따르는 여러 현실적인 어려움과 온갖 불편한 감정들을 겪어야 하는가? 이런 일이 다반사가 되어 가니 한국사회에서 종교나 신앙은 더욱 존중받지 못하고, 심지어는 혐오의 대상까지 되어 간다.

2.

오늘 한국사회의 갈등과 분열, 분파는 중첩적이다. 가족과 소유, 국가의 일과 그 이해에서의 분열과 분쟁은 매우 심각하여, 과연 시간이 지나도 거기서 어떤 회복이 가능할까 하는 정도이다. 이러한 인간사회적 삶 차원에서 겪는 갈등에 더해서, 오늘날은 누구나 듣듯이 지구 위기, 환경위기, 기후위기 등이 심각해서 그 모든 것이 '인류세'(Anthropocene) 문제로 부각되고 있다. 이러한 정황에서 한국의 대표적인 행동하는 철학자 김상봉 교수는 『영성없는 진보』라는 책을 출간했다. 한국 현대사, 특히 5·18 광주민주화항쟁 이후 한국 민주주의가 발전한 것이 아니라 오히려 "퇴행"했다고 평가하면서, 그 퇴행과 실패의 요인을 "믿음"과 "영성"의 부재라고 밝힌 것이다. 그것은 지금까지 주로 정치나 경제, 교육 등의 일로 여겨지던 한국 민주화 운동을 '종교'나 '믿음', '영성'의 일로 보면서 그 전개의 역사를 부정적으로 평한 것이다. 하지만 이 책이 출간된 후 여기에 대한 논란이 비등하다. 그러나 그러한 평가의 내용에 대한 찬반을 떠나서 또 다르게 생각해 보면, 이것은 오늘 우리 시대 정치그룹이나 사회구성원 사이의 갈등과 반목이 그만큼 심해서, 이제 정치나 철학의 힘으로는 어찌해 볼 수 없는 상황이 되어 그보다 더 근본적이고, 또는 더 근원적인 원인과 이유, 해법을 찾고자 했고, 거기서 '종교'나 '믿음', 또는 '영성'을 생각한 것이라 할 수 있다.

하지만 여기서 김상봉 교수의 예에서도 보듯이, 그가 주장하는 믿음과 영성이 과연 무엇을 말하느냐의 대답에서는 그 답변이 매우 곤궁해 보인다. 그는 자신이 말하는 믿음과 영성이란 '우리가 모두 하나'이고, '한 몸이라는 것을 믿는 사랑'이라고 답하지만, 거두절미한 그러한 대답은 어쩌면 지금까지 한국사회에서 전개되어 온 지성의 열매와 그동안 많은 희생과 헌신으로 그때그때 최선을 다해 싸워온 한국 민주화 진보 운동의 노력을 무로 돌리는 것이 될 수 있다. 또한 잘못하면 여느 기독교 보수 그룹이 말하는 신앙보다 더한 기독교 보수의 근본주의 신앙에 빠지는 모습으로 보일 수 있다. 비록 김 교수가 "낡은 종교"는 물러가고 "새로운 믿음"과 "새로운 영성"의 도래를 주장하지만, 그의 답은 세밀하지 못하고, 그래서 김 교수의 이러한 평가와 해법에 대해서 젊은 진보 운동그룹은 거의 "모욕"에 가까운 것을 느낀다고 반박했다.

3.

이번 나의 책 『신학(神學)에서 신학(信學)으로-참 인류세를 위한 한국 신학(信學)』은 어쩌면 이러한 정황에 대한 하나의 응답이 될지 모르겠다. 물론 위의 김상봉 교수 책과 더불어 야기된 논쟁은 최근의 일이다. 하지만, 그런 논의의 배경은 하루아침에 이루어진 것이 아니고, 또한 단지 한국에서만의 상황도 아니다. 인류 민주주의의 꽃이라고 불리던 미국의 정황은 오늘 극한 대립과 경쟁, 자국 이익 중심의 세계 신자유주의 정치를 주도해 가면서 과연 민주 진보진영이 남아 있기는 한 건가 하는 의문을 불러일으키고, 그 반대편에서 극보수 복음주의 신앙의 목소리는 점점 더 커져서 전 지구 문명에 위협이 되는 지경이기 때문이다. 유럽적 상황도 크게 달라 보이지 않는다. 이러한 극단적인 양극화와 적대로 인해서 이제 더는 어떤 세속적 차원의 정치나 교육만으로는 안 되고, 더 근본적이고 본원적인 원인을 찾아 다시 정치와 경제, 교육 등에 종교와 신앙, 영성 등의 차원을 연결하고자 하는 것이 위의 김상봉 교수도 포함한 사유하는 신앙 그룹의 의도일 것이다.

그러한 의식에 기본적으로 동의하면서 본 책이 밝히고자 하는 한국 신학(信學)은 '신학(神學)에서 신학(信學)으로'의 전회를 주장하며 오늘 우리 사회와 인류 문명이 맞이하고 있는 위기 상황에 직면해서 우리 믿음과 신앙의 물음을 보다 정직하고 성실하게 성찰해 보고자 한다. 그러면서 먼저 우리의 상황이 소위 서구적 개념으로 전(前)근대 또는 근대와는 다른 '포스트 근대'의 상황이라는 것을 숙지하며 우리 신앙과 영성에 대한 사려 깊은 탐색과 성찰이 없이는 그것이 다시 예전 종교로부터 정치가 해방되기 전의 반(反)지성과 자기 아집의 독단으로 빠질 수 있음을 우려한다. 그래서 오늘 다시 우리에게 긴요한 관건이 된 믿음과 신앙에 대해서 진지하게 '사유'와 '지성적 성찰'과 '통합학문적 인식'에서 힘을 얻어 하나의 '학'(學)으로서의 '신학'(信學)을 말해보고자 하는 것이다.

4.

지난 2014년 한국사회가 세월호 참사의 직격탄을 맞은 후, 나에게 이 '신학'(信學)이라는 단어가 크게 떠올랐다. 2018년 대학에서 명예퇴직하면서 그사이 세월호의 상황과 씨름하며 써 온 글들을 엮어서 『세월호와 한국 여성신학』이라는 책을 냈다. 거기서 나는 "이제 우리 삶의 진정한 문제와 관건은 바로 '믿음'과 '신뢰'(信)의 문제이고, 그런 의미에서 앞으로의 우리 '신학'(神學)은 '신학'(信學), 즉 '믿음의 학'이 되어야 한다"라고 주장했다. '정치'와 '진실'이 크게 충돌해서 삼백 명이 넘은 생명을 바다에 수장한 일이 있고서도 과연 우리에게 '믿는다'라는 일이 가능한 것인지, 그렇다면 이제 우리 신앙은 거기서 어떤 궁극자의 형상을 그리고, 그 이름을 무엇으로 부르느냐의 문제를 떠나서 도대체 '믿음'이라는 것 자체가 계속 가능한가라는 물음에 집중되는 것을 보았다. 즉 김상봉 교수도 표현했듯이 '믿음을 믿을 수 있느냐' 하는 물음인데, 그럼에도 우리 삶에서 믿음이 없으면 어떤 관계도 일어나지 않고, 어떤 지속에 대한 희망도 없이 모두의 삶이 더욱더 각자도생의 황무지로 변해갈 것이기 때문에, 거기서 믿음과 신뢰가 무엇인지, 우리가 믿는다는 것이 도대체 무엇을 말하는 것인지 등 묻고 또 물었다. 그때

썼던 글 중의 한 제목이 "세월호, 神은 죽었다. 나의 내면의 神은 이렇게 말한다"였다(『세월호와 한국 여성신학』, 2018, 동연).

당시 박근혜 대통령은 반공(反共)을 국시로 내세웠던 박정희 대통령의 딸이었다. 이렇게 끔찍한 일이 일어난 후 한국사회와 교회에는 더욱더 '종북좌빨' 등의 용어가 난무하며 서로 갈라치기하고, 적대하고, 세계도 마찬가지로 서로 간의 이데올로기적 갈등과 증오, 분노가 더 드세지는 형국으로 내달았다. 알다시피 문재인 정부 시절은 반짝 달랐다. 하지만 오늘 한반도 상황과 우크라이나 전쟁 등이 진행되고 있는 세계 상황은 그야말로 물질과 자본이 모든 것 중의 모든 것이 되면서 우리 몸과 정신, 자아와 세계, 초월과 내재, 종교와 정치 등이 도대체 어떻게 서로 관계를 맺어야 하는지의 물음으로 몸살을 앓고 있다. 그것은 곧 또다시 '신학'(信學), '믿음'에 관한 물음이라는 것을 알 수 있다. 이러한 상황에서 2021년 2월부터 온라인 기독교 저널 《에큐메니안》에 「사유와 信學(fideology)」이라는 제목으로 이 신학(信學)에 대한 성찰을 시작했다. 거기서 특히 20세기 전반기의 러시아 사상가 니콜라스 A. 베르댜예프(Nicolas A. Berdyaev, 1874-1948)의 『노예냐 자유냐(Slavery and Freedom)』를 핵심적으로 살폈다. 베르댜예프가 러시아 볼셰비키 혁명의 체험과 함께, 그러나 1922년 소비에트 정부로부터 서방으로 추방당해 파리에 살면서 다시 서구 자본주의 사회의 노예성도 중첩적으로 절실히 겪은 사상가로 보았기 때문이다. 그는 거기서 정신으로서의 인간 인격과 자유가 자연과 물질의 세계와 깊이 상관되어 있지만, 결코 그 후자로부터 연역되는 것은 아니라는 것을 어떻게든 변증하려 했다. 오늘 신유물론이 강하게 도전해 오는 상황에서 이러한 인간 정신과 자유에 대한 이해가 앞으로의 참된 인간 문명을 이루고자 하는 길에 많은 의미를 줄 수 있다고 생각했고, 이 책 I 부는 그러한 성찰들을 모은 것이다.

5.

II부 「참 인류세를 위한 토대 찾기」의 글 다섯 편은 I 부 글보다 먼저 쓴 것도 있지만 유사한 관점에서 2020년 전후로 쓴 글들이다. 첫 번째 "정의와 효"는 한국사회에서 마이클 샌델의 『정의란 무엇인가?』가 폭발적인 관심을 받을 때 『맹자』 텍스트를 중심으로 해서 동아시아적 효(孝)가 어떻게 공적 사회의 '정의(正義)'를 위해서도 믿을 만한 그루터기가 되는지를 밝히고자 했다. 그리고 효를 단순히 어떤 개인적인 감정의 역량이거나, 후천적인 경험에서 얻어지는 사회적 반응력 등으로만 볼 것이 아니라 '선험적'으로, 인간 정신에 내재하는 '존재론적' 근거에서 비롯된다는 것과 그 효가 '사유'(思)와 더불어 지속적인 정신의 힘으로서 우리 삶의 정의와 신뢰의 토대가 될 수 있음을 밝히고자 했다. 두 번째 글인 "21세기 인류 문명의 보편적 토대로서의 성(誠)과 효(孝)"는 유교 『중용』 읽기이다. 원래 2018년 북경 세계철학자 대회에서 발표한 글인데, 여기서 서구 근대 데카르트가 우리 존재의 의심하려야 할 수 없는 존재론적 근거를 '사유하는 자아'(cogito ergo sum)로 밝힌 것에 대해서, 그보다 더욱 확실하게 부인할 수 없는 출발점으로서 내가 먼저 '누군가에 의해서 태어났다'(has been born by)라는 사실을 들어서 그것을 '탄생성'(natality)으로 해석하며 『중용』의 '성'(誠) 개념으로 잘 드러낼 수 있다고 보았다. 그 성(誠)이 또한 우리 삶의 '다원성'(plurality)의 조건과 미래 생명적 삶을 지속 가능하게 하는 믿음의 '상상력'(imagination)과 '창조력'(creativity)으로 해석될 수 있음을 밝히면서 인류 문명의 믿을 만한 보편적 토대가 될 수 있음을 역설했다. 서구적인 인격 신(神)의 개념보다 훨씬 더 초월과 내재, 신(神)과 세계, 종교와 정치 등을 함께 통섭하는 동아시아적 개념으로 드러내고자 한 것이다.

6.

세 번째 "참된 인류세를 위한 이신(李信)의 영(靈)의 신학"은 선친 이신(李信) 목사님의 서거 40주기를 기념해서 공동저술을 내면서 쓴 글이다. 내가 '신'(信)에 관한 의식에 집중하게 된 바탕에 그의 신학과 예술이 있다는 것은 누차 밝혔는데, 그는 진정 우리 시대에 만연한 "의식의 둔화"를 염려하면서 '영'(靈)과 예술가의 시대 전복적 '전위의식'에 주목하며 새로운 믿음의 길을 가고자 했다. 그러한 이신의 신학과 믿음을 나는 이신이 이미 1960년대 주목한 동학 최제우 선생의 전위 의식이나 퇴계의 천명(天命) 의식과 연결하여 어떻게 거기서 새로운 문명적 신뢰의 그루터기가 마련될 수 있는지를 살폈다. 퇴계 선생과 수운 선생이 모두 시대전복적인 사유와 삶으로써 그들 이후 이어지는 긴 시간의 나아갈 길을 밝힌 것처럼 나는 이신의 영(靈)과 묵시의식(무의식)의 탐구가 앞으로의 시대를 밝혀줄 귀한 화두라고 생각했다. 이러한 관계를 총체적으로 밝힌 글이다.

이어지는 마지막 두 글은 특히 유교 문명권의 언어로부터 얻어와서, 오늘 인류 삶의 평안과 바른 인류세적 전환을 위해서 긴요하다고 본 '역·중·인'(易·中·仁)의 언어를 한국 신학의 새로운 미래를 위해서 그 골격을 잡아 적용해 보았다. 이번 책에 포함되지는 않았지만 이후 쓰인 다른 논문에서 나는 이 '역·중·인'을 특히 중국 유학의 핵심으로 밝히면서 그것이 다시 어떻게 한국적 '천명·성리·효친'(天命·性理·孝親)의 사유로 전개되었는가를 살폈는데, 그런 가운데서도 '역·중·인'의 언어가 보편적으로 기존 한국 신학의 신론과 기독론, 성령론 등을 전복하고 새롭게 하는 데 크게 유용한 언어라는 것을 의심하지 않았다. II부의 마지막 글 "퇴계 사상의 '신학(信學)'적 확장-참 인류세 세계를 위한 토대[本原之地] 찾기"도 긴 글이다. 그리고 다른 글보다 좁은 의미의 동양철학적 글로 읽힐 수 있으므로 함께 묶는 것을 고민하기도 했다. 하지만 이 책 전반에 걸쳐서 한국 '신학'(信學)의 구성을 위해서 내가 반복적으로 소환하는 퇴계 사유를 좀 더 자세히 알리기 위해서도 의미 있다고 생각하여 함께 실었다. 동양철학적 사유에 익숙지 않은 독자에게는 읽기가 간단치 않을 것이지만, 여기서 다시 N. 베르댜예프, 한나 아렌트, 이신(李信)과 폴 리쾨르의 핵심 사유와 연결하여 살폈으므로 눈 밝은 독자는 이 글이 단지 기독교 신학 논의를 위한 글만이 아니라 동양철학적, 내지는 한국 유학적 탐구의 지평을 넓히는 글도 될 수 있음을 볼 것이다. 최근 한국철학계뿐 아니라 신학계에서도 주목을 받는 서구 브뤼노 라투르(Bruno Latour) 등의 신유물론적 사유와 유교 내지는 퇴계 사상을 대면시켜서 그 서구적 한계를 밝히고자 한 논문이다. 오늘 인류 문명에 핵심 관건으로 떠오른 인류세의 물음을 서구 신유물론적 실재론이 아닌 한국적 신실재론으로 답하고자 한 것이다.

7.

III부 「사유하는 신학(信學)으로의 돌파」에 넣은 5편의 글은 다시 한번 구체적으로 한국 신학(信學)이 주장하는 '신학(神學)에서 신학(信學)으로'의 전회가 어떻게 우리의 새로운 신(神) 이해와 예수 이해, 영(靈) 이해 등을 통해서 표현될 수 있는지를 드러내고자 모은 것이다. 역시 2020년을 전후로 쓴 글들인데, 그 가운데서 2020년에 〈한국信연구소〉를 개소하면서 읽은 글은 그 영문 표현인 "Institute of Korean Feminist Integral Studies for Faith"의 한 글자 한 글자를 설명하며 한국 '신학'(信學)이 무엇을 지향하고, 어떤 내용의 학이 되기를 원하는지 밝히고자 했다. 이 다섯 편 속에서 그런 일들을 위해서 대화의 파트너로 삼은 사상가나 책은 종교와 과학의 대화로 진화론을 재해석하는 존 F. 홀트(John F. Haught), 미국 드류 대학교의 여성신학자 캐더린 켈러(Catherine Keller)와 제자 셸리 램보(Shelly Rambo), 도올 김용옥의 『마가복음 강해』, 인지학자 루돌프 슈타이너(Rudolf Steiner)의 『어떻게 하면 더 높은 세계의 인식이 가능할 수 있을까』나 함석헌의 『뜻으로 본 세계사』 등이었다. 본격적인 논문이라기보다는 여러 기회에 쓴 비교적 짧은 글들이므로 독자들에게 보다 쉽게 다가갈 수 있기를 소망한다.

8.

지난한 과정이었다. 첫 글부터 마지막 글이 쓰인 작년 2023년까지의 시간도 길었으려니와 그사이 한국사회나 세계정치, 지구 집 환경의 변화는 어느 때보다도 획기적이었다. II부의 처음 두 글은 진작 묶여 나왔으면 하는 글이었고, 세 번째 글은 동연출판사의 『李信의 묵시의식과 토착화의 새 차원』(2021)에서 이미 선보인 글이다. 그런데도 오늘 여기서 다시 함께 묶어 『神學에서 信學으로-참 인류세를 위한 한국 信學』이라는 제목 아래 내놓은 것은 그만큼 오늘 종교와 신앙, 믿음이 큰 위기 가운데 빠져 있다고 보았기 때문이다. 전통적 유교의 언어로 하면 '리'(理)가 큰 위기에 놓여 있다는 것이고, 그래서 그 리(理)를 수호하기 위한 일이라고도 할 수 있겠다. 오늘 물질과 개체와 자아의 세계는 한없이 확장되어 가고, 그래서 이제 가상세계와 영과 혼의 일까지 우리가 관계해야 하며, 또한 '동물 사람'은 말할 것도 없고, '식물 사람'까지 말해지면서 사람과 인간의 의미가 크게 확장되고 있다. 그리하여 거기서 우리가 관계하고, 만나고, 응대해야 하는 세계가 점점 더 크게 늘어가는 마당에, 그러나 그 모든 영역과 개체와의 관계를 처음 시작하고, 조절하고, 조화롭게 하면서 서로 사랑하는 관계로 만들기 위해서는 어떤 출발점과 구심점, 기반과 토대가 있어야 한다고 보았다. 그것이야말로 진정 우리의 현실이고 실제이기 때문에 그것이 바로 우리 안의 리(理)를 바로 세우는 일이고, 서구 기독교 신앙의 언어로 말하면, 우리 인격 안에 하느님의 모상을 바로 밝히고, 그 인격적 씨울을 다시 잘 보살피는 일을 말한다고 생각했다. 그 리(理)를 잘 수호하며 경청하고, 또 보양하는(養天) 일을 더욱 잘 하자는 의미에서 '신학'(信學)을 말하고자 하는 것이다.

9.

이제까지 한국 사상이 이 땅에 가장 늦게 들어온 서구 기독교와 대화하며 '성(誠)의 신학', '효(孝)의 신학', '풍류 신학', '역(易)의 신학', '솔리얼리즘의 신학', '도(道)의 신학' 등이 말해졌지만, 그 모든 것은 여전히 '신학'(神學)의 차원에 머문 것이었다. 그에 반해서 오늘 말하는 '신학'(信學)은 그런 모든 것을 넘어서 오늘 많이 듣는 언어로 '다시개벽' 하자는 마음으로 더욱 급진적으로 우리 신학의 일과 믿음의 일, 영성의 일을 새롭게 보고, 다르게 이해하자는 것이다. 그만큼 우리가 관계해야 하는 세상이 넓고, 높고, 깊어졌으며, 그래서 풀어야 할 관계가 폭발적으로 확대되면서 바로 그 관계가 핵심적인 문제와 관건이 되었기 때문이다. 한국 '신학'(信學)은 바로 그 관계에 대한 인간적인 조절과 화합을 통해서 온 만물이, 거기에는 동물 사람과 식물 사람, 심지어는 광물 사람도 포함하여 참 화합과 사랑의 관계로 나아가기를 소망하는 믿음의 학이다.

한국 신학(信學)은 그 일을 바로 그 '신'(信) 자가 지시하는 대로, '인간'(人) '언어'(言)의 일로 시작하자고 제안한다. 그래서 진실한 말, 선하고 친절한 말, 꼭 필요한 말을 잘함으로써 우리 관계가 살아나고, 생기를 얻고, 다시 그 관계에서 새로운 창조가 일어나도록 바란다. 그 관계를 맺는 힘과 가능성에 대한 믿음의 일이 한국 신학(信學)의 일이라고 강조하고자 한다. 또한 한국 신학(信學)은 그 일을 우리 '사유'하는 일과 '상상'하는 일로 할 수 있다고 여긴다. 오늘 우리 사유의 상상력 부재와 부패로 인해서 어느 경우보다도 더 큰 재앙과 파국이 일어날 수 있는 상황 앞에서 한국 신학(信學)의 일은 그 상상력의 일을 다시 일으키고, 선한 방향으로 인도하고, 생명과 함께 살아남과 만물이 같이 꽃피는 그런 상상이 되도록 하는 일이다.

이러한 큰 이상을 가지고 시작한 일이지만 아직 출발일 뿐이고, 그리고 이러한 일이 어느 한 개인이나 홀로만의 일이 아니라는 것은 너무도 자명하다. 나름대로 열심히 달려왔다고 할 수 있을지 모르겠다. 그러나 한 변방 여성 종교가의 사유에서 나온 관념이라고 일축될 수 있다. 그리고 오늘 점점 더 활자로 쓰인 사유와 생각은 외면받기 일쑤인 상황에서 이렇게 두꺼운 책이라니! 그러나 아무리 AI와 ChatGPT의 시대가 왔다고 하더라도 그 내용을 처음 창조하고, 지속해서 진실하고 선하고 아름다운 알고리즘을 쌓아가는 일은 여전히 인간의 몫일 것이다. 그리고 그러한 내용 세계의 창조는 지난한 과정과 오랜 시간의 고독과 저항, 인내, 상상 등이 함께 하지 않고는 가능하지 않다. 고통과 인내와 그것을 넘어서는 사유와 상상의 일은 여전히 인간의 일인 것이다. 여기서 나는 한국에서도 얼마 전에 번역되어 전해진 홀로코스트의 또 다른 희생자 에티 힐레숨(Etty Hillesum, 1914-1943)이 그녀의 일기 『근본적으로 변화된 삶』에서도 밝힌 대로, 오늘 우리의 형국이 이제 우리가 하느님을 구해야지 하느님이 우리를 구할 수 없는 상황이라는 인식에서 그 하느님 모상이 우리 안에 여전히 있다는 것을 우리가 믿도록 해야 한다는 주장을 하고 싶었다. 우리 안에 그런 선함의 뿌리가 있다는 것을 사람들이 보고서 믿을 수 있도록 하는 것, 우리가 그것을 증명해서 그 믿음을 믿게 해야 한다는 시대의 요청, 그래서 이런 것에 대해서 말하는 것이 한국 신학(信學)일 것이다.

10.

이상의 모든 사유에서 중심언어가 된 '신('信)이라는 말에 대한 의식을 가능케 하신 부모님 이신(李信)과 정애(鄭愛)님, 그리고 또 다른 어머니 김재수(金在洙) 시어머님, 이런 육신의 부모님과 더불어 참 믿음의 길을 우리의 오래된 미래 언어로 알아차릴 수 있도록 하신 퇴계 선생님, 성호 이익 선생님, 최제우 선생님, 김일부 선생님, 안창호 선생님, 김산 선생님, 이런 분들이 내가 매일 아침기도에서 그 이름을 부르며 그분들의 은덕으로 하루의 삶과 미래의 시간을 의탁하는 기도를 올리는 혼령들입니다. 예전 중국 청나라 말기의 젊은 유학자이자 정치개혁가였던 담사동(譚嗣同, 1865-1898)은 당시 유학세계에서 이미 오래전에 상투어가 되어 버린 '인'(仁)이라는 글자를 새롭게 살려내어, 다시 그 언어에 생명을 불어넣고 새 기운을 넣어서 '인학'(仁學)으로 밝혀내며 스러져가는 나라를 구하고자 했습니다. 한국 '신학'(信學)을 말하는 나의 오늘 심정이 그와 같다고 하면 너무 과한 비유일까요? '신학'(信學), '한국 신학'(信學)이 한 알의 좋은 믿음을 위한 그루터기가 되기 바랍니다. 이 일에서 2017년 말부터 나의 유학(儒學) 공부를 넓혀주시는 안동 도산서원 참공부 모임 선생님들, 2018년 북경 세계철학자 대회에 참가했던 계기로 읽게 된 이규성 교수님의 책들, 정대현 교수님, 그리고 무엇보다도 나에게 한국적 유학의 진상을 보여주신 성균관대학교 한국철학과 선생님들과 주변의 도반들이 있습니다. 이런 모든 인연과 가르침에 깊이 감사드립니다.

그러나 무엇보다도 가장 가까이에는 줄곧 대화와 사유의 파트너로서 믿고 지지해주지만, 언제든지 내가 틀릴 수 있다는 것을 상기시켜 주는 남편 이정배 교수가 있습니다. 이번에 그의 또 한번의 도약, '개벽신학'의 탄생을 진심으로 축하합니다. 그리고 우리가 이렇게 여러 저술과 활동으로 바쁜 사이 나름의 길에서 좋은 아내와 함께 가정을 이루어서 우리 기쁨과 희망의 원천이 된 5명 손주를 안겨준 두 아들과 며느리, 귀숙(貴淑)과 지혜(智慧)가 있습니다. 이에 더해서 4년 전 〈한국信연구소〉를 개소했지만 홀로 글 쓰는 일로 더 많은 시간을 쓰느라 항상 미안한 마음으로 함께 하는 연구소 믿음의 동반자들이 있는데, 앞으로 더 좋은 시간을 기약해 봅니다. 끝으로 이번에도 책 출간을 선뜻 맡아준 〈도서출판 모시는사람들〉의 박길수 사장님, 소경희 편집장님, 올해 수운 최제우 선생 탄신 200주년을 맞이해서 '다시 개벽'의 높은 기치 아래 진정 최선을 다하며 나라와 문명의 새로운 개벽을 위해서 애쓰시는 두 분을 보면서 감탄하지 않을 수 없습니다. 마음 깊이 감사합니다. 허나 이런 모든 일에도 불구하고 가까운 친척과 형제자매들에게는 항상 부끄럽고 부족한 사람인 것을 고백하며, 특히 책 표지 그림 설명을 맡아준 이신 아카이브의 동생 경(經)에게도 감사하면서 길어진 서문을 마치고자 합니다. 천은감사(天恩感謝)입니다.

2024.10.23. 횡성 현장(顯藏)아카데미

〈한국信연구소〉

이은선 모심

차례

제2부 참 인류세를 위한 토대찾기

제1부 사유와 신학

1장 사유와 신학(信學, Fideology)의 성찰을 시작하며

2장 인간이 진정 인격(人格, personality)인가?

3장 인격이란 무엇인가?

4장 왜 오늘 다시 인격(人格)인가?

5장 참된 인격주의와 휴머니즘의 차이는 무엇인가?

6장 존재와 자유

7장 신과 자유

8장 자연과 자유

9장 사회와 자유

10장 자아와 자유

사유와 신학(信學, Fideology)의 성찰을 시작하며*

믿음의 학, 신학(信學)

오랫동안 생각해 온 주제이다. 이 주제 아래 성찰하며 여기서 얻어진 생각들을 공유하고 싶다는 생각을 오랫동안 해 왔다. 2021년 새해를 시작하면서 더는 이 일을 미루지 말자고 생각했다. 하지만 우리에게 다시 손녀가 태어났고 그 아기의 이름을 '이서'(理恕)라고 하면서 더욱 그리해야겠다고 마음먹었지만, 현실에서는 아기가 태어나고 산모가 산후조리를 하러 가고 남편과 나는 위의 아이들을 돌보아주어야 했으므로, 3주 뒤에야 처음으로 실질적인 글을 위해서 컴퓨터 앞에 앉을 수 있었다.

먼저 무슨 제목으로 글을 이어나갈까를 다시 한번 여러 가지로 생각했다. 이미 2018년 대학을 조기 은퇴하면서 그 퇴직의 변에 '사유하는 집사람'이라는 언어를 썼고, 2020년에 〈한국信연구소〉를 공식적으로 개소하면서는 이제 우리의 '신학'(神學)은 '신학'(信學), 즉 '믿음의 학'이 되어야 한다는

---

* 본 글의 연재는 2021년 2월부터 시작된 것이다.

것을 여러 가지로 역설했다. 다시 말하면 오늘 우리에게 제일 관건이 되는 것은 어떤 초월[神]의 모습에 대한 탐색보다는 도대체 우리가 여전히 초월과 관계 맺고 싶어 하고, 우리에게 초월과 관계를 맺을 수 있는 능력이 남아 있는지, 그렇다면 왜 오늘의 정황은 그렇게 믿음에 대한 말이 난무하고 종교가 넘치는데도 진정한 신뢰와 신앙을 찾아보기 힘든지 라는 생각 등이었다. 그래서 왜 믿음의 생활을 한다고 하면서도 우리 삶의 실제를 들여다보면 매우 무신론적으로, 물질주의적으로, 이 세상주의로 기울어지고, 자아주의에 빠져서 살아가는지 하는 의문이 컸다. 이 믿음의 어려움과 오늘 우리 주변에 널리 전반적으로 퍼져 있는 불만과 불행, 두려움과 염려, 몹시 분주하고 욕심꾸러기로 살아가지만 여전히 전전긍긍하면서 사이비 신앙에 쉽게 빠져들며 우리 공동체 삶의 전반에서 다툼과 갈등이 비등하는 것이 어떤 관련이 있는지를 좀 더 밝게 알아보고 싶었다.

이러한 현실에 관한 서술은 바로 나 자신의 모습에 대한 고백이기도 할 것이다. 그러나 거기에 빠져 있지 않고 그 이유와 원인을 알고 싶었고, 그래서 여러 가지로, 좀 더 학적으로 말해 보면, '통합학문적'으로 그 답을 찾아 나서고자 하면서 그런 탐색의 과정을 함께 나누고 싶었다. 왜 나누려고 하는가? 먼저 서구 언어로 말해 보면 우리가 익히 들어 왔던 '아모르 문디'(Amor mundi), 즉 '세계사랑'이라고 할 수 있을지 모르겠다. 지금까지 나의 사유 여정에서 많은 가르침을 준 20세기 여성 사유가 한나 아렌트(Hannah Arendt, 1906-1975)도 그녀 삶의 추구를 '이해'(understanding)라고 하면서 그 기본적인 추동력을 '세계사랑'이라는 말로 표현하곤 했다. 그녀는 20세기 우주탐사 시대에도 이 작고 푸른 별 지구(the earth)가 우리 집이 되는 것을 포기해서는 안되고, 이 지구별 집의 살림을 이어갈 다음 세대의 교육은 바로 그 세계사랑과 떼려야 뗄 수 없는 불이적(不二的) 관계라는 것을 강조했다. 그러면서 그러한 모든 일을 가능하게 하는 우리 삶의 공적 영역과 사적 영역을 지키는 정치를 매우 중시했는데, 나는 이러한 사고에 깊이 공감하면서, 그러나 나의 세계사랑을 좀 더 신학적(神學的)으로, 동아시아적으로, 또한 여성주의적으로 표현해 보고싶었다.

한국적 여성신학(女性神學)의 신학(信學)

내 세계사랑의 첫 번째는 우리가 추구하는 초월과 신앙과 믿음이란 결코 이 세상과 관계없는 저세상의 일이라든가, 우리 몸이나 감정, 마음과 상관없는 정신이나 영(靈)만의 일이 아니라는 것과 관계된다. 혹은 오늘 심각한 생태 위기 상황을 맞이하여 여러 차원에서 현재의 인간중심주의가 비판을 받더라도 지금까지 일구어 온 인간 의식을 무(無)나 악(惡)으로 돌리는 시도와는 함께하지 않는다는 것이다. 다시 말하면 나의 세계사랑은 궁극과 초월의 현현과 하늘나라의 성취가 바로 지금 여기의 실제와 무관한 것이 아니라는 것을 강조하는 의미라는 말이다.

동아시아 문명 속에서 배태된 우주관의 표현인 『역경(易經)』은 궁극[神/聖]과 초월의 모습을 '역'(易, the Change)이라고 표현했다. 그리고 그 역(易)을 '생생지위역'(生生之謂易)으로 설명한 것이 있다. 즉 하늘(하느님 또는 하나님)의 일이란 낳고, 살리고, 살림하는 일이라는 것이고, 우리 인간성의 기본적인 속성이 바로 그렇게 낳고 살리는 힘이며, 천지의 기초적 기운은 죽이거나 파괴하는 것이 아니라 살리는 능력임을 말하는 것이다. 나의 세계사랑의 일이란 바로 이 속성을 더욱 드러내고 싶은 것이며, 오늘 우리가 온갖 죽임의 세력 앞에 떨고 있다 하더라도, 어떻게 하면 이처럼 우리 자신과 우주 속의 '살리는 힘'(生理)으로 편재해 있는 하느님을 더욱 현실성 있게 느끼게 하고, 믿게 할 수 있을까를 탐구하는 일인 것이다.

여기서 살리는 원리, 즉 '생리'(生理)라는 말을 썼다. 이 말은 특히 조선 후기의 성리학자 하곡 정제두(鄭齊斗, 1649-1736)가 당시 점점 더 강고해지고 강포한 이데올로기로 화해 가던 조선의 학문과 정치, 삶의 정황을 구해내기 위해서 발췌한 언어이다. 타다 남은 재나 고목처럼 죽어 있고, 죽이는 이데올로기[理]가 아니라 생생하게 활기 있고, 살리고 창조하는 정신의 원리[生理]야말로 우리와 우주의 참된 본질[性]이라고 강조한 것이다. 나는 이 언어를 매우 좋게 여기면서 거기서 더 나아가 오늘날 이 언어(생리)가 여성들 몸의 매달의 달거리[月經, menstruation]를 표현하는 말로도 쓰이는 것에 주목하면서 나의 세계사랑이 한편으로 '여성주의적'(feminist)이라는 것을 밝히고자 했다.[1] 다시 말하면 '사유와 信學(신학)'이라는 연재를 통해서 내가 드러낼 생각이란 동아시아적이고, 한국적이며, 여성주의적 특성을 띤다는 말이다.

그 내용의 하나로, 이번 연재의 글에서 반복해서 언급할 한국적 사고의 아주 오래된 기록인 『환단고기(桓檀古記)』에는 "끓고 있는 물 같은 착한 마음"[沸湯同善心中]이나 "실성"(失性)이나 "해명"(害命)이라는 단어가 나온다. 우리 마음속에는 끓는 물 같은 살리는 원천과 원리가 있어서 그것이 우리의 본성[性]이고, 그것을 잃게 만드는 것이 사람을 실성하게 하는 것이며, 또한 그렇게 마음속의 온천을 가지고 각자 나름의 역할을 하면서 살라는 하늘로부터 받은 명령(命)을 해하는 것이 바로 해명(害命), 즉 사람의 목숨을

---

1 여성들의 매달의 달거리인 생리와 우주적 원리로서의 '생리'가 같은 단어인 것에 주목한 사람은 한국의 1세대 여성신학자 김명현 선생이다. 감리교여성개발원 주관으로 열렸던 세월호와 관련한 한 심포지엄에서 나의 주제강연을 듣고 질문하신 것이다. 이은선, 『다른 유교 다른 기독교』, 모시는사람들, 2016, 144쪽.

상하게 하는 일이라고 말하는 것 등이다. 이렇게 이번 '사유와 신학'(信學)이라는 제목의 성찰 속에서 가능한 한 여러 차원에서 한국적 '고기'(古記)의 기록들을 살펴볼 것인데, 이것은 지금까지 내가 유교와 기독교의 대화라는 관점에서 주로 행해 오던 좁은 의미의 유교적 차원을 넘어서는 일이다. 비록 그 고기의 기록이 한편에서는 여전히 위서(僞書) 논란에 처해 있고, 거기서의 기록 문자가 한국인들이 일상언어로 썼던 말의 표현을 위해서는 많은 한계가 있는 한자(漢字)였기 때문에 더욱 그러함에도 말이다.

니콜라스 A. 베르댜예프의 『노예냐 자유냐』와 더불어

20세기 인류의 삶은 전체적으로 서구 유대기독교 문명에 의해서 포괄된 것이었다. 이후 진행되는 인류의 삶에서 가장 관건이 되고 우리를 힘들게 하는 것이 '물질주의'와 '자아주의'라고 생각한다. 즉 사람들의 관점이 온통 여기 이곳의 눈에 보이고 감각으로 경험할 수 있는 것에 한정되어서 다른 차원을 보지 못한다는 것이고, 또한 그러한 철저한 감각적 주객 이분의 도식 속에서 점점 더 좁은 차원의 자아 폐쇄에 빠져들고 있다는 것이다. 거기서 오늘 우리의 많은 문제와 불행이 파생한다고 본다.

개인적인 차원의 병적 외로움과 뿌리 뽑힘, 사회적 차원에서의 극심한 빈부격차와 자본주의적 타락, 노동의 소외와 자연생태계 위기 등, 오늘 많은 사상가가 이구동성으로 자신의 관점에서 말하는 인류 문명의 위기인 '인간세'(Anthropecene)의 등극에 대한 말이 물질주의와 자아주의의 악을 지시하고 있다. 그렇다면 어디에서 돌파구를 찾을 것인가? 서구 기독교 문명의 세계관이 오늘의 정황이 도래한 것과 긴밀히 연결되어 있다면, 그 자체 내에서 지금까지의 물질주의와 자아 중심주의를 넘어서고자 한 사고에는 어떤 것이 있으며, 그러나 그보다 더 근본적으로 그러한 서구 기독교 문명과는 다르게 사유하는 비서구적 문명적 관점은 무엇인가를 찾아 보고자 했다.

그 탐색의 과정에서 20세기 러시아 사상가 니콜라이 베르댜예프(N. Berdya-ev, 1874-1948)의 『노예냐 자유냐(*Slavery and Freedom*)』(1939)에 주목했다. 저자 베르댜예프는 젊은 시절 볼셰비키즘과 마르크시즘에 심취했지만, 곧 그러한 과격한 물질주의에 등을 돌리고 새로운 길을 찾아 나서 러시아 정교회의 깊은 영성과 야콥 뵈메, 칸트, 헤겔, 쇼펜하우어, 니체 등으로 이어지는 유럽 관념론과 씨름하였다. 특히 플라톤과 칸트, 톨스토이, 도스토옙스키 등을 자신 사유의 정신적 샘물로 들면서 러시아가 동서 인류 문명의 교차점으로서 러시아 대혁명도 겪으면서 그때와는 전혀 다른 새로운 차원의 기독교 영성을 제시할 수 있다고 생각했다. 그의 원숙한 후기 인간론과 사회론, 우주관이 통전적으로 녹아 있는 이 책에서 그는 인간이 처해 온 다차원적인 '노예' 상태를 분석하면서 어떻게 하면 다시 참된 '자유'의 영적삶을 회복할 수 있을지를 탐색했다.

여기서 그가 이 모든 것을 표현하기 위해서 핵심적으로 가져온 단어가 '인격'(personality)이라는 단어이다. 그것은 마치 앞서 동아시아 사상이 '역'(易)이나 '(생)리'(生理) 또는 '성'(性)이라는 단어로써 우주와 인간의 궁극성의 차원을 매우 초월적이면서도 동시에 내재적이고, 현실적이지만 신비로서 불이적(不二的)이고, 중층적이고, 통합적으로 표현해 내려고 한 것처럼 그렇게 이 인격이라는 단어로 우주와 인간 삶의 심층과 고저, 과거와 현재, 미래와 종말을 그려내고자 했다. 그의 이 그림은 기독교적이지만 결코 기독교적이지만 않다. 거기에 서유럽보다 동(東)이라고 여겨지는 러시아의 것이 들어가 있다. 헤겔적인 융합(融合, the great synthesis)을 알지만, 오히려 칸트나 쇼펜하우어의 이원론과 비관론이 “더 진리에 가깝다”라고 언술한다. 나는 베르댜예프의 이러한 관점과 언어가 오늘 우리 시대 인류 문명의 정황과 한국 사회의 문제점과 희구를 매우 잘 표현해 주고 있다고 생각한다. 그래서 이번 ‘사유와 신학’(信學)의 저술을 위해서 그 체계로부터 많이 배우고자 한다. 기독교 신학적이면서도 그보다 훨씬 더 보편적인 언어를 쓰고, 서양적이면서도 동양적인 요소를 충실히 담지하고 있고, 매우 역동적이고[易], 생명 친화적인[性] 세계 탐색으로 이해되기 때문이다.

한국적 ‘여성신학’(信學)이 추구하는 것

이미 여러 차례 밝힌 바 있지만 이러한 베르댜예프의 저술을 1970년대 말(1979) 한국에 번역 소개한 사람은 선친 이신(李信, 1927-1981) 목사님이다. 2021년 그의 소천 40주년을 기념하는 행사가 있었는데, 그 일 중의 하나로도 생각했지만, 2015년 늘봄출판사의 종교철학 시리즈로 다시 출간된 이 책을 좀 더 자세히 살피고 소개하고 싶다는 생각을 더 오래전부터 했다. 2020년 7월에 ‘〈한국信연구소〉를 공식적으로 출범하면서도 밝힌 대로, 일찍이 그가 자신의 신앙적 전회를 표현하기 위해서 가져온 ‘信’이라는 언어는 이후 나에게도 많은 것을 포괄하는 중층의 언어가 되었기 때문이다. 먼저 이신의 신학을 “슐리얼리즘과 영의 신학” 또는 “환상과 저항의 신학”으로 표현한 대로, 信(신)은 특히 ‘상상력’(imagination)을 지시하는 언어라는 것을 지적하고 싶었다. 그래서 내가 한국적 여성신학(信學)의 사유를 드러낸다고 하는 것은 앞으로의 우리 삶이 우리 ‘상상’의 힘과 많이 연결된 것을 드러내고, 그 상상력의 부패를 막고 대신에 그와는 다른 상상력을 발휘한다는 것이 어떤 의미와 힘이 될 수 있는지를 여러 차원에서 밝혀 보고자 하

는 것이다. '믿음'[信]을 우선적으로 상상의 힘으로 보는 일을 말한다.[2]

다음으로 우리의 선한 상상력이 지금 여기에서는 '착한 말'로 드러나는 일에 대한 것이다. 다시 말하면 출판인들에 의해서 2021년의 책으로 선정된 홍은전 작가의 『그냥, 사람』이라는 책의 제목도 잘 지시한 대로, '믿음'[信]은 '그냥 사람'[人]의 '말'[言]이라는 관점이다. 즉 내가 하는 말이 믿음의 말이라는 것은 그저 사람의 말로서 폭력과 죽임, 배타의 언어가 아니라 '인간[仁]의 말'로서 발설되어야 한다는 뜻이다. 그리고 그렇게 발설이 되었으면 그 말을 지키고, 거기서의 약속을 실천하고, 그래서 그를 신뢰할 수 있어야 하고, 그런 의미에서 믿음과 신앙의 사람이라면, 그리고 오늘 한국 기독교가 믿음을 말하고자 한다면 그 언어가 타인을 혐오하고 소외시키고 차별하는 언어가 아니라 그 반대가 되어야 함을 말하는 일이다. 그러나 왜 현실에서는 그렇게 되지 않는지를 알아보고 싶었다. 그렇게 나의 신학(信學)의 사유는 다시 말과 언어, 친절과 환대, 배려와 이심전심, 역지사지(易地思之)의 공감 문제라는 것을 밝힌다.

그런데 선한 상상력과 좋은 언어는 우리의 과거와 그 과거의 몸의 경험과 긴밀히 연결되어 있다. 우리 언어 자체가 과거 우리 의식 경험의 농축이듯이 우리 신학(信學)의 물음은 미래와 현재의 물음만이 아니라 과거에 대해서 그 마땅한 권리를 돌려주려는 시도이고, 그 과거에는 우리 부모님뿐 아니라 역사, 전통, 민족과 무의식, 자연, 우주가 모두 포괄되는 것을 인

2 『이미지란 무엇인가』(이솔, 민음사, 2023)라는 책에서 저자는 데카르트와 샤르트르를 연구하며 이 '상상'을 주체의 능동적이고 적극적인 사유로, 반대로 '몽상'은 수동적이고 비자발적인 단순한 지각의 하나로 설명한다. 좋은 구분이라고 생각한다.

정한다. 한편으로 우리는 그 모든 것을 함께 신(神)이나 초월[聖], 자연[性]이나 우주[理]라고도 하고, 또 무(無)나 공(空)이라고도 한다. 그 전체 속에서 지금 여기에서의 우리 삶 속에서는 그것이 우리의 단순한 감각과 의식만으로는 잘 파악되지 않지만, 그 시작 또는 토대로서의 과거가 어떻게 연관되는지를 살펴야 한다. 매우 통합적이고 중층적인 작업이다. 진정으로 여러 차원과 층의 불이적(不二的) 작업이라고 말할 수밖에 없다. 영어 표현으로 그것을 '믿음을 위한 한국 페미니스트 통합학문'(Korean Feminist Integral Studies for Faith)이라고 했다. 그런데도 그 모든 인식을 '사유와 신학'(信學)이라는 두 마디 말로 정리해 보면서 매일[日步], 지금 여기서, 우연히 또는 은총과 계시로서, 또는 업으로 만나게 되는 객체와 말과 글을 텍스트[經]로 삼아서 어떤 사유와 생각들이 나를 믿음으로 이끄는지를 말해 보고자 한다. 그 발화와 드러냄을 통해서 우리의 세계가 좀 더 인간다운 세계, 착하고 선한 세계, 갈등과 싸움을 넘어서 하나로 되는 세계, 평화가 있고, 기쁨과 평안이 있는 세계, 신인(神人, Homodeus/Posthuman)의 세계로 나아가기를 희구하기 때문이다.

인간이 진정 인격(人格, personality)인가?

수수께끼로서의 인간 인격

오랫동안 함께해 온 여성신학 그룹에서 분쟁이 생겼다. 구성원들 간에 이 분쟁에 접근하는 방식도 매우 다르고, 그 원인을 찾고 그러한 현실을 넘어서고자 하는 시도에도 큰 차이가 드러난다. 우리가 여전히 신학(神學)을 말하고, 화해와 협력, 하나 됨과 사랑의 이상(理想)을 말하지만, 우리 매일의 삶은 사그라지지 않는 갈등과 분쟁, 자기중심주의와 먹고 사는 일과 자기를 드러내는 일에 대한 염려와 관심이 주를 이룬다. 베르댜예프는 이 모순과 갈등의 현실을 '인격'(personality)이라는 말을 화두로 삼아서 이해하고, 그것을 변혁하기를 원했다. 그에 따르면 인간은 바로 인격의 존재이기 때문에 때로는 신(神)과 같기도 하면서 짐승 같고, 숭고하면서도 비열하고, 위대한 사랑과 희생을 할 수 있으면서도 동시에 몹시도 잔악하고 무한한 이기주의에 빠질 수 있다. 특히 서구 근대에서 파스칼에 이어서 도스토옙스키, 키르케고르, 니체 등이 이 인간의 모순과 양면성을 잘 드러냈다고 지적하는데, 인간이 아무리 타락하고 저열해져도 그것으로 인해서 괴로워하

고 거기서 벗어나기 원하는 것은 바로 이 인격 때문이라는 것이다.[1]

그렇게 인간에게는 이 세계가 자족적일 수 없고, 그래서 이 세계를 넘고, 자신의 현실과 처지를 벗어나고자 하고, 끊임없이 여기와 지금을 초극하고자 한다. 인간이 자신 속의 온갖 모순과 사회적이고 정치적인 갈등, 그리고 자신을 한없이 희생하면서도 동시에 절대악처럼 극단적으로 세계를 파멸로 몰고 갈 수 있는 것도 그가 동물이라거나 자연이나 사회의 일부이기 때문이 아니라 바로 인격이라는 것이 더 근본적인 이유라는 것이다. 인간은 인격으로서 하나의 "수수께끼"(a riddle)인 것이다.

자연과 사회의 일부가 아닌 세상 밖에서 침노해 오는 인격

이렇게 오늘 우리 사회에서 여러 차원으로 갈등과 분쟁이 비등하다 보니 그에 상응하여 사회뿐 아니라 교회와 신학에서도 치유라는 말, 상담이나 심리치유 등의 말이 대단히 유행한다. 물론 이러한 말이 오늘처럼 유행하게 된 데는 그 이유가 있고, 거기서의 이점이나 긍정의 측면이 있는 것을 부정하지 않는다. 그것은 너무도 오랜 기간 인간과 그 함께 모여 사는 일에서의 갈등과 모순을 죄라든가 법, 기성적인 외형의 거대 담론으로만 처리해 온 것에 대한 반동일 것이다. 하지만 오늘날 유행하는 그러한 개인주의적인 처리 방식은 자칫 인간의 도덕과 윤리, 책임과 신앙적 결단의 문제나 사회적 관계의 물음 등을 온통 심리와 병리의 물음으로 환원하고, 거기서 인간 고유의 책임성 있는 행위력과 수행능력은 한없이 축소되고 간과될 수 있다. 베르댜예프가 20세기 인류 삶의 중반에서 온갖 제국주의 전쟁과

1 니콜라스 A. 베르댜예프, 이신 옮김, 『노예냐 자유냐』, 늘봄, 2015, 24쪽 이하.

비참, 러시아 볼셰비키 혁명뿐 아니라 서구 자본주의와 물질주의의 폐해를 겪고서 대안으로 제시한 '인격'과 '인격주의'는 가장 먼저 바로 그러한 인간 이해에서의 자연주의 또는 생리주의와 심리주의를 반박한 것이라 할 수 있다. 즉 그에 따르면 인간에게서의 인격이라는 의식은 결코 어떤 세상의 산물이 아니다. 인간 자체가 그대로 인격이 아니므로 인격의 의식이 하나의 가능성이거나 불완전하게 발현되는 경우라 하더라도 그것은 이 세상으로부터 얻을 수 있는 의식이 아니다. 전혀 그 기원이 다른, 질적으로 전혀 새로운, 자연이나 사회의 소산이 아닌 '정신'(spirit)으로부터 나오는 것("not by nature but by spirit")이라는 말로 인격의 의미를 밝힌다.

그는 그래서 이 인격을 세계에 들어온 "돌입"(a break through)이나 "침노"(a breaking in upon this world)라는 말을 써서 서술한다. 한 인간을 수수께끼로 만드는 인간의 인격성은 결코 자연이 아니고, 객관적인 계층체에 속해 있는 종속적인 일부분이 아니며, 그런 의미에서 계층적 인격주의는 잘못된 것이라고 강조한다. 대신에 인격이라는 것은 "단절"(interruption)을 의미하는데, 이것은 인간의 인격은 세계가 진화하는 가운데 생겨난 하나의 계기라거나 하나의 생물적 요소를 말하는 것이 아니라 어떤 부단한 연속성으로는 설명할 수 없는 '침입'이며 '돌파'이고, 진화에 대해서 '창조'를 의미하는 것이라고 한다. 그래서 하나의 인격성이 세상에 들어올 때 세상의 과정은 비록 외면적으로는 그 징후가 잘 드러나지 않는다 하더라도 전혀 독특하고 반복 불가능한 것에 의해서 침노 당하는 것임을 강조한다. 그럼으로써 새로운 무엇인가가 시작되고, 세상은 그로 인해 자신의 노선을 변경할 수밖에 없다는 것이다. 그런 의미에서 인격을 "하나의 소우주, 완벽한 우주"(a microcosm, a complete universe)라고 칭할 수 있고, 그것은 결코 라이프니츠 등이 이야기한 단자들(monads)의 집합과 계층에 들어가 있는 하나의 종속된 단자가 아니라는 강조이다. 유사한 의미로 한나 아렌트가 어거스틴을 따라서 이 세상의 모든 전체주의적 파국에도 불구하고, 바로 한 아기와 한 인간의 탄생이 지금까지 이 세상이 알 수 없었고 경험하지 못한 전적인 새로움의 시작이고, 그렇게 새로움이 탄생했다는 의미에서 "기적"이라고 본 것과 유사하다.[2] 쉽게 간파되듯이, 동아시아적 21세기 사유와 사단칠정 논쟁의 맥락에서 보면 퇴계 등의 '리'(理)의 부잡성(不雜性)이 떠오른다.

인격주의와 리기(理氣), 리일분수(理一分殊) 그리고 만물의 본성[性理]

이상과 같이, 서구 기독교 전통의 사상가로서 베르댜예프가 인간의 인격을 이와 같은 정도로 높이는 것은 비록 그 초월과 神의 임재를 인간과 인격이라는 이 세상과 지금 여기로 내재화시키는 것이기는 하지만, 전통적으로 서구 기독교 문명의 초월과 내재의 이분법, 인간과 자연, 객체와 주체 등의 이원론(二元論)의 방식을 그대로 답습하는 것으로 보인다. '인격적'이라는 것, '주체'의 의식이 강조된 것, 자연이나 사회적 요소와 어떤 질적 연결도 먼저 부인한다는 것, 그런 것들이 모두 서구 전통적인 신학에서 주창되어 온 이원론적 방식이었다는 것이다. 하지만 놀랍게도 다시 더 읽어 내려가면 베르댜예프가 인간 인격의 초월성을 설명해 가는 방식이, 예를 들어 동아시아 신유교에서의 우주적 역(易)이나 태극(太極), 천리(天理)나 존재에서의 본체와 그 드러남[理氣], 특히 인간의 본성(性理)을 그려내는 언술과 매우 유사함을 볼 수 있다. 베르댜예프는 인격만이 우주의 내용을 종합하고, 우주가 그 개체적인 형태로서 가능태로 존재하는 것임을 언술한다. 인격

---

2 한나 아렌트, 『인간의 조건』, 이진우·태정호 역, 한길사, 2001.

은 부분이 아니고 어떤 종류 전체에 대해서든, 심지어는 무한한 전체이거나 전 세계에 대해서도 하나의 부분이 될 수 없다는 것이다. 이것이 인격의 본질적인 원리이고, 인격의 "신비"(mystery)라고 하는데, 한 인간이 자연이나 사회라는 전체의 한 부분으로 들어가서 거기에 종속되는 경우에도 인격은 거기서 제외되고, 그 종속에 해당하지 않는다고 강조한다.

동아시아 신유교의 주자(朱子, 1130-1200)나 그 충실한 조선의 제자들도 이와 유사한 구조로 우주와 인간의 관계를 그려냈다. 그 명징한 표현이 '리일분수'(理一分殊, The Principle is one but its manifestations are many)이다. 그것은 하늘에 떠 있는 달은 하나지만 밤에 이 땅의 호수와 물 위에 비친 달은 무수한 것처럼, 인간 본성에 무수히 새겨진 하늘의 달을 지시하는 것이다. 그런데 오늘날은 호수나 강, 바다에 떠 있는 달과 함께 선험적인 인간 본성뿐 아니라 그 미래성인 인간 상상에 뜨는 달이 강조되고, 또한 인간에 의해서 창조된 AI(artificial intelligence)의 마음에도 달이 뜨니, 전체와 부분, 보편과 특수, 하나[一]와 여럿[多]의 관계 문제는 일파만파로 퍼져나간다. 아니 그 본래의 일(一)이라는 것도 고정의 실체로 보지 않았기 때문에 리(理, 원리)라고 했을 것이고, 여기서 리의 다른 이름인 태극(the great Ultimate)을 넘어서 무극(無極, No-Ultimate)이라는 이름이 나왔을 것이다. 그렇다면 다시 하늘 위에 떠 있는 달의 처음은 어디이고, 시작이란 무엇이며, 왜 아무것도 없는 것이 아니고 무엇인가 있는 것인가라는 질문은 여전히 우리의 답을 요구하고 있다.

중국 유학자의 그것보다도 조선의 사유가들이 리기론(理氣論)으로 인간 고유의 선험적 도덕성을 강조한 것과 연결해 보면 베르댜예프의 인격주의의 특성이 더욱 드러난다. 베르댜예프도 인격이라는 단어를 화두로 삼아서 먼저 인간 인격의 우주성과 궁극성을 한없이 드높였지만, 동시에 그 인격은 형식(form)과 제한(limit)을 상정한다고 밝혔다. 즉 인격은 개체적으로 반복 불가능한 형태를 가진 보편[理]이지만, 그 보편의 무한성은 개체적인 특수성[氣]을 가진다는 설명이다. 그러면서도 베르댜예프는 이 둘 사이의 관계를 편안하기보다는 서로 "모순"이라고 본다. 인간의 인격이 그 안에 형식과 개체적인 특수성의 한계가 있지만, 그것이 결코 소우주로서 "유기적인 계층적" 사고 안에서 대우주에 종속된 하나의 일반성이나 보편성으로 보는 것이 아니고 오히려 그 반대인데, 그래서 "인격은 우주의 일부가 아니고 오히려 우주가 인격의 일부이며 그 질(quality)이다"라고 한다. "인격주의의 역설"(the paradox of personalism)인 것이다.[3]

조선 신유교 논의에서 인간 선함과 그 가능성을 내세우고자 어떤 경우에도 리(理)의 독자성과 초월성에 대한 강조를 축소하려 하지 않던 퇴계의 리기론을 생각나게 하는 이러한 입장에서 베르댜예프는 20세기에 들어서 점점 더 왕성해지는 인간에 대한 제반 과학 관념의 자연주의적 이해를 비판한다. 예를 들어 생물학, 심리학, 또는 사회학 등은 인간의 인격을 세계의 실존적 중심으로서가 아니라 다른 객체와 동일한 계열의 한 객체와 실체로서 파악하는데, 그럼으로써 인격의 신비는 사라지고, 인격의 무한한 주체성 속에 감추어져 있는 실존의 비밀이 무시된다는 것이다. 이러한 비판은 베르댜예프 시대보다도 제반 과학이 더욱 전개된 오늘날에는 더 세차게 재반박 받을 수 있다. 그러나 오늘 인공지능과 가상현실이 범람하는 시대에 인간 고유성과 존재의 반복 불가능성이 크게 문제시되고 위협받는 상황에서는 이러한 퇴계나 베르댜예프의 주창을 더욱 경청하게 된다. 인간의 존재

---

3 니콜라스 A. 베르댜예프, 이신 옮김, 『노예냐 자유냐』, 늘봄, 2015, 28쪽.

를 철저히 자연과 사회의 소산으로 환원시킬 때 인권이나 자유, 미래 등은 온통 잿빛이고, 궁극적으로 그에 대해서 말할 수 없게 될 것이기 때문이다.

인격과 역(易), 그리고 창조적 행위력[性]

베르댜예프는 인격을 '역'(易)으로도 말한다. 그것은 "변화하는 가운데 무변화요, 다양성 속의 통일"(the unchanging in change, unity in the manifold)이라고 밝힌다. 동아시아의 오랜 역(易)의 세계관에서 그 역을 변역(變易)과 불역(不易), 간이(簡易)의 세 측면[三義]에서 밝히듯이, 베르댜예프는 인격을 이와 유사하게 변화 속에서 변화하지 않는 것, 그러나 다시 변하지 않고 영속하려는 것을 해체하고 저항하도록 하며, 초월하고 풍부하게 하는 것으로 설명한다. 인격은 하나의 동일한 영속적 주체의 전개로서 변화 그 자체가 바로 무변화의 영속성을 유지하기 위해서 이루어지는 것임을 말하는 것이다.[4] 즉, 변화라는 것을 말하기 위해서는 무변화라는 것이 있어야 하고, 그 반대도 마찬가지인데, 이러한 간단하고 평이한 원리를 '생명이란 무엇인가'를 찾는 현대 분석생물학의 언어는 "동적 평형"(dynamic equilibrium)이라는 말로도 표현했다.[5] 마치 바닷가 모래성이 계속 존재하기 위해서는 파도가 끝없이 오가면서 이미 있던 모래성의 일부를 덜어내고 다시 새로운 알갱이로 덧붙이는 변화를 필요로 하는 원리와 같다고 하겠다. 우리 눈에는 그 모래성이 항상 같아 보이지만 결코 그렇지 않은 것이다.

그 우주적 역(易)의 원리를 '인격', '인간적 원리'로 표현했다는 점에서 여

4 같은 책, 29쪽.

5 후쿠오카 신이치, 『생물과 무생물 사이』, 은행나무, 2008.

러 차원에서 베르댜예프의 독특성과 유의미성을 말할 수 있겠다. 그것으로써 앞에서 지적한 대로 서구 문명 안에서만 보면 과학(자연)과는 구별되는 인간과 실존 원리를 강조한 것이라고도 할 수 있고, 서구 세계관보다 더욱 자연주의적인 동아시아의 일반적 세계관에 대해서는 기독교 문명의 특수성을 담지한 경우라고 할 수 있겠다. 그러나 그러한 베르댜예프를 동아시아 문명 중에서 특히 중화 역학과는 구별되는 한국 역학과 관계시켜 보면 또 다른 말을 할 수 있다. 즉, 퇴계 등에서 보이는 것처럼 역(易)이나 태극(太極)을 만물 중의 리(理)나 천리(天理)와 연결시키는 것보다는 인간 내면의 '성'(性)이나 '인극'(人極) 등과 연결하면서 인간 마음속의 가치의식을 더욱 강조하는 것을 말한다. 러시아 사상가 베르댜예프가 신(神)을 말하기보다는 세계 내적인 인격을 먼저 말하는 것이 한국의 초월과 하느님 의식이 인(人/仁)이나 성(性), 또는 효(孝)를 중심으로 일관되게 발전한 것과 잘 상응한다는 의미이다.[6]

베르댜예프는 인격이라는 것은 어떤 경우이든지 이미 완결된 것이 아니고, 대신 "문제를 제시하는 것"이라고 했다. 그렇게 인격의 완성된 통일과 전일성은 인간의 이상(ideal)이지만, 그러나 인격은 결코 부분에서 만들어진 것이 아님을 재차 강조한다. 다시 말하면 인격은 어떤 부분에서 만들어진 집성체라든가 조성체가 아니라 처음부터 전체를 이루고 있는 것이고, 모든 인격의 행위에서 전체로서 실재하는 것이라는 말이다. 그는 "인격은 예외이지 법칙이 아니다"라고 강조한다. 그런 가운데서도 동아시아의 신유교적 사고에서 만물의 리(理)가 개별적인 존재의 차원에서 형태(Gestalt)

6 류승국, 「한국 역학 사상의 특질과 문화적 영향」, 『한국사상의 연원과 역사적 전망』, 유교문화연구총서10, 유교문화연구소, 2008.

를 가지는 고유성[性]으로 이해되듯이, 인격이 바로 그러한 각 존재자에게서의 반복 불가능한 독특한 형식과 형태를 구성하고, 그를 통해서 각 인간 인격의 대체될 수 없는 일회성과 유일성이 그것이며, 어떤 다른 타자가 대신할 수 없는 절대적 대체 불가능성이 바로 인격 존재의 비밀이라는 것이다. 그 외 인간에게 속하는 모든 유전적인 것, 즉 역사, 전통, 사회, 계급, 가족에 속하는 일반적인 것은 인격이 구성되는 재료일 뿐이고 진정한 인격적인 것은 실체(substance)가 아니라 하나의 행위(an act), 곧 "창조적인 행위"(a creative act)로 드러나는 것임을 베르댜예프는 가장 힘주어서 선포한다. 그래서 그는 자신의 책 『노예냐 자유냐』를 "나(자신)를 말하지 말고 나(자신)를 행하라, 너희는 창조적이어라"(Sagt nicht Ich, aber that Ich, Sollt Ihr schaffende sein.)라는 니체 『차라투스트라』의 한 문장을 표제어로 삼아 그 첫 물음을 연다. '인간이란 무엇인가?'의 첫 장이다. 말보다는 행위, 죽음과 사멸성 대신에 생(生)과 탄생성의 창조를 강조한 것이다.

마무리 성찰

서구 기독교는 궁극을 초월적 신(神)의 모습으로 그려주었다. 러시아 사상가 베르댜예프는 그 신을 급진적으로 내면화시켜 인간 내면의 인격으로 그려줌으로써 동아시아의 여러 사고와 만날 수 있는 가능성을 훨씬 더 열어주었다. 그러면서도 그 인격의 핵심을 다시 돌파나 침노 등의 단어로서 그 예외성과 질적 차이, 초월과 내면, 신과 인간 사이의 이원성(二元性)을 어떻게든지 놓지 않으려 하면서 인간 능력의 창조성과 행위력이야말로 인격의 진정한 현현인 것을 강조했다. 나는 백기완(1932-2021) 선생의 시 '묏비나리'를 접하면서 그 첫 구절 "맨 첫발 딱 한발 떼기에 목숨을 걸어라"의 그 한 발 떼기가 지금까지 살펴본 베르댜예프의 인격의 침노를 참으로 잘 표현해 주고 있다고 생각했다. 그 돌파의 새로운 시작, 새로운 창조의 행위로 지금까지의 "썩어 문드러진" 하늘과 땅을 들어 올리고 돌리고 엎어서 전혀 새로운 시작을 가능하게 하는 힘, 이것이 바로 인격의 힘이고, 인간 누구나가, "그냥 사람"이면 모두 그와 같은 창조의 힘을 가지고 있다는 깊은 인간[人極] 신뢰[信]를 표현한 것일 터이다. 백기완 선생도 "진짜 진보는 주어진 판을 깨는 것이다"라고 했다고 한다. 그러면서 우리가 모두 알듯이 그 시로부터 오늘은 한반도를 넘어서 전 아시아로 퍼져나가 세계의 온갖 노예성을 극복하고 자유의 항쟁을 이끄는 '임을 위한 행진곡'이 나왔고, 그 노랫말의 구절에서 "앞서서 나가니 산 자여 따르라"라는 말로 모두의 인격의 결단과 창조의 행위를 역설하고 있다.

나는 우리가 오늘도 이러한 부름에 답할 수 있는지, 어떻게 그것이 가능하게 되는지, 그것이 인격의 힘이라고 했다면, 그 인격이 오늘과 같은 상황에서도 작동할 것이며, 그 모습이 어떠할지를 더 알고 싶다. 동아시아의 신유교적 언어와 함께 보면 베르댜예프는 인간의 인격에서 초월과 궁극을 보았고, 그러한 방식으로 신과 하느님에 대해서 언술한 것임을 알 수 있다. 그때까지의 인습적 신학 언어를 답습하지 않고, 이 세계 내의, 인간 내의 창조력을 말함으로써 그는 더 이상 '신학'(神學)의 언어가 아닌 '신학'(信學)의 언어를 구성하고자 한 것이다. 오늘날 많이 회자되고 있는 다석 유영모(多夕 柳永模, 1890-1981) 선생의 언어도 그렇게 다르지 않다고 보는데, 그 역시도 무(無)와 유(有), 없음과 있음, 영원과 시간, 궁극과 탄생의 긴장성 속에서 참으로 뛰어난 창조적 행위자의 언어를 남겼다. 그러한 모든 인격의 언어가 어떻게 가능해졌으며, 거기서 어떻게 전복과 창조, 새로운 자유와 정의의 공동체가 이루어졌는지를 계속 찾아보고자 한다.

3장

인격이란 무엇인가?

인간 존재의 근본 힘으로서의 인격

영화 〈세 자매〉(이승원 감독)를 보았다. 페이스북에서 주인공 배우들의 연기(문소리, 김선영, 장윤주)를 평하는 한 영화평론가의 글을 보고 찾아갔다. 보면서 이 영화가 예전 이창동 감독의 〈밀양〉처럼 한국 기독교의 뒤틀린 믿음 행태와 생태 환경을 핵심적으로 찌르는 것임을 발견하고서 큰 울림을 받았다. 많이 미안했고 책임을 느꼈으며, 이러한 영화를 만들어준 감독과 배우들에게 고마움을 느꼈다. 그러면서도 한편 지금 내가 말하고자 하는 '인격'이라는 것이 바로 이 영화에서 세 자매가 어떠한 환경과 과거의 상처와 아픔, 현재의 큰 짐에도 불구하고 어떻게든 자신들의 삶을 계속해 나가려는 고투, 그 고된 지속함을 가능하게 해주는 근본적인 힘이 아닐까 생각했다. 그들 삶에서 매번의 선택, 비록 그 안에 여전히 위선과 거짓, 폭력과 비인간성이 난무하지만, 그래도 각자 나름의 형태를 갖춘 존재에로 남게 하는 근본적인 인간적 힘, 그 인간 존재의 근본 힘은 어떤 이데올로기, 어떤 믿음 체계로도 완전히 죽일 수 없는 더 근본적인 보편적 생명의 힘이라고 보았다.

베르댜예프는 인격의 힘이란 결코 어떤 자연이나 사회의 산물이 아니라는 것을 강변한다. 그것은 하늘로부터의 침노이고, 돌연변이이며, 하나의 예외라고 강조했다. 그러면서도 그것이 구체적으로는 하나의 형태를 갖춘 여기 지금의 구체적인 현존 속에서 나타나는 것이라고 했는데, 과연 오늘날 인간이 철저하게 뇌나 지능, 각종 진화의 산물, 온갖 심리적인 치유나 교육의 결과, 또는 지적 능력 중심의 윤리적 차원에 국한해서 주로 논해지고 있다면, 오늘 그것들을 넘어서 인간에 대해서 무엇이 더 말해질 수 있을까? 이 질문을 중심으로 인격에 대한 더 세밀한 탐색으로 들어가고자 한다.

인격과 이성

동아시아 유교 전통에서 공자가 주목한 인간성[仁]을 더욱 세밀히 전개한 맹자는 그 인간성, 인간 마음[心]의 핵심을 '사유하는 일'이라고 했다[心之官則思].[1] 이와 유사하게 베르댜예프는 서구 정신사에서 인간 마음의 핵심을 '이성'(理性, reason)으로 보면서 그 이성의 윤리적 차원을 부각시킨 것을 특히 높게 평가했는데, 이것으로써 인간의 인격 이해가 단순한 지적 능력(the intellectual)의 차원에서 행위와 실천의 윤리(the ethical) 차원으로 이동하였기 때문이라고 밝힌다.[2] 그리고 특별히 칸트에게서는 그 이후의 헤겔이나 피히테 등의 독일 관념주의에서와는 달리 인간 이성의 힘이 절대화되지 않았고, 그 한계와 더는 말할 수 없음의 영역이 지켜졌기 때문이라고 한다.

1 『맹자』「告子上」15.

2 니콜라스 A. 베르댜예프, 『노예냐 자유냐』, 이신 옮김, 늘봄, 2015, 43쪽.

즉 칸트적 이원론이 담지된 것을 말하며, 그것이 탈각되었을 때의 결과가 20세기 서구 문명의 세계대전이나 히틀러 등을 몰고 온 일원론적 형이상학의 거대한 부패로 나타났다고 밝혔다.

여기에 대해서 베르댜예프는 자신이 말하는 인격주의에서의 인격은 한편으로 이성적인 존재이지만 결코 이성에 의해서 결정되지 않고, 이성의 수단으로 정의될 수 없다고 강조한다.[3] 인격은 합리적인 존재이지만 거기에 머무르지 않고, "자유로운" 존재라는 것을 역설하는데, 이것은 먼저 인간을 지적 능력 중심으로 규정하는 것을 넘어서 인간의 전(全) 사유, 전 의지, 전 감정과 전 창조적 행위의 통전적 차원을 밝히는 것이다. 한편으로 이러한 차원을 인격은 결코 생물학적 내지는 심리적인 범주에 속하는 것이 아니고 "윤리적이고(ethical) 정신적인(영적인, spiritual)" 범주에 속하는 것이라는 말로 밝히기도 하는데,[4] 그러면서도 이러한 윤리적 차원을 밝힌 칸트의 인간론도 참다운 의미에서는 인격주의가 아니라고 지적한다. 왜냐하면 칸트가 인간의 인격적(윤리적) 차원을 밝힘으로써 단지 지적 존재만이 아니라 의(義)와 의무를 실행하는 실천의 존재임을 말했지만, 그 윤리적 인격을 다시 단독이 아닌 보편(the universal)의 차원으로 일반화시켰기 때문이라고 한다.[5]

앞에서 동아시아의 역(易)이나 리기(理氣)와의 관계에서도 살펴보았지만, 베르댜예프는 인간 인격의 말로 다할 수 없는 역동성과 불이성(不二性)의 긴장을 지시하기 위해서 서구 기독교 교리사의 '삼위일체'(三位一體) 위격에 대

3 같은 책, 31쪽.
4 같은 책, 32쪽.
5 같은 책, 43쪽.

해서도 잠깐 언급한다. 이것은 초기 교부들이 희랍 언어에서 '본질'(essence)과 '실재'(substance) 사이의 미묘한 차이에 주목해서 하나의 본질과 세 개의 실체(휴포스타시스)가 있는 신(神)과 하나의 인격과 두 가지 본성이 있는 그리스도를 표현하고자 구성한 것이고, 이어 중세 라틴어에서는 극장에서 배역을 담당할 때 사용하는 마스크를 의미하는 페르소나(persona)라는 개념을 가져와 그리스도와 인간의 인격을 그리고자 한 것이다. 하지만 그러한 것들이 모두 충분할 수 없었다고 베르댜예프는 지적한다. 이후 서양 근대에서 단독자와 그 소유(Der Einzige und sein Eigentum)의 개념을 부각시킨 막스 스티너(Max Stirner, 1806-1856)나 인격을 인간 경험의 통일과 여러 행위의 실존적 통일로 파악한 막스 셸러(Max Scheler, 1874-1928)가 인격 이해의 전개에서 기여했다고 하는데, 그러나 이러한 이해들보다도 러시아 사상가 니예스멜로프(A. Nyesmyelov)를 중요하게 언급한다. 그는 인간 인격 안에는 "어떤 조건을 붙일 수 없는 존재의 형식"이 반영되어 있지만, 동시에 그 인격은 "제한된 존재의 조건 속에 놓여 있는 물질적 세계의 것"이라고 보는, 정신과 물질의 급진적인 이원성과 수수께끼 같은 모순적 공존을 함께 껴안으려 했다는 것이다.

앞에서도 언급했지만 베르댜예프는 현대 중국에서 양수명(梁漱溟, 1893-1988)과 같은 사상가에게도 큰 영향을 준 베르그송(H. Bergson, 1859-1941)의 생(生)철학이 현대사상에 나름으로 이바지했지만, 오히려 반(反)인격주의라고 반박한다. 왜냐하면, 그의 생철학이 생명과 생활문화를 강조하면서 인격을 우주적이며 사회적인 과정 안으로 해소해 버렸다는 것이다. 이와 동시에 오늘 21세기 한국사회에서도 여러 가지 모양으로 유행하고 있는 각종 자아 중심적 쾌락주의나 자연주의적 범신론의 신지학(theosophy)이나 인지학(人智學, anthroposophy), 또는 자유주의나 파시즘 등이 모두 유사하게 사회의 "자본주의적 기구"와 긴밀히 연결되어 있다고 비판한다.[6] 현대 부르주아 개인주의 사회의 자본주의적 반인격주의를 지적하는 것이다.

인격과 개인

베르댜예프는 현대 언어생활에서 제일 많이 혼용되어 사용되고 있는 '개인'과 '인격' 사이의 차이를 분명히 하면서 현대 사회의 개인주의가 어떻게 반인격주의가 되는지를 탐색한다. 그는 분명하게 개인은 자연주의, 생물학, 사회학의 자연주의적 범주에 속하지만, 인격은 그와는 달리 정신적 범주(not a naturalistic but a spiritual category)에 속하는 것임을 다시 확인한다.[7] 개인은 전체와의 관계에서 하나의 원자(atom)로서 그 불가분의 부분이 되지만, 그래서 전체 밖에 있을 때는 개인이라고 부를 수 없지만, 인격은 우주적, 가족적 내지는 사회적 전체 등 어느 것이든 어떤 전체와의 관계에서도 결코 부분이 아니며, 오히려 '소우주'(microcosm)이고 '만유'(a universe)라는 것이다. 즉 개인은 전체의 종속이지만, 그리고 자아로서의 개인은 전체에 대해서 종속적 부분으로서의 독립에 불과하지만, 인격으로서의 인간은 그러한 종속과는 관계없는 그 자체가 우주임을 밝히는 것이다.

개인은 아버지와 어머니에게서 태어나고, 생물학적 기원을 가진 종적 과정에 의해서 탄생하기 때문에 가족이 없는 개인은 있을 수 없고, 개인이 없는 가족 또한 있을 수 없다는 것이 그의 개인에 대한 이해이다. 하지만 인간은 참으로 그러한 개인에만 머무는 것이 아니므로 여기서부터 모든 변화

---

6 같은 책, 44-45쪽.

7 같은 책, 45쪽.

가 가능하다고 강조한다. 인간이 우주이며, 인격적 내용이 가득 차 있는 것은 그가 개인이기 때문에 그런 것이 아니라 인격이기 때문에 그러하며, 그런 의미에서 인격은 자연과 사회와 국가와의 관계에서 자유이며 독립이라는 것이다. 또한 현실에 있어서 개인은 세포라고 말할 수 있지만, 인격은 결코 세포가 아니라는 것인데, 인격은 부분이 전체에 들어가는 것과 같은 유기적 관계가 아니라 타자, 다른 모든 물건, 세계, 사회와의 관계가 창조와 자유와 사랑의 관계이지 결코 결정의 관계가 아니기 때문이다. 그래서 인격주의의 자유와 독립은 개인주의의 그것과는 달리 자기중심적 고립이 아니고, 오히려 그 반대를 말하는 것이라고 역설한다.[8]

인격은 인간의 삶에서 중요한 역할을 하는 어떠한 자동 작용(automatism)에 대해서도 반대의 위치에 있는 것이며, 자신의 인격을 위해 질료로 쓰는 물질적 세계로부터의 독립이라고 강술한다. 하지만 개인과 인격은 두 개의 분리된 인간으로 있는 것이 아니라 하나의 동일한 인간 안의 개인이면서 인격인 두 종류의 서로 다른 힘으로 존재하는 것이다. 여기서 개인으로서의 인간은 고독의 경험을 견디고 자아 중심적으로 자신 속에 함입되며, 자기를 기다리는 위험들에 대해서 자기를 지키는 투쟁을 지속한다. 하지만 인격으로서의 인간은 자기중심적인 자기 폐쇄를 극복하고 자기 속에 하나의 우주를 전개하면서 세계와의 관계에서 자기의 독립과 존엄을 주장하는 것이라고 베르다예프는 밝힌다.[9] 인격은 전면적으로 세계와 국가의 시민이 될 수는 없다는 것이다. 왜냐하면, 인격은 하느님 나라의 시민이기 때

8 같은 책, 46쪽.

9 같은 책, 47쪽.

문이다.[10] 인격은 어떤 경우에도 신과 인간, 정신과 자연, 자유와 필연, 독립과 의존 간의 이원론을 포기하지 않으면서 인간이 그 둘 사이에서 만나는 지점으로서 그 속에서의 투쟁이고, 여기서 인격은 신(神)으로부터 나오는 혁명적인 요소를 내포하는 것임을 강조한다. "정신적 원리의 승리는 인간이 우주에 종속된 것이 아니라 우주가 인격에 계시되는 것을 의미한다"[11]는 말로 베르다예프는 우리 언어생활에서 종종 혼동되는 개인과 인격 사이의 구분을 분명히 한다. 그러면서 19세기 이후 인간에 대한 이해가 온갖 자연주의와 과학주의, 사회주의로 환원되고 축소되는 것에 저항하면서 다시 인간 고유의 위치와 가능성을 밝히고자 고투한다.

인격과 영혼과 육체

인격이 무엇인가를 살필 때 위의 개인 의식과의 혼동이 있는 것처럼 아주 쉽게 서로 뒤섞이는 것이 인간의 '영혼' 이해와 관련해서이다. 오늘의 한국어에 있어서 '영'(靈)과 '혼'(魂)은 주로 함께 쓰여 일반적으로 육체적인 것에 대한 심적(soul)이고 정신적인 것을 뜻하는 언어로 쓰이지만, 이 단어의 구조를 좀 더 세밀히 살펴보면, 그리고 서양 언어를 번역하는 일과 관계하여 자세히 보면, 영은 spirit 또는 mind(理)를 번역해서 '정신'(精神)으로 하는 것이 적실하고, 혼은 soul(氣)을 번역해서 더 정적(情的)이고 기운적(氣運的)인 측면을 지시하는 언어로 쓰는 것이 적절하다고 생각한다.

베르다예프는 인격의 문제는 '영혼'(soul)과 '육체'(body)의 관계라는 보

---

10 같은 책, 48쪽.

11 같은 책, 37쪽.

통 문제와는 전혀 다른 차원이라는 것을 적시한다.[12] 인격은 인간을 자연의 생과 연결된 육체에서 구별되는 의미로서의 영혼(soul)을 뜻하는 것이 아님을 분명히 밝힌다. 그러면서 여기서 "정신적 원리"(spiritual principle)라는 말을 쓰는데, 인격이란 이 정신적 원리가 인간의 영혼(soul)과 육체(body)의 모든 힘을 다스리는 원리로 작용하는 전체적 모습이라고 한다. 여기서도 보듯이 베르댜예프도 spirit, soul, body를 셋으로 구분해서 쓰고--물론 이 영어 단어도 원래 러시아어에서 번역된 것이지만--, 이 영어 단어를 이 책의 번역자 이신(李信, 1927-1981)은 '정신'(spirit), '영혼'(또는 혼, soul), '육체'(body)라고 하면서 인격은 정신의 힘으로서 영혼과 육체를 통일시키는 또 다른 차원임을 밝힌다.

베르댜예프는 데카르트에게서 연원된 영혼과 몸이라는 오래된 이원론은 전적으로 잘못된 것이라고 지적하고, 오히려 진정으로 보면 인간 영혼(혼)의 생명은 전(全) 신체적인 생명에 침투하고, 마찬가지로 신체적 생명이 영혼의 생명에 작용을 미친다고 강조한다. 그런 의미에서 이원론은 존재하지만, 결코 '영혼'과 '육체' 사이가 아니라 '정신'(spirit)과 '자연'(nature) 사이, '자유'(freedom)와 '필연'(necessity) 사이의 이원론인 것이고, 자연에 대한 '정신'의, 필연에 대한 '자유'의 승리가 인격의 승리라고 역설한다. 그러면서 인간 신체의 형태(the form of the human body)가 이미 자연적 혼돈에 대한 정신의 승리라고 지적하는데, 신체의 형태는 단순히 질료나 물리적 세계의 현상이 아니고 영혼과 관계하고 정신적인 것이라고 밝힌다. 그래서 그는 인간의 '얼굴'에 대해서 다음과 같이 적시했다.[13]

---

12 같은 책, 39쪽.

13 같은 책, 40쪽.

인간의 얼굴은 우주적 과정의 정점이며, 우주에서 발생한 것 중에 가장 위대한 것으로서, 자연의 힘의 영역 위에서 우주적 과정의 정점을 떠올리게 하는 정신적인 힘의 작용을 연상시킨다. 인간의 얼굴은 세상에서 가장 놀랄 만한 것이다.

베르댜예프에 따르면 "다른 세계"(another world)가 얼굴을 통해서 빛난다. 얼굴은 인격이 그 독특성과 유일성, 반복 불가능성을 띠고서 세계 과정 안으로 들어가는 것이다. 그렇게 우리는 얼굴을 통해서 한 인간의 신체적 삶뿐 아니라 그의 (영)혼의 삶도 이해할 수 있고, 그처럼 신체의 형식(the form of the body)은 '정신-(영)혼'(the spirit-soul)에 속하는 것이며, 바로 이곳의 전체성 안에 인격이 드러난다고 역설한다. 즉 정신은 신체까지도 자기 속에 포괄하고, 그것을 "정신화"[靈化 Spiritualized]하며, 그에게 다른 질을 전달한다는 것이라는 의미이다.[14] 정신(the spirit)은 영혼(the soul)과 신체(the body)에 형식(the form)을 전달하고 그들을 통일체(a unity)로 모은다. 다르게 말하면 정신이 전체성의 인격에게 형태를 주는 것인데, 여기에 몸이 들어가고, 인간의 얼굴이 들어가는 것을 말하는 것이다.[15]

그러므로 결코 정신은 몸을 압박하지도 않고 파괴하지도 않는다는 것이 베르댜예프의 확언이다. 오히려 이러한 전체성의 시각은 일반적으로 생명(삶)을 기계론적으로 보는 것, 즉 몸에서 영혼을 빼앗고 몸의 형식에 적대적인 태도를 보이는 것을 극복하는 것을 말하며, 그런 의미에서 유물론(물질주의)은 몸의 형식이라는 것을 이해할 수 없고 설명할 수 없는 것이

---

14 같은 책, 41쪽.
15 같은 책, 41쪽.

된다고 강조한다. 이렇게 인격주의는 "인간 몸의 존엄성"(the dignity fo the human body)을 진정으로 받아들여 그 몸이 잘못 다루어지는 것을 용납하지 않고, 그것을 진정으로 "인간 존재의 권리"로서 인정하는 것이다.[16] 그래서 "매일의 빵의 문제도 곧 정신의 문제가 되며"(even the problem of daily bread becomes a spiritual problem), 이렇게 신체의 권리가 인격의 가치와 결부된 것으로 보기 때문에 인격에 대한 가장 가공할 만한 침해가 먼저 몸에 대한 침해라는 것을 적시한다. 그럼에도 굶기고 때리고 죽이는 일이 신체를 통해서 전(全) 인간에게 전해지지만, 그러나 정신 그 자체는 결코 때릴 수도 죽일 수도 없는 것이라고 베르댜예프는 확언한다.[17]

마무리 성찰—성·명·정(性·命·精)의 삼신일체(三神一體)와 인격

이렇게 베르댜예프는 인간의 인격을 여러모로 성찰하면서 20세기 이후 현대에 와서 인간의 격이 한없이 추락한 것을 다시 일으켜 세우려고 고투한다. 그 가운데서 인격이 보통 인간 '이성'(지성)이나 '개별성'(개인), '영혼'(soul) 등과 쉽게 등가화되고 혼동하여 이해되고 있는 것을 반박하고, 그와는 다른 차원, 그 모든 차원을 함께 포괄하는 전체성의 차원을 지시한다. 이것은 한마디로 오늘 세속의 시대이지만 다시 한번 인간의 영적 차원, 초월의 차원을 부각해서 인간 이해가 오늘날처럼 유물론적 일원론이나 각종 진화론적 자연주의, 사회주의에 빠지는 것을 막아서려는 것이다.

이상의 이야기를 듣고 있으면 우리가 지금까지 잘 몰랐고, 거의 찾지 않

---

16 같은 책, 41쪽.

17 같은 책, 42쪽.

았던 한국인 고유의 오래된 우주와 인간 이해가 생각난다. 단군조선 등에 대한 고(古) 기록[『桓檀古記』]에 표현된 민족 고유의 그것은 중국 문명 중심의 신유교적 리기론(理氣論)과도 또 다르게 우주와 인간의 삼차원을 적시하면서 그 세 가지 차원이 어떻게 서로 관계되고 연결되는지를 밝히고 있다. 환국과 배달국에 이은 단군왕검의 고조선(古朝鮮)의 역사를 기록하여 전하는 고려 후기 행촌 이암(李嵒, 1297-1364) 선생이 지은 『단군세기(檀君世紀)』의 첫머리는 위기에 빠진 나라를 구하는 일에서 '역사'(史學)를 아는 것과 더불어 자신이 누구인지를 아는 일이 가장 우선이라고 강조한다. 그러면서 다음과 같이 밝힌다.

> 삼신일체의 도는 크고 원융하며 하나 되는 뜻에 있으니, 조화(造化)의 신(神)이 내려와 우리 본성(性)이 되었고, 교화(敎化)의 신(神)이 내려와서 우리의 (기운인) 명(命)이 되었으며, 치화(治化)의 신(神)이 내려와서 우리 (몸의) 정(精)이 되었다. 그러므로 만물 가운데 인간이 최고로 귀하고 존엄하다.[18]

여기서 표현된 인간 존재의 세 가지 신적 기원[三神一體]을 드러내는 '성·명·정'(性·命·精)의 언어는 다시 구체적인 현실적 존재에서 '心(마음)·氣(기운)·身(몸)'의 세 쌍으로 표현되고, '느낌[感]·호흡[息]·촉감[觸]'의 세 가지 활동으로도 밝혀진다. 이러한 한국 고유의 이해는 베르댜예프가 인격을 '영'(the spirit)과 '혼'(the soul)과 '육'(the body)을 모두 포괄하는 전체성의 '정신'(the spirit)으로 본 것과 잘 상통한다고 생각한다. 그리고 이것은 인간의 고유성을 주로 이성적 지성[理]으로 보거나 육체와 대극되는 의미에서의 영

18 『환단고기(桓檀古記)』, 이기동·정창건 역해, 도서출판 행촌, 2019, 70쪽.

[理]이나 혼[氣]으로 보는 것과도 구별된다고 본다.[19] 이와 같은 삼신일체의 정신(精神, the spirit-soul-body)은 또한 다른 곳에서는 "심뇌"(心惱)라는 말로도 표현되는데, 단순히 신적 본성이 마음[心]에만 드러나거나 뇌라는 몸이나 지적 능력과만 관계되는 것이 아니라 인간의 '심뇌'[마음과 뇌, 즉 정신]에서 하늘과 땅이 하나가 되는 '일석삼극'(一析三極)이나 '인중천지일'(人中天地一, 인간 속에서 천지가 하나가 된다)의 미묘한 통전성의 차원을 말하는 지경이라고 할 수 있다.[20]

베르다예프는 우리 시대에 인간에 관한 초월적 차원을 다시 지시하기 위해서 '인격'이라는, 이미 지극히 일상화된 세속 언어를 가져오면서도, 어떻게든 그 초월적 기원과 말로 다할 수 없는 이원적 모순성과 신비[神]를 표현할 수 있을까 고투하면서 '정신'[靈, the spiritual]이라는 말을 사용했다. 이와 유사하게 한국의 고(古) 사상도 성·명·정(性·命·精)이나 심·기·신(心·氣·身) 등의 세 쌍의 말을 가져와서 그중에서도 리(理)나 천(天)보다 훨씬 더 인간적이고 세계내적인 성(性)이나 심(心)이라는 언어로써 인간 존재의 최고의 신적 차원[三神]을 그려내고자 했다. 즉 일반 서구 기독교 사상으로부터의 고유성을 드러내 주는 러시아 사상가 베르다예프나 중화 문명권에서 또 다른 독자성을 드러내는 한국 고(古) 사상은 훨씬 더 오묘하고 농축적인 형

---

19 이은선, 「3.1운동정신에서의 유교(대종교)와 기독교-21세기 동북아 평화를 위한 의미와 시사」, 『동북아평화와 聖·性·誠의 여성신학』, 동연, 2020, 129쪽 이하.

20 『천부경(天符經)』. 1909년 한일병탄이 코앞에 있던 시점에서 홍암 나철(1863-1916)과 해학 이기(海鶴 李沂, 1848-1909) 등이 중광한 대종교(大倧敎)가 그 핵심 경전으로 삼는 『천부경』과 『삼일신고(三一神誥)』는 행촌 이암의 후손 이맥(李陌, 1455-1528)이 지은 『태백일사(太白逸史)』에 포함되어서 전해진다. 그리고 그 후손 해학 이기는 다시 이러한 古사상을 『태백속경(太白續經)』 또는 『진교태백경(眞敎太白經)』 등으로 전해주었다. 박종혁, 『한말 격변기 해학 이기의 사상과 문학』, 아세아문화사, 1995.

태로 하늘과 땅, 초월과 내재, 신과 인간, 정신과 물질, 지성과 감성 등의 두 차원을 연결하고 관계 맺게 하려고 고투한 것을 말한다. 거기서 인간의 역할, 인극(人極), '그냥 인간'(仁)은 그 핵심으로서 둘 사이의 긴장성을 하나로 화합해 가는 역할을 맡는다는 의미이다. 다른 말로 하면 '신인'(神人, Homo-Deus)의 출현을 기하는 것을 말하는 것이다.

그것이 베르댜예프의 언어로 하면 '인격'이라는 것인데, 19세기의 또 다른 한국 사상가 일부 김항(一夫, 1826-1898) 선생은 오늘 놀랍도록 발전해 가는 우주 천문학이 밝혀주는 대로, 태양계를 넘어서 무한대로 펼쳐지는 우주 생명(별)의 세계가 있지만, 그렇게 수많은 생명 중에서도 거기에 '태양과 달'(日月)이 없다면 그 모든 것이 무슨 의미이며, 또 그 태양계 안에서 인간이 사는 지구 안의 '인간'이 없다면 그것 또한 무슨 의미가 있느냐고 물었다.[21] 이것은 인간의 삶이 '천동설'(天動說)과 '지동설'(地動說)을 넘어서 다시 그 모두를 포괄하는 '인동설'(人動說), 다른 말로 하면 '인간세'(人間世, Anthropocene)의 시간을 지시하는 것이라고 나는 이해한다.

오늘날 서구 문명에서는 주로 부정적인 의미로 쓰이는 '인간세'의 참뜻은 인간이 우주의 삶을 죽이는 존재가 아니라 '살리는'[性/生理] 존재로 역할할 수 있음을 지시하는 언어로 쓰여야 한다고 나는 생각한다. 베르댜예프의 인격주의나 한국 고(古) 사상이 그 가능성을 보여주었다고 여긴다. 전통의 '신학'(神學, theology)이 아닌 한국적 '신학'(信學, fiedeology)도 그것을 밝히고자 하고, 유발 하라리와 같은 서구 사상가가 호모 데우스를 말하기 훨씬 오래전에 줄기차게 '신인'(神人, Homodeus)이나 '겸성(兼性)의 성인'(聖人)을

---

21 김항, 『정역(正易)』. 8면 "天地匪日月公殼, 日月匪至人虛影.", 류승국, 『한국사상의 연원과 역사적 전망』, 유교문화연구소, 2008, 261쪽.

말해 온 한국 고(古) 사상이 전하려는 메시지가 아닌가 생각해 본다.[22]

그 고(古) 사상의 보고 중 하나인 『단군세기』는 하늘[天]의 위대함은 "검은 말없음"[玄默]을 통해서 우주의 기초[眞一]를 놓고, 땅[地]의 위대함은 "축적하고 저장함"[蓄藏]으로써 큰 생산을 하고[勤一], 바로 "인간은 그 사유함의 일로써 위대하고, 원만함을 택해서 협력하고 합하는 일이 그 일이다"[人以知能爲大 其道也擇圓 其事也協一]라고 갈파했다.[23] 하늘과 땅을 합하고, 민족을 합하고, 서로의 마음을 합하며, 인간과 자연, 자연과 기계, 우리 마음과 몸을 합해서 큰 하나 되게 하는 일이 인간의 사명이고, 추구이며, 생명의 일이라는 뜻일 것이다. 그런데 이렇게 우주를 원만한 협력과 하나 됨에 이르지 못하게 하는 것이 무엇일까? 왜 우리는 '신인'(神人)이 되지 못하고, '진인'(眞人)이 되지 못하며, 인격을 잃어버린 노예처럼 사는 것일까를 탐색해 가는 일이 이어서 계속된다.

---

22 이은선, 「한말의 저항적 유학자 해학 이기의 신인(神人/眞君) 의식과 동북아 평화」, 『동북아평화와 聖·性·誠의 여성신학』, 동연, 2020, 261쪽 이하.

23 이암, 『단군세기(檀君世紀)』, 『환단고기(桓檀古記)』, 이기동·정창건 역해, 도서출판 행촌, 2019, 138쪽.

4장

왜 오늘 다시 인격(人格)인가?

—우리 시대의 인학(仁學)과 신학(信學)

한없이 무시당하는 인격

'인격이란 무엇인가'에서 우리가 드러내고자 하는 인간 이해를 베르다예프의 언어로 하면 '인격'이고, 한국 고(古) 사상으로 하면 '성·명·정'(性·命·精)과 '심·기·신'(心·氣·身)의 세 차원[三神]의 하나 됨이 강조되는 '정신'(spirit)이라고 했다. 그것은 이성과도 다르고, 개인을 말하는 것이 아니며, 육체와 구별되는 의미에서의 영혼을 말하는 것도 아님을 강조했다. 인격과 정신으로서의 인간은 이 모든 차원을 포괄하고, 서로 통하게 하고, 하나의 실존의 형식으로서 존재하게 하는 것, 수수께끼 같은 단독자라는 말이다. 그런데 왜 오늘 그와 같은 어마어마한 존재인 인간이 존중받지 못하는 것일까? 오늘 인격이라는 말은 한없이 식상한 상투어가 되어 버렸고, 정신(精神)이라는 단어도 원래는 그 단어가 한자어로 '정'(精)이라는 몸적인 것과 '신'(神)이라는 영적인 것이 합해져서 이루어진 말이지만 오늘 우리 현실에서는 이 인간 존재의 전일성과 통합성이 한없이 무시되고 왜곡되어 있다.

한국의 첫 성전환자 군인이었던 변희수 하사의 급작스러운 죽음(2021)은 한국 사회에 큰 충격과 안타까움을 안겨주었다. 즉각적인 반응은 그것은 일종의 사회적 타살이라는 것이었으며, 한국 국방부가 우리 사회 인권 수호의 공적 보루였던 국가인권위원회의 권고도 무시한 채 그를 강제 전역시킴으로써 그 생의 비극적 마무리에 큰 책임이 있다는 지적을 받았다. 베르댜예프의 언어로 하면 이 비극과 폭력은 한국 사회는 여전히 인간의 '인격'(인권)을 '자연'의 산물로만 보는 자연에의 노예성이 빚어낸 결과라고 할 수 있다. 그러는 사이에 오늘 수많은 사람이 자신 일상적 삶의 플랫폼으로 삼고 있는 쿠팡 노동자가 또 그 과도한 노동으로 죽음을 맞이했다는 뉴스도 듣는다. 그 쿠팡 노동자의 인격이 그가 지닌 신체적 노동력에 철저히 한정된 경우이고, 여러 가지 개인적 사회적 요인들에 의해서 지금의 빈곤한 처지에 놓이게 되었지만, 어떻게든 그 처지를 타개하기 위해서 노동하는 가운데 죽어 간 것이다. 그의 인격이 결코 그 신체적 힘과 노동력으로 등가화 될 수 없는데도 말이다.

왜 다시 실존인가?—인격과 실존

'인격'이라는 말뿐 아니라 '실존'(existence)이라는 말도 이미 거의 사어(死語)가 되어 버렸으며, 상투화의 냄새를 많이 풍기고 있다. 그래서 이 말을 다시 가져온다는 것이 어떤 뜻이 있을까 하는 생각이 들기도 하지만, 앞에서 밝힌 대로 인격이나 정신의 모순적 비의성과 창조성, 역동적 수행력을 밝혀내기 위해서 이 말만큼 여전히 유효하고 적실한 것이 또 있나 하는 생각도 든다. 무(無/无, non-being 또는 nothingness)와 공(空, the void)으로 있다가 어느 순간 찰나에 분별을 위해서, 선택을 위해서, 그래서 존재[有]를 불러일으키고 선(善)이 있게 하며, 한 발자국 또는 한 차원의 새로움을 가져오는 힘!

그러나 30여 년 전 타계한 한스 요나스(Hans Jonas, 1903-1993) 같은 윤리학자는 당시 누구보다도 예민하게 지구의 존재 자체가 위기에 빠졌다는 것을 감지하면서 그 타개의 길로서 더는 그러한 주관의 도덕심이 아닌, 위기에 빠진 객관의 존재 자체를 인간 윤리의 출발점과 근거로 삼고자 했다. 하지만 그 이후 우리가 모두 경험하는바, 거기서 강조되던 객관의 존재—예를 들어 갓 태어나 그 존재 자체만으로도 우리의 책임과 배려를 호소하는 한 아기의 존재—와 지구 존재가 얼마나 쉽게 인간 주관에 의해 무시되고 대치될 수 있는지를 보았다. 요나스도 강조했고, 지금까지 인류 문명에서 종종 모든 인간 윤리의 모형이나 원형이라고 찬양되어 온 모성에 의해서도 요사이 종종 그 대상이 무로 돌아가는 경우를 보면서 과연 객관과 존재에 근거한 윤리가 얼마나 힘이 있을까 하는 의구심이 든다. 여기에 더해서 오늘 지구 선진국들은 이때까지 우리의 의심하려야 할 수 없는 삶의 토대였던 지구 자체도 이제 실컷 쓴 후 버릴 수 있다는 계산으로 우주 공간에서 그것을 대신할 새로운 곳을 찾기 위해서 엄청난 재원을 쓰고 있다.

자기 존재의 지속을 온전히 타인의 배려에 맡길 수밖에 없는 아기나 어린 자식 같은 미약한 존재(객관)나 인간 생명의 독존적 터전과 집이라고 여겨지는 지구 존재도 더는 인간 윤리의 촉발자로서 역할을 하지 못한다면 어떤 다른 길이 남아 있는가? 베르댜예프의 인격주의가 다시 가져오고자 하는 '실존' 개념은 이러한 상황에서 모든 그러함에도 불구하고 다시 한번 인간적 주체와 그 자유의 힘을 믿는 가능성으로 받아들여지기를 원한다. 실존은 존재보다 훨씬 더 '여기 지금'의 주관적 순발력에 근거해서 한 존재자의 있음과 존재에의 요구를 듣고 행할 수 있는 능동적 수행력이고, 단순한 피동적인 주관의 존재가 아닌 주체로서의 자유가 강조된 의미로 보기 때문이다.

앞에서도 여러 번 강조했지만 근대 과학 문명은 주관도 철저히 하나의 객체적 대상물과 존재물로 환원시켜, 이후 인간 윤리의 문제가 오늘날 널리 유행하듯이 각종 자연과학이나 심리치유, 뇌과학 등의 정보나 관리의 문제로 여겨진다. 그러나 과연 그것만이 다일까? 자신의 시대에서 그러한 객체화의 파국과 위험을 보아 온 베르댜예프는 거기에 대해서 우주가 인격의 일부인 것처럼 사회가 오히려 인격 일부라는 것을 역설하면서 인격은 외부에서 행해지는 모든 결정에 대립하며 내부(인격)로부터 결정되는 자유의 신비라는 것을 어떻게든 드러내고자 한다. "인격은 전(全) 객체 세계 밖에서 내면의 자기를 결정한다. 내부로부터의 자유에서 출발한 결정만이 인격이다"라고 서술하고, "자유의 신비는 곧 인격의 신비"라는 것을 밝히면서 실존에 대한 깊은 믿음을 드러낸다.[1]

고뇌하고 환희를 느끼는 실존과 인격의 신적 보증

이렇게 자유로서의 인격은 결코 어떠한 객체(존재)로 환원되어서는 안 되고, 만약 그렇게 될 때 그것은 인격의 죽음을 의미하는 것이며, 그런 뜻에서 베르댜예프는 "객체는 항상 악이며 주체만이 선일 수 있다"라는 말까지 한다. 이것은 21세기에 와서 한스 요나스 같은 윤리학자도 빠져들기 쉬운 인간에 대한 각종 존재론적 환원이 선과 악을 두 개의 서로 다른 실체로 간단하게 나누는 것에 반대하는 것이다. 그리고 인간의 자유를 이미 만

1 니콜라스 A. 베르댜예프, 이신 옮김, 『노예냐 자유냐』, 늘봄, 2015, 34쪽.

들어진 어떤 정답이나 형식, 제도와 보편으로 제한하거나 객체화하는 것에 저항한다.

하지만 그렇다고 해서 이러한 자유가 단지 통상적인 의미에서의 인간 '의지'(willing)의 자유나 세속적인 인본주의에서의 인간 합리성의 '선택'의 자유만을 말하는 것이 아님은 분명하다. 이러한 실존과 자유의 깊이를 베르댜예프는 오히려 인격이 만유(萬有)이고, 전체이며, 어떤 의미에서 전 세계가 인격의 소유라는 말을 가지고 선언해 왔는데, 여기에 더해서 그는 그 자유의 "보증"(the guarantee)을 위해 다시 '신'(神)을 끌어들이고, "초인격"이나 "자기 초월"을 말하기까지 한다. 그만큼 인격과 자유는 세상에 대해서 역설이고, 비의이며, 모순과 신비이기 때문이다:

> 하느님은 자연과 사회의, 카이사르(Caesar) 왕국의, 객체 세계의 노예화하는 권력에서 인격을 자유롭게 하는 것의 보증이다. 이 일은 정신(the spirit)의 영역에서 일어나는 것이지 객체의 세계에서 되는 일이 아니다. 그리고 객체 세계의 어떤 범주도 내면적 실존의 관계로 옮겨 놓을 수 없다. 객체 세계의 어떤 것도 진정한 실존적 중심은 아니다.[2]

이렇게 베르댜예프가 인격의 자유를 위해서 다시 신을 끌어들이는 것의 문제점에 대한 논의는 다음번으로 미루고, 이상의 이야기를 듣고서 동아시아 유교 전통에서도 인간의 정신[性]에 대한 보증으로서 '천리'(天理)와 '태극'(太極)을 말하고, 다시 그 태극의 더 높은, 또는 더 깊은 시작과 근원으로서 '무극'(無極)을 말하는 것이 생각났다. 그리고 특히 조선 성리학에서 퇴

---

2 같은 책, 35쪽.

계 선생이 당시 떠오르는 신세대 학자 기대승(奇大升, 1527-1572)과 더불어 인간 존재의 가능성과 한계를 깊이 논한 '사단칠정론'(四端七情論)의 고투가 떠오른다.

퇴계 선생은 당시 점점 더 시대의 조류로 부각되는, 인간 본성[性]을 자연주의화하고 실체론화하는 것에 동조할 수 없었다. 그는 당시의 젊은 학자 기대승이 인간의 신체적 현실과 감정적 실존[氣]을 중시해야 한다고 한 지적과 비판을 진지하게 받아들였지만, 그러면서도 그러한 주장에 내포된 위험성을 보았다. 즉 그것은 인간의 인격[性]을 과도하게 기적(氣的) 차원으로 환원시키면서 인간의 선험적 선성[性卽理]을 왜소화시키는 위험을 말한다. 그래서 그에 대하여 8년여에 걸쳐 인간 본성의 선함과 현실적 감정의 차원에 관한 논의를 통해서 그 두 차원의 역동적 관계와 연결을 긴밀히 엮어내면서도 본성적 리[理]적 차원의 근원성과 토대성[所從來]을 포기하지 않는 방식을 고수했다.[3]

나는 퇴계 선생의 이 고투가 여기서 베르댜예프가 어떻게든 인간 인격의 다면적 차원을 밝히면서도 동시에 그 근원적 초월성을 논하기 위해서 다시 그 '신적 보증'을 불러들이고, '정신'이나 '자유', '실존'을 그렇게 강조하는 것과 유사하다고 생각한다. 앞에서도 계속 말해 왔지만, 베르댜예프는 20세기 인간에 대한 이해가 각종 과학과 진보주의, 자연주의나 사회주의 등으로 과격하게 물화 되어서 해석되는 것을 경계했다. 그래서 어떻게든 자신의 인격주의로 인간 존재의 잃어버린 초월적 차원을 밝혀낼 수 있기를 바

3 이은선, 「어떻게 행위하고 희락할 수 있는 인간을 기를 수 있을 것인가?-양명과 퇴계 그리고 루돌프 슈타이너」, 『생물권 정치학 시대에서의 정치와 교육-한나 아렌트와 유교와의 대화 속에서』, 모시는사람들, 2015, 286쪽.

란 것이다. 여기서 베르댜예프는 퇴계 선생이 인간 마음의 측은지심이나 수오지심(부끄러워하는 마음), 사양지심(삼가는 마음)이나 시비지심(구별하는 마음) 등의 도덕 감정이 바로 인간 인격의 초월적 차원(性理)을 여기 지금의 현실의 삶에서 드러내는 것이라고 본 것과 유사하게, 특히 인간의 고뇌와 환희를 느끼는 능력을 인간 실존의 깊은 심정적 표현으로 보았다.[4]

고뇌와 환희를 느끼는 능력 속에서 베르댜예프는 특히 "고난을 감내하고 고통을 견디는 능력"을 실존적 인격의 핵심으로 본다. 인격은 어떤 의미에서는 고뇌 자체라고까지 적시한다. 왜냐하면, 인격성, 즉 자유는 우리를 노예화하려는 세상 노예성과의 투쟁을 요구하고, 그런 의미에서 자유의 실존으로서 인격으로 산다는 것은 고난 없이는 살 수 없는 것을 말해주기 때문이다. 오늘날 AI 인공지능이 확산되는 시대에 가장 간과되기 쉬운 것이 바로 이 '고난'을 감수하고 인내하는 능력이라면, 그 반대로 인간의 자연주의적 확장으로서의 AI 인공지능이 아무리 여러 인간 감정 영역까지 넘나드는 때가 되었다 해도 진정 고유하게 인간의 인격적 자유를 드러내는 범주는 이 고난의 영역이 아닐까?

그 이유는 인내의 지속하는 능력[誠]은 최고의 정신적 집중력과 긴장력[敬]을 통해서 과거 삶의 경험을 기억[理]으로 불러오고, 미래에 대한 상상의 믿음[信]을 통해서, 또한 그의 모든 감정[情]과 몸의 힘[身]을 함께하여서 견뎌내지 않으면 그 인내를 유지하고 지속할 수 없기 때문이다. 다시 말하면 인간 인격의 인내[誠]하는 힘이야말로 참으로 불가사의하게 시공의 전 영역을 세밀하게 통합하는 '정신'과 '실존'과 '자유'의 힘[敬]에 근거하고, 그래서 그것을 베르댜예프는 신적 보증이 요청되는 능력이라고 했으며, 퇴계

4 이황, 『퇴계집-사람됨의 학문을 세우다』, 이광호 옮김, 한국고전번역원, 2017, 177쪽.

선생은 유사하게 그 인격의 일은 먼저 리(理)의 차원으로부터 시작을 말해야 하는[理發而氣隨之] 일이라는 본 것이다.[5]

자아주의의 위험과 인격, 초인격

여기서 베르댜예프가 어떻게든 인간 인격의 초월성을 강조하기 위해서 다시 가져온 '실존'이라는 개념이나 퇴계 선생의 '리(理)-우선성'[理發]의 인간 정신[心] 이해는 그러나 문제가 없지 않다. 이미 앞서서 인격주의가 결코 단순한 개인주의가 아닌 것을 말했지만 여기서 실존으로서의 인간 이해가 다시 '자아'(ego) 또는 '자아주의'(egoism)와 어떻게 관계되는지 문제가 되기 때문이다. 베르댜예프는 국민이나 국가, 사회, 제도, 교회 등 공동체적 집단적 현실은 실제적인 가치이긴 하지만, 고뇌와 환희를 느끼는 능력을 담지한 실재(實在)하는 인격이 아니라고 하며 거기에 인격을 종속시키면 안 된다고 강조한다. 이것은 인격이 갖는 단독자나 개인, 자아의 측면을 밝힌 것인데, 베르댜예프의 인격주의는 정신이 창조하는 것이 초인간적이거나 일반적인 관념적 가치세계가 아니라 구체적인 질적 내용이 있는 이야기 세계(the universe in personality)라는 것을 밝히는 의미이겠다.[6]

하지만 그럼에도 이러한 인격의 개별화는 인격을 자아 중심적인 자기 충족과 자아 집중, 자기 유폐의 위험 앞에 항상 노출시킨다. 베르댜예프는 이것을 기독교 전통의 언어를 다시 가져와서 인간이 자기에서 떠날 수 없

---

5 이황 퇴계, 『성학십도(聖學十圖)』 제6심통성정도(心統性情圖).

6 니콜라스 A. 베르댜예프, 『노예냐 자유냐』, 37쪽.

음을 밝히는 '원죄'(original sin)라고 지시한다.[7] 인격을 '하느님의 형상'(the image and likeness of God)으로 밝힌 것과 반정립되는 것을 말한다. 이 자아주의는 인격에 충실한 삶의 실현을 방해하고, 자기 편집과 모든 것을 자기에게 관계해서 생각하는 히스테리적 방식으로 나아가게 할 수 있다. 이러한 사람의 의식은 분명 개체적이긴 하지만 거기서 인격은 파괴되고, 이렇게 인격이 자신에게 유폐되어 있을 때 외부와의 소통은 단절되고 결국 질식사하고 마는데, 오늘 우리 시대의 큰 병이 바로 이것이다.

베르댜예프는 진정한 인격은 자신에게서 나와서 타인과 세계로 나가는 것을 의미한다고 역설한다. "인격은 공동적이다", "인격적인 것은 타자를 필요로 한다"라는 언술처럼, '공'(公)에 대한 명시와 인격의 개방적 관계성에 대한 강조가 퇴계 선생이 "공(公)이란 인간성, 즉 인격을 체득하는 방법"[公者 所以體仁]이라고 한 것처럼 그의 인격 이해의 또 다른 핵심적 특징으로 자리한다. 그러나 먼저는 인격의 바깥 세계와의 관계가 특수의 보편에 대한 종속처럼 되어서는 안 된다는 것을 힘주어 밝힌다. 진정한 인격의 실현은 잘못된 자기 유폐와 같은 동전의 다른 쪽인 객체화와 세계화가 아니라 실존의 심연에서 궁극(하느님)과 타자와의 내면적 실존의 만남임을 명시하고, 그것을 통한 진정한 "자기 초월"을 지시하고 있는 것이다. 그렇지 못할 때 인간은 오히려 무인격적 결정론의 예속(in the power of determination)에 빠지고, 오늘 인간의 실존이 각종 객체 세계의 노예 상태에 빠진 것을 밝혀낸다.

"인간은 자기를 초극하고 초월하는 존재이다. 인간에게 인격의 실현은 이 부단한 자기 초월에 있다"[8]라는 언술은 베르댜예프의 인격주의가 어떻

7 같은 책, 54쪽.

8 같은 책, 37쪽.

게 잘못된 자아주의를 경계하는지를 확인해 준다. 하지만 다시 그 인격주의는 실존적 세계에서 태양을 우주의 중심으로 볼 것이 아니라 인간의 인격을 중심으로 보아야 한다고 밝히며,[9] 인류 근대 과학적 지동설(地動說)의 단차원적인 외재화의 위험을 지적한다. 그래서 참된 인격의 실현과 현실화는 "태양을 자기 속에 가져오는 것"이라고 역설하는데, 나는 이것을 인격주의의 실현을 통해서 근대의 '지동설'을 넘어서, 다시 중세의 '천동설'로 돌아가는 것이 아니라 참다운 인격 중심의 '인동설'(人動說)로 초월해 나가는 것이라고 이해했다.

이것이 동아시아 한국에서도 20세기 이후 과거 중국 중심의 『주역(周易)』을 넘어서 자신이 자리하고 있는 조선의 그곳에서 다시 새로운 역을 창안한 『정역(正易)』으로 표현되었고, 하늘이 바로 내 안에 있다는 '시천주'(侍天主)의 큰 진실을 밝히면서 '향아설위'(向我設位)를 급진적으로 주창한 동학(東學) 운동도 바로 이러한 인격의 참다운 자기 초월이 표현된 것이라고 본다. 이들의 후천개벽(後天開闢) 또는 '다시개벽'의 정신은 그리하여 조선 성리학의 근대주의를 넘어서는 '한국적 근대 이후주의'(以後主義)인 것이고, 나는 그것이 요사이 한국의 개벽 연구가들이 많이 주장하듯이 서양 근대와 단순 비교해서 간단히 '토착적' 근대의식이라고 규정할 수 없다고 보는 입장이다.

마무리 성찰—한국적 인학(仁學)과 신학(信學)

청나라 말기의 사상가 담사동(譚嗣同, 1865-1898)은 청일전쟁 등을 겪으며

---

9 같은 책, 54쪽.

몰락해 가는 구왕조 중국을 혁신하기 위해서 가장 전통적인 개념 중의 하나인 '인'(仁)을 근본적으로 새롭게 성찰해서 '인학'(仁學)을 구성하고자 했다. 1898년 변법 유신운동의 실패로 서른네 살의 젊은 나이로 처형되기 전에 탈고한 그의 『인학(仁學)』을 보면 첫 서두에서부터 특히 공자의 핵심 사상이던 '인'(仁)이란 글자가 두 '이'(二) 자와 사람 '인'(人) 자가 결합한 글자인 것을 지적하면서 그 '인'(仁) 자와 시작을 말하는 '원'(元) 자나 없음의 '무'(无) 자가 모두 같은 구성의 글자로 서로 같은 의미라고 역설한다. 그 인의 가장 중요한 뜻이란 (둘이) '통(通)한다'라는 뜻으로, 서양적 이해로 '에테르'(以太)나 '전기', '정신적 에너지'와 같다고 밝힌다.

이렇게 인(仁)과 원(元), 무(无)의 하나됨을 말하는 그에 따르면, 그리하여 인(仁)한 인간은 시작[元]을 모르면 안 되고, 인(仁)의 유효한 작용은 무(无)에서 끝난다는 것을 알아야 하는데,[10] 나는 이러한 담사동 인학(仁學)의 기본 정신을 들으면서 그것이 베르댜예프의 인격주의와 매우 잘 상관되고, 여기서 내가 사유하는 '한국적 신학(信學)'의 의미와도 상통하고 있음을 본다. 그것은 우리 문명의 전환의 길을 인간 정신의 핵을 재성찰함으로써 찾고자 하는 것이고, 전통적으로 나누어져 있던 종교와 학문, 믿음과 사유, 인문과 과학 등의 관계를 더욱 연결시키면서 더는 예전의 좁은 '신학'(神學)이나 종교의 의미가 아닌 하나의 '통합학문'으로서의 믿음의 학인 '신학'(信學, Intergral Studies for Faith)을 말하고자 하는 것이다. 여기서 인간성의 씨앗인 '인'(仁)이 베르댜예프의 인격주의가 주창하는 '인격'으로 표현되어도 무리가 없다는 것은 말할 것도 없고, 그 인과 인격을 단지 인간 삶에서의 윤리나 도덕의 차원에만 한정해서 보는 것이 아니라 온 우주의 창조와 존

---

10 담사동, 『인학(仁學)』, 임형석 옮김, 산지니, 2016, 11, 21쪽.

재 원리[天地生物之心]로 보는 것도 그러하다.[11]

담사동이 원(元, the Ultimate)이나 무(无, the Void)라는 개념을 함께 가져와서 그것을 '통'(通)을 특성으로 하는 유(有)의 언어인 인(仁)과 한가지로 본 것과 유사하게 베르댜예프의 인격은 보편을 그 안에 포괄하는 특수로서 참으로 인간적이고 개체적이며, 이 세상적이면서도 동시에 초월적이고 초인격적이며, 신적인 보편을 함께 포괄하는 우주[元]와 궁극의 무(无/無極)로도 보았다. 인격의 핵심은 정신의 자유[性/生]이고, 통(通)이라고 하였다. 그런데 그 정신과 자유가 표현되고 길러지는 것은 '관계'[公]를 통해서이며, 인격을 넘어서는 초인격의 지향 속에서 가능해진다고 보았다. 그 관계를 소중히 여기는 것이 '경'(敬)이고, 그 인격적 관계를 통해서 다시 '믿음'[信]이 가능해진다는 성찰이다. 전통의 신학처럼 신(神)에 대해서 논하는 것보다 이 인(仁)과 경(敬)을 통해서 신(信)과 성(誠)을 말하는 '신학'(信學)을 주창하는 것이다. 가장 전통적인 개념인 인(仁)이나 인격을 새롭게 성찰해서 새로운 종교, 정치, 교육과 문화의 가능성을 찾고자 하는 것이다.

그런데 한국의 유학자 류승국 교수의 갑골문자 연구에 의하면, 그 인(人)이나 인(仁) 자가 원래 고대 세계의 동이족을 지시하는 고유명사였다고 한다. 그것이 나중에 한문 세계에서 '인간 일반'을 가리키는 보통명사가 되었다는 것이다. 다시 말하면 우리 민족의 인간성과 인격이 인간의 보편적 특성으로 지시된 것을 가리킨다.[12] 이러한 추적은 한민족 고(古)역사의 기록에 그들이 인(仁)과 효(孝)를 중시했다는 기록[一心存仁孝]이 지속적으로 나

11 이은선, 「한국 천지생물지심(天地生物之心)의 영성과 기독교 영성의 미래」, 『다른 유교 다른 기독교』, 도서출판 모시는사람들, 2016, 175쪽 이하.

12 류승국, 「한국사상의 본질과 평화의 이념」, 『한국사상의 연원과 역사적 전망』, 유교문화연구소, 2008, 507쪽 이하.

오고, 하늘에 제사 지내는 일을 항상 행했으며[元], 그 가운데서 "하늘에 제사 지내는 의례는 사람을 근본으로 삼아야 한다"[祭天之儀 以人爲本][13]는 가르침이 계속 강조된 이유를 추측하게 한다. 한민족 사람들은 '근본'을 중시하고, 중국에 의해서 '군자국'으로 불릴 정도로 인간적인 것을 강조한 것이다. 그들이 서로 논의를 통해서 국사를 운영하는 담화의 정치를 꾀했으며(和白會議), 서로 화합하고 용서하는 것을 중시하고(蘇塗), 사형 제도를 없앴다는 이야기는 오늘 우리 시대와 지금의 상황을 많이 돌아보게 하며, 한국 사회가 다시 무엇을 지향해야 하는지를 밝혀준다.

14세 단군조선 시대(B.C. 1721) 시대를 기록한 고기(古記)에 "하늘이 마음에 두는 것은 사람이다"[天所心者人也]라는 말이 나오고,[14] B.C. 1552년경의 제17세 단군조선의 시대에 관한 서술로서 "죄과를 책망할 때는 믿음으로 하고, 경계를 관리할 때는 은혜로웠다"[責禍以信, 管境以恩]라는 말이 나온다.[15] 나는 이러한 기록들이 바로 한국적 인학(仁學)과 신학(信學)을 구성하기 위한 좋은 근거라고 여긴다. 다른 사람의 잘못과 죄과를 책망할 때 그 사람도 인격이라는 잊지 않는 인간에 대한 믿음을 기본으로 하고, 그래서 사형 제도를 멀리했는데, 왜냐하면 인격으로서의 그의 삶은 언제든 다시 바뀔 수 있고, 새롭게 행위하고 시작할 수 있기 때문이다. 그래서 그의 말을 '인간[人] 말[言]'로서 믿는 일[信]을 놓쳐서는 안 된다는 정신이 있었다. 그리고 자아와 타자의 경계를 정해야 할 때는 나의 실존은 그의 존재로 인해

---

13 이기동·정창건 역주, 『환단고기』 「단군세기」, 6세檀君 達文 재위 36년(B.C. 2083), 도서출판 행촌, 127쪽.

14 같은 책, 146쪽.

15 같은 책, 153쪽.

서 가능해진다는 것을 알고, 또한 자아 유폐야말로 인격의 죽음인 것을 생각하면서, 오히려 내가 더 양보하고 함께 나누는 '은의'(恩義)의 방식을 강조한 것이다. 즉 이렇게 선택하고 행위할 수 있는 우리 자신 속의 인격 또는 초인격의 실재와 가능성을 믿는 일이야말로 참된 믿음이고, 신앙이며, 종교임을 가르치는 언어라는 것이라고 하겠다. 오늘 왜 우리가 다시 '인격'을 말해야 하고 우리의 '인학'(仁學)과 '신학'(信學)을 구성하기 위해서 어떻게 씨름해야 하는지 그 이유와 근거를 설명해 주는 것이라 생각한다.

5장

참된 인격주의와 휴머니즘의 차이는 무엇인가?

인간학적 이해에서의 수직적 긴장

앞에서 본 대로 베르댜예프는 우리 인격의 자유와 선한 가능성을 확보하기 위해서 다시 '신적 보증'을 말했고, 신의 형상(imago dei)이라는 언어를 가져왔으며, 거기에 더해서 '원죄'라는 말까지 언술하였다. 이것은 매우 문제적이다. 왜냐하면 우리가 지금 극단적 유물론과 세속화 시대에 그것을 넘어서 다시 우리 삶의 의미 차원을 확보하기 위해서 고투하는 상황에서는 그와 같은 전통의 인습적 신학 언어는 상투적으로 들리기 때문이다. 그래서 우리는 그보다는 여기 지금의 인간 실존적 정황에 더욱 집중하면서 그로부터 새로운 초월에 관한 언어[信學]를 얻기를 원하고, 사실 베르댜예프도 유사한 의미로 그토록 '인격'을 강조한 것이며, 자기 뜻을 '인격주의'로 밝히면서 통상적인 영혼(soul)과 육체의 이원론을 넘어서 '정신'(the spirit)을 말하며 강조한 것이라고 본다.

그런데도 왜 신적 보증이나 신격 또는 초인격 등의 언어를 계속 쓰면서 자신 안에 논리적 모순을 감내하려는 것일까? 그러한 질문 전에 도대체 인간의 인격이라는 것에 어떤 보증이 가능한가, 또는 '최종 보증'이라는 것이 가능한가 하는 의문이 든다. 베르댜예프는 자신의 인격주의는 보통 통상의 '인본주의'(humanism)와는 다르다는 것을 매우 강조했다. 그러나 그렇게 다시 신적 보증 등을 말함으로써 자신이 그렇게 넘어서고자 했던 서구 존재론이나 객체주의에 다시 빠진 것이 아닌지 하는 의심이 든다. 이런 의구심은 우리가 지금까지 베르댜예프의 인격주의와 많이 연결된다고 여기면서 계속 함께 살펴보고자 한 퇴계 등의 조선 성리학 언어에 대해서도 유사하게 제기할 수 있다. 물론 퇴계 선생은 신의 보증을 말하지 않았고, 신(神)이나 상제(上帝) 등의 인격적 신적 언어는 거의 쓰지 않았지만, 그에게는 인간성(性/命)의 초월적 차원을 보증해 주는 우주적 '리'(天理 또는 理) 또는 '태극' 등이 거의 전제로서 명시되어 있어서 더욱 그러하다.

21세기까지의 서구 기독교적 존재론을 다시 한번 크게 전복시키고자 한 독일 탈근대주의 사상가 페터 슬로터다이크(Peter Sloterdijk)는 그의 2009년 저술 『너는 너의 삶을 바꾸어야 한다(Du muβt dein Leben ändern)』에서 인간 삶에서 어떤 경우에도 온전히 벗어날 수 없는 "수직적 긴장"에 대해서 말한다. 그것은 인간 문화가 지속적으로 권위와 계급을 탈신화화하고 해체해 왔지만 그럼에도 불구하고 삶에서 계속 나름의 비교와 등급, 선택을 말하는 위계 의식의 구속력을 벗어날 수 없는 것을 지시하는 것이다. 즉, 인간과 그 삶은 강한 평등주의적 에토스에도 불구하고 항상 '더 높은' 또는 '더 깊은' 것에 관한 관심과 의식을 가지고 사는 것을 말하는데, 비록 그 수직적 긴장의 내용이 달라질 수 있지만, 이 비교의식, 항상 더한 것을 추구하고 더 높은 것을 바라는 척도들의 실재에서 벗어나기 힘들다는 지적이다.[1] 그래서 켄 윌버 같은 사상가도 우주 존재자 전체를 '더' 공평하게 자리매김하기 위해서 하이라키(hierarchy, 계층적 위계 체제)를 다시 가져오지는 않았지만, 대신 각 상위 차원이 하위 차원을 초월하고 동시에 포괄하는 '홀라키'(holarchy, 계층구조)라는 새로운 위계론을 말했고, 여기서 베르댜예프가 말한 인격의 신적 보증이라는 언어도 나는 바로 그러한 인간 이해에서의 수직적 긴장의 실재가 표현된 것이라고 본다. 다시 말하면 인격에 대한 최고의 보증을 위해서, 최종의 증거는 여전히 '신'(神)이라는 언어를 통하지 않고는 가능하지 않다고 보았으므로 그러한 내적 아이러니를 감수한 것이라고 보는 의미이다.

오늘 한국 사회에서도 공평과 공정에 대한 열망과 평등주의에 관한 관심이 폭발하고 있다. 하지만 먼저는 주로 개인주의적 '능력 평등주의'에 머무는 것 같고, 거기서의 능력이라는 것도 주로 표피적인 인간 지식적 차원에 많이 매몰되어 있다. 그런 가운데서도 오늘은 그 능력 평등주의라는 것도 그 안에 얼마나 많은 사회 구조적 불평등과 불의가 이미 내포되어 표현된 것인가가 더욱 드러나면서 우리 사회의 공평과 공정에 대한 요구는 더욱 정치화되고 급진화하고 있다. 이번 성찰은 그러한 공평과 공정의 최고 보증이 과연 가능한가의 문제와 관련이 있다.

근대 휴머니즘의 한계와 초월자

베르댜예프의 인격주의는 우리가 보통 익히 알아 온 인본주의(humanism)

1 페터 슬로터다이크, 문순표 옮김, 『너는 너의 삶을 바꾸어야 한다』, 오월의 봄, 2021, 31쪽 이하.

와 어떻게 다른가? 그는 분명히 밝히기를, 인격 내지는 인격주의를 바르게 이해하기 위해서 가장 중요한 점은 우리의 인격이 사회나 우주, 또는 객체화로 노예화된 세계와의 관계로 규정되는 것이 아니라 "신(神)과의 관계"(by its relation to God)에 의한 것이라는 점을 분명히 아는 일이라고 한다. 그리고 이 감추어져 있고 소중한 관계로부터 인격이 세계와의 자유로운 관계를 위한 힘을 얻는 것이라고 강조한다. 그래서 그는 아래와 같이 이기적 자아주의에 빠진 사람의 자아주의나 개인주의가 어떻게 자신이 말하는 인격과 다른지를 적시한다:

> 자아 중심적인 개인은 나 아닌 세계와의 관계에서 자신이 자유롭다고 상상한다. 그러나 사실은 자기 속에 자기를 폐쇄하는 나 아닌 나(the non-I)의 세계에 의해서 노예적으로 결정되어 있다. 자아주의는 세계에 의한 결정의 한 모습이다: 거기서 자아 중심적 의지가 외면적인 암시인 것은 세계가 자아 중심적 상태에 놓여 있기 때문이다. … 인간의 인격이 하나의 우주인 것은 그 인격이 세계에 대해서 자아 중심적 관계를 갖지 않는다는 조건에서이다.[2]

이 말에서도 분명하게 드러낸 것처럼 베르댜예프는 참다운 인격이란 결코 자기 폐쇄가 아니라 모든 것을 부수는 객체 세계를 자기 안으로 흡수하면서 자신을 사랑 속에서(in love) 개방하는 것이라고 역설한다. 이러한 전개에서 휴머니즘은 "신적 인간성"(divine humanity)을 향한 한 변증법적 계기가 되는데, 거기서 휴머니즘의 오류란 인간에게 과도하게 주목한 것이 아니라 오히려 인간의 긍정을 끝까지 밀고 나가지 못한 점, 즉 인간에게 충

---

2 니콜라스 A. 베르댜예프, 『노예냐 자유냐』, 이신 옮김, 늘봄, 2015, 57쪽.

분히 중점을 주지 않았고, 그를 세계에서 독립시키는 보증을 주지 못하고 사회와 자연에 예속시키는 위험을 자신 안에 지니고 있는 것이라고 밝힌다. 곧 인격의 형상이 단지 인간의 형상만이 아니라 동시에 '신'의 형상도 나타낸다는 것을 충분히 받아들이지 않은 것이고, 휴머니즘이 "인격은 그것이 '신적 인간적'(divine-human) 인격일 때에만 인간적인 인격일 수 있다"라는 역설과 신비를 알지 못하는 것이라는 말이다.

이러한 휴머니즘의 오류와 한계에 대한 언급과 함께 베르댜예프는 객체 세계로부터의 자유와 독립이 인격의 "신적 인간성"(divine-humanity)이라는 것을 강술한다. 그것은 인격은 결코 대상들의 세계로 표현되는 것이 아니라 그 안에 신적 형상이 숨겨져 있는 주체성에 의해서 되는 것이고, 그렇게 인격은 "신-인적 실존"(神-人的, theandric existence)이라는 말이다.[3] 이러한 선포 앞에서 전통 기독교 신학자들은 곧바로 예수 그리스도만이 홀로 "신-인"(God-man)이고 인간은 피조물로서 신인일 수 없다고 반박할 것이지만, 베르댜예프는 그러한 주장은 여전히 "신학적 합리주의의 테두리"에 갇혀 있는 논법이라고 물리친다. 대신 자신이 말한 인간에 대한 진리는 그러한 교의적 공식 너머에 있으며, 그것에 의해서 완전히 담을 수 없는 "실존적 정신적(spiritual) 경험의 진실"이라고 한다. 예수 그리스도가 신인(神人)인 방식은 그 나름으로 "유일한"(the Unique One) 것이어서 인간이 그럴 수 없지만, 인간 속에는 신적 요소가 있고, 인간이 자기 속에 신의 형상을 지니며, 그것 때문에 인간이 인간 된다는 것은 어떤 신학적 또는 철학적 일원론이나 이원론으로도 설명될 수 없는 하나의 "상징"이며, "모순"(contradiction)이라는 것이다.

---

3 같은 책, 58쪽.

여기서 베르댜예프는 그 인격 이해로 전통적 인습의 서구 기독론이나 신학적 철학의 합리주의를 훨씬 뛰어넘는 것을 볼 수 있다. 그것은 예수의 그리스도 유일성을 훼손하지 않으면서도 인간 각자 나름의 신적 유일성, 그 신적인 것은 인간을 넘어서는 것이며, 신적-인간적 형상 속에서 인간적인 것과 신비하게 결합하여 있는 초월적인 것으로 가능해지는 것을 강조하기 때문이다. 베르댜예프는 이 세상의 어떤 동일철학이나 일원론, 내재주의로는 파악될 수 없고, 그래서 그 신비의 표현을 위해서는 하나의 '이원론적' 계기, 초월 과정과 무(無)와 그 무의 심원으로부터의 탈출 경험을 전제로 한다는 '신적-인간성'(the divine-humanity)의 실제를 역설했다. 나는 그것을 "성(聖)의 평범성의 확대"라는 말로 표현하며 여기서 베르댜예프가 내재주의(immannetism)를 비판했고, 본 성찰에서 계속해서 기독교 신학과의 대화로 이끄는 동양적 사고, 특히 신유교적 사고는 일종의 내재주의이기도 하지만, 그러나 그 대화는 베르댜예프도 자신의 인격주의로 서구 전통적 그리스도 독점을 흔드는 것과 유사하게 예수만의 신적 인간성, 그리스도성의 전유를 해체하고자 하는 것을 말한다. 신적 보증의 보편성과 평범성을 더욱 확보하기 위한 것이라는 의미이다.[4]

베르댜예프는 인간은 하나의 '상징'이고, "어떤 유별한 것의 표징"으로서 세계에 의존하지만 동시에 거기서 자유롭고, 인간을 예속에서 해방할 가능성이 유일하게 이러한 사실과 관련되어 있다고 강조하면서 그것이 바로 자신 인격론의 "종교적 기초"라고 밝힌다. "신학적 기초가 아닌 종교적 기초"(not theological foundation but the religious)라는 것인데, 즉 어떤 교리가 아

4 이은선, 「종교문화적 다원성과 한국여성신학」, 『한국생물生物여성영성의 신학』, 도서출판 모시는사람들, 2011, 29쪽 이하.

니라 정신적으로 경험된 것의 기초이고, 실존적인 기초라는 의미이다.[5] 일반 인본주의의 한계는 바로 이러한 인간의 상징성, 그것은 세계의 형상에 머물지 않고 신의 형상을 지니기도 한다는 것을 덜 강조하는 것이며, 그래서 하나의 합리주의로 전락한 것이라고 일갈한다. 인격성은 '신-인간'(God-human)이어야 하고, 사회는 '인간적'(human)이어야 하며 인격에 의해서 침투(permeation) 받아야 한다고 그는 강조한다.[6]

인격과 성격, 사명의식, 동경과 사랑 그리고 죽음

인간이 그렇게 모순의 인격이고, 신-인간성의 상징이며, 세계와의 관계에서 인간이 맞닥뜨리는 가장 큰 위험이 바로 자동화와 기계화라고 했다면, 그것은 인간 삶에서 일어나는 모순과 곤란이 어디에서 유래하는가를 잘 밝혀준다. 그것은 인간이 신-인간의 이중성의 존재로서 사회적이고 그에 의존하기도 하지만, 동시에 그로부터 독립이고 반복 불가능한 예외로서 자신의 자유를 실현해야 하는 존재라는 사실에서 온다. 이러한 인간성의 이중성은 다시 그 인간성이 관계하는 세계가 다원적이라는 것과 연결되어서 오래된 '일'(一)과 '다'(多)의 관계의 문제, 어떻게 하나에서 다자(多者)로의 이행이 가능한지, 어떻게 하나가 다자에 도달하게 되는지의 관계와 사랑의 문제로부터 오는 것임을 알게 한다.

인격은 바로 하나와 여럿의 결합(union)이다.[7] 이 문제는 그러나 결코 합

5 니콜라스 A. 베르댜예프, 59쪽.
6 같은 책, 61쪽.
7 같은 책, 64쪽.

리적 기반에서는 풀 수 없고, 역설과 관계되는 인격의 가장 심각한 문제라는 것인데, 이렇게 인격이 하나와 여럿의 결합이고, 거기서 선택과 판단과 분별을 해야 한다는 점에서 인간 "성격"(character)이 나타난다는 것이다. 그런 의미에서 성격이란 하나의 자연적인 재질인 '기질'(temperament)과는 다른 것으로서 자유를 전제로 하고, 인격의 집중이며, 세계와의 관계에서 무분별하고 상관없음이 아니라 선택을 했다는 것, 구별을 만들었다는 것, 그래서 "성격은 인간에게 있어서 정신적 원리(the spiritual principle)의 승리"가 된다.[8] 하지만 여기서 자유라는 것은 다시 초보적인 의미에서 의지의 자유를 말하는 것이 아니고, 그보다 더 깊은 '통합체'(integrity)로서의 인간의 실존과 연결되어 있는, 곧 정신의 자유, 창조적 정신적 역량의 자유를 말하는 의미에서 그러하다는 뜻이다.

앞선 성찰에서 우리는 한국의 고(古) 인간학 언어인 '성·명·정'(性·命·精)과 '심·기·신'(心·氣·身)의 언어를 가져와서 인간 영(정신, spirit)과 혼(soul), 그리고 몸(body)의 세 활동을 지시하는 말로 보았다. 이 세 차원을 주체적으로 통합하고 리드하며 종합하는 정신(性/心)의 힘, 인간의 혼적 삶뿐 아니라 몸적 삶도 관통하면서 정신은 통합체로서의 인격의 형태와 사람의 성격을 형성하는 것으로 파악한 것을 말한다. 그런 의미에서 정신(인격)의 자유는 결코 인간의 권리가 아니라 의무이어야 하며, 인간은 자유로워야지 노예가 되어서는 안 된다고 강론하는 베르댜예프의 언어는 매우 강력한 진실을 밝혀준다.

> 자유는 인권의 선언이어서는 안 되고 인간의 의무 선언, 곧 인격이 되기 위한

8 같은 책, 61쪽.

인격의 성격의 힘을 발휘하기 위한 인간의 의무적 선언이어야 한다. 사람은 인격을 거부해서는 안 된다. 사람은 생명을 거부할 수 있고 때로는 그것을 거부해야 하지만 인격, 곧 인간의 존엄성과 결부된 자유를 거부해서는 안 된다.[9]

이렇게 인격의 자유는 권리가 아니고 오히려 의무이며, 우리가 통상 인간의 권리로 이해하는 것은 다만 예속에 불과할 뿐이라고 보는 베르댜에프의 인격 이해는 우리의 통상적인 인권 의식을 크게 뛰어넘는다. 그는 인격이 성격으로 나타날 뿐 아니라 모든 삶에서의 '사명'(使命) 의식과도 결합하여 있다는 것을 지적한다. 여기서 사람들이 자신 내부의 소리에 귀 기울이면서 사명을 다하기 위해서 수행하는 금욕주의에 대해서도 말하는데, 만약 그것이 또 다른 굴종으로 변하면 배제해야 하지만 참다운 금욕주의는 결코 굴종이나 복종이 아니고, "인격의 본질은 저항이며 부단한 창조적 행위"라는 관점에서 인간 삶에서의 영웅주의의 실행을 지시한다고 밝힌다.[10] 또 하나의 수직적 긴장의 실재를 밝혀주는 설명이다.

인간이 위로 또는 내면의 깊이로 초월하고자 하고("인격은 초월자가 없으면 존재할 수 없다"), 또한 "인격은 공동적이다"라는 말대로 관계가 본질인 인간이 초월과 관계에 대해서 시도하는 추구는 "동경"(yearning)이나 "사랑"(love)의 경험으로도 표현된다. 인간 속에는 거룩한 생활과 순결, 또는 낙원에 대한 동경이 깊이 간직되어 있다는 것이다. 그리고 21세기 오늘날은 인류 삶에서 신들의 황혼이 더욱 가속화되는 가운데 '사랑'이라는 인간 경험이 그 신의 자리를 거의 대신하고 있지 않는 것 같다. 이러한 모든 추구와

9 같은 책, 62쪽.
10 같은 책, 65쪽.

하나 됨에의 열정과 인내, 불안은 인간 안에 인격적이지 않은 것과 인격적인 것, 아니면 인간적인 것과 신적인 것, 유한과 무한, 상대와 절대, 하나와 많은 것, 주체적인 것과 객체적인 것 등이 서로 모순과 상극으로 함께 있으며, 또한 그 하나 됨이란 무한의 객체성에서 이루어지는 것이 아니라 무한의 주체성, 거기서 자기가 초월 되는 인격의 주체성 안에서 이루어지는 일이기 때문에 야기되는 것이라는 강력한 지적이다.[11]

베르댜예프는 진정한 '불사'(不死)는 바로 이러한 인격의 불사를 말하는 것이라고 강조한다. 보통 영혼 불멸에 관하여 심령주의자들(spiritualists)이 통속적으로 주장하듯이 인간 몸의 구조가 분해하는 즈음에서 몸의 형상이 상실되면서 (영)혼(soul)이 몸에서 분리되는 것이 인격의 불멸을 뜻하지는 않는다는 것이다.[12] 인간의 자연적인 불멸성은 없고, 기독교 신앙이 통속적인 영혼불멸설과는 반대로 '부활', 특히 '몸'의 부활을 말하는 것은 바로 인격의 부활, 즉 몸과 혼과 영 전체를 관통하는 전(全) 인격(정신)의 부활을 밝히는 것이라고 역설한다. 그런 의미에서 그것은 또한 몸의 부활이며, 인격의 불사인 것이다. 이것은 그러나 다른 의미로는 인격만이 진정으로 죽을 수 있다는 말이기도 하다. 그래서 이러한 베르댜예프의 사고를 번역 소개한 신학자 이신(李信, 1927-1981)은 자연적 몸으로서의 인간은 오히려 이 세계에 머무는 동안에 남겨지는 유전자 등으로 불사이고, 진정한 죽음은 객체화의 노예로 전락하는 인격과 정신의 죽음이라고 발설한다. 그래서 우리가 진정으로 두려워해야 할 것은 그 인격적인 의미에서 말하는 죽음이라

11 같은 책, 77쪽.

12 같은 책, 70쪽.

는 것이다.[13]

마무리 성찰—인간공학 대 인학(仁學)과 신학(信學)

신의 죽음 이후 그래도 인간 삶에서 상승과 초월과 동경의 수직적 긴장이 없을 수 없다는 독일 철학자 슬로터다이크의 언술대로 베르댜예프도 그러한 실재의 표현으로서 인격의 신의 보증을 말했고, 초인격, 신격, 초월자, 사명의식 등을 말하면서 인간 인격이 어디로 향해야 하는지, 어떤 최상을 향해 나아가야 하는지를 그려주었다. 슬로터다이크는 이러한 맥락에서 "인간공학"(人間工學)을 제시한다. "너는 너의 삶을 바꾸어야 한다"라는 모토 아래서 인간의 자기 수행력에 근거해서 어떻게 훈련과 극기, 자기 수련의 연습을 통해서 21세기의 인간이 자본주의와 자아주의의 극단을 넘어설 수 있는지를 제안한 것이다.

2천년대 초 한국 정부는 교육부를 '교육인적자원부'로 이름을 바꾸어서 IMF 위기를 넘고자 했다. 이후 인간 존재를 철저히 자원화하고 기계화하고자 했던 의도와 유사한 감을 풍기는 이 언어 '인간공학'은 서구 현대에 와서 특히 미셸 푸코(M. Foucault, 1926-1984)의 자기 테크놀로지로서의 자기 수련적 사고를 크게 받아들인 것이다. 하지만 최근 철학자 기 소르망은 푸코가 1960년대 말 아프리카의 튀니지에 머물면서 8-10세의 소년들을 상대로 저열한 성 착취를 저질렀다고 폭로했다. 특히 감옥제도와 성(性)의 역사에 관한 연구로 지금까지 서구 문명을 이끌어 왔던 핵심 도덕 권위들을 해체하면서 신 없는 자기 수련의 테크놀로지를 제안한 사상가가 그와 같은 "저

---

13 이신 지음, 이경 엮음, 『李信 詩集 돌의 소리』, 동연, 2012, 135쪽.

열하며, 도덕적으로 추한" 아동 성 착취자였다는 것이다.[14]

이러한 뉴스에 더해서 오늘 한국 사회에서 듣는 또 다른 소식은 우리가 본 성찰에서 베르댜에프의 인격주의에 대한 대화 파트너로서 많이 거론한 한국 신유교 정신의 청학동 서당에서 아이들 사이에서 말할 수 없는 폭행과 가혹 행위가 지속되었다는 소식이다. 서구 기독교적 물질문명에 대한 비판 의식에서 다시 동아시아적 유교 도의와 예의 정신을 회복하자는 명분으로 세워진 경남 하동의 청학동 서당에서 그와 같은 일이 일어났다는 것이다. 이는 동양의 내재적 자기 수련의 도덕주의도 얼마나 쉽게 허약한 명분으로 전락할 수 있는지를 보여준 것이라고 할 수 있다.

신의 황혼 시대에 이렇게 동서의 두 대안적 시도가 모두 좌초한 것처럼 보이는 때에 한국 고(古) 역사를 읽다가 다시 반가운 '말씀'[言]을 만났다. 그것은 "만성환강"(萬姓歡康)이라는 표현인데, 단군조선 34세 오루문의 시기(B.C. 795로 추정)에 큰 풍년이 들어서 "만백성이 기뻐하면서" 찬가를 지어 불렀다는 서술에서 나온다. 여기서 모든 백성을 가리키는 '만성'(萬姓)이라는 표현은 그렇게 특별한 것이 아닐 수 있지만, 이번 글을 쓰며 내가 새삼 의식한 바로는, '성'(姓)은 지금 한국 사회에서는 여전한 가부장주의적 영향으로 주로 아버지 남성에게서 따오지만, 그 이전에 이 성(姓) 자를 보면, 인간은 누구나 다 '어머니 여성[女]에게서 태어난다'[生]는 사실을 더욱 밝게 적시하고 있다는 것이다. 즉 인간은 원래 여성의 몸을 통해서 태어나고[姓], 그 본성으로서 생명을 낳고 살리고 기르는 마음의 일[性]을 하는 것이며, 그래서 고전 『중용』도 그 본성과 인격과 생명을 살리는 일을 '인간에 대한 하

---

14 「"미셸 푸코, 소년들 상대로 성 착취했다" 기 소르망의 폭로. 영국 더 선데이타임스 인터뷰」, 《연합뉴스》, 2021.3.31.

늘의 명령'[天命之謂性]이라고 한 것이다. '그것을 따르는 일이 진리'이고[率性之謂道], '그 진리를 세상의 정치와 교육, 문화로 잘 펼치는 일이 참된 가르침(종교)'[修道之謂教]이라고 명시한 것을 말한다.

여기서 다시 나는 '성·성·성'(聖·性·誠)의 세 언어를 얻는다. 이것은 참된 인격의 정신은 몸[姓]을 관통하고, 여성과 어머니는 인간 존재 됨의 기초와 토대로서 결코 차별하거나 억압해서는 안 되는 또 하나의 근거라는 것을 확연히 가르쳐준다. 그 '성'(姓)이 바로 '성'(聖)이고 '초월'이라는 것을 지시한다. 거기서 그 몸으로서의 토대는 다시 또 다른 초월과 거룩인 정신[性]에 의해서 관통되고 흡입되어야 하며, 마침내는 온전한 통합적 인격의 사람[誠]이 되어서 그의 말이 참되고 믿을 만한 인간적인 말[信]이 되고, 행실은 진실하고 신뢰할 만해서 그 언어와 행위가 공적 기준이 될 수 있는 사람, 그런 사람이 되고, 그런 사람들로 가득한 사회를 이루려는 일이 새로운 인학(仁學)과 신학(信學)의 일이 되어야 한다는 의미였다. 그것은 철저히 인간에게만 집중하는 인간공학이거나, 아니면 반대로 초월적 신(神)에게만 집중하는 전통 신학(神學)으로는 안 되고, 그 둘의 모순적 연결, 그래서 아이러니일 수밖에 없고 신비이며 역설이지만, 그러나 동시에 다시 무(无)이고 공(空)이고 허(虛)이기도 하지만, 역동적인 역(易)의 인간 수행력과 판단력으로 나타나는 인간성[仁]과 인격을 바탕으로 하는 '인학'(仁學)과 '신학'(信學)의 일이라는 것을 말하고자 한다. 그리고 그러한 인학과 신학의 일은 더욱 여성주의적이고, 통전적인 신학(神學)이라는 것을 함께 밝히고자 한다.

이렇게 몸과 혼과 정신이 모두 통전되고 관통되어서 현현되는 것이 부활이고, 예수는 그것을 이루어서 이 땅의 몸의 세계에서 정신을 하늘에 두면서 몸으로 저항했고, 진정으로 사는 것과 죽는 것이 무엇인가를 잘 살펴서 '필사적'(必死的)으로 아니면 '필생적'(必生的)으로 참 자유를 위해서 살았다. 그렇기 때문에 그는 '부활'한 것이고, 우리도 진정 그러한 부활을 살아내도록 부름을 받은 것이 아닌가?[15] 인(仁)과 신(信)이 고정된 실체가 아니듯이 그런 의미에서 부활은 명멸(明滅)하고, 동아시아 『역경』 64괘의 마지막인 미제(未濟), 즉 '아직 건너지 못함'이 가르쳐주듯이, 우리 인격은 그렇게 지속해서[誠] 그 인격이 진정 인격이 되는 두뇌처인 타자와의 장에서 '공경'과 '겸비'의 경(敬)을 간단없이 살아가야 하는 것을 가리킨다.

그러나 우리는 왜 이러한 자유와 부활의 삶을 살지 못하는 것일까? 그렇게 살지 못하게 하는 것이 무엇인가? 왜 이 세상의 다원성 속에서 우리는 그처럼 자유의 존재로 살지 못하고, 오늘에서 영원을 살지 못하고 노예처럼 사는가? 이 세상은 인간적이거나 믿을 만한 세상이 되지 못하고, 이렇게 서로 갈등하고 싸우며 점점 더 파국을 향해 가는 것처럼 진행되고 있는 이유가 무엇일까? 여기에 대한 베르댜예프와 한국 신학(信學)의 성찰을 계속 따라가 본다.

15 이신, 「병든 영원 永遠」, 『李信 詩集 돌의 소리』, 130쪽.

6장

존재와 자유

—존재에 대한 인간 노예성과 자유

가장 근원적인 인격의 노예성

지금까지 '신적 인간성'(divine-humanity) 또는 '신-인적 실존'(theandric existence)으로 표명된 인격에 대해서 살펴보았다. 그 인격(personality)을 정신(the spirit)이나 자유, 영(靈)으로도 이름 지으며 인간의 내적 초월성으로서 오늘 온갖 물질화와 기계화, 일반화의 시세에 맞서는 개별적 실존적 정신의 자유로서 현현하는 장관(壯觀)을 본 것이다. 그러나 그러한 신적 초월성의 차원에도 불구하고 인간은 한편으로 한없이 수동적이고, 물질에 얽매여 있으며, 집단적으로 모여서 폭력을 행사하며 사는 존재이다. 베르댜예프는 그러한 인간의 양면성이 나타나는 방식을 "상전과 노예, 그리고 자유인"의 세 가지 방식으로 그리면서 상전과 노예는 동전의 양면으로서 모두 자유에 반하는 것임을 강조한다. 그 둘은 서로가 서로에게 종속되어 있는 인간 노예성의 모순에 찬 모습이라는 것이다. 그래서 "상전이 된 노예"라는 말이 성립되면서 인격이 그렇게 되는 것이야말로 가장 두려운 일이라고 일갈한다.

인간의 신적 가능성인 인격과 정신과 실존이 그렇게 창조적 행위로서 바로 여기 지금에서 '영원'(eternity)을 드러내고, 그와같은 자유가 영원과 영과 초월이 자신을 현현하는 방식이라면, 그와 반립하는 인격의 노예성 중에서 가장 근원적인 노예성은 무엇일까? 그것은 바로 그 영원을 '존재'(being) 안에 붙들어 매 두려는 것, 신과 하느님이 존재라고 주장하는 것, 어떻게든 나를 존재자로 확인시켜 지속시키려는 것, 내가 행한 선(善)을 존재와 업적과 기억으로 남게 하고, 또는 그와는 반대로 나의 악과 잘못과 부끄러움을 지우거나 왜곡시키고자 하는 것이라고 적시한다. 왜냐하면 그렇지 않으면 존재화된 악에 사로잡혀서 치를 떨 것이므로!

이러한 존재에의 인간 노예성을 유대·기독교 문명의 성서는 창세기 선악과의 설화로 원형적으로 밝혀준다. 선악과를 따먹었다는 것은 너와 나를 구별하게 되었다는 것, 영원과 시간의 구분을 알게 되면서 어떻게든 너에 대해서 나를 더 오래 지속하는 존재로 남게 하려는 시도로서 그 일을 위한 욕심과 살인이 따라온다. 그리고 영원을 눈에 보이는 존재로 붙잡아 두기 위해서 제사가 생기고 제단이 생겼으며, 종교와 문명과 성속의 구별이 생겨났다는 것, 그럼에도 불구하고 그러한 의식을 얻게 된 인간은 이제 자신은 하나의 풀 같은 찰나적 존재이고 영원이 아닌 시간의 존재라는 의식 속에서 전율한다.

창세기 4장에 이어지는 가인과 아벨의 이야기도 바로 그 인간의 존재에의 노예성을 드러내면서 거기에 대한 하나님의 판단을 보여주는 이야기가 아닐까 생각한다. 밭을 가는 농부인 가인의 제물은 반기지 않으셨고, 대신 양을 치는 목자인 아벨의 제물은 받으셨다는 것, 땅을 차지하고 일구어서 거기서 농사를 짓고 나중의 '존재'를 위해서 곡식 등을 '존재'로 저장해 두기 시작한 것이 농경 문명의 인간이었고, 그 초기의 조상이 가인이었으며, 거기서 하느님은 인간이 어떻게 존재와 시간과 소유와 자기 경계에의 노예성이 시작되는지를 아시지 않았을까라는 상상이다. 그래서 그 인간 문명의 조상 가인의 제물은 반기지 않으셨고, 대신 그보다 훨씬 더 찰나와 순간에 살면서 끊임없이 버리고 떠나는 유목인의 욕심 없음과 사심 없음, 세워진 경계를 계속해서 가로지르는 탈경계의 조상 아벨을 더욱 자유로운 인간다운 삶으로 보신 것이라 생각해 본다. 하지만 그 아벨은 가인에 의해서 살해를 당했고, 인간의 역사는 그리하여 가인에 의해 이어진 것을 서구 문명의 한 토대가 된 유대기독교 성서는 전해준다.

존재에의 노예성과 자유

서양 문명의 또 다른 축인 그리스·로마 사상의 파르메니데스나 플라톤이야말로 서구 존재론의 시조라고 할 수 있다. 파르메니데스의 유명한 말 '변화란 없다'나 플라톤의 이데아 세계에 대한 구상은 모두 초월을 '존재론'(ontology)으로 표명하기 위한 구상이었다. 서구 중세로 넘어와서 신의 존재 증명에 대한 긴 논쟁과 그러한 존재론적 사고의 극단인 '유명론'(唯名論, nominalism)은 생명을 존재론화하고, 대상화하며, 객체화하려는 존재에 대한 인간 노예성의 적나라한 표명으로 이해할 수 있다.

서구 근대로 넘어와서는 존재와 지속에 대한 추구는 물질과 부, 재산 추구로 더욱 사물화 되었다. 오늘 한국 사회가 극심하게 겪고 있는 부동산 신화나 학벌이나 외모, 건강에의 몰두는 바로 그러한 노예성이 참으로 유물적으로, 일반적으로 가장 일차원적인 대상에 투사하는 것을 통해서 이루어지는 경우라 할 수 있다. 그러나 그것으로써 우리 삶은 오히려 그 원함과는 반대로 그 욕구하는 자아를 바로 자신의 육체와 자신 외의 어떠한 타자도 허락하지 않는 자기만의 좁은 세계, 그리고 그렇게 소중히 여기는 몸이지만 결코 그 몸도 써 보지 못하는 가상의 재물에만 한정시키는 존재 축소와 세계 소외를 불러왔다.

이러한 서구적 존재에의 노예성에 대해서 동양적 삶과 인식의 방식은 우선으로 그보다는 좀 더 자유로웠다고 할 수 있을지 모르겠다. 인도 전통의 불교 방식은 이 세상의 모든 존재에 대해서 '공'(空)을 말하니 우선 그렇다고 할 수 있다. 그에 더해서 동아시아 신유교 방식은 감각으로 확인되는 세계 존재에 관한 관심보다는 그 감각으로는 볼 수 없는 인간 마음[心]과 그 사이[間]에 대한 성찰에 집중해 왔기 때문에 서구적 존재에의 집착보다 훨씬 자유로웠던 것도 사실이다. 하지만 동아시아와 서구 문명의 차이는 세계 현실에서는 19세기 말 서로 간의 만남에서 신유교 국가 중국이나 조선이 참패하는 결과로 나타났고, 이후 이를 만회하기 위해서 그 한 나라인 한반도가 취한 행보는 나라를 두동강이 내면서도 한 가지로 세계 어느 곳에서의 삶보다 덜하지 않게 물질적 추구에 빠지는 결과를 초래했다.

이것은 어쩌면 세계 조화의 관념이나 무극(無極) 또는 태극(太極), 리(理)와 같은 전체 포괄적 일자(一者)에 대한 존재론적 노예성이 너무 강해서 야기된 것일 수도 있다. 서구 중세의 존재론에 대해서도 똑같이 이야기할 수 있겠는데, 세계의 다원성과 다면성, 생명과 있는 것이 가지는 갈등과 분열, 단절과 심연과 역설이라는 차원을 외면한 것이다. 대신 먼저 큰 존재론의 틀로써 만물을 한정하고, 거대한 조화(the great Harmony)의 관념으로 단독자 생명의 역동성과 창조성을 보지 않으려는 형이상학적 수동성에 사로잡힌 것이다. 이러한 사유는 그리하여 우주적 일원론으로 흐르기 쉽고, 여기에 대한 다른 이야기가 '역'(易)과 '길'(道)로서의 초월과 생명 이해, 삼신일체(三神一體)의 역동성이 실존의 참모습이라는 한국 고(古) 사상 이야기, 또는 신유교적 사유이지만 생리(生理)로서의 리(理) 이해를 강조한 것 등이 그것일 수 있겠다.

존재와 사유

존재는 사유의 산물이라는 측면을 부인할 수 없다. 그러나 서양 사고에서 칸트가 그 인간 사유의 힘을 철저히 파헤쳐서 우리 앞의 모든 대상과 자연, 존재가 감성의 사유 형식인 시공과 지성의 형식인 범주를 통해서 구성된다는 것을 밝히기 전에는 내 앞 존재의 강력한 힘에 눌려서 노예처럼 살아 왔다. 여기로부터 해방되기 시작한 인간 사유의 역사가 서구에서 계몽주의의 역사를 가리키는 것이고, 그러나 인간은 아직도 자신 사유 구성의 힘을 믿지 못하고 외면에 끌려 다니고 있다. 아니면 그 구성을 왜곡시켜서 거짓 외물을 만들고, 그것을 우상화하기도 하고, 그리고 한번 구성한 것을 영구히 고정하고 사물화하고 객체화해서 그것으로 다른 변화와 움직임, 차이와 나아감을 막고자 한다. 전체주의의 시작이 바로 그것이고, 각종 독재와 기득권의 보수화와 가부장주의, 온갖 이즘의 탄생, 거기에 더해서 사실 사회 제도나 리추얼, 우리의 역사나 언어도 그런 존재화와 무관하지 않을 것이다.

모든 존재자는 이미 '과거'이다. 과거의 경험과 사유의 구성이 응축된 것이고, 그러므로 존재에의 노예성은 과거에의 노예성이며, 그로부터의 자유는 바로 그 과거의 올무를 벗겨 내는 것이다. 인간 인격의 자유와 정신과 실존의 역동성과 창발성을 강조하는 베르댜예프는 존재에의 인간 노예성을 가장 근본적인 노예성으로 파악하면서 그로부터의 자유와 실존, 정신을 말한다. 그리고 그것은 과거적 결정론으로부터의 해방인 것을 역설한다.

모든 존재가 이미 사유 합리화의 산물이라면 자유는 그 합리화의 응고체, 과거 관념으로부터의 벗어남이며 뛰어넘기이고, 저항이며 투쟁과 초월인 것을 밝히는 의미이다.[1]

자유는 그러나 단순히 이성적 합리화의 연장선상에서 말하는 것이 아니다. 이미 신적 인간성으로서의 인격의 초월적 정신성을 밝힌 의미에서 자유는 존재에서 끄집어낼 수 있는 것이 아니라 무(無), 무근저, 비존재에 근거하고, 근거가 결여되어 있으며 존재 때문에 결정되지 않는다고 베르댜예프는 강조한다. 존재에서 나오는 것이 아니며 모든 자연주의를 배격하는 것이라는 의미이다.[2] 이것을 자연과 합리와 결정론과 운명, 그리고 과거와는 질적으로 다른 자유와 정신과 실존과 인격의 현존이라고 명명하고, 신비와 역설, 믿음[信]의 창조라고 말할 수밖에 없는 방식으로 초월하는 것이라고 역설한다. 그것이 진정한 의미의 신적 인간성이고, 동아시아적으로 말하면, 성·명·정(性·命·精)과 심·기·신(心·氣·身)의 세 차원을 모두 묘합하는 인간 정신과 마음의 주체적 자유로서 표현되는 인격일 것이다.

단독자와 특수자로서의 인격의 자유

일반화와 실체화를 추구하는 존재에의 인간 노예성과는 달리 인격과 자유, 정신은 단독자적임을 베르댜예프는 역설한다. 매 순간 새롭게 되는 것이며, 일반과 필연은 없고 일체가 개체적이며 주체적이고 유일무이하다는 것이다. 이 단독과 자유와 실존을 훼손시키고 정지시켜서 객관의 존재자

1 니콜라스 N. 베르댜예프, 『노예냐 자유냐』, 이신 옮김, 늘봄, 2015, 108쪽.
2 같은 책, 101쪽.

로 만들어 자신의 소유로 삼으려고 하고, 심지어는 신까지도 그렇게 물질과 자신의 관념과 개념 안에 가두려고 하는 것이 잘못된 종교화이다. 그것은 왜곡된 영성화이면서 배타적인 합리화이고, 신학화인 것이다. 여기에 반해서 참된 초월은 오로지 단독자 안에서 현현되고, 자유와 정신으로 드러나며, 구체성 안에서 창조하고 삶을 바꾸고 해방한다. 객체로서의 존재나 보편적인 일반자의 존재는 주체의 관념적 삶 속에서 이루어지는 구성이지만, 그러한 추상의 일반자가 먼저가 아니라 실존의 심층에 있는 주체와 개체적인 것이 먼저이고, 그 구체적이고 반복 불가능한 개체의 실존을 통해서 보편이 개시(開示)되는 역설임을 말하는 것이다.

보편은 결코 서양 중세 신의 존재 증명에서처럼 여기 이곳의 구체와 개체와 실존과 동떨어져서 절대의 존재로 존재화되어 또는 사유화(思惟化)되는 것이 아니다. 그러한 응축과는 달리 찰나의 '영'(靈)으로서 인격의 자유로운 판단과 결단과 사랑과 연민의 움직임 안의 되어 감 속에서 계시된다. 그래서 자유의 영역은 '일반자'(the common)의 영역이 아닌 '특수자'(the unique and particular)의 영역이고, 정신의 영역이며, 그리하여 신이 '나는 스스로 있는 자다'(I am who I am. 출애굽 3:14)라고 했다면 거기서 역점이 '나'에게 있는 것이지 '존재한다'에 있지 않다는 것을 강조한다.[3]

선악과를 따먹은 인간은 죽음이 있다는 것을 알게 되었고, 그것을 어떻게든 벗어나고자 세계를 구상하지만, 그 세계는 객체화이며 타락 때문에 만들어진 존재와 일반과 필연의 영역이라는 것이다. 그리하여 "존재는 실존하지 않는다"(Being does not exist)는 진실이 나온다. 객체화의 관념화는 거기에 반하는 자유조차도 필연적이어야 한다고 말하며 필연과 결정론의

---

3 같은 책, 100쪽.

요청으로 환원한다. 그래서 그와 같은 일을 하는 서구 근대의 계몽주의와 관념주의는 '이성의 승리'는 될지언정 모든 개별성과 인격성과 정신의 창조성을 죽게 만들었고, 결국 오늘 21세기의 현실에서 잘 목도하듯이, 세계 존재론화의 또 다른 극단인 자동화와 기계화로써 모든 생명을 반생명과 비인격과 동일화의 전체주의 제국 안으로 삼켜 버리고자 하는 것을 말할 수 있다. 자유는 결코 필연이 아니고, 일반이 아니라 예외이고, 돌출이며, 창조와 낯섦, 돌연변이와 예측불허인데 반해서, 그에 역행하는 것이 바로 우리 시대 자동화와 기계화 세대의 깊은 불신앙이며 불경(不敬)이라는 지적이겠다:

> 하느님으로부터 딱정벌레에 이르기까지 존재의 계층적 질서는 사물과 추상 간의 파괴적인 질서이다. 그것은 파괴적이고 노예적이며, 거기에는 관념적 질서로서도 또 현실적 질서로서도 인격이 들어갈 틈이 없다. 인격은 모든 존재의 밖에 있다. 그것은 존재의 반대편에 서 있다. 인격적인, 참으로 실존적인 의미에서 현실적인 일체의 것은 일반적인 표현을 취하지 않는다. 그 원리는 비유사성(dissimilarity/같지 않음)이다.[4]

불변의 질서 영역으로서의 존재, 추상적 일반자 영역으로서의 존재라고 하는 추상적 관념은 항상 인간의 자유로운 창조적 정신의 노예화이다. 정신은 존재의 질서에 따르는 것이 아니다. 정신은 질서에 뛰어들고, 질서를 방해하고, 질서를 변경할 때도 있다. 이때 정신의 자유에 인격적인 실존이 관계한다. 정신은 존재를 이차적 문제로 인식할 것을 요구한다. 노예성의 기원은

4 같은 책, 106쪽.

> 대상으로서의 존재 곧, 합리적이든지 생기론적이든지의 형태로 외재화 되는 존재이다. 주체로서의 존재는 전혀 다른 종류를 의미하고, 다른 명칭을 가져야 할 것이다. 주체로서의 존재는 인격적 실존이며 자유이며 정신이다.[5]

이러한 자유에 대한 메시지는 인류 정신 사조로서의 실존주의가 물러난 후 많이 잊고 지내던 것이다. 사실 제2차 세계대전이 끝난 후 인간의 문명과 특히 한반도의 시간은 모두가 스스로의 존재(시공)를 확고히 하기 위해서 몰두한 시간이었다. 자본주의의 한반도 남쪽은 거기에서 아무리 종교와 신이 번창했다 해도 그 태반이 물질과 부라고 하는 물질적 존재의 확장을 위해서 쓰인 경우이므로 북쪽 공산주의의 유물론적 추구와 그렇게 다르지 않았다. 나 스스로의 경우도 거기에서 벗어나지 못하면서 그에 더해서 일종의 명(命)이라고 생각해 온 글쓰기와 관련해서도 그러함을 본다. 왜냐하면 누군가가 지적한 대로, 스스로의 사유를 글로 써내기 위해서 책상 앞에 앉는 순간 그는 아류 사상가로 전락하는데, 그 이유는 자신 사유의 결과를 '글'이라는 실체와 시공의 존재물로 공고히 하고 영구화하려는 유혹에 빠진 것이기 때문이다. 그렇게 이 존재에 대한 인간의 노예성은 떨쳐버리기 힘든 것임을 확인한다.

언어와 자유

이렇게 우리 언어와 말, 글이라는 것도 사실 모두 과거에 이루어진 것이고, 과거 실존의 축적물이고 응축이며, 생명이 응고되고 경화된 것이라면,

---

5 같은 책, 107쪽.

우리는 그로부터의 해방과 자유함, 저항과 새로운 창조도 추구할 일이다. 그런 의미에서 "세상 모든 경전은 나의 마음의 각주"라고 한 중국 송나라 육상산(1139-1192)의 선언은 웅대하고, 그에 반해서 자신 종교의 경전만을 유일무이한 진리의 결정으로 고집하는 것, 또는 한 경전을 오로지 그 경전의 언어로만 주석하고 해석해야 한다고 주장하는 것 등은 모두 존재에 대한 인간 노예성의 뚜렷한 표현들이라고 할 수 있다.

그러나 한편 언어가 없으면 인간 삶과 사유는 가능하지 않고, 무(無)와 공(空), 사이[間] 또는 행위라는 것도 존재적 형태와 가만히 있음(가능태)이 없다면 나타나지 않고, 드러나지 않으며 알아볼 수 없다는 점에서 다시 그 필연을 말할 수밖에 없지 않을까? 정신의 초월과 보편이 오직 형태와 개별과 단독의 자유를 통해서 나타난다고 했다면, 즉 글과 말과 표현이 없다면 그 초월과 정신과 자유도 없는 것이 되므로 우리는 여기서 다시 일원론도 아니고, 이원론도 아닌 '불이'(不二)를 말할 수밖에 없겠다. 다시 '천동설'(하느님)도 아니고 '지동설'(세계)도 아닌 '인동설'(각 사람의 실존)의 역(易)이나 자유를 말할 뿐이며, 그래서 우리에게 남겨진 것은 오로지 그 불이에 대한 실존적 믿음[信]과 그 신비와 모순과 역설 앞의 두려움과 떨림[敬]의 행보를 지속하는 일[誠]이 아닐까 생각한다. 한국 신학(信學)과 인학(仁學)이 요구되는 근거이다.

이렇게 오늘 우리가 가지고 있는 모든 경전, 사회공동체적 규율과 습관, 언어와 종교적 의식(ritual, 儀式) 등은 이미 우리가 과거의 무수한 순간에 우리 개인적 삶과 공동체를 변화시키고 새롭게 창조하여 저항하고 구습에서 벗어나고자 해서 두려움과 떨림으로 행위하며 얻은 계시들이 쌓이고 응결된 것이다. 그 계시들을 기억하고 반복하며 체화해서 정리하여 우리 몸의 습관과 공동체의 습속으로 다듬은 것이다. 그것이 우리의 예(禮)

와 리추얼로 표현된 것이라는 뜻이다. 그러므로 그것 자체를 무조건적으로 여기 지금의 실존의 자유를 억압하고 노예화하려는 악한 '보수'(保守, the conservative)로만 볼 것이 아니니다. 다시 생각하면 오히려 우리가 여기서 행위할 수 있고, 창조할 수 있으며, 더욱 자유하고 인간적인 존재로 살아갈 수 있도록 하는 '기반'이고 '토대'이며 '근거'[誠]라고 할 수 있다. 매순간 매번의 일에서 우리는 항상 무조건적으로 전적으로 새로 시작할 수는 없다는 생명과 삶의 모순을 지시해 주는 것이다.

그런 의미로 동아시아 전통의 경전 『중용(中庸)』은 그 26장에 그와 같은 정리와 지속성의 체화[誠]를 찬양하는 송가에서, "성실함은 스스로를 이룰 뿐 아니라 만물을 이루는 것이다. 자기를 이룸은 인(仁)이고, 만물을 이루는 것은 지(知)이니, 인간성[性]의 덕이다. 안과 밖을 합하는 도(道)니, 그러므로 때에 따라 적용하여 쓰는 데 마땅한 것이다"라고 했다. 그러면서 이어진 27장에서 "넉넉하고 크도다! 예법의 의식(儀式)이 삼백 가지이고, 행동거지의 의식이 삼천 가지로다!"라는 노래로 인간 지속성의 노력과 자기 단련과 수련의 위대함을 밝혀주었고, '시중'(時中)의 도로서 결단과 요청의 순간에 인간 정신의 덕으로 현현되는 초월의 계시를 찬양했다.[6]

마무리 성찰—사기종인(捨己從人)으로서의 인간 실존의 자유

동아시아 유가 역사에서 순(舜) 임금은 전설적인 효(孝)의 성인(聖人)으로 이름이 높다. 그의 인격적 품성을 드러내는 말로 맹자는 '사기종인'(捨己從人, 나를 버리고 남을 따르는 것)이라는 말을 썼고, 조선의 퇴계 선생도 그의

6 이은선, 『다른 유교 다른 기독교』, 도서출판 모시는사람들, 2016, 292쪽 이하.

언행록에 "불능사기종인, 학자지대병"(不能捨己從人 學者之大病, 나를 버리고 남을 따르기를 하지 못하는 것이 학자들의 큰 병이다)이라는 말을 하셨다. 이 말은 언뜻 들으면 오히려 지금까지 우리가 여러 면에서 비판한 존재에의 노예성에 부합하는 것처럼 들린다.

하지만 이 말이 유교 성인(聖人) 순임금의 인격을 지시하는 언어라고 했다면, 거기서의 '나'[己]란 실존적 정신의 자유로서의 내가 아닌 좁은 사적인 나, 물질과 부와 이름에 모든 것을 거는 이 세상적인 나를 버리라는 의미라고 볼 수 있다. 그에 반해서 '다른 사람'[人]이란 가장 가깝게는 바로 나 밖의 또 다른 나, 즉 '너'의 의견을 경청하고, 소중하게 여기며 조화롭게 살라는 말씀이라고 할 수 있다. 그다음으로 여기서 기(己), 나의 정체성이란 이미 과거의 산물이므로 그 나를 버리라는 것은 과거 나 자신으로 알았던 모든 습속과 패턴과 잘못을 버리고, 매 순간 너의 삶을 변화시켜 너 안에 인격성으로 자리하고 있는 '보편의 인간성'[人]을 따르고 실현하라는 말씀으로 읽을 수 있다. 매번 매일의 실존에서 그렇게 과거 존재에의 고착을 끊고 다시 새로운 몸과 나로 거듭나라는 주체와 행위와 사랑과 용기의 자유의 삶을 살아가라는 말씀이 되는 것이다. 그런데 인간 존재에의 노예성이 가장 궁극적으로 표현된 것이 '신'(神)에 대한 인간의 노예성이라고 했다면, 그로부터의 해방은 어떤 것인지를 다음 편에서 살펴보고자 한다.

7장

신과 자유

—신에 대한 인간의 노예성

신에 대한 의인(擬人)론적, 의사(擬社)론적 노예성

지금까지 본 것처럼 베르다예프는 20세기 자본주의와 공산주의의 많은 폐해와 한계를 겪은 후 다시 '인격'과 '자유'라는 오래된 언어를 가져와서 인류 문명의 나아갈 길과 방향을 탐색했다. 서구 정신사와 우주 생명 존재의 보편적인 구조와 갈등을 그 개념 아래서 밝혔고, 거기서 등장하는 첫 번째 보편 범주인 '존재'라는 사고와 더불어 인간 노예성을 살핀 후, 이어서 두 번째로 어쩌면 그 존재라는 개념보다 더 클지 모르는 '신'(神)이라는 범주 속에 담긴 인간 노예성을 파헤친다.

베르다예프는 먼저 신(God)과 그 신에 대한 인간적인 이념(the idea of God)과의 차이를 강조한다. 또한 본질(His Essence)과 객체(God as Object)로서의 신 사이에 분명한 구분을 두어야 한다고 역설한다. 신과 인간 사이에는 인간의 의식(consciousness)이 존재하고, 인간은 그 의식으로 신의 형상을 온갖 것으로 창조하면서, 특히 우리가 많이 들어 왔던 '신인동형론적'

신 이해가 그것으로 자신의 신 이해가 마치 신의 본질과 신 자체인 것으로 여겨 왔기 때문이다.[1] 베르댜예프에 따르면 바로 이 객체화된 신이 인간의 노예적인 외경의 대상이 되어 왔다. 그런 의미에서 그러한 현실을 잘 지적한 포이에르바흐(L. Feuerbach, 1804-1872)는 옳았다고 한다. 하지만 그것만이 다가 아니고 신의 문제는 그러한 지적만으로 결정되는 것이 아니라고 밝힌다.

온갖 한계에도 불구하고 인간이 자신의 형상과 모습에 가까운 신을 만드는 것은 바로 인간의 조건이라고 베르댜예프는 지적한다. 그 조건 아래 놓여서 인간은 자신에게 계시하는 신에게 두 가지 각인을 씌우는데, 즉 '의인(擬人)신론'(신인동형론, anthropomorphism)과 '의사회신론'(擬社會神論, sociomorphism)이라는 것이다. 여기서 의사회신론은 절대적인 신론을 사회계급적인 관점에서 규명하려는 논리로서 우리가 특히 서구 기독교적 신에 대해서 알고 있는 대부분 개념, 즉 주인(Master)과 왕, 상전과 지배자, 가부장 등과 같은 개념이 바로 그것들이고, 베르댜예프는 그러한 의사회신론적 전이에 가장 반대하며 신은 결코 상전이 아니고 지배자가 아니며, 그러한 주인과 노예의 관계에서 드러나는 권력의지는 결코 신의 속성이 아니라는 것을 거듭 역설한다. 대신에 "자유"이고, "해방자"이며, 인간의 노예적인 경외를 요구하지 않고, "자유의 감정"을 주는 자이지 "굴종의 감정"을 주지 않는다는 강조이다.

---

1 니콜라스 A. 베르댜예프, 이신 옮김, 『노예냐 자유냐』, 늘봄, 2015, 110쪽.

자유와 신비로서의 신과 만남

"신은 영(정신)이며, 영은 지배와 노예성의 관계를 일체 알지 못한다"[2]는 것이 베르댜예프의 강한 신념이다. 그런 의미에서 신을 자연주의 신학에서 결정론 또는 인과론(causality)으로 제시하는 것은 잘못이며, 신은 어떤 일의 원인도 아니고, 한정되지도 않기 때문에 그렇게 의사회신론적 우주신론(cosmomorphic)을 가지고 자연현상에서의 인과성이나 사회현상에서의 지배성 같은 것을 신적 유비로 다루어서는 안 된다는 말이다. 그에 의하면 이렇게 신에 대한 그릇된 예속적인 이해나 신에 대한 노예적인 인식이 인간이 우상을 숭배하고 만들게 하는 최후의 보루이고 요새이다.[3] 그것은 인류 역사에서 잘 경험하는바, 인간이 아무리 탈종교적이고 세속적으로 자신의 가치 규정을 시작한다 하더라도 마지막에 가서는 그것을 다시 한 신적 의미로 만들고 싶어 하는 것이 그 욕망이고 바람이며, 거기에 종종 걸려 넘어진다고 밝힌다. 그런 맥락에서 중국학자 후레드릭 W. 모트가 유교 전통의 공자에 대해서 역사에서 그토록 중요한 역할을 떠맡았으면서도 단지 한 인간으로 남았고, 그를 신성시하려는 후대의 온갖 시도를 물리친 것이 유교 전통의 고유성과 위대성이라고 지적했다면, 그것은 매우 의미 있는 시사이다.[4]

이렇게 객체로서 이해된 신은 인간 예속의 원인이 되며, 신학(神學)과 그 신학에의 매혹은 인간을 노예로 만든다. 그리하여 우상숭배가 바로 신과

---

2 같은 책, 111쪽.

3 같은 책, 112쪽.

4 후레드릭 W. 모오트, 『중국 문명의 철학적 기초』, 권미숙 옮김, 인간사랑, 1991, 78쪽.

의 관계에서 성립하며, 베르댜예프는 여기서 더 나아가서 신에 관한 인간 지식의 역사에서 악마와 신을 바꿔 놓는 일도 적지 않았다고 일갈한다.[5] 그러한 유혹과 악마화를 피하고자 베르댜예프가 제안하는 신 개념이 '신비'와 '주체성', '사랑'과 '자유' 등으로서의 신이다. 즉 신은 사랑과 자유이며, 결정성이 아니고, 지배성이 아니며, 신 자신이 자유이고, 그는 자유만을 준다는 강조이다. 인간은 신에 관해서 그러한 주체성과 역동성 외 어떤 개념도 만들어서는 안 되며, 특히 '존재'의 개념을 적용해서는 안 된다고 밝히는데, 그것은 결정적 실체화와 합리화를 불러오고, 결국 정신과 주체성과 자유로서의 인격을 예속시키기 때문이다. 그래서 베르댜예프는 신은 다만 상징적으로만 생각할 수 있고, 그런 맥락에서 '긍정신학'보다는 '부정신학'을 더 선호한다.

그렇다고 신은 불가지(不可知)라는 것이 아니다. 오히려 우리는 신과 협력도 하고, 극적인 싸움을 하는 것도 가능한데, 인격으로서의 신이 인격으로서의 인간에게 원하는 것은 "응답적 사랑"(responsive love)과 "창조적 응답"(creative answer)이지 노예적 굴종이 아니기 때문이라는 것이다. 항상 주체성으로서 주체성 안에서 양 인격의 접촉이 이루어지고, 거기서부터 초월이 이루어지는 것임을 말하는 것이다.[6] 베르댜예프가 이렇게 '신비'로서의 신을 말하고, 부정신학의 방식을 더 선호하면서도 다시 인격과 자유와 주체성을 통해서만 신과 만날 수 있다고 강변하는 것은 그의 사고 안에서 유신론과 무신론, 인격신과 범신론 등이 오묘하게 불이적(不二的)으로 공존하는 것임을 밝혀 준다. 이것을 통해서 진정으로 구체적인 '관계'[公] 안

---

5 니콜라스 A. 베르댜예프, 같은 책, 113쪽.

6 같은 책, 113쪽.

에서 현현하는 초월에 대한 믿음을 표현한 것이다. 그에 따르면 '절대자'(The Absolute)라는 관념은 추상적 사유의 객체화적 극치이다. 그 절대자 속에는 실존성의 흔적도 없고, 생명의 흔적도 없다. 그것은 단순한 "사고의 산물"(a product of thought)일 뿐이고, "존재도 아니고 인격도 아니다."[7] 그러한 절대자를 향해서는 기도할 수 없으며, 극적인 만남은 불가능하다고 강술한다.

베르댜예프가 인간을 노예화하는 절대자와 군주적 권력자로서의 신이 아니라 세계와 인간과 더불어 상관하는 신의 속성을 드러내고자 다시 가져오는 기독교 언술은 십자가에 못 박히고 더불어 고난 받는 '사랑'과 '해방자'와 '희생'의 그것이다. 이것을 그는 "신은 자기를 휴머니티(humanity)로 계시한다"라고 표현한다.[8] 이 말은 그가 인습적인 전지전능한 절대자로서의 기독교 신은 부정하지만 참된 본래성 표현으로서의 기독론은 받아들이는 입장임을 드러내주고, 여기서 이러한 사유가 동아시아 '휴머니티'[仁]로서의 하늘[仁者人也/仁也者人也] 이해나 '성즉리'(性卽理) 또는 '심즉리'(心卽理), 혹은 동학 최제우의 '오심즉여심'(吾心卽汝心) 등의 의식과 잘 통하는 것을 본다. 베르댜예프에 따르면 인간의 형상을 스스로 왜곡시키는 것은 인간, 곧 가장 공포스럽게 비인간화된 인간 자신이다. 그러므로 의사회신론(擬社會神論)으로 신의 관념을 왜곡시키는 것에 대해서 부정신학으로 저항하고, "잡신 숭배"(theocracy)에 대해서 저속하고 악의에 찬 무신론이 아니라 "순교자의 드높은 무신론", "정당한 저항으로서의 무신론"과 함께 그 왜곡과

7 같은 책, 114쪽.

8 같은 책, 115쪽.

타락에 맞서야 한다고 주창한다.[9] 부정신학이나 무신론의 역설적 역할을 밝히는 것이다.

신정론과 무신론에 대해서

우리가 잘 알다시피 유대 기독교적 정신사에서 무신론이 등장하는 배경에는 세계의 악과 고통의 실재에 대한 쓰라린 경험이 자리한다. 결정론이나 인과론으로서의 신은 받아들이지 않는다 하더라도 진정 이 세상에 만연해 있는 악과 고통, 개인적으로 강타하는 감내하기 어려운 불의의 현실 앞에서 신에 대한 믿음은 흔들리기 때문이다. 이 악의 문제를 선구적으로 제기한 기독교사의 마르키온(Marcion, A.D. 85-160)을 언급하고, 헤겔에 반하는 키르케고르, 그와 더불어 도스토옙스키를 앞세우는 베르댜예프는 다시 자신의 인격주의 사고 속에서 신정론과 칭의론, 의인론(義認論)의 문제는 바로 "인격의 문제", 즉 "한 실존적 중심의 반복 불가능하고 유일한 인격의 문제"라는 것을 명시한다.[10] 그것은 비애와 환희에 대한 감수성을 가지는 인격, 자기 고유의 운명과 세계 질서와 세계 조화와 관련된 인격의 문제이지 결코 합리론[理神論]적 신학이 내세우는 거짓된 신정론이나 그릇된 무신론의 물음이 아니라는 말이다.[11]

베르댜예프는 "세계 질서에서 전체의 조화 관념은 인간 예속의 근원이

9 같은 책, 115쪽.
10 같은 책, 117쪽.
11 같은 책, 119쪽.

며, 그것은 인간의 존재에 대한 객체화의 위력이다"[12]라고 일갈한다. 소위 세계 질서와 세계 전체를 일컬어 말하는 조화는 결코 신의 창조가 아니라는 것이다. 오히려 그러한 세계 질서나 전체의 조화는 항상 자유와 대립하는 결정의 영역일 뿐이고, 그것은 허위와 인간을 노예화하는 관념으로서 베르댜예프는 여기서 그렇게 '세계 조화'를 강조하는 세계 이성을 일종의 "거짓된 심미주의"(a false aestheticism)라고 비판한다.[13] 그에 반해서 신은 인간의 "실존"의 의미이고, 신은 항상 "자유" 속에 있으며, 인간의 고통과 세계 질서에 대한 자유의 투쟁 속에서 역사하지 필연이나 세계 질서를 만들지는 않는다는 것이 그의 확신이다. 만약 그렇게 실존과 개체와 자유의 저항 속에서 표명되는 신을 부정하고, 허위의 무신론이나 합리주의적 신정론을 내세운다면, 결국 "항상 신의 영광과 인간의 존엄성 양자를 (동시에) 모멸"하는 것이 된다. 또한 세계에 있는 악과 불의, 부정(不正)의 존재를 상관하지 않거나 없는 것으로 부정할 수밖에 없게 만드는데, 그 무신론이나 합리론의 두 가지 방향을 모두 넘어서 우리는 세계에 대한 신의 섭리를 "설명할 수 없는 신비"(an inexplicable mystery)로밖에 생각할 수 없다고 누차 역설한다.

신은 세계섭리자(world providence)가 아니고, 서구 기독론에서 많이 등장하는 우주 지배자나 주권자, '용(龍) 퇴치자'(판토크라토, Pantakrator)로서의 만물 지배자도 아니다. 대신 자유와 의미(meaning), 사랑과 희생이며, 객체화된 세계 질서에 대한 항쟁이다. 이러한 일관된 인격주의적 맥락에서 지금 이 세계가 모든 가능한 세계 중 최선이라고 말한 라이프니츠의 '모나

12 같은 책, 117쪽.

13 같은 책, 119쪽.

드'세계관이야말로 참으로 비관적인 언술이라고 베르댜예프는 비판한다. 눈앞의 극심한 악의 현존에도 불구하고 그렇게 세계에 대한 낙관론을 찾는 것이야말로 바로 "인간 노예성"의 증표라는 것이다. 베르댜예프의 확신으로는 "신정론의 문제는 개체화된 세계 질서 속에서 객체화하는 사유로는 해결이 안 된다."[14] 거기서 더 나아가서 우리 인간이 지금까지처럼 세계의 모든 불행과 고뇌와 악을 신의 섭리와 우주 주권자의 관념으로 "정당화할 필요가 없고", 또한 "정당화할 권리도 없다."[15] 이것은 매우 강력한 신 변증인데, 동시에 '조건 지어진 존재'(conditioned being)로서의 인간에 대한 자각을 촉구하면서도 그 안에 내재하는 한없는 기적적 인격적 힘으로서의 저항과 항거, 새로 시작할 수 있는 자유의 행위력을 명시하는 것이다.

범신론에 대해서

이렇게 베르댜예프가 세계 악과 칭의, 신정론의 물음을 실존적 지평에서 풀어내려고 해도 그 자신도 한편으로 외면할 수 없는 것이 '범신론' 또는 '범재신론'(Pantheism/Panentheism)의 물음이다. 그에 의하면 기독교 모든 신앙고백 중 소위 정통은 항상 범신론적 경향을 적발하고 그것을 비난해 왔지만, 그가 보기에 이것은 신비론이 사용하는 언어의 역설적인 성격을 이해하지 못해서이다. 그래서 신비론자에게 범신론의 죄를 씌우지만, 그러나 한 번 더 살펴보면, 그렇게 말하는 정통주의도 끊임없이 '신만이 모든 것 중의 모든 것이고, 신만이 참다운 존재이며, 인간과 세계는 아무것도 아

14 같은 책, 120쪽.
15 같은 책, 120쪽.

니다'라고 주장하기 때문에 그렇게 모든 것을 신에게 귀속시키는 사고야말로 유사하게 범신론이고, 그것은 일원론이 아닌가 하고 그 정통주의를 반박한다.[16]

종교사상의 역사에서 범신론의 경향은 양면성을 가진다는 것을 그는 지적한다. 한편으로 범신론은 우리가 이해하듯이 인간을 독재적 억압과 외재화된 초월과 객체로서의 신 이해로부터 해방시킨다. 하지만 다른 한편으로는 인간의 예속화와 인격과 자유의 부정과 신성만을 유일한 실제적 힘으로 인정하는 것을 의미한다. 그러나 베르댜예프가 이렇게 범신론이라는 의식에서 드러나는 이율배반과 모순을 지적하는 이유는 신에 관한 일체의 사유는 결코 객체화일 수는 없다는 것을 강조하기 위해서이다. 또한 어느 경우에든 그것은 노예성의 성격을 띤다는 것을 밝히기 위함이다.[17] 그런 맥락에서 그는 정통 신학에서 신과 세계의 이원론적 계기를 그 많은 오류와 한계에도 불구하고 어떻게든 포기하지 않으려 하면서, 세상의 불의와 악에 대한 투쟁에서 실존적 공동 투쟁의 계기로 삼고자 한다.

그는 일체 함유의 통일이라는 관념은 "철학적 이성에 매력은 있으나 신에 대한 추상 관념"이라고 비판한다. 그것은 객체화된 사상의 결과이고, 그러한 통일 속에는 실존성이 없으며, 만남도 없고 대화도 없고, 소명이나 응답, 투쟁도 없다고 비판한다.[18] 그리고 진정으로 실존적인 더 높은 세계는 "통일의 세계가 아니고 창조적인 자유의 세계"(a world of creative freedom)이며, "사랑에서의 하나 됨과 협동"이라는 것을 강조한다. 그래서 신의 나

16 같은 책, 121쪽.
17 같은 책, 121쪽.
18 같은 책, 122쪽.

라는 결코 긍정의 언어로는 잘 드러날 수 없고, 부정의 언어를 쓰지 않으면 안 된다고 밝힌다. 긍정의 통일 관념 그 자체가 인간 노예성의 표현이고, 그것은 인격주의와는 대립이며, 사유의 환상적인 결과일 뿐이라고 보기 때문이다. 그리하여 그는 자신의 신에 대한 인간의 노예성과 자유에 대한 성찰을 마치면서 니체 차라투스트라의 언어 '신은 죽었다'를 가져와서 거기서 신이 죽은 이유는 "인간에 대한 동정 때문에 신은 죽었다"라고 한 것을 의미 있게 평가한다.[19] 만약 절대자와 군주적 권력자, 최고의 가부장으로서의 신이 죽지 않으면 인간과 민중과 여성, 그리고 자연 속 모든 개체의 생명과 창조성은 살아날 수 없기 때문이라고 보기 때문이다:

> 모든 구체적인 존재 특히 인간의 인격이나 동물과 식물과 그리고 자연 속에 개체적 존재를 갖는 모든 것은 영원을 이어받을 것이고, 이 세계의 모든 왕국과 개개의 인격을 괴롭히는 '일반자'의 왕국은 완전히 불탈 것이다."[20]

한국 신학(信學)이 말하는 우리 안의 초월적 백신

오늘 대부분 사람은 신(神)에 관해서 무관심하다. 그래서 한국 신학(信學)은 먼저 우리 자신의 마음 감각을 검토하기 원하면서 우리 몸과 여기 지금의 적나라한 현실로부터 시작하고자 하고, '神學'(신학)이 아니라 '信學'(신학)을 말한다. 그런 맥락에서 위의 베르댜예프가 밝힌 것처럼 신인동형론적이거나 의사회신론적 신은 자연스럽게 우리에게서 죽었고, 그런 차원에

---

19 같은 책, 114쪽.
20 같은 책, 118쪽.

서 우리도 한편 무신론자이다. 하지만 우리는 그 무신론에 그냥 머물러 있지 않고, 다시 그것을 넘어서 새롭게 신과 초월과 만나기를 원한다. 그 길이 한편 범신론을 받아들이면서도, 그러나 그 범신론이 다시 마주하고 있는 '추상적 일원론'의 오류에 빠지지 않도록 서구 기독교가 강조해 온 초월과 내재 사이의 '이원적 긴장'을 소중히 여긴다. 그것이 한국 '신학'(信學)의 유신론이고, 초월과 신비에 대한 신학적(信學的) 이해라고 생각한다.

동아시아 유교 전통의 퇴계 선생이 그의 '성학십도'(聖學十圖)에서 밝힌 대로, 우리 마음(정신)속에 '인의예지신'(仁義禮智信)의 구체적인 인간 덕목[德]과 삶의 이치[理]로 내재하는 태극(太極)으로서의 초월과 신(神)에 관한 이야기가 그 한가지라 생각한다. 그 이야기는 오늘 같은 회의(懷疑)와 불확실성의 시대에 모두에게 훨씬 보편적이고 인간적으로 어떻게 살아야 하고, 무엇을 해야 하며, 어떤 방식으로 우리 감정과 사유를 조절하며 이웃과 세계와 함께 살아가야 하는지를 일상적인 '믿음'과 '신뢰'의 이야기로 들려준다. 나는 그처럼 분명하고 간이하게 우리와 함께 하는 우리 마음의 리(理)와 도(道)에 관한 이야기를 바로 우리 마음의 신(神)과 초월 이야기로 받아들이지 않는다면 어떤 다른 가능성이 있을까 생각한다. 바로 여기 지금 곁에, 또는 우리 안에 그 가르침과 인도가 있으므로 삶에서 수없이 반복해서 다가오는 고난과 고통, 죄와 실패에도 불구하고 다시 그 바른길과 가르침으로 돌아올 수 있으니 참으로 안심되고 감사하다.

퇴계 선생은 그 다섯 가지 길에 관한 가르침 중 첫 번째인 '인'(仁)의 길을 '애지리'(愛之理)와 '생지리'(生之理)의 사랑과 생명과 창조의 마음으로 밝히면서 이 세상 모든 사람이 바로 그러한 하늘의 마음을 자기 마음으로 받아서 태어났다고 강조한다. 그에 더해서 마지막 다섯 번째의 '信'(믿음)을 "성실지심"(誠實之心)과 "실지리"(實之理)로 푸는 그림을 가져오면서, '믿음'이란 다른 것이 아니라 바로 우리가 그러한 생명과 사랑으로 선택한 일을 끝까지 밀고 나가서 열매가 맺힐 때까지 지속하는 일[誠實]이라고 밝혔다. 즉 '성'(誠)이라는 것이다. 믿음이 바로 그러한 성실성과 진실성의 일이라면 오늘과 같은 불확실성의 시대, 왜곡과 거짓과 허무의 가상과 폭력이 난무하는 시대에 우리가 한번 그 일에 몰두해 볼 만하지 않은가? 그것은 바로 어떤 다른 특별하고 비의적인 계시나 권위, 지식에 얽매임이 없이, 만약 그랬다면 참으로 힘들고, 방황하게 되고, 어려웠을 것이지만, 바로 여기 지금, 그처럼 평이하고 구체적으로 우리에게 무엇이 옳고 무엇이 그르며, 어떤 방향으로 나아가야 하는지를 알려주면서 요청하는 일이므로 그 일이 우리 인간적 힘의 반경 안에 있다는 것을 밝혀준다.

오늘 더 이상 어떤 형이상학적이고 존재론적인 초월 신에 대한 믿음이 가능하지 않고, 그러한 신이 지금까지 인간의 창조성과 자발성을 한없이 억누르고 노예화해 온 것이 드러났다면, 그러나 그렇다고 우리 정신을 더는 앞으로 나가지 못하도록 하는 허무의 무신론에 빠지는 것이 아니라 다시 새로운 방식으로 우리를 '더 높은' 세계와 '그 이상'의 차원으로 이끄는 대안의 실재와 만나고자 한다면, 그 일을 위해서 이러한 동아시아적 '심학'(心學)이나 퇴계적 '경학'(敬學)이 많은 것을 줄 수 있다고 생각한다.[21] 퇴계 선생은 당시에도 자칫 인간 의식과 공동체 삶의 지향이 차가운 우주론이나 젊은 학자 기대승의 도전을 받아서 또 하나의 자연주의, 즉 오늘의 언어로 하면 '무신론적 물질주의'나 '과학주의'에 빠질 수 있는 위험을 감지했다. 그

21 이은선, 「우리 시대 인물위기(認物爲己, 세계소외)의 병과 그 치유-유교와 기독교의 대화 관점에서」, 퇴계아카데미 봄 강연, 퇴계 사상에 비추어 본 현대인의 삶과 克己復禮』(자료집), (사)퇴계학진흥회, 2021.5.27., 역삼동 한국발명진흥회 대회의실, 52-87쪽.

래서 자신이 믿는 초월자 태극과 리(理), 우리 마음에는 사랑과 생명의 힘으로 내재하는 신적 정신에 대해서 당시 사람들은 생각지도 못했던 '호발설'(互發說)이나 '리도설'(理到說)로 말하며 그 초월의 역동성과 자유, 우리와 실존적 사귐이 가능함에 대해서 역설했다. 우주와 우리 마음의 신과 초월이 결코 어떤 이신론적 관념의 차가운 도덕 원리나 당위로 존재하는 것이 아니라, 여기 매일의 삶에서 우리 판단과 선택의 현장에서 우리를 이끄는 경외의 '하늘 부모'[天地父母]인 것을 드러내기 위함이었다.[22]

마무리 성찰—에티 힐레숨과 우리 신앙의 미래

이러한 동아시아적 믿음의 표현과 참으로 잘 연결되는 접점을 독일 홀로코스트의 또 다른 희생자 에티 힐레숨(Etty Hillesum, 1914-1943)의 깊은 신앙적 언어에서 만난다. 2014년 한국사회가 겪은 끔찍한 세월호 참사를 여성신학적으로 이해하고자 할 때 나는 힐레숨의 일기를 읽으면서 큰 위안과 도움을 받았다.[23] 그런데 이후 그녀의 삶과 사상을 전체적으로 조명하는 책이 한국 독자들에게 소개되었으니 천은(天恩)이다.[24] 에티 힐레숨은 1943년 9월 7일 암스테르담에서 가족과 함께 아우슈비츠 수용소로 끌려가서 그곳에서 11월에 희생되기까지도 일기 쓰기를 계속했다. 그 일기가 가까스로 전해져서 1981년 10월이 돼서야 처음 세상에 드러난 것인데, 그녀 일기는

---

22 같은 글, 22쪽.

23 이은선, 「세월호 참사, 神은 죽었다. 나의 내면의 神은 이렇게 말한다」, 『세월호와 한국 여성신학-한나 아렌트와의 대화 속에서』, 동연, 2018, 68쪽 이하.

24 패트릭 우드하우스, 『에티 힐레숨-근본적으로 변화된 삶』, 이창엽 옮김, 한국기독교연구소, 2021.

"사유하는 가슴"(das denkende Herz)으로서의 그녀가 어떻게 당시 서구 기독교 전통에서는 만나기 어려운 또 하나의 새로운 신 이해와 신앙을 수행하며 살았는지를 유감없이 드러낸다.

오늘 신(神) 부재와 믿음[信]의 어려움과 코로나19 팬데믹과 같은 범 인류적 문명 위기 상황에서 에티 힐레숨의 신비와 기적의 신앙이 큰 역할을 할 수 있다. 특히 절망과 좌절 속에서 앞길을 헤쳐 나갈 힘을 크게 잃고서 방황하고 있는 한국 젊은이들에게 이 힐레숨의 이야기는 참된 '초월적 백신'으로 역할할 수 있다. 오늘 인류는 점점 더 큰 불확실과 지금까지 공동체 삶의 기반이 총체적으로 흔들리는 큰 위기에 봉착했고, 거기서 전통의 절대자, 기계론적인 구원의 신은 참으로 무력하고 인간은 어디로 가야 할지 모르고 있다. 이런 상황에서 깊은 아시아적 내재 영성과 초월의식과 많은 접점을 보이며, 그러나 그때까지 자신이 속해왔던 전통 고유의 인격적 신앙의 역동성과 친밀성, 주체성을 간직하고 있는 힐레숨의 신앙 이야기와 인간에 대한 뜨거운 사랑과 믿음은 우리에게 진정 참된 자유의 신앙적 길이 어떤 것인지를 보여준다.

거기서 그녀는 철저히 이타의 사람이 되어서 자신을 도울 수 없는 신을 오히려 자신이 돕고자 한다. 그와 같은 죽음의 상황에서도 결코 '인간다움'과 '인간성'이 파괴될 수 없다는 것을 스스로 증거해 보이면서 다른 사람들 속에서도 그 신적 내재의 인간성을 알아보고 그들을 도와주고, 위로하고, 죽음의 순간까지 함께하면서 그들의 인간성을 북돋우는 것을 자신 신앙의 일로 삼았다. 그녀의 '사유'(denken)와 가슴의 '신앙'(glauben)이 함께 어우러져 고백된 이 이야기는 오늘 전통의 군림하는 신, 외부에서 체제의 주인으로서 명령하고 기적을 행하고 서비스하는 신이 아니라 그녀의 '또 다른 나'로서, 내면의 깊은 목소리로 현현하는 신을 통해서 인습의 신에 대한 노

예성을 넘어서게 한다. 오늘 우리 시대 다시 새 길을 찾고자 하는 모두에게 큰 길잡이가 될 것이다:

> 나의 하나님, 아주 끔찍한 시간들이에요. 오늘 처음으로 타는 듯한 눈으로 잠을 이루지 못하며 어둠 속에서 누워서 인간적인 고통의 많은 상들을 내게 떠올렸어요. 당신께 아주 작은 것밖에 약속드릴 수 없어요. 미래에 대한 나의 염려를 무겁게 오늘 여기에 걸쳐 놓지 않겠다는 것이지요. 그러려면 확실한 연습이 필요해요. 한 날의 염려는 그날에 족하다. 내가 당신을 돕겠어요, 당신이 나를 떠나지 않도록. 처음부터 보증할 수는 없어요. 그러나 단 한 가지가 나에게 점점 더 확실해져요. 당신이 우리를 도울 수 없고, 오히려 우리가 당신을 도와야 하고, 그렇게 해서 마지막에는 우리 스스로가 우리를 도와야 한다는 것이지요. 그것이 바로 우리 속에 들어와 있는 당신의 한 조각, 하느님을 구해내는 유일한 일이지요. 그리고 아마도 그 일을 통해서 우리가 고통으로 찢어지는 다른 사람들의 가슴 속에 다시 당신을 부활시키는 일을 도울 수 있을지 모르겠어요. … 나의 하느님, 내 안의 당신과 이런 대화를 통해서 점점 더 안정을 찾아가요. 다음에도 계속 이런 대화를 많이 나눌 것이고, 나를 떠나가려는 당신을 이렇게 막을 거예요. 나의 하나님, 당신도 앞으로 어려운 시간을 보낼 거예요. 그러나 저를 믿으세요. 저는 계속 당신을 위해서 일할 것이고, 당신에게 충실히 머무를 것이며, 그리고 당신을 내 안에서 쫓아버리지 않을 거예요.[25]

25 *Das denkende Herz, Die Tagebuecher von Etty Hillesum 1941-1943*, Rowolt, 24Auflage, 2013, pp.149-150.

나는 나 자신 안에 안식한다. 바로 그 자신, 내 속의 가장 깊은 곳 그리고 가장 높은 곳, 거기에 내가 쉬는데, 나는 그곳을 신이라 부른다.[26]

누구든 본집에 있다. 하늘 아래 본집에 있다. 만일 스스로가 모든 것을 짊어지기만 하면 땅의 어느 구석에 있든지 본집에 있다.[27]

---

26 *Ibid.*, p.176.
27 *Ibid.*, p.179.

8장

자연과 자유

—우주의 매혹과 자연에 대한 인간의 노예성

자연이란 무엇인가?

존재와 자유, 신과 자유에 이어서 자연과 자유와의 관계를 성찰한다. 이 관계에서 야기되는 인간 노예성에 관해서 살펴보고자 하는데, 베르댜예프는 자신의 성찰을 시작하면서 제일 먼저 말하기를, 존재와 신에 대한 인간 노예성을 말하면 사람들이 의아해하고 반박하기도 하지만, 이 '자연'과의 관계에서는 그렇지 않을 것이라고 했다. 그러나 과연 그럴까? 그가 『노예냐 자유냐』를 쓸 1930년대는 근대 산업 문명이 오늘처럼 크게 문제시되지 않던 때였다. 사람들은 여전히 과학을 통해서 자연을 길들이고, 그로부터 이익을 얻어서 인간 문명을 융성하게 하는 일에 매진하고 있었기 때문이다. 하지만 오늘 21세기는 생태위기와 특히 기후위기가 심각해서 예전처럼 자연을 인간에 대극으로 놓는 일은 점점 사라지고 있기 때문에 자연에 대한 인간의 노예성을 말하는 것이 어떤 의미가 있을지 여러 생각을 하게 된다.

이에 관한 이야기를 먼저 베르댜예프를 통해서 들어보고, 오늘 21세기의 정황에서 그 의미를 성찰해 보고자 한다. 베르댜예프도 이미 당시에 분명히 말하기를, 자신이 자연에 대한 인간의 노예성을 말할 때의 자연이란 결코 동물이나 식물, 광물, 별, 산림, 바다 등을 말하는 것이 아니라고 했다. 오히려 이런 모든 것들은 각자 나름의 "내적 실존"을 가지고 있고, "실존적인 것"에 속하며, 그런 의미에서 객체화된 사물의 기구가 아니라는 것이다.[1] 이렇게 우리가 보통 쉽게 오해하듯이 그가 말하는 자연이 서구 근대의 기계론적 과학주의가 표방하는 자연이 아니라면, 어떤 의미에서 그는 자연에 대한 인간의 노예성을 말하는 것일까? 여기에 대한 답에서 그의 사상의 뛰어난 선취성과 앞으로의 인류 시간을 위한 의미가 드러난다.

자유(freedom)에 대극하는 자연(nature)에 대한 인간 노예성

베르댜예프는 자신은 '자연'(nature)이라는 말을 '문화'(culture)나 '문명', 또는 '초자연'이나 '은총'이라는 것 등과 대립하는 의미로 사용하지 않을 것이라고 밝힌다. 또는 자연이 '우주'(cosmos)나 '하느님의 창조'(the creation of God)라는 넓은 의미도 아니고, 특히 영혼(soul)과 구별되는 것으로서의 공간상의 '물질'(matter)세계라는 의미는 더더욱 아니라고 분명히 말한다. 그 모든 것보다도 그에게 있어서 자연이란 바로 '자유'에 대립하는 것으로서,[2] 즉 그에게서 자연이란 자유의 반정립으로서 '인격'(personality)에 대한 반정립이 되며, '정신'(spirit)에 대한 대극이 되어서 "근본적인 이원론은 자

---

1 니콜라스 A. 베르댜예프, 『노예냐 자유냐』, 이신 옮김, 늘봄 2015, 127쪽.

2 같은 책, 126쪽.

연과 초자연의 이원론이나 물질적인 것과 심리적인 것, 또는 자연과 문명의 이원론이 아니라 자연과 자유, 자연과 정신, 자연과 인격의 이원론이다"라고 선언한다.[3]

이러한 선언과 이해는 그가 자연을 지금까지 밝혀 온 자신의 정신적 인격주의 관점에서 우리의 통상적인 이해와는 달리 '객체화', 즉 소외, 결정화, 비인격으로 대상화된 세계로 이해하는 것을 말해준다. 그런 뜻에서 인간의 우주적 생명과의 친교 물음은 자연을 객체화의 관계에서 이해하는 것과는 다른 문제라고 밝힌다. 즉 인격은 자연의 결정론적 순환에 대해서 전혀 다른 질서에서, 자유의 영역에서, 정신의 왕국으로부터 기원하는 하나의 새로운 힘으로 돌입해 오는 것을 밝히는 의미인 것이다. 물론 인간 됨 안에는 우주적 순환과 연결된 자연적 기초 원리가 있다. 하지만 인간 안의 인격적인 것은 그와는 다른 별종의 기원과 별종의 질에 의한 것으로서 항상 자연적인 필연으로부터의 결렬과 단절을 나타내는 것임을 강조하는 뜻이다. 그런 의미에서 인격이라는 것은 자연에의 예속에 대한 "저항"(rebellion)이라고 한다.

베르댜예프에 따르면 인간은 객체화와 결정화에의 예속인 자연에의 노예성으로부터 부분적으로만 벗어날 수 있다. 심지어는 자연이 아닌 사회(society)에서조차도 그 사회적 삶을 하나의 영원한 자연의 형태로 보면서 이것이 종종 사회의 이상적인 기반이 되기도 한다고 지적한다. 또한, 여기서 더해서 정신 자체와 정신적 삶도 주로 동양적 사고에서 많이 등장하는 방식으로 자연주의적 이해로 '자연'으로 말하기도 하는데, 이것은 정신적

3 같은 책, 126쪽.

이고 영적인 영역에 자연적 결정론이 들어온 예라고 밝힌다.[4]

이러한 지적과 이해를 따른다면 동아시아 유교 텍스트에서 '초월'(理)의 개별적 내재를 뜻하는 '성'(性, 性卽理)이 종종 '자연'(nature)으로 번역되어 서양에 소개되는 것은 오역이라고 할 수 있다. 그보다는 오히려 '자유'(freedom)나 '실존'(existence)으로 번역되는 것이 더 타당해 보인다. 베르댜예프는 반복해서 강조하기를, 인간이 비록 자연의 부분으로 돌아가기도 하지만 그러나 인간은 결코 자연의 일부가 아니다. 자연이 인간 내에 있지만 인격으로서의 인간은 자연이 아니라는 강조인데, 그런 의미에서 인간은 "소우주"이지 우주의 일부가 아니고, 그 소우주로서 자연적 인과의 관계를 끊어내면서 의미와 목적으로 가득 찬 정신과 인격의 관계로 변화시키는 존재임을 강술한다.[5]

그에 의하면 심지어는 우리가 통상적으로 이해하는 자연의 영역조차도 완전히 닫혀 있는 질서가 아니다. 그리하여 그 자연도 필연성과 인과관계의 불변성이거나 또는 방해받지 않는 일관된 영역을 의미하는 것이 아님을 인지할 필요가 있다. 자연 질서의 통계적 해석이 그러한 자연에 대한 결정론적 해석을 제한하는데, 그것은 자연조차도 봉쇄된 질서가 아니기 때문이다. 그런데도 인간은 심지어는 정신과 신조차도 종교 철학적으로 자연주의적으로 이해하면서 객체화의 결과인 자연에 대한 인간 예속을 정당화해왔다. 거기서는 모든 것이 객체로 변환되고, 소외되며, 비인격화 되는데, 이렇게 인간뿐 아니라 동물과 식물을 비롯한 광물이나 별까지도 그 실존을 예속하고 요술을 부리는 장소인 '이 세계'(this world)는 인격에 의해서 파기

4 같은 책, 128쪽.
5 같은 책, 128쪽.

되어야 하고, 노예화하는 상황으로부터 놓여 나야 한다고 역설한다.[6]

우주에의 매혹과 인간 노예성

이렇게 인간도 그 일부분이기도 한 산이나 바다, 광물이나 식물, 동물 등의 자연을 말하는 것이 아니라, 그가 밝히고자 하는 인간 자연에의 노예성은 주체를 객체화시키고, 외부적인 결정론과 필연성에 얽매이며, 항상 의존하는 것을 뜻한다. 외적인 결정화를 의미하는 자연과 물질에의 예속화를 말하는 것이다. 그는 인간이 자연과학이나 기술과학을 발전시켜서 벗어나고자 했던 자연적 필연성으로서의 자연에의 예속성은 아주 소박한 예속성일 뿐이라고 한다. 그에 반해서 좀 더 미묘하고 섬세한 자연에의 인간 노예성을 그는 "우주의 매혹(the lure of the cosmos)과 그 노예성"이라고 명명하면서 이는 인간이 깊이 황홀에 빠지며 동의하는 바라고 지적한다.

이 매혹은 인간이 한편으로는 자연법칙의 결정론과 지배에 대항해서 싸우지만, 다른 한편으로는 우주에 대해서 또 다른 태도를 보이는 것으로서 '세계의 조화'(world harmony)와 '세계 전체'(world whole), '세계 일치'(world unity)나 '세계 질서'(world order)로 나타나는 우주의 매력에 기꺼이 빠지고, 그 안에서 "신적 조화와 질서" 또는 "세계의 이상적인 기반"을 보는 것을 말한다.[7] 이 우주에의 매혹과 노예성은 현실의 삶에서 여러 다양한 형태를 취하는데, 예를 들어 『채털리 부인의 사랑』의 D.H.로렌스가 빠졌던 에로틱한 성적 매혹, 러시아의 브 나로드(인민에게로) 인민주의 운동, 토지의 지상

---

6 같은 책, 129쪽.

7 같은 책, 131쪽.

적 매혹과 혈족 종족주의, 또는 집단주의와 공산주의적 신비주의 등이 모두 그것이라고 지적한다. 이것은 "우주의 어머니 가슴"에 도달하려는 동경이고, "어머니 대지"에로의 귀환을 꿈꾸는 것이다. 인격적 실존의 고뇌와 제한으로부터의 해방을 통해서 얻고자 하는 형상 없는 요소와의 융합을 희구하는 것인데, 전체로부터 분리되어 있는 개체적 실존이 도달하고자 하는 민족적 또는 사회적 집단주의도 그중 한 표현이라고 한다.

베르댜예프는 서구 정신사에서 '낭만주의자'(the romantics)의 자연에의 복귀와 그들의 자연 이해를 이러한 맥락에서 자리매김한다. 루소가 그 대표적인 인물이고, 톨스토이에게도 자연은 거룩한 것이고, 은혜를 주는 것이며, 문명화된 인간에게 치유를 주는 것으로 이해되었다. 그러나 베르댜예프에 따르면 인간이 주기적으로 이러한 감정에 사로잡힌다 해도 그러한 우주적 자연에의 귀일적 태도는 노예적인 "의식의 환상"(illusion of consciousness)일 뿐이다.[8] 즉 인간은 자연의 필연성으로부터 구출을 바라고 문명을 통해서 그에 투쟁하기도 하지만, 우주의 자유를 구하고 우주적 생과의 융합을 꾀하며 '세계영혼'(a soul of the world)의 존재에 대한 낭만주의적 신조를 통해 우주 내부 생명과 하나 됨을 꿈꾼다. 하지만 그러한 방식에서 찾는 세계 통일과 조화로서의 우주 존재와 세계영혼의 존재는 객체화에 의해 노예화되고 상처받은 인간 의식의 환상이라는 것이다.

이에 반해서 베르댜예프는 전체는 '정신'(spirit) 속에서 발견되는 것이지 '자연'(nature) 속에는 없다는 것을 강하게 부각시킨다. 즉 우리의 인격이 그 관계에서 하나의 부분이 되는 우주의 계층적 통일이라는 것은 있을 수 없고, 세계영혼과 우주적 전체의 관념은 아무런 실존적 의미가 없으며, 심

8 같은 책, 132쪽.

지어는 자연과학에서의 현대물리학도 그 전체적인 통일체로서의 세계는 존재하지 않음을 밝힌다고 한다. 그렇게 낭만주의자들의 우주에 대한 오래된 매혹은 인간 정신의 또 다른 노예성이고, 소피아 교리(a doctrine of a Sophia)라든가 신지학(神智學)자들의 신비 사조 속에 나타나는 일원론적 우주 계층 이론이 그 예라고 지적한다.[9]

세계 과정의 목적론적 해석과 인간 노예성

베르댜예프는 자연에의 인간 노예성을 말하면서 세계 과정의 목적론적 해석도 바로 이에 속하는 것이라고 밝힌다. 우주 과정의 목적론적 해석으로서 객관적 목적론도 인간의 자유와 인격과 창조성에 역행하는 것이고, 그것은 그에 의하면 다른 것이 아니라 "이상적으로 정신화된 결정론"을 따르는 것이다. 그는 목적성은 오직 부분적인 것이고, 전체라는 것은 없기 때문에 세계의 어떤 부분적인 과정에 내재하는 것이지 객체화된 세계의 무한성은 우주적 전체일 수 없다고 강조한다.[10] 그런 맥락에서 예를 들어 만약 두 유성 간에 충돌이 생겨서 그 결과로 지구의 파괴와 같은 우주적 파괴가 일어나도 그것은 비목적적이고 우연적인 사태일 뿐이지, 그것을 어떤 목적론이나 그러한 사고가 일어날 법칙 같을 것이 있었다고 말해서는 안 된다는 것이다.

그에 따르면 '기적'은 결코 어떤 자연법칙의 단절을 의미하는 것이 아니다. 그것은 오히려 인간적 삶 안에서 "의미(meaning)가 출현"하는 것이고,

---

9 같은 책, 134쪽.
10 같은 책, 133쪽.

부분적이고 특수한 법칙에 종속되는 자연에서 "정신적인 힘이 자연 질서 속으로 돌파"하여 오는 것을 말한다. 그런 맥락에서 '전체의 법칙'은 없고, '우주의 법칙'도 없으며, '만유인력'의 법칙도 결코 우주적 법칙이 아니고 부분적이며 부분적인 것과 관계하는 것이라고 역설한다. 그러면서 지금까지의 인간 자연관이 한편에서는 이미 논파된 자연에 대한 유물론적 기계론의 일원론으로 빠지거나, 아니면 세계영혼이나 세계 조화를 인정하면서 정신주의적 이상주의의 그릇된 일원론적 유혹에 넘어간다고 일갈한다. 그러나 그 모두는 인간 자연에의 노예성이고, 거기서의 자연과 우주는 진정한 세계가 아니라, 타락의 상태에 있는 것이고, 소외되고 비인격화된 노예화의 세계라는 것이다.[11]

베르댜예프에 따르면 인간은 자연을 파괴하면서 문명을 건설하는 기계주의에 계속 머물 수가 없다. 그래서 그렇게 자연의 내적 생명으로부터 소외된 상태에서 벗어나고자 반복적으로 자신 속에 우주가 복귀하기를 바라는 것이다. 특히 "우주의 매혹"이라고 부르는 것을 통해서 좁은 개인적 존재의 경계를 넘어 우주적 원초적인 요소와 하나 됨을 희구하는 것이고, 거기서 모든 밀의적 제사(orgiastic cults)가 기인한다고 밝힌다. 서구 정신사에서 횔덜린의 비극작품 『엠페도클레스의 죽음』 속에 묘사된 우주의 매혹이 그 대표적인 예라고 하면서 그러한 "인간을 포용하고 그 인격을 삼키는" "이교적 우주 중심주의"에 대해서 그는 "기독교적 인간 중심주의"를 대치시키기도 한다.

그는 인간 정신과 인격은 결코 자연적 유기체의 일부분이 아님을 강조한다. 그래서 '인간 사회성'을 강조하면서 그 사회성을 유기체적 관념으로 설

11 같은 책, 135쪽.

명해서 거기에 속하는 것을 당연시하는 것에 대해서도 거부한다. 그는 분명한 어조로 밝히기를, 사회생활에서의 "우주주의"(Cosmism)는 특히 정신적으로 반동적인 성격을 띠는 것인데, 사회철학을 그렇게 하나의 우주주의나 신비적인 생물학적 근거로 토대를 지우려 하는 것은 모두 자연에의 인간 노예성의 표현이다. 그것은 하나의 착각(환상, illusion)이며, 인간은 결코 그러한 자연주의에 근거해서가 아니라 정신적 질에서의 인격성에 근거해서만이 참된 자유의 공동체를 이룰 수 있다는 강조이다. 이 문제는 다음 주제인 사회와 자유, 사회적인 매혹과 사회에 대한 인간의 노예성에서 더 살펴보고자 한다.

'자연의 종말'이 아닌 '좋은 인간세(good Anthropocene)로'의 길

이처럼 베르댜예프는 우주의 매혹에 대해서 경계하며 그로부터의 인간 해방을 특히 서구 기독교 문명의 고유한 기여로 밝힌다. 그 매혹을 "이교적"(pagon) 또는 "마귀숭배"(demonolatry), "범정령주의"(pandemonism) 등의 용어를 쓰면서 평가하는데, 그러나 그러한 입장은 오늘날 서구 주도의 근대 인간 기계문명이 불러온 생태위기로 크게 고통 받고 있는 상황에서는 오히려 구태로 보일 수 있다. 특히 그 서구 근대를 넘어설 다른 문명적 대안을 찾고자 하는 본 성찰에서는 더욱 그러하다.

하지만 베르댜예프의 자연에의 인간 노예성에 대한 성찰이 그렇게 단순하지 않음을 지금까지 위에서 살폈다. 그는 결코 주체로서의 식물이나 동물, 더 먼저는 광물 등의 자연을 폄하하지 않는다. 그보다는 인간 정신이 그 정신성과 인격적 자유를 저버리고 다시 객체화된 물리적 대상으로서의 자연 '결정론'에 굴복하거나, 그것을 '유기체'와 '정령'으로 본다고 하더라도 그 정신주의적 유기체성에 자신을 포괄시켜 버리는 방식을 비판하고 그것을 넘어서고자 한 것이다. 이러한 우주에의 매혹과 자연에 대한 인간 노예성의 언급은 21세기 오늘날은 오히려 심한 백래쉬(backlash)를 받을 수 있다. 그만큼 지구 환경 문제와 기후위기 등이 심각하기 때문이다. 그래서 사람들은 오히려 다시 자연에의 귀의를 말하고, 우주의 매혹, 자연과의 하나 됨을 강조하며 그 길이 인간 미래를 보장할 수 있다고 역설한다.

이러한 물음에 대한 성찰을 진척시키기 위해서 나는 지난 2000년 이후로 논의가 비등해진 '인류세'(Anthropocene) 또는 '인간세'에 대한 이야기를 먼저 살펴보고자 한다. 인류세는 농경사회가 시작된 약 1만여 년 전에 시작된, '완전히 최근'이라는 뜻을 가진 '홀로세' 다음으로 인간이 지구 생태계와 지구 시스템의 결정적인 인자로 등장한 지구 지질시대를 일컫는 새로운 말이다. 그것은 인간 삶과 능력이 전례 없는 방식으로 지구 행성의 환경을 변경시킨 것에 관한 새 이름을 말하는 것이다.[12] 정확히 어느 때부터를 인류세로 지칭해야 하는지에 대한 논의는 여러 분야 과학자들 사이에서 분분하다. 하지만 오늘 인류가 맞닥뜨리고 있는 지구 생태계 위기를 그 출구와 치유가 거의 불가능하다고 보는 비관적인 인류세 이해나, 그와는 다르게 "제2의 코페르니쿠스적 전환"과 또 다른 "프로메테우스적 진화의 패러다임"으로 보는 이해나 모두 지금까지 수십억 년을 이어온 지구의 역사에서 상당히 최근에 와서야 한 종류의 동물로 등장한 인간이 지구의 모습을 너무도 명백하게 변화시켰다는 것에 대해서는 모두 동의한다. 그래서 이제 지구 지질의 역사는 인간을 의미하는 '안드로포스'(Anthropos)에서 따온 '인류세'로 진입했다는 것이다.

---

12 얼 C. 엘리스, 『인류세』, 김용진/박범순 옮김, 교유서가, 2021, 167쪽.

그런데 나에게는 이 두 가지 방향 중에서 앞에서 우리가 살펴본 베르댜예프의 자연에 대한 인간 노예성의 지적과 우주의 매혹에 대한 경고는 이제 우리가 진입한 인간세를 '자연의 종말'이나 '지구의 종말' 등과 같은 언어로 극단적으로 비관적으로 보는 것을 넘어설 것을 주장하는 의미로 들린다. 그래서 다시 인간에 의해서 참된 지구 생명 공동체성의 의식이 회복되고, 그래서 지구 생명체의 마음[心]으로서 인간의 회심과 역할을 통해서 지구 생명 공동체가 '영화'(靈化)되고, '정신화'되며, 더 포괄적이고 심층적으로 '주체화'되는 방향으로 나아가는 것을 지시한다고 이해한다. 달리 말하면 '좋은 인류세', '참 인류세'에 대한 지시이고, 그 방향으로서의 명(命)을 말하는 것이며, 그 일에서의 '믿음'[信]과 '사유'[思]를 놓지 말라는 설득과 경고라고 생각하는 것을 말한다.

앞에서 본 대로 베르댜예프는 온 자연의 생명권을 무시하지 않는다. 오히려 작은 빵 한 덩어리조차도 인간의 의식과 더불어 '정신'이 될 수 있다고 역설했으며, 자연에 대한 기계론적 이해는 자연과학적으로도 이미 논파되고 격파된 저급한 물질주의라고 지적했다. 그리고 이제 인간에 의해서 창출된 기술을 '제2의 자연'이라는 더욱 확장된 자연의 개념 안으로 끌어들이는데, 이것은 오늘의 좋은 인류세 이해가 지구공학(Geoengineering)이나 기후변화에 대한 파리협정과 같은 지구 환경 거버넌스를 통해서 그동안 인간에 의해서 교란되고 파괴된 지구 생태계를 치유하는 데 힘을 쏟고, 거기서 더 나아가서 인간과 자연 생태계가 변화된 관계로 새로운 생태계를 이루어 나가려는 구상과 상치되지 않는다고 생각한다.

여러 지구과학 연구는 45억 년의 지구 역사에서 38억 년 전에 박테리아가 나타남으로써 지구 생태계는 엄청나게 다양한 생명의 형태로 진화해 나간 것을 밝혀준다. 그런데 거기서 지난 수억 년에서 수천만 년 사이에 다섯 번의 대멸종 시기가 있었고, 그로 인해 그때까지 지구상에 존재했던 모든 생물종의 99%가 멸종했다고 한다. 하지만 아직 지구의 여섯 번째 대멸종이 도래하지는 않았다고 하는데,[13] 오늘 그 가운데서 고작 30만 년 전에 등장한 호모 사피엔스가 "거대한 가속"으로 지구 육지의 80% 이상을 점령하면서 지구 시스템의 거의 모든 권역에 자신의 흔적을 남기며 멸종을 가속화하고 있다. 그러나 동시에 거기서 인간은 단지 기존의 지구 생태계를 교란시키는 존재만이 아니라 새로운 문화적 인공의 권역을 창출시키는 "기술권"(Technosphere)의 창발자로서 또 다른 창조자의 역할을 기대해 볼 수 있다는 것이다. 그리하여 이 기술권역을 포함한 새로운 지구 생명권의 창출로 인류권(anthroposphere)의 호모 사피엔스가 예를 들어 앞으로 새로운 빙하기의 도래를 감지한다면 그 빙하기를 막기 위해서 할 수 있는 모든 일을 하기 바란다는 의미이다.[14]

45억 년의 지구 역사에서 지금의 지구 문명이 가능하게 된 홀로세는 지구 지질시대 구분 중 겨우 260만 년 전에 시작된 제4기의, 상대적으로 덜 추웠던 가장 최근에 해당하는 '간빙기'(間氷期)일 뿐이라고 한다.[15] 최근의 지질학 연구에 따르면 이미 지구상의 5000여 종의 '자연 광물'에 비해서 실리콘 소재 컴퓨터 칩, 산업용 연마재, 고대 도자기와 유리 등 인간 활동으로 만들어진 17만 종 이상의 '광물과 유사한 합성 물질'이 감별되었고, 물리적 기술권의 규모가 30조 톤 이상으로 지구에 사는 모든 인간 몸무게 합을 10만 배나 넘었다. 오늘 크게 문제가 된 플라스틱 물질만 해도 누적 생산량

---

13 같은 책, 184-188쪽.
14 같은 책, 249쪽.
15 같은 책, 248쪽.

이 50억 톤이며, 그렇게 인간은 소위 '기술화석'(technofossil)을 남기는 생명이 되었다는 것이다.[16] 즉 다시 말하면 이제 전자기기 가전제품, 산업 제품 등 인공적 '기술종'(technospecies)이 대략 1000만에 이르러서 지구상의 생물종보다 더 다양할 수 있다는 것을 보여준다는 의미인데,[17] 이것은 더 이상 지구 시스템이나 지구 생태 환경이 인류세 이전 제1 자연만의 생태 환경으로 돌아갈 수 없는 것을 시사하는 말이다.

베르댜예프가 우주의 유혹을 넘고, 자연의 결정론을 넘어서 정신과 영, 자유의 행위자로서 살아갈 것을 요청했다는 것은 과거의 인간이 단지 생물학적인 행위가로서 자연과 상호작용해 온 것을 넘어서 오늘의 인간은 기후마저 조절할 수 있는 질적으로 달라진 "지리물리학적 행위자"가 된 것을 깊이 자각하는 일을 말한다고 생각한다. 그래서 더욱 책임적이고 주체적으로 더 깊은 시간성과 공간성에 대한 인격적 자각으로 살아가야 함을 말하는 것이라고 나는 해석한다.[18] 그럼에도 이렇게 스스로가 새로운 자연의 힘이 되어서 자연사와 인간사의 구분이 점점 더 사라지는 가운데서 이루어지는 행보는 그 안에 많은 위험을 내포하고 있기도 하다. 하지만 베르댜예프는 그 일을 한편으로는 유신론적 인격주의가 되는 자신의 정신적 인격주의로 신의 형상을 담고 있는 인격으로서의 인간의 일로 보았다고 나는 이해한다.

그는 전체는 정신 속에서 발견되는 것이지 자연 속에는 없고, 그래서 "호소는 신에 대해서만 하는 것이지 세계영혼이나 전체로서의 우주에 대해서

---

16 같은 책, 245쪽.

17 같은 책, 246쪽.

18 같은 책, 218쪽.

할 것이 아니"라고 하면서[19] 인간이 문명에 대한 실망과 절망 속에서 종종 빠지는 우주의 매혹과 자연에의 노예성을 경계하였다. 서구에서 일찍이 '생물권'(biosphere) 다음으로 '정신권'(noosphere)의 출현을 말하고, 공동사고와 초사고 또는 초인격화 등을 통해서 좋은 인류세에 대한 상상을 깊이 촉발한 인물로 고생물학자이자 신부였던 떼야르 드 샤르댕(Pierre Teilhard de Chardin, 1881-1956)이 종종 거론된다. 그도 자신 언어권의 자식으로서 그 목표와 지향점을 매우 서구 기독교 중심적인 관점에서 기독론적으로 "오메가 포인트"(le Point Omega)라고 표현했지만, 그 안에 담긴 깊은 의미를 더욱 성찰해 볼 일이다.[20]

한국 신학(信學)의 인학(仁學)과 인동설(人動說)

이미 밝힌 대로 베르댜예프는 우주의 매혹과 자연에의 인간 노예성을 말하면서 "이교적 정령주의" 내지는 "우주주의" 등의 언어로 일반적으로 동양적 자연관과 우주관으로 이해되고 있는 자연 내재주의적 초월관을 비판했다. 아닌 게 아니라 요즈음 한국 사회에도 인간 문명에 대한 실망과 절망 속에서 노장사상에 관한 관심이 비등하고, 각종 애니미즘과 무속에 관한 관심이 증대하는 것을 볼 수 있다. 하지만 나는 동양에 대한 베르댜예프의 이해가 일천했다는 것과 동양사상의 층이 그렇게 간단한 것이 아님을 우선 지적하면서 '다른 동양', '다른 아시아', 아니 그보다 오늘 서구 기독교 문명이 불러온 잘못된 인류세의 폐해를 치유할 수 있는 가능성이 다른 동아시

19 니콜라스 A. 베르댜예프, 같은 책, 132쪽.
20 이은선·이정배, 『현대이후주의와 기독교』, 다산글방, 1993, 36쪽.

아적 사고 속에 있다는 것을 간략하게나마 언술해 보고자 한다. 앞에서 이해한 대로 베르댜예프의 지향도 지금 여기의 '좋은 인간세'의 방향과 다른 것이 아니었다고 보면서 우리가 살피고자 하는 다른 동아시아적 사고가 서구의 사고보다 그 방향으로의 인도를 더 잘 할 수 있다고 생각하는 의미에서이다.

동아시아 『역경』의 사고가 그 하나라고 생각한다. '생생지위역'(生生之謂易), 즉 '낳고 낳는 것을 역(易)이라고 한다'라는 언어를 가지고 만물이 고정된 것이 아니라 끊임없이 변화하고, 창발하고, 새롭게 변신하고, 또다시 낳고 낳는다는 의식은 '우주'라는 고정된 틀을 상정하지 않고, '신'(神)이라는 유일한 행위자를 필요로 하지 않는다. 이러한 역(易)의 사고는 인간세와 인류권을 주장한다 하더라도, 과거 오늘의 지구권과 지구 시스템을 이루는 데 생물권(biosphere)이 주인공의 역할을 하여 오늘이 있게 한 것처럼, 그렇게 오늘 이 지구에서 새롭게 주인공으로 등장한 인류권이 좋은 인간세를 이루도록 역할을 하는 데 관심을 두는 것이지 그 자체가 영원하도록 요청하지는 않는다는 것이다.

오늘의 과학적 연구는 지금이 지구의 종말 혹은 인간 역사의 종말은 아니고 아마도 최소한 10억 년 이상 지구는 계속해서 생명을 지탱해 주리라 예측한다. 그 가운데서 대부분의 다른 생물종처럼 지금 형식의 인간종도 그때쯤이면 사라질 터이지만, 아주 먼 미래에 어떤 존재가 자신이 아닌 다른 존재 때문에 영구히 크게 변형된 지구를 보게 된다고 해도 거기서 여전히 있는 것은 '역'(易)이라는 것이다.[21] 즉 역(易), 간단없이 지속적으로 낳고, 창조하고, 창발하고 변화하는 행위만이 영원한 것이지 그 과정과 변화

21 얼 C. 엘리스, 『인류세』, 262쪽.

에서의 모든 고정과 고착은 악(惡)이고 불의(不義)이며, 사랑[仁]이 아니고 다른 것에 대한 예의[禮]가 아니며, 그렇게 될 때 역(易)의 기쁨[樂]은 사라지고 믿음[信] 대신에 허무나 절망, 아니면 잘못된 환상만이 남게 된다는 가르침을 동아시아 역(易)은 지시해 준다는 말이다.

그 천지의 역(易)을 『중용』은 "천지생물지심"(天地生物之心/理)이라는, 낳고 살리는 마음과 원리의 '지속성'[誠]이라는 말로 좀 더 분명하게 밝혀주었다. 조선 신유교 사고는 그 역(易)과 천지생물의 마음을 바로 "인간의 마음"(人心)이라는 '인'(仁)으로 밝혀 강조하면서, 그것을 "낳고 살리는 본성"(生之性)과 "사랑하고 보살피는 원리"[愛之理]로 드러내고자 했다.[22] 여기서 인간[人]의 낳고 살리는 마음[仁]을 '원·형·이·정'(元亨利貞), 봄·여름·가을·겨울의 첫 번째 우주적 시작의 기운[氣]이라고도 했다. 또한 그것을 "생지성"(生之性), 즉 살리는 본성 내지는 자연[性]이라고 하면서 동시에 그것을 인간 마음의 덕(德), 즉 인간의 행위력이라고 칭했다. 이러한 모든 조선의 사고에서는 자연세와 인간세, 생물권과 인류권, 또는 자연과 도덕, 존재와 실존의 자유가 하나로 연결되고 통합되는 가능성이 매우 크다는 것을 밝혀주는 의미라고 나는 이해한다.

마무리하는 말
—자연으로부터의 탈노예성에 대한 극진한 예, 예수 선언

베르댜예프가 그러한 일원론적 경향을 우주의 매혹이라고 끊임없이 비판하고 경고했지만, 그러나 좋은 인류세는 궁극적으로 자연과 인간의 합동

22 이황, 『성학십도』, 이광호 옮김, 홍익출판사, 188쪽.

과 어우러짐을 통해서 목표를 이루어야 한다는 것을 인정하지 않을 수 없다. 그것은 서구 기독교의 인간세 이해보다 이 통섭과 화합의 가능성이 좀 더 높으면서도 거기서 인간세의 행위력과 정신적 주체력의 창발성이 약화되지 않는 조선적 덕이야말로 '좋은 인간세', '참다운 인간세'를 이끌어갈 수 있는 자격이 있다는 것을 보여주는 의미라고 할 수 있다. 한국 '인학'(仁學)의 역할 가능성을 말하는 것이다. 이번 주제를 통한 성찰에서 나는 다시 셋 내지는 네 가지 '인'이라는 단어가 어우러진 일군의 언어 쌍을 얻었다. '人·仁·忍·認'(인·인·인·인)이 그것이다. 그것은 '인간'[人]의 본래 규정은 '사랑'[仁]이고, 창조하면서 서로 함께 하는 것이고, 그러나 그렇게 낳고, 살리고, 함께하는 삶을 살기 위해서는 각자는 자기 속의 전체주의적 유혹을 도려내는 칼을 품은 것 같은 '인내'[忍]의 덕이 있어야 하고, 그렇게 오랜 기간 창조와 사랑과 인내의 덕으로 살아가면서 서로를 인정하고 알아볼 때[認], 거기서 참다운 하나 됨과 새로운 창조가 가능해지며, 그것이 바로 만물을 낳고 또 낳으면서 살리는 역(易)의 길이라는 깨달음이다.

베르댜예프가 우주에의 매혹과 자연에의 노예성을 경고했다는 것은 어떠한 경우에도 이미 얻었고 이루어진 것을 '자연'이나 '우주'라는 이름으로 영구화하고 고착시켜서는 안 된다는 것을 말해주는 의미라고 여긴다. 그런 뜻에서 오늘 전 세계적으로 '인종'(race)이나 '성'(sex), 거기서의 더 세밀한 '성 정체성' 문제 등으로 혐오를 조장하고, 폭력이 난무한다는 것은 바로 오늘의 인간이 조장하는 또 다른 형태의 자연에의 노예성이라고 할 수 있다. 그 자연의 결정성에 굴복하여서 옆의 사람이 거기서 벗어나서 자유로운 주체로, 인격과 정신의 영으로 살아가려고 하는 것을 혐오하고, 배제하고, 차별하는 것이 오늘의 현실이라는 것이다. 오늘날은 심지어 지금까지 가장 보편적으로 인간 사이의 관계와 차례를 정하는 기준이 되어 온 '나이'[歲]라는 것도 고정화된 방식으로 받아들여져서는 안 된다고 하는 상황인데도 그러하다.[23] 이와는 달리 소녀시대의 가수 티파니 영은 자신은 성소수자들과 연대한다고 공개적으로 표명해서 "사랑과 친절이 이긴다는 걸 보여준 티파니에게 감사"한다는 신문 칼럼의 주인공이 되었다.[24] 또한, 50대의 성전환자 김비 씨는 성 정체성으로 인해서 어린 시절부터 수없이 겪어온 혐오와 소외, 불안과 두려움 앞에서 "내가 먼저 건넨 인사를 후회하지 않는다"라고 하면서 '인사'(人事), 인간의 일, 종종 인간 '언어'[言]로 이루어지고, 표정과 몸짓, 내가 먼저 결정하고 택하는 '신뢰와 믿음'[信]의 마음으로 이루어지는 '인사'야말로 그 모든 것을 이겨내 온 길이라고 고백하였다.[25] "실체가 아닌 불안 앞에서", 자연이 아닌데도 자연이라고 낙인찍힌 데서 오는 성(性)의 다름으로 인해서 그렇게 불안해하지 말고, 폭력을 저지르지 말자는 성찰이라고 할 수 있다.

오늘 한국 사회에서 심각하게 행해지고 있는 각종 차별을 금지하는 차별금지법 통과가 특히 한국 보수 기독교 교회에 의해 저지되고 있다. 이러한 현실에서 마지막으로 그들이 믿는 예수가 어떻게 이미 범례적으로 우리 인간의 자연에의 노예성을 논파했는지 살펴보고자 한다. 마태복음 11장의 예수는 세례자 요한을 가리켜 "그는 예언자보다 더 위대한 인물이고", "여자가 낳은 사람 가운데서 그보다 더 큰 인물은 없었다"고 하였다. 하지만 예수는 이어서 곧바로 "그러나 하늘나라에서는 아무리 작은 이라도 요한

---

23 이은선, 「한국 천지생물지심의 영성과 기독교 영성의 미래」, 『다른 유교, 다른 기독교』, 도서출판 모시는사람들, 2016, 189쪽 이하.

24 「이승한의 술탄 오브 더 티브이-타파니 영의 LGBTQ+와 함께 걷기」, 《한겨레》, 2021.6.19., 16면.

25 「김비의 달려라, 오십화(好)-불안과 같이 사는 법」, 《한겨레》, 2021.6.19., 18면.

보다 더 크다"(마태 11:11)라는 선포와 함께 "세례자 요한 때로부터 지금까지 하늘나라는 힘을 떨치고 있다. 그리고 힘을 쓰는 사람들이 그것을 차지한다"고 하였다. 나는 이 선언이야말로 바로 예수가 자연의 결정론을 급진적으로 깨고 큰 자유적 주체의 선언을 한 것이라고 생각한다. 즉 이제 세례요한 이후로 하늘나라의 차지는 결코 자연, 아무리 그 자연이 낳은 가장 위대한 과거라고 하더라도, 거기에 얽매여 있는 것이 아니라 새로운 주체의 자유로운 결단과 행위에 달려 있다는 것을 선포한 것이라고 이해하는 것을 말한다.

그러므로 이와 동시에 오늘 우리가 대면할 악도 어떤 물리적인 것보다 정신적인 것이 점점 더 심각해질 것이라고 보면서, 이제 우리 공동체 삶에서 그러한 심리적이고 정신적인 혐오와 배타, 차별과 무시, 거짓을 걷어내는 힘을 오는 세대가 자신들의 사유를 통해서 길러내기 바란다. 그 악에 대한 저항과 거기로부터의 벗어남은 결코 스스로에게 절망적인 폭력을 행사하는 자살 등의 방식으로도 안 되고, 대신에 정신적인 주체의 힘, 사유와 성찰의 인간적인 힘을 기르는 것이 우선이 되는 관건이라는 말이다. 이와 더불어 오늘 심각한 기후위기 앞에서도 우리가 결코 방심해서는 안 되지만 절망을 선전하는 선언들에도 굴복하지 말자고 권하면서, 그러한 자연에의 노예성을 벗어날 힘이 우리에게 있다는 것을 강조하고자 한다. 오늘 지구 생태계는 '좋은 인류세', 이제 그 지구의 한사람 한사람이 인격과 자유와 정신으로 주체와 중심이 되는 '인동설'(人動說)의 좋은 인류세로 진입했다는 것을 예수의 이러한 세례요한에 대한 선언은 지시하고 있는 것이다.

9장

사회와 자유

—사회적인 매혹과 사회에 대한 인간 노예성

'개인'과 '인격'의 차이와 사회에 대한 인간 노예성

앞 글의 주제였던 우주의 매혹과 자연에 대한 인간 노예성만큼이나 사회에 대한 인간 노예성도 논쟁거리가 많다. 더군다나 코로나19 팬데믹의 현실은 그동안 인류 사회에서 한껏 구가되던 서구 근대의 개인주의와 자아중심주의가 깊게 연결되므로 이 상황에서 그 개인주의와는 대극점에 있다고 여겨지는 '사회'에 대한 인간 노예성을 말하는 것이 무슨 의미인가 의아해 할 수도 있기 때문이다. 보통 우리가 생각하듯이 사회를 강조하거나 공동체 정신을 주장하는 것의 반대는 개인 또는 개인주의라고 여길지 모른다. 하지만 여기서도 베르댜예프는 그러한 반대 쌍의 연결은 잘못된 것이라고 우선 밝힌다. 그가 자연의 반대가 인류 문명이나 물질, 또는 영혼 등이 아니고, 자연의 진정한 대극은 바로 인격, 정신, 자유라고 했듯이, 여기서도 그는 사회의 반대는 개인이 아니라 바로 그 사회를 인간 삶에서 결정론화하고, 그래서 우리를 온통 사회의 산물이라고 말하는 운명론적 결정론을 반대하는 것이다. 즉 사회의 반대도 인격과 정신임을 밝힌다.

그는 인간이 빠지기 쉬운 모든 노예성의 형식 가운데 "가장 중대한 것"은 이 인간의 사회에 대한 노예성과 연결되어 있다고 먼저 지적한다. 인간은 지난 수천 년의 긴 문화생활을 통해서 사회화된 동물이므로 사회학의 모든 이론은 인간을 창조한 것이 바로 사회였다는 것을 납득시키려 하고, 이러한 현실은 마치 인간이 "사회적 최면"에 걸려 사는 것과 같은 것이라고 일갈한다.[1] 그러므로 그 사회적인 요구에 반대해서 자신의 자유를 획득하기란 참으로 어려운 일이고, 그래서 이 사회에 대한 인간 노예성이란 앞의 자연에 대한 인간의 노예성만큼이나 진정 어려운 주제라는 것이다. 더군다나 앞의 자연을 성찰하는 데서 잠깐 언급한 대로 이 인간 사회적 삶의 현실에서 바로 그 사회성이 인간 자연이기 때문에 그러하다고 주장하는 "사회적 자연주의"로 인해서 어려움은 더욱 가중된다는 것이 그의 관점이다: "너는 나의 창조물이다. 너의 속에 있는 가장 좋은 것은 다 나에 의해서 거기 있는 것이다. 그러므로 너는 나의 것이다. 너는 자신의 전부를 나에게 돌려야 하느니라"[2]와 같은 것을 말한다.

베르댜예프는 "사회에 대한, 군집에 대한, 인류에 대한, 혹은 관념에 대한 인격의 예속은 인신 희생(human sacrifice)의 풍습이며 연장이다"라며 개인에 대한 집단의 요구를 날카롭게 비판한 헤르첸(A. Herzen, 1812-1870)을 인용한다. 그러면서 '개인'과 '인격'을 다시 뚜렷이 구분하며 인격은 결코 사회의 일부가 아니라고 주창한다. 그에 따르면 오히려 사회가 인격의 일부이고, 사회는 국가와 같이 인격의 구성 부분이다. 그리고 바로 그 사회를 외

---

1 니콜라스 A. 베르댜예프, 『노예냐 자유냐』, 이신 옮김, 늘봄, 2015, 138쪽.

2 같은 책, 139쪽.

재화하고 그 사회가 만들어내는 관계를 객체화하면서 인간의 사회에 대한 노예성이 일어난다고 주장한다.

이것은 우리가 사회에 들어가는 것은 '나'라는 오직 한 '개인'(an individual)으로서 '우리'라는 사회에 들어가는 것이지 '인격'(a personality)으로서 들어가는 것이 아니라는 말이다. 개인으로서의 나는 부분으로서 전체에 들어가는 것인데, 그렇게 부분으로서의 나에 대해서 전체가 되는 사회는 한 특수한 현실이고, 현실태의 한 단계이며, 나와 타자와의 결합은 그러한 우리에게서 일어난다는 말이다. 그래서 그 '우리'가 '나'의 질적인 내용이고, 사회적 초월이 되며, 나는 그 사회와 결합하기도 하지만, 그 우리는 집단적인 주체(subject)나 실체(substance)가 아니라는 것이다. 다시 말하면 우리, 즉 사회는 실존적 의의를 지니고 있지만, 실존적인 '중심'(center)이 아니며, 실존적인 중심은 오직 너와 우리의 '관계' 속에서 발견된다는 강조이다.[3]

그렇지만 그와 같은 인간 실존은 다시 객체화되고, 그것이 외부적인 것에 투사되면서 사회가 만들어진다. 그러면서 그 사회가 인간과 인격보다 더 크고 더 우선되는 존재라는 주장이 제기된다. 하지만 사회는 나의 그에 대한 관계 밖에, 또한 나와 너의 관계 밖에서는 어떤 현실성이나 실존성도 갖고 있지 않은 '우리'(we)를 객체화한 것이고, 이 우리는 실존성에 있어서 집단이고 결합이며 단체이지만, 사회는 그렇지 않은 다양한 통일이라고 한다. 그러나 그 차이가 미묘하여서 여기에 사회에 대한 인간 노예성이 감추어져 있다고 베르댜예프는 밝힌다.

---

3 같은 책, 140쪽.

사회 유기체론과 인간 노예성

이렇게 사회적으로 인간 인격을 노예화하는 힘이 사회적 객체화의 환상에서 온다고 보는 베르댜예프가 가장 중점적으로 다루는 사회적 객체화 방식은 '사회 유기체론'(the organic interpretation of society)이다. 그는 앞의 자연에 대한 인간 노예성에서 보았듯이 인간은 종종 자신이 절대화하고자 하는 가치를 '자연'으로 치환하여서 그것을 인간 실존이 어찌해 볼 수 없다고 하는 운명론과 결정론으로 만든다고 한다. 사회 유기체론이란 그와 유사하게 인간이 사회적 동물이라는 현실을 유기체화해서 사회와 개인과의 관계를 종속적인 부분과 전체의 관계로 만드는 관점이라고 밝힌다.

베르댜예프가 서구 정신사에서 대표적으로 꼽는 사회 유기체론자로 스펜서나 셰플레(A. Schaeffle)가 있고, 헤겔의 사회와 사회 과정에 대한 해석도 역시 유기적이라고 밝힌다. 그러면서 모든 형태의 사회 유기체적 해석은 반(反)인격주의이고, 인격에 대한 사회의 우위를 불가피하게 인정하지 않을 수 없도록 하는 '보편주의'(universalism)라고 비판한다.[4] 즉 보편적인 것이 개인의 인격에서 추상(推想, abstracted)되고, 거기에 인격을 굴종시킨다는 것이다. 그가 지적한 대로 사회의 유기적 해석은 항상 계층적이 되고, 거기서 사회는 인간의 인격보다 더 높은 계층 단계의 인격인 양 보이도록 한다. 하지만 그러한 유기체적 해석은 오류이며, 인격주의의 본질에 어긋난다고 말한다. 그것을 통해서 인간을 노예화하고, 사회를 유기적 자연으로 정신화하면서 사회생활에서 법의 지배를 이상화하고, 그것을 사회의 정신적 기반으로 삼으면서 역사의 거대한 중압에서 유래하는 필연성을 정

4 같은 책, 141쪽.

당화하기 때문이다. 서구에서 콩트의 사회학이 그것을 계승했고, 심지어는 마르크스 속에서도 그러한 성격이 발견된다는 것인데, 마르크스주의나 사회주의의 그 혁명적이던 사고가 언제든지 다시 보수적인 반혁명주의로 넘어갈 수 있다는 것을 우리는 19세기 이후 러시아나 중국, 북한 등에서 잘 경험하고 있다.

하지만 여기서 베르다예프는 이러한 사회 유기체론의 반대가 결코 개인주의가 아닌 것을 다시 강조한다. 오히려 앞에서 지적한 대로 진정한 대극은 인격주의이고, 그것은 인격주의가 가치의 기준을 인격과 양심의 깊은 곳에 두고서 거기서의 선악의 판단이 유기적인 것으로 현현되는 사회 집합적 전통 속에서보다 더욱 깊게 계시된다고 예상하기 때문이다. 그러나 그렇다고 해서 인격 깊은 곳에서 그와 같은 판단과 변별을 할 수 있는 양심이 결코 고립과 자기 억제를 의미하는 것은 아니다. 그보다는 항상 보편적 내용에로의 개방과 다른 인격들과 자유로운 교제와 하나 됨을 의미하는데, 여기서 베르다예프의 인간 인격에 대한 깊은 믿음이 다시 표현되는 것을 본다. 더군다나 여기서 그 인격은 단지 산 자들과의 교제만이 아니라 죽은 자와도 자유롭게 교제할 수 있는 전통에 대한 자유의 우위를 믿고, 또한 그 전통 속에 진리가 있다는 사실을 받아들이기 때문이다.[5]

베르다예프는 사회적 삶에는 세대를 연결하는 고리와 산 자와 죽은 자의 교제가 있으나 이 세대를 연결하는 고리가 인격 위에 외면적으로 놓이는 것이 아니라고 강조한다. 또한, 인격보다 더 높은 곳에 있는 어떤 계층적인 유기적 원리가 아니라 인격 안에 있는 사회적 보편성의 계시와 그 인격의 확장된 내재적 경험이라는 것이다. 그렇게 인격은 일순간이라도 어

5 같은 책, 142쪽.

떤 유기체의, 혹은 어떤 계층적 전체 중 일부가 될 수 없다는 것이 그의 믿음이고, 사회는 항상 부분적이지 전체가 될 수 없다는 것이 그의 강조이다. 만약 그렇게 부분인 사회에 대해 유기적 원리나 통체성이나 전체성을 말한다면 그것은 상대적인 것에 "신성성"(sacredness)의 그릇된 성격을 부여하는 일이고, 그를 통해 사회 속에서 유기를 보는 객체화의 환상이 일어난다고 역설한다. 자연이 부분인 것처럼 사회도 역시 부분이라는 주장인데, 전체주의 국가가 거짓된 노예화인 것처럼 전체주의 사회도 똑같이 노예화의 허위라고 일갈한다.[6]

그에 따르면 사회를 유기적인 것으로 보려는 사회의 유기적 이상과 관념은 앞에서 우리가 살펴본 우주의 매혹과 자연에 대한 인간 노예성에 버금가는 것이다. 사회는 결코 유기체가 아니고 협동적 행위(co-operation)인데, 노예가 아닌 자유로운 인간의 사회는 "우주를 본떠서 만들어질 것이 아니라 정신을 본떠야 할 것"인바, "계층주의의 모형"이 아니라 "인격주의의 모형"에 기초해야 하고, 그것은 다시 말하면 결정론이 아닌 자유를 본떠야 하며, "힘과 강자의 지배 모형이 아니라 심정의 연대성과 자비의 모형"을 따라야 한다는 말이다. 그 경우에만 사회가 인간을 노예화하지 않는데, 그는 여기서 더 나아가서 인간적 자유의 근원은 결코 사회에서 찾을 수 없고, 오직 정신에서 나온다는 것을 강조하면서 그 정신에서 나오는 것이 인간을 해방하는 것이라고 다시 한번 역설한다.[7] 이처럼 사회 철학 속에는 항상 필연성과 노예화에 그릇된 신성성을 부여하는 자연주의와 우주주의가 있다는 것이다. 하지만, 인격주의 철학이란 바로 그러한 여러 종류의 "유기적인

6 같은 책, 143쪽.

7 같은 책, 143쪽.

것의 이상화에 대한 투쟁"이라고 그는 분명히 밝힌다.[8]

가족, 부권사회, 교회와 모권제

이렇게 인격주의 철학이 사회의 자연화, 정신의 자연화와 유기체화에 반대하는 가운데 그중에서 가장 어려운 문제는 가족과 친족, 가부장제나 모권제 등을 어떻게 자리매김하는가이다. 이들의 유기체성을 부인하기는 매우 어렵기 때문이다. 일찍이 퇴니스(Toennies, 1855-1936)는 '공동사회'(Gemeinschaft)와 '이익사회'(Gesellschaft)를 구분하여 가족, 계급, 마을, 민족 등을 '게마인샤프트'라고 하면서 그것은 혈연이라고 하는 육체적 유대 속에 이루어진 유기적인 통합체라고 밝혔다. 하지만 베르댜예프에 따르면 이러한 퇴니스의 이론도 유기적인 것을 이상화한 자연주의의 일종이고, 거기에는 유기적인 것도 기계적인(조직적인, fabricated) 것도 아닌 제3의 정신적인공동체의 자리가 없다. 예를 들어 '교회'라는 것은 유기적인 것과 기계적인 것의 두 가지 결정론(determination)을 뚫고서 다른 세계에 들어가는 것인데, 이 교회가 역사 속에서 다시 객체화되고 하나의 조직(organization)으로 전락하기도 하지만, 오직 정신적 공동체만이 인간을 해방하며 유기적, 가족적 공동체와 기계적, 구성적 사회는 인간을 노예화한다고 강조한다.[9]

베르댜예프에 따르면 '부권제' 사회는 모든 사회 중에서 가장 유기적이다. 그것은 기계적인 사회보다 인간적으로 좋은 특성을 많이 가지고 있다.

---

8 같은 책, 144쪽.

9 같은 책, 145쪽.

하지만 그것이 유기적인 것(organism)으로 받아들여지기까지 그 배후에는 이전 유기적인 것과 피비린내 나는 오랜 전쟁과 배척이 있었고, 그러는 가운데 조직의 기계적인 것들이 많이 들어왔다고 밝힌다. 여기서는 특히 스위스 사상가 바코펜(J. Bachofen, 1815-1887)이 주장한 부권제 이전의 '모권제'와의 투쟁 사실을 드는데, 그렇게 인간 사회의 기원에는 아무런 신성한 것이 없고, 오늘까지도 아직 잔재하고 있는 가부장주의 부권제도 다만 조건적인 상징주의일 뿐 객체화의 영역으로서 정신의 소외이며, 또 하나의 결정주의에 굴복한 것이라고 평가한다.

이렇게 인간은 유기적인 것이라 하더라도 "'유기적'이란 것에 대한 낭만적인 환상에서 자기를 해방시키는 것이 필요하다"고 그는 강조한다. 그에 따르면 인간에 대해서 우월성을 가질 만한 유기적 현실로서 존재하는 사회란 없다. 비록 사회를 구성하는 인간은 모두 죽는 데 반해서 사회는 계속 존재하면서 그러한 시대 사이에서 우리를 연결하는 일반자(common)가 있다고 하지만, 그러나 거기서 진정으로 실재하는 것은 인간적 실존 공동체이며, 일반자는 그 관계 속에서 발견되는 것이지 인간 밖이나 인간 위에 있는 것은 아니라고 역설한다.[10] 서구 중세 때 일종의 신비적 단일체로 여겨졌던 '인류'(mankind)라고 하는 것과 또한 공산주의 사회에도 나타나는 사회적 '계층주의'도 유비적으로 말하려는 추세에서만 유기체로서 자체를 드러내는 것이지 그것을 하나의 신성한 객체로 여기는 것은 오류라는 것이다. 사회가 유기체가 아닌 것처럼 인류도 신비체가 아니고, 사람들의 진정한 합동과 공동체는 주체성 안에서만 나타나는 것으로서 그 주체성이란 보통 사람들이 예상하는 것처럼 결코 개인주의가 아닌 것을 강조하는 의미이

10 같은 책, 147쪽.

다. 법의 필연성과 그 지배도 종종 정신화되면서 사회적 악과 부정을 정당화하는데, 오늘 한국 사회에서도 지금 혹독하게 겪고 있는 검찰 독재와 사법 농단의 현실이 그것을 잘 웅변해 준다.

사회적 노예성으로부터의 창조적 해방과 종말

사회 유기체론을 포함해서 사회에 대한 인간 노예성도 결국 영원성(eternity)과 불멸성(immortality)을 추구하는 데서 나오는 것이다. 베르댜예프는 그러나 사회 유기체설은 "반(反)종말론적"이고, 그것의 보수성은 바로 구체적인 역사적 제도를 신성시하는 것이므로 반그리스도교적이고, 그런 면에서 자신의 인격주의에도 모순되며, 기독교 종말론에도 모순된다고 지적한다. 여기서 베르댜예프의 종말론 이해와 죽음, 부활 등의 그리스도교적 물음 이해가 부분적으로 드러난다.[11] 그는 사회는 항상 살아 있는 사람들만의 것이 아니라 죽은 사람들의 사회이기도 하다는 것을 분명히 했다. 이것은 다시 말하면 과거를 기억하는 인간의 정신적 힘을 말하는 것이며, 그 기억을 통해서 사회는 개별적 인간보다 더 영속적이 되는 것을 지적하는 의미이다.

하지만, 베르댜예프에 따르면, 그렇게 역사적 시간을 이어주는 과거의 추억은 결코 정태적이지 않다. 다시 말하면 그것은 단지 "보존하는"(conserving) 기억이 아니라 "창조적인 변모를 일으키는"(a creatively transfiguring) 기억이고, 과거 속에서 죽어 있는 것이 아니라 살아 있는 것, 과거 속에 정적인 것이 아니라 역동적인 것을 "영원한 생명"(eternal life)으

---

11 같은 책, 149쪽.

로 가져오려는 "정신적 기억"(spiritual memory)이다.[12] 이 정신적인 기억은 인간의 과거 속에는 정신의 위대한 창조적 운동이 있었다는 것, 그리고 그것이 영원성(eternity)을 상속했다는 것을 상기시키고, 또한 그 기억은 우리에게 오늘 우리 실존적 삶이 지금 살아 있는 사람들과의 관계만큼이나 과거에 그렇게 구체적인 인격으로 산 사람들과 연결되어야 한다는 것을 잊지 않도록 해준다는 것이다. 그래서 "최후의 말은 죽음에 속한 것이 아니라 부활에 속"하고, 또한 그 부활도 "과거가 그 악과 허위 속에서 회생하는 것이 아니라 변모하는 것"이라고 베르댜예프는 주창한다.[13]

이것은 생명과 부활에 대한 참으로 힘찬 선언이고, 여기서 베르댜예프가 과거와 역사를 어떻게 보는가가 분명히 드러난다. 그 과거와 역사는 결코 인간을 옥죄고 노예화하는 결정론의 무거운 짐이 아니라 우리가 과거와 함께, 또한 그 과거 속으로 떠난 사람들과 더불어 새롭게 변모하고, 그와 더불어 새로운 변모된 실존적 질서 속으로 들어가는 "다른 세계로부터 오는 목소리"(a voice from another world)라는 것이다. 베르댜예프는 톨스토이나 입센과 같은 사람들의 역사적인 사회에 대한 비판 속에는 현실 사회의 억압과 허위, 거짓을 비판하고 깨부수는 "영원한 진리"(eternal truth)가 들어 있다고 지적한다. 그리고 결코 과거의 역사나 사회 통체에 대한 인격과 정신의 자율은 실제적 상태(factual condition)가 아니라 질적인 노력의 극치이며, 추상적인 권리의 선언이 아니라 사람이 도달해야 할 최고의 상태라는 것을 명시한다. 그런 의미에서 사회적 해방과 정신적 해방은 함께 제휴해서 나가야 하고, 결코 사회 속에 머무르지 않고 항상 거기서 탈출하는

12 같은 책, 149쪽.
13 같은 책, 150쪽.

"천재"(the genius)의 창조적 행위를 요청하고, 그것은 "다른 질서"(another order)에서 오는 것이라고 확언한다. 그럼으로써 베르댜예프는 그리스도교적 이원론의 긴장을 포기하지 않고, 그런 맥락에서 자신의 인격주의를 종종 "그리스도교적 인격주의"(Christian personalism)라고 밝힌다.

하지만 그는 곧바로 다시 천재뿐 아니라 모든 인간은 사회나 국가보다 높은 위치를 점유한다고 강조한다. 사회적 전체의 질서가 필요한 것은 결코 전체를 위한다거나 전체가 최고의 가치이기 때문이 아니라 "인격 때문"(for the sake of personality)이라는 것인데, 이 가치의 전환이 이루어지는 것이 바로 그리스도교 진리의 계시이고, 사회는 그렇게 "신뢰"(belief)에 의해서 보존되는 것이지 "힘"(force)으로 말미암아 보존되는 것이 아님을 밝히는 것이다. 사회가 이루어지기 위해서 그 근저에 있어야 하는 것은 신뢰[信]와 신앙이지만, 그것이 최고의 신성성이라는 허위로 변질되면서 거기서의 신화와 상징뿐 아니라 그에 근거한 사회나 국가도 결국 해체되고 사멸한다고 말하는데, 루소의 인민주권 신화나 일반의지의 무오설, 마르크스 프롤레타리아 신화도 그런 예였다고 밝힌다.

보편과 구체, 보편의 독점과 객체화에 대한 저항

베르댜예프는 마지막으로 '보편'(the universal)과 '구체'(the concrete)를 성찰하는 것으로써 이 인간의 사회적 노예화의 사유를 마무리한다. 인간이 사회적 공동체 삶을 이루고 살기 위해서 토대가 되는 서로 간의 믿음과 신뢰, 그 일을 위대하게 이루었던 과거의 조상들에 대한 기억이, 그러나 시간이 지나면서 보수적 신화로 경직되고 추상화되면서 거기서 차별과 억압, 싸움과 압박이 생기는 것에 대한 성찰을 말한다. 서구 정신사에서 기독교의 그리스도론도 이 스캔들을 넘지 못한 것이고, 거기서 기독교적 보편의 독점이 예수를 배타적인 신적 우상으로 전락시켰다. 하지만 이러한 추상화의 오류에 대해서 베르다예프는 분명히 선언하기를, "보편적인 것은 추상적인 것이 아니라 구체적인 것이다. 또한 가장 구체적인 것은 부분적인 것이 아니라 보편적인 것이다"라고 주창한다.[14] 이어서 어떤 한 구체적인 특성이 너무 두드러진 사람은 그가 정신적으로 빈곤한 사람임을 드러내는 것이지 결코 그의 부유함이나 풍요로움을 말하는 것이 아닐 것이라고 한다. 예를 들어 그가 프랑스인이나 한국인, 부르주아나 교수, 공무원, 노동자 등, 한 가지 특수성의 "양"(quantity)에 매몰된 경우는 그가 결코 자유한 사람이 아니라고 한다. 그는 특별하게 구체적인 인간도 아니며, 오히려 그 특별한 사회성으로 추상화된 인물임을 말하는 것이라고 한다. 왜냐하면, 구체성이란 "통체성"(integrity)을 말하는 것이고, 보편성이란 "충만함의 성취"로서 "보편성의 현실화"(the actualization of universality)가 구체성이므로 가장 구체적인 인간은 보편적인 인간이고, 그는 민족이나 국가, 사회적 내지는 직업적 특성의 배타성과 고립, 자기주장을 극복하고 있기 때문이라는 설명이다.[15]

물론 구체적인 인간은 사회적인 인간이며, 그를 그 사회성으로부터 추상화시킬 수 없다는 것도 사실이다. 하지만 거기서 그 사회성이 '배타적'(exclusive)이 될 때 그것은 그 사회성이 객체화되고 추상화되는 것을 말한다. 거기서 그는 노예화된 것이다. 진정 구체적인 인간은 가장 확실하게 결정론으로부터 자유로운 사람을 말하고, 인격적으로 고양된 사람을 말한다

14 같은 책, 152쪽.
15 같은 책, 153-154쪽.

고 밝힌다. 베르댜예프는 한 사회가 지식을 획득하는 방식도 그 사회의 정신적인 조건과 상태와 밀접히 연결되어 있어서 단순한 겉으로의 객관성이 진리가 아니라는 것을 강조한다. 또한 인간을 깊은 정신적 유대로 묶는 것은 인간 실존에서 가장 가깝게, 그러한 구체적인 주체에 의해서 현실화된 보편이라고 역설한다. 인간을 사회적으로 예속하는 것은 상징이지 현실이 아니며, 어떤 면에서는 사회 자체가 그대로 상징으로서 세계의 종말은 바로 그러한 객체 세계로부터의 자유와 해방과 다르지 않으며, 바로 이 세계 속에서의 종말을 향한 운동임을 강조하는 의미이다.[16]

2천 년 전 한 유대인 남성이나 역사상의 어느 교회, 어느 하나의 민족 공동체나 국가가 배타적으로 보편과 진리, 종말을 소유하고 독점할 수 없다. 보편과 진리, 종말은 소유될 수 있는 것이 아니라 구체적으로 실현되어야 하는 것이고, 시간과 공간 자체를 낳는 창조성이자 자유이지 대상이 아니기 때문이다. 그것은 동아시아적인 언어로 '역'(易)이고 '인'(仁)이며, '공'(空)과 '리'(理)인 것이다.

마무리 성찰
—후천개벽의 종시(終始)에서 비롯되는 또 다른 자유와 평등, 평화

동아시아 『역경』의 마지막 64괘 이름은 '미제'(未濟)이다. 미제는 처리할 일이 마무리되지 못하고 아직 남아 있는 것을 말하고, 그래서 첫 초육[初六]에는 작은 여우가 강을 건너다가 깨끗이 건너지 못하고 그만 꼬리를 적시는 이야기가 나온다. 『역경』이 그 마지막을 미제괘로 끝냈다는 것은 앞의

16 같은 책, 156쪽.

베르댜예프가 '보편'(eternity)은 어느 누군가가 의해서 한 번에 이루거나 소유할 수 없고 매번의 '구체'(now and here) 속에서 다시 새롭게 현실화되는 것이라고 말한 것과 서로 통한다고 나는 읽는다. 그리고 종말은 한 번에 보편으로 이룰 수 있는 것이 아니고, 어느 한 사회, 한 시대, 한 종교나 개인이 독점하고 절대화할 때 그것은 추상으로 전락하고, 사람들과 생명은 그 절대화된 보편 아래 노예화되는 것을 말해주는 의미라고 본다.

기독교 역(易) 사상가 김흥호 목사는 그의 『주역강해(周易講解)』에서 이 미제(未濟) 괘를 "번뇌즉보리"라는 말로 풀었다. 이 말도 다시 앞의 베르댜예프의 보편과 종말 이해와 잘 상관되는 것 같다.[17] '번뇌', 즉 구체가 없으면 보편의 '깨우침'도 없는 것이고, '죽음'(終末)이 없으면 '부활'(終始)도 없고, 그래서 부활은 '명멸'(明滅)하는 것이라는 의미이겠다. 그렇게 보편은 매번의 구체의 실현으로 드러나고, 부활은 명멸하는 것이어서 지속되는 부활 속에서 발전이 있고, 질적인 변화가 있기 때문에 그를 통해서 이 미제 괘는 전혀 새로운 차원이 열리는 '개벽'과 '발전'의 괘로 읽히기도 한다. 부활은 미제이고, 개벽도 미제이며, 종말과 종시는 그렇게 서로 긴밀히 연결되어 있는 것이다.

오늘 21세기 근대 이후를 살아가면서, 코로나19 팬데믹을 만나고, 자본주의의 극악한 절대화로 생명체의 고통이 극심하다. 이 상황에서 사람들이 제일 빠지기 쉬운 노예성이 자연에의 노예성이고, 그것을 다시 그대로 사회로 옮겨와서 사회 유기체설 등을 통해서 가족이나 특수한 지역 공동체, 민족이나 그와 연결된 개별 종교 그룹을 절대화하는 사회에의 노예성에 쉽게 빠진다. 베르댜예프는 이것을 깨기 위해서 다시 참된 보편과 종말,

17 김흥호, 『周易講解』 券二, 김흥호 전집 주역강해2, 사색, 2003, 550쪽.

인격의 자유와 인간 정신의 영적 기원을 강조했다. 눈에 보이는 시간과 공간 안의 어떤 대상도 그것을 그대로 절대화하고 보편화하는 것에 반대하는 것이다.

그런데 이 노예성으로부터 벗어나는 일은 참으로 어렵다. 또한, 그것을 노예성이라고 해서 부정적으로 말하지만, 그러나 한편으로는 우리와 유기체적으로 연결되는 대상을 무엇보다도 소중히 여기는 의지와 노력으로 우리 삶이 꾸려지고, 거기서 뜻하지 않게 새로운 생명과 존재가 창조되기도 하기 때문이다. 그래서 나는 서구 남성 사유가인 베르댜예프에 대해서 아시아 여성 사고가의 관점으로 그가 '속'(屬, genus)을 통한 생명의 영속은 "임신을 통해 계속되는 삶을 알 뿐 영원한 삶에 대해서는 아무것도 모르는" "일종의 성적(性的) 범신론"이라고 비판한 것에 대해서 다시 비판한 바 있다.[18] 즉 지금까지 살펴본 그의 사회 유기체설에 대한 비판을 나는 동아시아 여성의 시각으로 다시 그 현실적 한계를 들어서 비판한 것을 말한다. 여기서 나는 서구인 베르댜예프가 동아시아적 사고에서는 '성'(性)이라는 언어가 한편으로는 다시 '거룩'(理)을 말하는 언어[性卽理]라는 것을 잘 모르고, 또한 그도 포함해서 지구상의 남성은 그 '성'(性)이 다시 여성 몸의 태의 역할을 밝혀주는 '성'(姓)과 깊이 연관된다는 사실을 쉽게 간과했다고 지적했다.[19]

동아시아 고전 중의 고전이라고 할 수 있는 앞의 『주역(周易)』도 19세기 이후 그 보편의 자리가 위협받고 있다고 말할 수 있다. 1881년 조선의 주역

18 이은선, 「한국 페미니스트 그리스도론과 오늘의 기독교」, 『한국 생물生物여성영성의 신학』, 도서출판 모시는사람들, 2011, 97쪽.

19 N. 베르쟈에프, 『인간의 운명』, 이신 옮김, 현대사상총서, 1984, 322쪽.

연구가 김일부(金一夫, 1826-1898) 선생은 그 주역을 대신하는 『정역(正易)』을 내놓았다. 세상의 만물을 혁신하는 2대 요소인 '금'(金)과 '화'(火)가 서로 협력하여 1년이 360일이 되는 '후천'(後天)의 세계가 시작되고, 인간성의 근본 개조가 이루어지는 새로운 이상국의 세계가 열린다고 선언하였다.[20] 이 '후천개벽'(後天開闢)의 새로운 공동체에서는 '천하일가'(天下一家)의 균평과 고도의 복지사회가 구현되고, 종교가 서로의 싸움을 그치며, 인종차별이 없어지고, 남녀평등과 특히 선남선녀의 민중이 주인이 되는 '일부'(一夫)와 '범부'(凡夫)의 세계가 됨을 말한 것이다.[21] 오늘 이러한 새로운 이상국 건설을 위해서 인류 문명이 나아가는 시점이 되었다는 것이고, 어쩌면 코로나19 팬데믹도 그러한 큰 문명적 전환의 시기를 지시하는 한 상징으로 이해될 수 있을지 모르겠다.

플라톤 이후 서구의 모든 철학은 그 각주에 불과하다고 평가받는 플라톤도 일찍이 자신의 '이상국가론'을 펼치면서 세 가지 핵심적인 요소를 들었다. 그것은 철학자, 즉 사유하는 사람을 공동체의 지도자로 세우는 일을 강조하면서, 먼저 국가 교육에서 생물학적으로 드러난 여남 신체의 차이를 본성의 차이로 여겨서 그들을 차별하는 일을 그만두는 일, 둘째, 처자공유라는 여성 비하적인 말을 쓰긴 했지만, 지도자가 나와 너의 가족의 분리 속에서 좁은 가족주의에 빠지는 일을 극복하는 일, 그리고 마지막으로는 이렇게 이상사회로 가는 길 위에 놓여 있는 장애를 어떻게 극복할 수 있을까를 의심하는 마음의 의심을 극복하는 일로 들었다. 즉 그도 인간의 가장 심각한 사회적 노예성으로 사회 유기체론을 든 것이고, 인간 사유와 상상력,

20 이정호, 『원문대조 국역주해 정역』, 아세아문화사, 1996, 110쪽.

21 같은 책, 115쪽.

믿음[信]이야말로 그 일에서 그 노예성을 넘을 수 있는 핵심이 되는 기제임을 밝힌 것이다.

오늘 과거 인간 공동체 삶에서 얻은 기득권과 재산, 지위 등을 어떻게든 지키고 그것을 자손 대대로 유지하려는 고집과 욕심, 욕망이 드세다. 한국사회에서 거기서 가장 강고한 카르텔을 형성하고 있는 그룹이 언론과 법조계이고, 기업은 말할 것도 없고 종교계나 대학, 학계 등 사고하는 사람들에게도 퍼져 있다. 이런 상황에서 코로나19 팬데믹 속의 지독한 기후 이상도 겪으면서 진정한 평등과 평화, 남북 사이에 놓여 있는 38선(휴전선)이 단지 한반도의 38선만이 아니라 세계 인류사적 의미인 것을 자각하라는 후천개벽의 '정역'(正易)의 소리도 함께 생각하면서, 한반도의 미래와 인류문명의 미래를 생각하고 또 생각할 일이다.

10장

자아와 자유

—자아에 대한 노예성과 개인주의의 매혹

모든 인간 노예성의 내면적 뿌리, 자아에의 노예성

지금까지 인격과 정신이라는 대전제 아래서 인간을 노예로 만드는 대표적인 항목들을 살펴보았다. 존재, 신, 자연, 우주, 사회 등이 그것이었다. 하지만 베르댜예프는 그런 것들이 다가 아니라 그보다 더욱 심각한 것은 바로 인간이 '자기 자신'의 노예라는 사실이라고 밝힌다. 그래서 그는 자아에 대한 노예성을 "인간 노예성에 대한 마지막 진리"라고 말하며 어떻게 이 자아에 대한 노예성이 바로 앞에서 말한 모든 노예성의 실존적 뿌리가 되어서 다양한 형태로 전개되는지를 보여준다. 그런 의미에서 자아에 대한 노예성, '자아 중심주의'(egocentricity), '이기성'은 "인간의 원죄"(the original sin of man)이며, 그것은 자아와 타자, 하느님, 세계 및 다른 사람들과의 관계, 다시 말하면 '인격'(personality)과 '우주'(the universe) 사이의 참된 관계를 왜

곡시키고 침체시키는 핵심이라는 것을 말한다.[1]

오늘 우리 시대에 이 자아에의 노예성은 우리가 크게 외치지 않아도 잘 안다. 주지하다시피 근대(모던) 이후 포스트모던은 '주체'의 해체를 말하고, '저자'(책)와 '큰 이야기'가 더는 가능하지 않다고 말하지만, 여전히 주체와 자아는 강력하다. 마르크스나 프로이트 등도 인간 노예성이 인간 의식의 한 구조로서 의식의 객체적 구조임을 밝혔지만, 베르다예프는 자신이 드러내고자 하는 자아에의 노예성은 이들이 주창하는 것보다 훨씬 더 강력하고 근본적인 의미라고 말한다. 그것은 바로 인간 실존의 구조 가운데서 드러나는 역동적인 "내면적인 정신적(영적) 투쟁"(inward and spiritual struggle)이기 때문에 "가장 의존적이며" "영원한 노예성"(eternal slavery)이라고 한다.[2]

다시 말하면 인간은 여러 가지 우상의 종인데, 즉 객체 세계에의 노예성에 빠져 사는데, 그 객체 세계의 우상은 인간 실존이 스스로 만들어낸 우상으로서 자유와 노예성 간의 투쟁이 외부로 객체화된 외재화 세계 속에서 행해지는 것이다. 하지만 자아에의 노예성은 정신적이고 영적인 투쟁으로서 인간이 그 인격성으로 인해서 "소우주"(a microcosm)라는 사실과 관계된다고 한다. 인간 실존 삶에서의 자유와 노예성 간의 싸움은 인격 속에 포함된 "보편적인 것"(the universal) 속에서 행해지고, 그 투쟁이 이차적으로 객체적 세계 속에 투영되는 것이라고 밝힌다.

이런 관점에서 보면 인간의 노예화는 단순히 외부적인 힘이 그를 노예화

---

1 니콜라스 A. 베르다예프, 『노예냐 자유냐』, 이신 옮김, 늘봄, 2015, 176쪽.

2 같은 책, 174쪽.

하는 것이 아니라는 점이 확실해진다. 오히려 더욱 심각한 것은 인간 스스로가 그 노예가 되는 것을 승낙하는 것이며, 자신을 노예화하는 힘의 작용을 굴종적으로 받아들인다는 것이다. 그리하여 객체적 세계에서 노예성은 인간의 사회적 지위로 특징지어지지만, 인간의 노예성은 인간 스스로가 노예화하는 힘의 작용을 굽실굽실 잘 받아들이는 것이다. 그 노예성은 '의식'(consciousness)의 한 구조이고, 의식이 '존재'(being)를 결정하고, 다시 그 존재의 예속에 의식이 빠지는 것처럼 그렇게 인간은 '환상'(illusion)의 지배하에 살고 있다는 것이다. 그리고 그 환상은 너무도 강력해서 마치 정상적인 의식처럼 보이는 관계라고 한다.

에고이스트의 사회 순응주의

인간은 '비아'(非我, non-I)에 대한 관계를 노예적으로 규정하는데, 그것은 먼저 자기에 대한 관계를 노예적으로 규정하기 때문이라고 베르댜예프는 밝힌다. 그래서 인간이 외부적인 사회적 노예성을 인내하면서 자기를 다만 내면적으로 해방해야 한다고 말하는 사회철학을 그는 "노예적인 사회철학"이라고 명명한다. 그것은 '내면적인 것'과 '외면적인 것'과의 관계를 잘못 해석한 것이고, 따라서 내면적인 해방은 외면적인 해방도 불가피하게 요구하는 것으로서 자유로운 인간은 사회적 예속에 견딜 수 없기 때문이다.[3]

인간이 객체에서 나오는 외부적 노예성에 노예적으로 몸을 맡기는 것은

3 같은 책, 175쪽.

'이기심'(egocentricity) 속의 자신을 긍정하기 때문이고, 그래서 이기적인 사람이야말로 진정 사회에서 "순응주의자"(conformist)인 것을 말한다. 다시 말하면 노예적이고 불의한 세계와 사회적 예속에 대해서 저항하지 못하는 것은 결국 스스로가 자아에의 노예성 아래 살기 때문이고, 그래서 비아에서 나오는 노예성에 저항하지 못하는 것이라는 의미이다. 그런 뜻에서 오늘 한국 사회에서도 잘 볼 수 있듯이 온갖 이유를 대면서 자신 앞에 놓여 있는 사회적 불의와 예속으로부터 얼굴을 돌리며 사는 사람들이야말로 진정 자기에의 노예성에 빠져 있는 이기주의적 순응주의자들이라고 할 수 있다.[4]

그런데 여기서 인간은 하등한 동물적 자기 보존의 욕구에 예속될 뿐 아니라 세련된 자아의 노예가 되기도 한다. 즉 높은 이념이나 최고의 감정, 또는 재능 등의 노예가 되기도 하여서 앞의 여러 성찰에서 보아 왔듯이 인간은 최고의 가치까지도 자기중심적인 자기 긍정의 도구로 변형시킨다. 여러 종류의 광신주의나 겸손이 극단의 자기 긍정의 수단이 되기도 하고, 기독교 성경의 바리새인들처럼 선량과 순결의 높은 이념과 그에 대한 헌신도 자신을 이기적으로 내세우고 자기만족과 자기 긍정의 도구가 되는 경우를 말한다. 하지만 그렇게 에고이스트가 자기의 종이 되어 사는 것은 자신을 학대하는 일이라고 베르댜예프는 일갈한다. 왜냐하면 인격은 노예성의 반정립이고, 이기성은 그 인격을 붕괴시키기 때문이다.

4 같은 책, 182쪽.

개인주의의 노예성과 공포와 분열

베르댜예프는 그러나 인간 자아에의 노예성이 가장 빈번히 취하는 '개인주의'(Individualism)는 결코 간단히 평가할 수 없는 아주 복잡한 현상이라는 것을 먼저 밝힌다. 그것이 종종 인격주의로 불리면서 혼동을 일으키기 때문이다. 그러나 말의 엄밀한 의미에서 개인주의의 '개인'(individual)은 인격(personality)에서 나온 말이 아니고, 개인은 앞에서 밝힌 대로 전체(예를 들어 사회나 공동체)와의 관계에서 하나의 부분이 되기 때문에 전체가 없이는 성립하지 않는 종속적 속성이다. 거기에 반해서 인격은 어떤 전체와의 관계에서도 결코 부분이 아니며 그 자체가 소우주이고 만유라는 관점에서 전혀 다른 차원이라고 강조한다. 즉 인격은 "정신적이고 영적인"(spiritual) 범주이지만 개인은 "자연주의적"(naturalistic) 범주라는 의미이다.

현대 문학에서 헨리 입센의 희곡 「페르긴트(Peer Gynt)」(1867) 등을 들면서 오늘 한국 사회에서도 예를 들어 서울 강남 등, 이미 개별 지역의 문화적 특색으로 자리 잡은 엘리트주의적 개인주의의 탐미주의가 어떻게 인격을 해체하고 분열시키는지를 밝혀준다. 주인공 페르긴트는 진정 자기 자신일 것과 독창적인 개인일 것을 바랐지만 그것을 이루지 못했다는 것이다. 그는 삶에서 어느 대상과도 하나 되지 못하고, 모든 것을 자신의 쾌락과 영욕을 위한 수단으로 삼으면서 가장 가까운 주위로부터도 철저히 소외되어 있었다. 오직 자신의 노예였던 것이다. 그러한 모습을 베르댜예프는 인격의 "내적 핵"(the inward centre)이 빠진 인물로 이해한다. 인격이란 한 개인이 만나는 모든 감각적, 감정적, 지성적 경험을 통일시키는 "중심축"(the inward centre)으로서 내적인 완전이고, 통일이며, 온갖 자연주의적 사회주의적 노예성에 대한 자기 통어를 가능하게 해주는 노예성에 대한 승리인데,[5] 그 내적 중심의 해체는 인간을 분해된 자기 긍정의 지성적, 감정적, 감각적 요소에 빠지게 하면서 노예성의 다양한 형태에 빠뜨린다는 것이다.

내적 중심의 상실과 더불어 부분으로 분열된 인간은 쉽게 공포에 빠지고, 공포는 무엇보다도 인간을 노예성의 상태에 잘 가둔다. 그러나 그 분열과 공포의 극복은 결코 한 지성적, 감성적, 감각적 요소의 개별적 힘으로는 가능하지 않고, 또한 예를 들어 니체가 선포한 것과 같은 강력한 생 의지나 권력의지 등에서 나오는 것이 아니라 통합되고 중심이 잡힌 인격과 자신 인격의 존엄성에 대한 강한 경험에서 나오는 것이다고 밝힌다. 다시 말하면 인간 의식의 개별적 요소가 아니라 전체로서 그 같은 객체화된 세계에 대치해 있는 인격의 일로서의 통합된 인격과 '정신적'(또는 '영적') 중심을 찾는 일인 것이다. 베르댜예프는 니체의 권력의지를 가장 반(反) 인격적인 관점이라고 비판한다. 왜냐하면 모든 편집(偏執, possession)은 그것이 저열한 정열에 의한 것이든 높은 이념에 의한 것이든 인간 정신적 중심의 상실을 의미하고, 진리 인식을 흐리게 하기 때문이다.[6] 편집은 권력을 잡기에 열중하는 자, 다시 말하면 지배, 권력, 성공, 영광, 생의 향락을 추구하는 자의 예종이기 때문에 그러한 예종과 노예화에 열중하는 자에게는 진리가 아무런 역할을 할 수 없다는 것을 지적하는 의미이다.

---

5 같은 책, 178쪽.

6 같은 책, 180쪽.

인격주의와 창조적 인격의 보편적 사명

베르댜예프는 개인주의가 세계의 노예성에 대한 개개 인간의 저항이고 자유라고 믿는 것은 일종의 환상이라고 일갈한다. 오히려 개인주의는 일종의 객체화이고 또한 사회화된 인간에게서 나타나는 노예성인데, 왜냐하면 개인주의가 아무리 전체에 대한 저항이라고 해도 그것은 전체에 대한 부분을 주장하는 것으로서 자신을 부분으로 여기는 외재화이기 때문이다. 그리고 거기서 자신을 고립시키면서 전체가 자신에게 가하는 강제성만을 보면서 자아를 주장하는 것이라고 한다. 그래서 개인주의는 참된 인격의 실행이 아니라 집단주의의 반면일 따름이고, 개인주의의 역설이며,[7] 그가 있는 곳에는 항상 분열과 분해가 일어난다고 역설한다.

여기에 대해서 인격주의는 오히려 '공동적'(communal) 경향을 보이고 사람들 사이에 동포적 관계를 수립하기 바란다고 한다. 개인주의는 그와는 달리 사람들 사이에 매우 탐욕스러운 관계를 설정하는데, 인격주의의 창조적 정신이 때로 고독하고, 잘 인정받지 못하고, 이미 세워진 집단적 견해나 환경적 판단과 격렬히 투쟁하지만, 그들은 "보편적 사명"을 가지고 있다는 것이다. 베르댜예프는 그러한 창조적 인격의 내면적 보편주의의 고독은 객체화된 보편주의나 개인주의의 자기 황폐화와 무능, 순응주의의 고독과는 전혀 같지 않다고 강조한다.[8]

베르댜예프에 따르면 객체 세계의 노예화하는 힘은 인격을 그 저항에서

---

7 같은 책, 181쪽.

8 같은 책, 182쪽.

'순교자'가 되게 할 수는 있어도 결코 '순응주의자'가 되게 할 수는 없다. 순응주의자가 된다는 것은 이런 또는 저런 핑계들을 대면서 자기 자아에의 노예성에 빠지는 것을 말하기 때문이다. 심리학자 칼 융이 밝힌 인간 심리의 두 가지의 유형, 즉 내향성(introversion)과 외향성(extroversion)의 구분으로부터 베르다예프는 왜곡된 내향성이란 인격성을 상실한 자아 중심주의이고, 왜곡된 외향성이란 소외이며 외래화라고 해석한다. 그러면서 이 양자는 모두 주체적인 것과 객체적인 것이 서로 단절된 결과라고 밝히는데, 왜곡된 내향성조차도 객체화라고 부르고자 하는 이유는 그 속에서 자기의 자아에 삼켜진 주체도 역시 노예이기 때문이다. 왜곡된 외향성에서 객체 속에 전체적으로 투입되어 버린 주체가 노예인 것과 마찬가지라는 것이다.

현실에서의 누구도 이 두 가지 경향성에서 벗어나지 못한 것처럼 그렇게 온전히 자유로운 인격은 그에 따르면 "세계의 생 속에서 흔치 않게 피는 꽃"이고, 인간 대다수가 인격적으로 그렇게 형성되지 못했다. 개인주의는 "자연주의적 철학"인 데 반해서 인격주의는 "정신(영)의 철학"(a philosophy of the spirit)이고, 세계에 대한 모든 노예성으로부터의 해방이 바로 자기를 노예화하는 세력으로부터의 해방, 즉 이기성에서의 해방인 것을 그는 다시 강조한다.[9]

> 인간의 노예상은 인간의 타락과 죄를 말해 주는 것으로서 이 타락은 특이한 의식 구조를 갖고 있어 단순히 회개하고 속죄하는 그것만으로 극복될 수 있는 것이 아니라 인간의 모든 창조적인 활동에 의해서 극복될 수 있는

9 같은 책, 184쪽.

것이다.[10]

통합성[誠]과 타자성[敬], 지속성[信]의 인격을 지향하는 한국 신학(信學)

참으로 어려운 주제이다. 앞에서 밝힌 대로 베르댜예프는 이 자아에의 노예성을 단순한 신체나 심리의 문제가 아니라 '영적(정신적)인' 문제이고, 이것이 모든 노예성의 뿌리가 되며, 그래서 가장 어려운 '원죄'와 같은 문제라고 지적했다. 이 자아에의 노예성의 투사가 각종 사회적, 우주적 노예성의 문제로 드러나고, 그러므로 동전의 양면처럼 인간은 정신적으로 내향적이며 내재화해야 하고, 동시에 창조적 활동 가운데서는 세계와 사람들을 향해서 외향적인 존재여야 함을 그는 강조했다.

지난 19세기 후반기 조선 땅에서 국내외의 여러 어려운 요인으로 나라가 위태로운 가운데 심각한 개인적 실존적 위기 상황에 노출되어 있던 동학(東學)의 창시자 수운 최제우 선생(水雲 崔濟愚, 1824-1864)은 1860년 큰 초월 경험을 했고(「용담가」), 그 경험에서 얻어진 가르침을 시대와 나라, 사회와 인간의 삶을 통체적으로 구하고 변화시킬 '다시개벽'의 큰 가르침[無極大道]으로 선포했다.(「포덕문」) 더 나아가서 그는 그 가르침이 결국 그를 받는 사람의 내면적(인격적) '성'(誠)과 '경'(敬)의 문제라는 것을 밝혔고, 그래서 '성'(誠), '경'(敬), '신'(信)의 세 가지 덕이 동학 가르침의 핵심으로 자리하게 되었다.[11]

10 같은 책, 360쪽.

11 도올 김용옥, 『동경대전-우리가 하느님이다』 2, 통나무, 2021, 92쪽, 185쪽.

나는 일찍이 한국 여성신학적 영성을 탐색하는 과정에서 한국 여성영성을 '통합성'[聖], '타자성'[性], '지속성'[誠]의 세 가지로 이름 지은 바 있다. 우리 말과 글로는 모두 같이 발음되고 쓰이는 '성'이라는 언어를 가지고, 그것을 세 가지의 한자어[聖·性·誠]로 쓰고, 그 차이와 연결을 밝히면서 오늘 우리 시대가 요청하는 한국 여성신학적 대안 영성과 종교성으로 제시하고자 했다.[12] 그 세 가지란 먼저 우리 존재와 삶의 온 영역을 '거룩'[聖]으로 파악하고 선포하는 '통합성'의 영성이었고, 이어서 그러나 그 거룩의 존재인 내가 다시 여기 지금의 몸과 기(氣)와 마음의 경계로 한정되는 자아적 경계를 넘어서 진정으로 나와 '다른'[性] 타자를 받아들이는 '타자성'의 영성을 말했고, 세 번째로 그 통합과 경계 넘음의 사랑과 인내를 단번에, 한동안으로 그치는 것이 아니라 '지속적으로'[誠], 거기서 다시 새롭게 생명과 선함, 정의와 평화가 영글 때까지 계속하는 '지속성'의 영성을 밝혔다.

당시 서세동점 해 오던 '양학'(洋學) 또는 '서학'(西學)에 응대하면서 그때까지 조선 땅에서 실행되던 유불도를 민중적 삶의 자리에서 통섭하여 진정한 의미에서 한국 사상과 영성의 시작이자 결정을 이룬 것이라고 평가받는 동학이 요사이 다시 주목받고 있다. 그 동학의 영성을 다시 접하면서 이미 '성·성·성'(聖·性·誠)으로 표현했던 한국적 여성영성을 다시 한번 동학적 '성·경·신'(誠·敬·信)의 영성과 연결하여 새롭게 의미 지어 볼 수 있겠다고 생각했다. 도올 김용옥 선생 『동경대전』 역해에서도 여러 번 지적했듯이 유교 『중용』이 이미 '하늘의 도'[天之道]로 천명한 '성'(誠)이 이 세상 만물과

12 이은선, 『한국 여성조직신학 탐구-聖·性·誠의 여성신학』, 대한기독교서회, 2004, 37쪽 이하.

만사를 거룩의 현현으로 보는 큰 통합성을 드러내는 언어로도 손색이 없는 것을 다시 보았다.[13] 이어서 해월 최시형 선생이 '경물(敬物)·경인(敬人)·경천'(敬天)으로 다시 말한 '경'(敬)이야말로 더 지극할 수 없이 타자와 세계에 대한 존숭과 인정을 표현하는 '타자성'의 언어로 훌륭하다는 것을 알아차린다. 마지막으로 '신'(信)이야말로 이전 여러 성찰과 퇴계 『성학십도』 '심통성정도'(心統性情圖) 등에서도 나오는 대로 통합성[誠]과 타자성[敬]의 영성을 '지속적'으로 자신의 몸과 인간적인 말을 통해서 드러내고 살아내는 일[實之理], 즉 진실한 말과 삶의 실천을 지속하는 지속성의 영성을 가리키는 언어로 적실한 것은 분명하다.

이것은 다시 '믿음'[信]과 '성실'[誠], '겸비·환대'[敬]가 우리 시대와 문명, 개인의 삶에서도 핵심이고, 더욱 축약해서 말해 보면 지금 이 '사유와 신학'(信學)의 한국 신학적(信學的) 성찰에서 드러내고자 하는 바와 같이 믿음과 신뢰, 진실과 성실의 '신'(信)이야말로 각 개인의 삶뿐 아니라 우주에서의 인간의 위치와 역할을 위해서도 핵심 관건이 된다는 의미이다. 그렇게 신(信)이 우리 언어와 문화, 정치와 교육, 삶과 종교에서 핵심 주제가 될 때 천지의 모든 생명과 삶의 자리가 편안해질 수 있다는 믿음인 것이다. 오늘 우주와 인간 삶이 다차원적으로 대면하고 있는 각종 노예성을 돌파할 수 있는 근본 힘을 얻는 장소를 말하는 것이고, 지금까지 함께 연결해서 살펴본 베르댜예프의 언어로 하면 다시 '인격'과 '정신'(영), 그의 창조성과 진실성, 지속적인 실천력의 자유가 핵심 관건이라는 말이 된다.

---

13 도올 김용옥, 같은 책, 92쪽.

마무리 성찰
—우리의 '오래된 미래'를 살피며 자아에의 노예성 극복하기

정토회 법륜스님의 하루 일정과 그 안에서의 정토회 여러 일이 소개되는 '스님의 하루'라는 유튜브를 보았다. 그중 제목이 "자기 변화가 일어나려면 어떻게 해야 할까요?"라는 것이 인상깊었는데, 거기에 정토회에서 실행하고 있는 진정한 자기변화와 사회변화, 세계변화를 염원하는 온라인 '만일결사'(萬日結社) 이야기가 자세히 실려 있었다. 그 만일결사를 위해서 먼저 '천일(千日)결사'를 이루고자 하고, 다시 그것을 이루기 위해서 백일씩 열 번으로 나누어서 백일기도가 수행되는데, 여섯 번째 '백일(百日)기도'를 시작하는 예배(입재식) 이야기와 더불어 그 수행을 함께하는 한 해외 거주 수행자의 감동스러운 수행 이야기가 있었다.

무엇보다도 놀라운 것은 코로나 사태 이후 이러한 수행이 전 세계 각처의 사람들을 유튜브 생방송으로 연결하여서 거의 만여 명이 각자가 처한 장소와 일과 처지가 달라도 한 몸으로 접속되어서 자기 변화의 일을 함께 해 나가고 있는 것이었다.[14] 거기서 캐나다 이민자 장형원 씨는 캐나다와 미국을 오가며 장거리 트럭 운전을 하는 운전사인데, 그는 두 평 남짓한 자신 트럭 안의 공간을 "미국과 캐나다를 오가는 움직이는 개인 정토법당"이라고 소개하였다. 자신이 트럭을 타고 한 달에 20여 일 집을 떠나서 영하 40도 겨울 눈 덮인 캐나다 북쪽 설원에 있어도, 또 폭염 속의 애리조나 사막에 홀로 있을 때라도 와이파이로 연결되는 움직이는 법당에서 결사 도반들과 서로 함께 기도하며 수행을 이어나가고, 이 연결로 그는 더는 홀로 외

---

14 https://m.jungto.org/pomnyun/view/83353 2021.7.18. 제10-6차 백일기도 입재식.

로운 존재가 아니라고 고백한다. 그는 그런 수행을 통해서 어린 시절 어려운 삶을 살았을 때의 상처와 고통도 치유하면서 깊은 만족과 평화 속에서 주변과 사회, 세상의 변화를 위해서 염원하는 사람으로 변화해 간다는 이야기였다.

스님의 하루 일정 모습과 유사하게 백일기도와 천일결사, 만일결사, 더 나아가서 앞으로의 인류 미래를 위해 거의 30여 년의 삼만 일 결사를 수행하는 사람들은 매일 새벽 5시에 일어나서 어제의 삶에 대한 참회와 몸과 마음의 기를 풀기 위한 108배 절 기도를 하고, 다음으로 고요히 명상을 하고, 이어서 각자 다른 처지와 일로 새 하루를 살아가는 지혜를 얻기 위해서 경(經) 읽기를 하는 순서로 하루를 열고 있었다. 한국 기독교의 새벽기도도 그와 그렇게 다르지 않은 것을 알 수 있다. 또한, 하루에 한 가지씩 선행이 매우 강조되었고, 이와 더불어 지구상의 수많은 굶주리는 유아들과 교육받지 못하는 아이들을 위한 하루 1달러 이상 기부가 권고되었다.

만족할 줄 알기, 검소하게 겸손하게 살기를 강조하면서, "우리가 이 나라의 희망이고 빛이고, 인류의 미래를 선도하는 사람이라는 사실을 아셨으면 해요. 그런데 여러분들은 자기가 얼마나 소중하고, 자기가 하는 일이 얼마나 귀중한지를 지금 모르고 있는 것 같아요. 지구가 얼마나 아름다운지는 지구 밖에 나가 봐야 알 수 있고, 우리나라가 얼마나 좋은지는 다른 나라에 가 봐야 알 수 있듯이, 여러분들이 하는 일이 얼마나 소중한지는 여러분들이 자기 밖으로 나가 봐야 알 수 있습니다. 그런데 여러분들은 자기 속에 갇혀 살기 때문에 자기가 소중한 줄 모릅니다. 매일매일 정진해서 자신의 소중함을 알고 우리가 하는 일에 대한 자긍심을 가지셨으면 좋겠어요. 무더운 여름에도 백일 정진을 잘해 나가시기 바랍니다"[15]라는 언어로 스님은 어떻게 자아에의 노예성에서부터 해방하는 일이 세계를 품게 되는지를 밝힌다.

"혁명은 오로지 낙관할 수 있는 자의 것이다. 낙관은 신념의 지속이고, 신념의 지속은 오직 실력에서 생겨난다."[16] 이 말은 동학 수운 최제우 선생이 1864년 대구에서 참수되기 전 세상에 남긴 마지막 유시(詠宵)를 해석하면서 도올 김용옥 선생이 발설한 것인데, 여기서 나는 '낙관'할 수 있다는 것은 우리 모든 사람[凡夫]이 바로 자신 속에 하늘의 뜻을 알 수 있고 이룰 수 있는 근거[誠]를 지니고 있다는 것을 믿는 일[信]이라고 생각한다. 또한 그러한 믿음과 실천을 성실히 해 나가는 것이 신념이고, 그리고 그 신념을 지속하는 힘[信]은 다시 공부와 수행과 끊임없이 자기 밖으로 나가서 나와 다름과 새로움에 자신을 내어놓은 실력의 타자성[敬]에서 온다는 것을 지시해 주는 언어라고 생각한다.

오늘 한국 사회는 특히 자아에의 노예성에 사로잡혀 자신을 무소불위의 유일자로 알고, 그 힘을 휘두르는 일에 몰두하면서 지금까지 전혀 안중에도 없던 자신 밖의 세상이 변한 줄도 모르고 여전히 자기의 명령과 의도대로 좌우될 수 있는 줄 알고 종횡무진 분주히 다니는 사람들로 시끄럽다. 그들의 그러한 자아에의 노예성은 더 엄밀히 말하면 결국 지독한 '자아소외'(self alienation)인 것이며, 그 자아소외는 다시 '세계소외'(world alienation)를 불러온다. 오늘 한국 사회는 그 자아소외와 세계소외의 닫힌 구조 속에 갇

15 법륜스님, 같은 사이트 말.

16 도올 김용옥, 같은 책, 303쪽.

혀 있는 사람들의 폭력과 완력, 거짓과 무지, '내로남불'과 전체주의적 무소불위로 크게 흔들리고 있다.

혹시 그러한 상황이 우리 역사에서 가장 근래에 들어온 기독교 신앙으로 인해서 더 가중되지나 않았는지 생각해 볼 일이다. 기독교 신앙이 그렇게 강조하는 '믿음'[信]이 오해되고 잘못 해석되면서 기인한 것이라면 그러한 좁아진 자아에서 벗어 나와 우리의 오래된 미래인 '다시개벽'을 외치는 동학이나, 그보다 오랜 불교 전통 등을 새롭게 돌아보는 일이 큰 도움이 될 것이다.[17] 오늘 우리가 당면하고 있는 깊은 자아에의 노예성을 돌파하기 위한 새로운 길을 찾는 분투이며, 그 길이 진정 어디에 있고, 무엇인지를 더욱 깊이 생각해 볼 일이다.

17 이은선, 「한국 페미니스트 신학자의 동학 읽기」, 『동서 종교의 만남과 그 미래』, 변선환 아키브·동서종교신학연구소 편, 도서출판 모시는사람들, 2010, 287-316쪽.

제2부 참 인류세를 위한 토대 찾기

1장 정의(正義)와 효(孝)

2장 21세기 인류 문명의 보편적 토대로서 성(誠)과 효(孝)

3장 참 인류세 시대를 위한 이신(李信)의 영(靈)의 신학

4장 역·중·인(易·中·仁)과 한국 신학의 미래

5장 퇴계 사상의 신학(信學)적 확장

1장

정의(正義)와 효(孝)

—21세기 정의로운 인간 삶의 보편적 토대 효

1. 시작하는 말—오늘 지구 삶의 불의한 정황

오늘 한국 사회의 삶이 요동치고 있다. 혹자는 가장 가깝게는 87체제, 즉 1987년 6월 민주항쟁 이후의 체제가 흔들리는 것이라 하고, 혹자는 더 멀리 가서 1948년 대한민국의 분단 체제나 6.25의 휴전 체제, 그보다 더 근본적으로는 19세기 말의 동학농민혁명이나 3.1운동 등을 말하면서 그로부터 한국 사회의 또 한 번의 근본적 전환을 이야기한다. 2천 년대에 들어와서 이명박·박근혜 정부 하에서 누적된 각종 부조리와 불의는 급기야 세월호 참사를 불러일으켰고, 그 비극의 연장선상에서 촉발된 촛불시민혁명은 앞으로 어느 방향으로 더 번져나갈지 참으로 예측하기 어렵다.

이러한 모든 변화와 개혁에의 목소리를 한마디로 '정의'(正義)에의 요청이라고 말하고자 한다. 그동안 여러 형태와 모양으로 억눌려지고, 무지와 무시, 억압과 왜곡 속에서 뒤틀려 있던 각인(各人)의 삶의 권리가 정당하게 자각되고 의식되면서 그에 대한 요구가 드높아진 것이다. 여기서 정의란

아주 단순화해서 밝혀 보면 한 공동체를 이루는 구성원들 사이의 권리와 의무가 치우쳐 있지 않고 고루 분배되어 있는 것을 말한다. 일찍이 서구 플라톤은 자신의 『이상국가론』에서 '일인일사'(一人一事)라고 표현해 주었다. 즉 모두가 각자 자신이 할 일과 역할이 있고, 그 일을 할 수 있는 권리 또는 해야 하는 의무가 있으며, 그것을 통해서 삶의 기초적인 필요물들을 얻으면서 서로 조화롭게 사는 모습을 말하는 것이다. 동아시아 문명의 고전 『예기(禮記)』는 그에 견줄 만한 이야기로서 '대동사회'(大同社會)를 말해 왔는데, 거기에서는 "노인은 여생을 잘 마칠 수 있고, 젊은이는 쓰일 수 있으며, 어린이는 자랄 수 있고, 홀아비와 과부와 자식 없는 늙은이와 병든 자, 불구자가 모두 보살핌을 받았다."고 밝히고 있다. 그러한 공동체의 모습이 '큰 하나 됨'(大同)의 삶이라는 것이다.

하지만 이와 같은 인류 동서 고전들의 서술과 견주어 보았을 때 오늘 한국 사회가 처한 상황이란 그로부터 한참 먼 것임을 알 수 있다. 오늘 한국의 노동시장을 보면 한편에서는 사람들이 과노동으로 죽어 가거나 아니면 아예 쓰이지 못하고, 노동 현장과는 거리가 멀다고 여겨 온 어린이들도 이제는 인권 침해라는 말을 들을 정도로 과도한 노동이 되어 버린 학습량으로 죽어 가거나 아니면 아무런 보살핌도 받지 못하고 방치되고 있다. 노인들의 삶도 특히 늙고 병들어서 가족들과 떨어져서 외롭게 요양소에서 보내거나 과한 연명치료나 또는 고독사로 생을 잘 마무리하기가 보통 어려운 일이 아니다. 여기서 더 나아가서 점점 더 심화하는 성차로 인한 갈등, 가족 해체, 그리고 코로나19 팬데믹도 겪었지만 미세먼지나 기후위기, 쓰레기 대란과 먹거리 문제, 동물권에 대한 강한 요청과 더불어 우리 현실과 일상이 된 AI(artificial intelligence, 인공지능)와 로봇인간의 권리문제 등, 오늘 한국 사회 삶뿐 아니라 인류 문명 전체의 근본적인 체제 전환이 언급되지 않을 수 없다.

그런데 오늘 이 체제 전환을 요구하는 정의의 물음에서 지금까지의 것과는 비교할 수 없을 정도로 심각하게, 또는 다르게 우리 삶을 위협하는 것이 있다. 그것은 바로 오늘 우리 주변에 만연해 있는 '사실과 진실을 거짓으로 조작하고 비틀기(fake)', 왜곡된 상상력(imagination)으로 지금까지 도저히 건드릴 수 없다고 여기던 '(이미) 있음'(thereness)을 희화화하고, 날조하고 위조하면서 그것을 무(無)로 돌리는 일이다. 그것은 우리 삶의 공통 기반과 토대를 흔드는 일이다. 나는 넓은 의미에서 이것도 '정의'의 물음이라고 보는데, 특히 우리가 지금까지 많이 생각해 온 정의 물음이 주로 현재에서 사람과의 관계에서 일어나는 일이었다면, 오늘 우리에게 더 위협적이고 보편적으로 다가오는 물음은 이제 불의와 정의 물음이 과거라는 시간 전체를 대상으로 하고, 인간 삶이 선인이나 악인이나 모두 토대로 삼고 있는 사물 자체에 대한 일이 되었다는 것이다. 한국 삶에서 2014년 일어난 4.16 세월호 참사와, 이제 10주년이 되었지만 그 이후로 이어지는 일파만파의 진실 게임의 진행들이 그것이라고 할 수 있다.

이 글은 이러한 모든 비인간성과 반생명(反生命), 존재와 사물에 대한 왜곡과 폭력을 우리 삶의 정의 물음으로 보면서 어떻게 하면 그로부터 좀 더 정의로운 공동체가 가능할 수 있을까를 성찰해 보려는 것이다. 그것은 오늘의 철저한 자아 중심주의와 전체주의적 불평등의 현실을 넘어서는 일일 것이다. 또한 우리 자아 바깥의 세상을 진정으로 그 고유한 권리와 독자성의 존재로 인식하면서 이미 플라톤이 당시 소피스트 실용주의자 프로타로라스에 대해 제기한 반박, '단순한 사용물조차도 그것의 척도는 신이다'[1]라는 것을 어떻게 유의미하게 만들 수 있을 것인가의 물음이라고 하겠다. 아무리 하찮은 존재라 해도 그 최종적인 처분은 '인간'이나 '자아'의 권한이 아니라 '신'(神)의 일이라는 것을 "믿도록 하는 일[信]"이라는 것인데, 그 일이 어떻게 가능해질 수 있는지를 보려는 것이다.

나는 이 일의 한 중요한 열쇠를 동아시아 유교 전통의 '효'(孝) 프락시스(praxis, 실행)와 연결하여 찾을 수 있다고 본다. 물론 오늘 우리 시대는 탈종교와 탈전통, 탈권위의 시대이고, 자아 중심주의와 특히 외면적이고 도구적인 능력을 강조하는 실용주의적 '능력 평등주의'가 만연하여 아무리 부모라 하더라도 '힘(능력)'이 없어진 존재에 대한 공경과 긍정을 요구하는 효는 설 자리가 많지 않아 보인다. 또한 한국적 상황에서는 그 효 언어에 여전히 과거의 부정적 측면과 기억들이 많이 연결되어 있어서 상황은 그렇게 좋아 보이지 않는다. 하지만 그럼에도 불구하고 나는 효 프락시스의 회복 속에 우리를 위한 오래된 미래가 놓여 있다고 여긴다. 그 안에 서구 전통 기독교의 외래 신 중심적 타율주의와 그 반대급부로 등장한 철저한 인간중심주의와 권위 해체가 극복되면서, 다시 구체적이고 실천적이며, 우리 몸과 삶과 연결된 실제적인 대안의 권위를 얻을 수 있다고 보기 때문이다. 일찍이 맹자는 그러한 관계 고리를 누구보다도 잘 파악한 것 같다. 그는 특히 순(舜) 임금을 '동이사람'[東夷之人]이라고 지칭하며 많이 거론하면서 어떻게 자신 시대의 약육강식과 포악의 불의가 부모에 대한 극진한 사랑과 믿음으로 극복될 수 있는지를 드러내고자 했다. 이 글은 그러한 사고가 나타나 있는 『맹자』의 텍스트를 중심으로 해서 오늘 우리 시대에도 효가 다시

1 한나 아렌트, 이진우/태정호 옮김, 『인간의 조건』, 한길사, 2002, 217쪽.

정의의 토대가 될 수 있는지, 어떤 가능성과 의미가 있고, 그러나 그 한계는 무엇인지를 서구 기독교적 문명 안에서 나온 여러 윤리신학적이고 철학적인 정의 이해와 연결하면서 살펴보고자 한다.[2]

2. 인간 도덕행위[義]의 토대와 출발점으로서의 효(孝)

한국인들의 전통적 사상과 품성을 가장 잘 대변해 주는 사상가로 여겨지는 맹자(孟子, B.C.372-289)는 그의 첫 언술로서 "(사람들이) 의(義)를 뒤로 하고 리(利)를 앞세우면 빼앗지 않고는 만족하지 않을 것이다"[3]라고 하였다. 이 말은 인간 삶에서 이익과 얻는 것에 대해 생각하기 시작하면 그 삶은 이미 뺏기고 빼앗는 일에 들어서게 되어 자신에게 넉넉한 것이 있다고 하더라도 옆 사람의 것을 더 빼앗지 않고는 견딜 수 없는 욕심에 빠지게 됨을 지적한 것이리라.

이 말은 많은 것을 시사한다. 그것은 우리 의식 속에 이해타산이 들어서면 서로 싸우지 않고는 살아 갈 수 없는 삶의 양식이 시작됨을 밝히는 말일 터인데, 그래서 예전 조선 시대 선비는 '리'(利)에 대해서 말하는 것을 그토록 삼갔고, 아이들이 그 '리'(利) 자(字)를 입에 올리기만 해도 회초리를 들었다는 이야기가 전해진다. 그런데 오늘날은 오히려 인간 삶의 모든 노력이 그 리(利)를 얻기 위해서 집중되고 있다. 그 리와 제일 관계되는 경제는 말할 것도 없고 정치와 교육, 종교까지도 이익을 얻고 더 많이 가지는 일을 중심으로 운행되고 있으니 우리 삶이 온통 싸움터[戰場]로 화하는 것은 전

2 현장(顯藏)아카데미 편, 『21세기 보편 영성으로서의 誠과 孝』, 동연, 2016.

3 『맹자』「양혜왕상」1, 苟爲後義而先利 不奪 不饜.

혀 놀랄 일이 아니다. 서구의 한나 아렌트도 그의 『전체주의의 기원』에서 유럽 부르주아 문명이 결국 '제국주의'로 향하게 되는 과정을 밝히면서 그 구조를 잘 설명했다.

인간과 각자의 행위가 온통 이익을 얻고자 하는 행위로 화하면서 주변에 남아나는 것이 없게 되고, 특히 인간 삶의 가장 긴요하고도 핵심적인 조건인 지구 존재 자체가 실질적으로 위기에 빠지게 되자 이러한 인간중심적이고 자아의 이익추구적인 인류 근대문명에 대한 비판이 높다. '인류세'에 대한 논의가 그것이다. 이미 1980년대 서구 윤리학자 한스 요나스(Hans Jonas)는 그 탐색으로서 우리가 도저히 그 존재를 무시하려야 무시할 수 없는 어떤 존재의 실재를 들어서 그 존재의 삶을 지속하고 계속하도록 하는 책임성을 근거로해서 그로부터 인간 공동체 삶의 정의와 윤리를 정초하고자 했다. 그의 "책임의 원리"(das Prinzip der Verantwortung)가 그것이다. 거기서 요나스는 이 세상에 갓 태어나서 아무런 능력과 힘도 없이 우리 앞에 놓여서 오직 우리 보살핌과 배려를 통해서만 그 생명과 삶을 지속해 갈 수 있는 한 아기의 '존재'가 세상을 향한 우리 책임적 행위의 원형적인 존재론적 근거가 될 수 있다고 주장했다.[4]

하지만 과연 여기서 요나스의 확신대로 그 미미한 한 대상의 존재에 의해 정초된 책임의 원리가 그와 같은 정도로 신뢰할 만한가? 물론 오늘의 삶에서 이 부모마음에 의해서 촉발된 인간 책임성이 그래도 여전히 가장 현실적이고 직접적으로 작동하고 있다는 것도 부인할 수 없을 것이다. 그렇지만 우리가 한 번 더 주위를 둘러보면 오늘날 이 부모마음의 모성이라는 것도 얼마나 이기적으로 수행되고 있는가 하는 것도 잘 볼 수 있고, 특히

4 H. 요나스, 『책임의 원칙』, 이진우 역, 서광사, 1994.

지금 한국 사회에서 교육이라는 것이 철저히 개인의 이익 추구 수단으로 작동하고 있는 상황에서 모성이 오히려 그 대상을 죽이고, 옥죄고, 말할 수 없는 고통으로 밀어 넣는 일도 다반사로 일어난다. 또는 오늘날 모성이라는 것이 참으로 무책임해져서 그 대상의 존재 자체를 무화시키는 일까지도 일어나고 있는 현실이다. 따라서 오늘의 이러한 상황들을 고려해 보면 책임 주체의 존재보다 아랫세대이고 다음세대인 아이들로부터 촉발되는 책임의 원리는 그렇게 신뢰할 만하지 못하다고 할 수 있다. 거기서의 윤리와 정의는 온통 자아의 주관적 처분에 달려 있고, 객관 자체와 책임성의 상대가 쉽게 간과될 수 있기 때문이다.

여기에 대한 대안으로 한국적 효(孝) 윤리를 살펴보고자 한다. 물론 이 효 윤리도 가깝고 친밀한 가족 관계 안에서 그 출발점을 찾는 것이고, 한편으로 모성(부성)의 역할을 이미 전제하는 것이기도 하지만 여기서의 효는 모성처럼 아래로 내려가는 것이 아니라 오히려 주체로부터 거슬러 위로 올라가야 하는 의식이다. 그래서 그 윤리의 상대인 객관이 훨씬 더 견실하게, 다시 말하면 '객관적'이고 '존재론적'으로 보장될 수 있다는 것이다. 즉 앞의 요나스가 제시한 인간 윤리적 행동을 가능케 하는 '갓 태어난 아기'라는 객관은 그 존재성이 너무 미약하다는 말인데, 그러므로 물론 근거를 찾는 데 있어서 예전처럼 어떤 저세상적이고 막강한 외부적인 권위에 근거한 윤리관과 정의론으로 돌아가려는 것은 아니지만, 우리의 윤리적 행위가 더 지속적이고 포괄적으로 기능할 수 있도록 하려면 좀 더 확실하게 객관적인 존재와의 관계에서 훈련받은 효 윤리가 더 유의미하다는 것이다. 특히 '인'(仁)[理]은 "사람의 마음"[人心]이고 '의'(義)는 "사람의 길"[人路]이라고 하면서 다시 그 의를 "경장"(敬長, 웃어른/오래된 것을 존숭함)으로 밝힌 맹자의 정의론은 그 윤리와 정의의 대상이 단지 현재와 여기에 머물지 않고 과거의 시간까지 포괄하면서, 자칫 서구 요나스의 윤리가 다시 빠져들 수 있는 자아적 주관주의의 한계를 좀 더 강력하게 극복할 수 있는 것으로 보인다.[5]

우리가 잘 알다시피 한국적 전통에서는 경로 효친 사상이 매우 강조되어 왔고, 부모를 공경하는 것이 하나의 덕(德)일 뿐만 아니라 모든 덕의 근본으로 여겨져 왔다. 공자가 효를 덕의 근본으로 역설한 책인 『효경(孝經)』에는 그 첫머리에 "효(孝)란 덕의 근본이요, 모든 가르침이 그것으로 말미암아 생기는 것"[夫孝, 德之本也, 教之所以生也]이라고 적고 있다. 이것은 효도란 하늘과 땅의 모든 것에 이르는 도덕 질서의 근본 됨을 밝히는 것이다. 앞에서 보았듯이 사적 리(利)를 추구하는 마음을 악과 불의의 시작으로 보는 맹자는 이러한 공자를 이어받아서 인간이 공동 삶에서 취해야 하는 길로서의 의(義)를 '경장'(敬長), '웃어른과 오래된 것을 숭상함'[6]이라고 지적하였다. 이것은 오늘 집착적인 내리사랑이 난무하고, 그것을 통해서 과도하게 미래에만 집중하면서 특히 오늘날 분배적 정의의 문제를 특별히 개인의 현재적 외면적인 능력에만 한정해서 보는 '능력 평등주의'가 많은 한계가 있음을 밝혀준다. 맹자는 이미 공손추 장에서 "천하에 통하는 존중받는 것"[天下有達尊]에 세 가지가 있는데, 그것이란 "벼슬[爵]과 나이[齒], 덕(德)"이라고 하였다. 이것은 오늘날은 분배의 평등과 공평을 가름하는 데 주로 벼슬(직업)이라는 기준에 주목하지만, 그리고 그 기준의 적용에도 99 : 1이라는 현실을 낳을 정도로 불의가 심하지만, 인간 삶에서 정의로운 분배란 결코 단지 겉으로 드러난 업적이나 현재의 리(利)를 벌어들이는 능력에 따라

---

5 이은선, 『다른 유교 다른 기독교』, 모시는사람들, 2016.

6 『맹자』 「진심상」 15, "親親仁也 敬長義也 無他 達之天下也."

서만 정해질 일이 아니라는 것을 말해준다. 오늘날 범세계적으로 삶의 각 분야에서 '능력' 평등주의가 범람하고 있고, 더군다나 그 능력에 주로 학벌과 젊음, 건강 등이 많이 연결되어 수행되고 있는 것을 보면, 맹자의 이러한 이해는 바로 그것을 넘어서는 참된 인간적인 의(義)를 지적해 주는 것이라 하겠다. 왜냐하면 참된 인간적인 의(義)란 능력과 젊음과 건강에 있어서는 약자이지만 오히려 그 약한 것을 보듬어주고 보살펴 주는 것, 많은 경우 그 약자가 된 까닭이 먼저 난 자로서 자신의 것을 현재 세대가 지금 누리고 있는 것이 가능해지도록 자신이 가진 모든 것을 내어주었기 때문이라는 사실을 알아주는 안목이기 때문이다. 그래서 그 오래된 것[長]에 마땅한 공경을 보내는 것[敬長], 그렇게 이해된 의(義)라야 지금처럼 전 세계를 휩쓸면서 무한으로 치닫는 실리 위주의 경쟁과 경제제일주의와 교육공리주의를 완화할 수 있을 것이다.

어떤 형태의 것이든 오늘이 있기 위한 토대가 된 것에 경의를 표하고, 그것이 지금은 비록 낡고 약해 보이지만 바로 그 약하고 오래된 것이 우리 삶의 토대라는 것을 인정하고, 그러므로 그 오래된 것과 약한 것을 돌보는 것이 진정한 인간적인 의(義)라는 것을 받아들이는 것을 말한다. 그것은 자연과 동물의 세계와는 다른 인간적 세계의 의(義)일 것이고, 그럴 때만이 인간의 문화와 삶이 지속된다는 지혜일 것인데, 이것을 우리가 오늘날 근대 실리주의와 경쟁 제일주의를 뛰어넘는 대안의 정의로 받아들여져야 한다는 생각이다. 자신의 근원을 잊지 않고, 시작을 기억하고, 그 시작과 오래된 것을 계속 새기면서 보은할 때 인간적 삶이 오래 지속적으로 계속되고 뻗어나갈 수 있다는 가르침일 것이다.

이러한 의(義) 이해와 더불어 맹자는 당시 극심한 약육강식의 전국(戰國)

시대에 크게 유행하던 양주(楊朱)와 묵적(墨翟) 사상을 반박하며 공자에게서 연원하는 인의(仁義)의 도를 자신의 대안으로 제시했다. 그에 따르면 "내 몸의 터럭 하나를 뽑아 천하를 이롭게 할 수 있어도 나는 그렇게 하지 않는다"고 하는 양주의 '위아'(爲我) 사상이나, "(부모나 형제, 친척을 타인과 구별하지 않고) 겸하여 사랑할 것"을 주장하는 묵적의 '겸애'(兼愛) 사상은 결국 사람들로 하여금 서로를 잡아먹는 비인간의 세상을 불러온다.[7] 그는 양주의 위아 사상을 '무군'(無君), 즉 군주(국가)를 인정하지 않는 사상으로 파악하였는데, 오늘 우리의 언어로 하면 '공적 영역'을 인정하지 않는 일, 자신을 포함하여 인간의 삶을 철저히 사적 일로만 환원시키면서 자아가 함부로 할 수 없는 공적 영역의 의(義)가 있다는 것을 인정하지 않는 방식을 말한다. 무군의 사고가 얼마나 위해한가 하면 특히 이명박·박근혜 정부 아래에서의 한국 사회가 잘 경험했듯이 심지어는 나라의 대통령까지도 그 공직을 철저히 자신의 사적 이익을 채우는 기회로 삼았다. 그것을 위해서 과거의 사실과 토대를 함부로 훼손하고 왜곡하거나 날조하였으며, 또한 많은 공직자들이 공적 일과 공동체 일을 위한 책임을 회피하고 개인적 리(利)의 축적에만 몰두하면서 세월호 참사와 같은 비극을 불러왔기 때문이다.

이와 더불어 맹자가 세차게 비판한 '무부'(無父), 즉 '부모가 없는 것'으로 묘사되는 묵적의 겸애사상을 살펴보면, 그것은 종종 모든 사람을 차별 없이 사랑한다는 서구적 범애(汎愛)와 연결되어서 유교의 좁다란 가족주의를 넘어서는 것으로 긍정적으로 평가되기도 한다. 하지만 맹자는 양주의 위아 사상이 철저한 자아 중심적 주관주의로 화하여 인간 공동체 삶을 해하는 것과 마찬가지로, 이 무부의 사고는 가족과 가정의 해체를 조장하여 마

---

7 『맹자』「등문공하」9.

침내는 인간 삶을 만인 대 만인의 투쟁의 삶으로 화하게 한다고 비판한다. 즉 만약 인간의 성장 과정에서 이 가족적 삶을 경험하지 못한다면, 정의의 상대인 타자의 존재에 대해서 자신을 제어하고 공적인 의를 인정하며, 자기의 이해타산을 조정하고 삼갈 수 있는 인간적 인(仁)과 의(義)의 힘을 어디서 얻을 수 있겠는가 하는 물음인 것이다. 그것도 자연스럽게 가까운 삶의 반경 속에서 가족적 삶의 친밀성과 책임성을 통해서 배우지 않고는 이후 인간의 삶을 계속해 나가는데 필수적인 인(仁)과 의(義)의 의식을 습득하기 어렵다는 지적이다.

물론 성년이 되어서는 그 가족주의의 울타리를 넘어서는 것을 말하지만 인간적 삶의 기초로서, 그리고 가장 자연스럽고 보편적인 방식으로 인간 정신에서 인의가 키워지고 전개되는 장이 사라진다면 다른 어떤 인위적인 방식으로는 지속적이고 보편적으로, 그리고 평이하게, 즉 평화로운 방식으로 인간 정서를 다듬기 어렵다고 보는 것이다. 그 결과는 맹자가 예언한 것과 같이 사람들이 서로를 잡아먹는 시대가 오지 않기를 기대하기 어렵고, 오늘 우리 주변에도 그러한 증거들이 즐비하다. 아버지가 자신의 친딸을 성폭행하고 죽이는 시대, 온갖 경쟁주의와 실리주의에 시달리고 왕따 당하면서 자라난 청소년들이 반사회적인 그룹을 형성하여 각종 패행을 저지르는 모습, 학교에서만이 아니라 온 사회 전반에 퍼져 있는 각종 편 가르기와 혐오의 문화는 인간이 인간을 잡아먹는 현실의 모습이고, 바로 그 세계의 뒤편에는 '무부모'(無父母)의 가족 해체와 '무군'(無君)으로서의 공적 영역의 훼손이라는 깊은 병이 자리하고 있다고 할 수 있다. 즉 인간으로 하여금 스스로 자신의 존재를 뜻으로써 축소하고, 제한하고, 범할 수 없는 영역이 있다는 것을 받아들이도록 하는 토대와 근거가 사라진 것을 말하는 것이다.

3. 세계 보존의 토대로서 가족적 삶[仁]과 효(孝)

오늘 우리 시대의 문제는 단지 인간들 사이의 의(義)가 사라졌다는 문제만이 아니다. 오히려 한편으로 그 인간들 사이의 삶이 도무지 가능하기 위해서 필수적인 조건인 자연적이고 문화적인 '세계 자체'(nature/world)가 크게 문제시 된 상황이다. 옆의 사람만을 자신의 이익과 목적을 위한 수단으로 여기는 것이 아니다. 자연과 지구 자체와 자신이 탄생하기 이전부터 지금까지 지속적으로 존재해 와서 스스로를 포함한 인간 공동체 삶의 구성에서 토대가 되어 왔던 문화세계 자체와, 그 과거를 구성해 온 사물과 사실 자체가 크게 위협을 받고 있다. 즉 오늘의 리(利)를 추구하는 인간 문명 앞에서 거의 남아나는 것이 없게 된 것을 말한다.

맹자에게 다시 돌아가 보면, 하루는 양혜왕이 연못가에 서서 기러기와 사슴을 둘러보면서 맹자에게 물었다: "어진 사람도 역시 이런 것을 즐거워하십니까?[賢者亦樂此乎] 이에 대해서 맹자는, "어진 사람이라야 이런 것을 즐길 수 있지 어질지 못한 사람은 비록 이런 것이 있어도 즐기지 못할 것입니다."[賢者以後樂此 不賢者雖有此不樂也]라고 대답하였다.[8] 이 대답 속에는 많은 의미가 들어 있다. 여기서 먼저 양혜왕의 입장에서 보면, 그는 맹자처럼 항상 의(義)를 논하고, 사람의 본분 등에 대해 말하는 도덕적 관심의 사람들은 이러한 자연의 아름다움이나 풍경 등에는 관심이 없고, 그들에게는 미(美)와 감정 문제는 큰 의미가 없을 것이라고 생각하고 있었음을 보여준다. 하지만 맹자는 오히려 거기에 대해서 뜻밖의 대답을 한다: 그러한 자연의 미를 즐길 수 있는 사람은 오히려 참으로 어질고 인자한 사람이고, 그렇

8 『맹자』「양혜왕상」2.

게 어질고 현명하지 않으면 설사 그러한 것이 있다 하더라고 즐기지 못한다는 것이다. 이 대답의 여러 의미 가운데 먼저는 자연과 세계를 즐기고 그것의 아름다움을 느끼고 사랑하는 일에도 '어짊'[賢/仁]이라는 심적 토대가 필요하다는 것을 가르쳐준다. 어진 사람의 반대는 자신 만남의 대상을 항상 이익[利]을 위한 이용물로 보는 사람을 말하기 때문에 그런 사람은 상대에게 온전히 다가가지 못하고, 그래서 그 존재가 드러내는 존재 자체의 아름다움을 알아차리지 못한다는 의미일 것이다. 그러면서 어떻게든 그 존재를 이용하고 사용하기 위해서 변용하려 들기 때문에 그런 사람의 손에서는 자연과 세계의 존재가 위험에 빠지기 쉽고, 그 존재성이 지속되기 어렵다는 것이다. 그런 의미에서 맹자는 우리 윤리의식과 도덕감이 결코 우리의 '미적 감각'과 '미감' 등과 상관없는 별개의 것이 아니라 서로 긴밀히 연결되어 있음을 가르쳐준다. 특히 오늘 큰 위기 가운데 빠져 있는 세계 존재, 지구 자체의 지속가능성을 위해서는 이 인간적인 어짊[仁/賢]에 기초한 미적 감수성이 매우 긴요함을 밝혀준 것이라고 말할 수 있다.

어린 시절 안정되고 친밀감과 사랑이 넘치는 가족적인 환경 속에서 자라난 사람은 그 인성이 따뜻하고, 여유가 있고, 자기중심적이지 않아서 상대방인 세계와 차분하게 만난다. 그래서 자신을 비우면서 상대의 가치와 존재 의미, 아름다움을 '사심 없이'(disinterested mind) 알아볼 수 있다. 그러므로 칸트에 이어서 한나 아렌트도 밝히기를 선과 어짊에서 잘 일깨워진 사람에게 세계의 아름다움에 대한 감수성도 잘 발달할 수 있다고 했다.[9] 이것

9 이은선, 「한나 아렌트 교육사상에서의 전통과 현대」, 『생물권 정치학 시대에서의 정치와 교육-한나 아렌트와 유교와의 대화 속에서』, 도서출판 모시는사람들, 2015년(3쇄),

은 오늘 우리가 다시 가족적 공동체의 삶을 중시하고, 거기서 일깨워진 가족 간의 사랑[親親]과 특히 그 토대가 되는 효(孝) 의식을 강조한다고 하는 것이 단순히 좁은 의미의 도덕교육이나 인간 세계만을 위한 것이 아님을 알게 한다. 오히려 세계 존재 자체가 심각한 위기 속에 놓이게 된 상황에서 그 지속가능성을 위해서 매우 긴요하고 필수적인 일이라는 것을 깨닫도록 한다. 상대의 존재를 사심 없이 즐거워하고, 그 존재로 인해서 기쁨과 아름다움을 느끼는 사람은 그 존재의 지속을 위해서 힘쓰지 않을 수 없다. 그러므로 특히 어린 시절에 자연과 더불어 교감하고 즐겁게 지내는 아름다운 경험을 하는 것은 세계의 보존을 위해서 매우 긴요하다. 또한 이렇게 보았을 때 오늘 우리 시대에서 역시 이익[利]과 많이 관계되고, 특히 시대의 졸부들이 경제적 부를 넘어서 그다음으로 취득하고자 몰두하는 문화와 예술의 미라는 것도 그것이 참된 인간다움과 어짊과 짝하지 않고서는 또 하나의 돈벌이 수단이나 자기과시의 도구밖에 되지 못한다는 것을 알려준다. 즉 참된 인간성의 고양이나 이 세상의 미와 아름다움의 간직을 위한 진정한 기여가 되지 못한다는 것이다. 한국 사회의 대표 재벌회사들 가족들이 펼치는 많은 문화사업이 그런 경향을 보이고 있다.

맹자는 성인(聖人) 왕 순(舜)을 끊임없이 효(孝)의 전설로 들면서 그가 나이 오십이 되어서도 부모 사랑하는 마음과 사모하는 마음이 그치지 않았다고 소개한다.[10] 순 임금이 오십여 살에 요 임금을 대신해서 섭정을 시작했으니 이는 정치를 시작하고 그 일을 수행하는 데 있어서도 참된 인간적인

110; 이은선, 「유아기 종교교육과 생태감수성, 페스탈로치의 종교교육」, 『통합학문으로서의 한국 교육철학』, 동연, 2018, 75쪽.

10 『맹자』「만장상」1.

기초와 토대는 왕이 그 부모에 대해서는 마치 어린 아이가 자기 부모를 대하는 것과 같은 온전한 신뢰와 자기 비움의 즐거움이고, 과거(부모)와의 순한 관계라는 가르침이다. 즉 과거와의 일에서 편안하고, 그 과거는 자신에게 온전히 은혜로 주어진 것이기 때문에 거기에 대해서 자신을 내세우거나 주장할 필요가 없는 참된 비움과 겸비, 즐거움을 가진 사람만이 미래를 위한 일과 공적 책임의 일도 정의롭게 수행할 수 있다는 메시지이겠다. 그런 의미에서 오늘 가까운 삶의 반경에서 친밀한 가족 관계를 회복하는 일은 중요하다. 그러한 효의 의미와 가치를 다각도로 다시 살펴서 과거와 오래된 것과 현재를 있게 한 토대를 소중히 여기고 보살피는 정서를 일깨우는 일은 우리 공동체 삶과 지구 삶의 지속을 위해서도 참으로 긴요한 일이다. 그것은 우리 사회가 지금까지 앞만 보고 달려왔고, 모든 일을 물질적 이익과 실리 위주의 기준으로 처리하던 방식을 내려놓고 다시 인간적인 인(仁)과 정의의 기준을 회복하는 일이다. 과거를 함께 배려하면서, 현재를 단지 미래를 위한 수단이나 과정으로만 보지 않고 그 자체로 귀한 의미로 받아들이는 것이다. 또한 그럴 때 미래의 준비도 오늘 한국의 교육 현실에서 보듯이 자기 엄마나 부모를 적대시하고 심지어는 살해까지 하는 정도로 폭력적이 되지 않고, 이렇게 한 인간과 사회 삶에서 과거와 현재, 미래가 온전히 통합될 때 우리 인간 삶은 물론이려니와 자연과 세계의 존속도 가능할 수 있다는 것을 알려준다.

오늘 자아 중심주의와 가상세계가 난무하는 상상력의 시대에 사람들은 더 이상 어떤 권위(실재의 현실, 세계성)를 인정하고 싶어하지 않는다. 또한 자기들이 조작하거나 건들지 못할 세계와 사실(과거)이 있다는 것을 잘 받아들이지 않는다. 그러한 세계 부정과 왜곡이 극단으로 치달으면 예를 들어 세월호 참사를 그 진실의 왜곡과 사실의 숨김과 수장을 통해서 덮어 버릴 수 있다고 생각한다. 또한 그것은 자기와 다른 타인에 대한 비상식과 폭력, 비현실의 언어 등으로 나타난다. 그러나 인간 삶은 다시 한편으로 말과 행위에 고삐를 매어 주고, 기준[則/恒]을 제시해 주며, 삶의 조건과 한계를 인정하게 하는 권위를 요청한다. 왜냐하면 우리 삶은 한편으로 스스로의 포기할 수 없는 고유함과 의미에도 불구하고 타자와 함께하는 '다원성'의 조건 안에서 이루어지는 삶이기 때문이다. 그래서 한나 아렌트도 인간적 공동 삶을 위한 "로마적 삼중주", 즉 '종교'와 '전통', '권위'의 세 가지를 말했다.[11] 이 세 가지의 역할이 없이는 인간 함께 함의 삶이 지속되기 어렵다고 본 것이다.

인간 함께함의 삶에서는 권위가 필요하고, 자기 삶이 있기 전에 존재해서 그 기반이 되어 주는 조건과 세계와 타자가 있다는 것을 인정해야 한다. 이것을 기독교 언어는 인간 피조성이라고 했을 것이고, 유교적 언어는 그것을 만약 우리가 그렇게 남을 인정하지 못하고 그의 것을 빼앗고 불의하게 살 때 느끼는 창피함, 의(義)의 '수오지심'(羞惡之心)이라고 했다. 무엇이 우리로 하여금 자신의 감옥으로부터 나와서 진정으로 타자를 인정하게 하고, 자신이 처분할 수 없고 그렇게 해서도 안 되는 '과거'와 '사실'과 '진실'이 있다는 것을 알아볼 수 있도록 할까? 어떻게 우리 의(義)의 감각이 잘 자라나서 그러한 조건과 타자와 함께하는 삶을 살아갈 수 있을까? 우리에게 그러한 감각과 능력을 구체적으로 키워주고 증대시켜 주는 것이 참된 권위가 될 것이고, 그리하여 공경의 대상이 되며, 결코 어떤 외부적인 강압이나 강요로서의 권위가 아니라 진정한 은총으로 느끼게 하는 권위가 될 것이다.

---

11 한나 아렌트, 「권위란 무엇인가」, 『과거와 미래 사이에서』, 서유경 옮김, 푸른숲, 2005,

이러한 질문 앞에서 우리 인간적 삶 가운데서 이 일을 참으로 구체적이고, 몸으로 가까이 경험하게 하며, 지속적이고 자연스럽게 이루어지도록 하는 경우로서 가족과 그러한 가까운 삶의 반경에서의 친밀한 가족적 삶만 한 것이 더 있겠는가 생각한다. 그런 의미에서 오늘 우리 사회의 무너져 가는 가족적 삶을 다시 회복하는 일은 인간 공동 삶과 이 세계의 지속가능성을 위해서 우리 시대 윤리의 핵심 과제로 받아들여야 한다. 물론 여기서 가족적 삶의 형태와 모습은 예전의 가부장주의 시대의 그것과 많이 다를 것이고, 달라져야 한다. 그러나 그 다양성의 수용 가운데서도 어떻게든지 인간적 삶이 밀접한 관계의 망에서 친밀한 관계를 지속해 나갈 수 있도록 하는 가족과 가정의 일은 매우 긴요하다. 특히 어린 시절부터 삶의 구체적인 현실에서 몸 체험의 자연스러운 방식으로 신뢰와 사랑, 은혜와 감사 등의 의식을 얻는 것은 중요하고, 그렇게 형성된 효라는 기준은 그런 의미에서 오늘의 현실에 다시 적용될 수 있는 권위일 수 있다. 그 권위는 어떤 외부적인 초월로부터의 형이상학적인 권위가 아니라 참으로 몸적이고, 우리 구체적 생활과 관계되며, 우리 몸과 마음에 토대를 두어서 탈형이상학적이지만 참으로 구체적인 '존재론적' 권위인 것이다.

4. 믿음[信]과 사유[思]의 실행으로서 효(孝)와 인간 사명[命]

이상에서처럼 오늘 인간적 삶과 세계 존재 자체를 한꺼번에 위기에 몰아넣는 우리 시대의 자아 중심주의와 실리주의적 폐해와 불의에 맞서서 어린 시절부터 어진 가족적 삶의 반경 속에서 길러진 효의 윤리를 그 대안으로 제시하고자 했다. 하지만 우리 모두가 잘 알다시피 오늘 그와 같은 가족적 삶을 누린다는 것은 점점 더 드물어지고 모두가 보편적으로 기대할 수 있는 바가 아니다. 그렇다면 그렇게 개별적인 후천적 경험과 긍정성의 경험에만 우리 윤리가 좌우된다면 그것은 또 하나의 심각한 권위주의와 우리가 비판하는 시대의 실리주의처럼 일종의 유물론적 결정주의에 빠지게 될 것이다. 우리가 강조하는 효 윤리가 자칫 갖게 되는 이런 딜레마를 지양하기 위해서 어떤 성찰들이 있는지 마지막으로 살펴보고자 한다.

앞에서 들은 대로 맹자는 효의 성인(聖人) 순 임금이 오십이 되어서도 부모를 사모했다는 사실을 매우 중시하면서 여러 가지로 해석한다. 순 임금은 그동안 요 임금으로부터 아름다운 두 딸을 아내로 얻었고, 임금이 되어서 부도 얻고 천하도 얻었지만, 그렇게 모든 사람들이 인생에서 하나같이 바라는 일을 얻게 되었어도 그때까지 아버지의 온전한 사랑을 얻지 못한 것을 슬퍼하면서 "하늘을 우러러 부르짖고 울었다"[號泣于旻天]고 한다.[12] 우리가 익히 들어 왔듯이 순 임금 아버지 고수는 계모와 이복동생 상(象)과 더불어 두 번씩이나 순을 속여서 그를 죽음의 위기에 빠뜨리기도 했지만, 그럼에도 불구하고 순은 부모를 향한 마음은 거두지 않았다. 오히려 맹자가 추측하는 대로 그는 만약 자신의 아버지가 살인을 저질러 잡혀가게 될 지경에 이르렀으면 임금 자리도 서슴없이 내던지고 "아버지를 몰래 지고 도망가서 바닷가에 가서 살면서도 '종신토론 즐거워하면서 천하를 잊을'" [終身訢樂而忘天下]사람이라고 묘사되었다.[13]

그러한 순의 효성에 감동해 완악했던 아버지도 변하여 순하고 착한 아버지가 되었고, 동생과도 잘 지내게 되었다고 고전을 전하고 있는데, 이상의 경우처럼 효라고 하는 것이 단순히 밖의 대상(부모)이나 그 후천적 경험

12 『맹자』「만장상」 1.
13 『맹자』「진심상」 34.

에만 달려 있는 것이 아니라는 것을 알게 된다. 여기서 순의 경우는 보통의 경우보다도 그 가족적 삶의 정황이 훨씬 더 부정적이었다고 말할 수 있다. 하지만 순은 그것을 넘어서 부모의 완악을 선으로 바꿔 놓았으며, 심지어는 임금 자리와 그와 더불어 얻어지는 모든 명예와 부도 포기할 정도로 효의 실행을 극진히 하였다. 그렇다면 효란 인간으로 탄생한 이상 반드시 그의 후천의 경험이나 환경에 전적으로 좌우되는 것이 아니라 그 자체로 인간의 선한 가능성으로서 여겨질 수 있지 않을까 생각한다. 맹자가 인간이라면 누구나가 별로 생각하지 않아도 알고, 배우지 않고서도 행할 수 있다고 한 "양지"(良知)와 "양능"(良能)으로서의 인간 선한 가능성[性善]의 의미가 바로 그것이라고 생각하고, 그 선한 본성의 보편적인 예로서 어버이를 사랑하고 형과 윗사람을 공경하는 인의를 들었다.[14] 그러면서 그것이 "천하에 두루 통한다"[達之天下也]고 지적하였다.[15]

이런 뜻에서 나는 효(孝)라는 일도 우리 '믿음'[信]의 일처럼 단지 후천적이고 물질적 환경이나 개별성의 외적 조건에만 좌우되는 것이 아니라 바로 그러한 외적 조건을 넘어설 수 있는 좀 더 근원적인 내적 힘에 근거한다고 말하고자 한다. 순 임금의 효 실행은 그 부모가 어떤 부모보다도 아니 여느 부모처럼 그에게 잘해주어서 나타난 보답의 차원이 아니었다. 오히려 그는 천하를 얻었어도 부모의 흡족한 마음을 얻기까지 "근심을 풀 수 없었다"[而惟順於父母 可以解憂][16]고 할 정도로 효의 일을 마치 믿음[信]을 견지해

---

14 『맹자』「진심상」, "人之所不學而能者 其良能也, 所不而知者 其良知也."

15 『맹자』「진심상」 15.

16 『맹자』「만장상」 1.

나기는 일과 마찬가지로 수많은 근심과 고통, 회의와 염려의 시간을 보내면서도 지속해 나간 것이다. 그래서 나는 인간 효의 능력을 오히려 하나의 '선험성'으로 보고자 하고, 우리의 탄생과 더불어 삶의 근본 힘으로 주어지는 '초월적 선물'[性理]로 파악하고자 하며, 이후 한 사람의 구체적인 세계경험이 어떠한지를 넘어서서 세상의 무(無)와 악과 더불어 싸울 수 있는 '근본 생명력'[生理]이라고 여기는 것이다. 이러한 의미에서 인간 세상과 가능성에 대해서 절대악을 말할 것이 아니라 '절대선'을 말하고, 그것은 어떠한 경우에도 한 사람이 여기·지금 자신이 탄생되어 있다는 것은 부인하려야 부인할 수 없는 사실이므로 그 사실에 근거해서 스스로의 삶에서도 선을 택하고 악을 멀리하면서 자신의 탄생성의 의미를 살려나가는 일이라고 말하고자 한다.

앞에서도 들었듯이 효를 모든 덕의 근본으로 밝힌 공자에 의하면 그 효에는 시작과 완성의 단계가 있는데, "시작"은 부모님께 받은 몸을 심지어는 머리털 하나라도 "감히 다치거나 상하지 않도록 하는 것"이고, 효의 "마침"은 "몸을 세워서 그 도를 행하여 제 이름을 드날릴 뿐 아니라 그 부모의 이름까지도 빛나게 하는 것"이다.[17] 여기서 그 마침이 잘 가르쳐주듯이 효 윤리는 단지 부모와 자식 간의 가족윤리로만 한정되는 것이 아니라 "참된 인간 실현의 근본"[爲仁之本]으로 심화되기도 하고, "정치와 교화의 근원"[敎之所由生]으로 확대되기도 한다. 그래서 효도는 "하늘의 가르침"(天之經)이고, "땅의 옳은 것"[地之誼]이며,[18] "하늘의 선험성"[天性]으로서 "천지의 성품 중

17 『효경』「개종명의장」(開宗明誼章), "身體髮膚 受之父母 不敢毁傷 孝之始也. 立身行道 揚名於後 以顯父母 孝之終也."

18 『효경』「삼재장」(三才章), "子曰 夫孝天之徑也 地之誼也 民之行也.

에서 사람이 제일 귀하고, 사람의 행실 중에는 효도보다 큰 것이 없고, 효도 중에는 어버이를 공경하는 것이 제일 크고, 어버이를 존중하는 것의 가장 큰 표현은 바로 그를 하늘과 같이 여기는 것이다"[父莫大於配天][19]라고 선언하였다. 이 말들로써 우리는 공자가 효의 근거를 '하늘'[天]에 두고 있음[配天]을 분명히 알 수 있다.

그는 누누이 하늘의 도를 따르고 땅의 위치를 살피는 것이 곧 효의 길이며, 효를 아는 자는 자기의 존재가 은혜를 입었다는 것을 알기 때문에 결코 교만해질 수 없고 여기서부터 부부나 형제간, 더 나아가 인류와 생명 일체에 대한 겸허에로 나간다고 밝혀주고 있다.[20] 『효경』의 '감응장'에서는 또한 옛날의 명왕(明王)들이 "아버지를 섬기는 것이 효성스러웠기 때문에 하늘을 섬기는 것이 분명했고, 어머니를 섬기는 것이 극진했기 때문에 땅을 섬기는 것도 살펴서 했다"[21]고 말하면서 부모에 대한 효와 하늘에 대한 공경이 결코 별개의 두 가지 일이 아님을 밝혔다.[22]

나는 인간 성(性)과 인(仁)과 의(義)에 대한 맹자와 고자와의 논쟁도 이런 맥락에서 잘 이해될 수 있다고 여긴다. 맹자는 고자가 "생리적 본능을 성품이라고 한다"[生之謂性]라고 한 말이 많은 위험성을 내포하고 있는 말이라고 보았다. 물론 우리도 앞에서 효의 실행을 단순히 개별적인 후천적인 경험에만 달린 일이 아니라 하나의 '생리'(生理)로서 파악해야 한다고 말하면

---

19 『효경』「성치장」(聖治章), "子曰 天地之性 人爲貴. 人之行 莫大於孝. 孝莫大於嚴父, 嚴父莫大於配天."

20 『효경』「천자장」(天子章), "子曰 愛親者 不敢惡於人, 敬親者 不敢慢於人."

21 『효경』「감응장」(感應章), "子曰, 昔者明王事父孝 故事天明. 事母孝 故事地察."

22 이은선, 「효(孝)와 교육」, 『포스트모던 시대의 한국 여성신학』, 분도출판사, 1997, 274쪽.

서 거기서 '생'(生)이라는 단어를 썼다. 그러나 그 때의 '생/리'(生/理)란 오히려 후천적인 경험에 대한 '선험성'의 의미로 쓴 말이고, 여기서 고자가 말하는 생(生)이란 거의 그 반대로 좁은 의미의 신체의 일, 외면적인 드러남과 후천적인 경험에 관계되는 것을 서술할 때 쓴 말이라고 보아야 한다. 즉 고자 말에서의 생(生)은 '리'(理, 형이상)보다는 '기'(氣, 형이하)의 차원을 지시한 것이다. 맹자에 따르면 '흰 깃이 흰 것[性]과 흰 눈이 흰 것[性]은 같다'고 말할 수 있는 것을 들어서, 그렇다고 개나 소의 성품과 사람의 성품이 같다고 말할 수는 없지 않느냐고 반박하며 '성(性)은 생리적인 것이다'라는 말은 매우 단차원적이고 한계가 있다고 밝힌다.[23] 즉 맹자에 따르면 우리가 인간의 본성[性]을 말할 때는 그저 몸과 생체적 나타남 등의 차원만 연관시켜 보아서는 안 되고 그보다 더 깊은 정신적 선험성의 차원을 보아야 한다는 것이다. 그 차원에서 보면 인간은 모두 선하고, 인(仁)뿐만 아니라 우리가 의(義)를 행할 수 있는 능력도 결코 밖의 외면적 대상이나 경험, 환경에 좌우되지 않는다는 말이다. 고자가 웅덩이의 물은 동쪽으로 터놓으면 동쪽으로 흐르고, 서쪽으로 터놓으면 서쪽으로 흐르는 것을 들어서 그렇게 사람의 성품도 원래 선하지도 않고 악하지도 않다고 하자, 맹자는 그렇기도 하지만, 모든 물은 어떠한 경우에도 아래로 흐르려고 한다고 하면서 그렇게 사람이 착한 것은 본성이라고 반박한다.[24]

다시 말하면 맹자는 인간의 본성을 오로지 생리의 차원으로만 환원한다면 인간의 불의에 대한 궁극적인 책임을 그에게 물을 수 없고, 또한 삶과 역사에 대한 희망의 근거를 확보할 수 없다고 보는 것이다. 그래서 맹자는

23 『맹자』「고자상」 1-6.
24 『맹자』「고자상」 2.

고자와의 논쟁에서 한편으로는 "모르겠다"[不識]라는[25] 말을 하면서도 결코 인간이 배우지 않고 경험하지 않고도 선할 수 있다는 주장을 굽히지 않는 것이다. 나는 이 맹자의 인간 성품[仁/義/孝]에 대한 믿음을 보면서 20세기 러시아 사상가 니콜라이 베르댜예프(N.Berdyaev, 1874-1948)가 "인격이 우주의 일부가 아니고 오히려 우주가 인격의 일부이며 그 질이다"라고 할 정도로 그의 인간에 대한 깊은 신뢰인 '인격주의'(personalism)를 가지고 프랑스 생철학을 날카롭게 비판한 것이 생각난다. 베르댜예프에 따르면 베르그송 등의 생철학은 현대사상의 인간 이해에서 나름의 기여가 크지만, 마침내는 반(反)인격주의라고 할 정도로 인간의 인격(맹자의 언어로 하면 인간의 성(性))을 우주적(자연적)이며 사회적인 과정 안으로 해소시켜 버렸다.[26] 즉 인간의 존재를 온 우주적 생의 진화의 관점에서 보는 새로운 경지를 열었지만 그것을 넘어서는, 또는 그와는 또 다른 깊이인 "인격"[정신/理]의 차원을 간과했다고 보는 것이다. 이러한 비판은 맹자가 고자에게 가했던 비판을 생각나게 하는데, 맹자가 어떠한 경우에도 생(生), 즉 몸, 기(氣), 생리적 본성 등을 인간 정신적 본성(性/理)으로 등가화하지 않는 것을 말한다.

맹자는 『시경』 「대아」의 구절 '하늘이 뭇 백성을 내셨으니'[天生蒸民] '일이 있으면 반드시 법칙이 있다'[有物有則]를 들어서 인의예지의 측은지심, 수오지심, 공경지김, 시비지심이 결코 밖에서 들어온 것이 아니라, 즉 밖의 상황에 좌우되는 것이 아니라 내 마음에 간직하고 있는 선험적 능력이

25 『맹자』 「고자상」 4.
26 니콜라스 A. 베르댜예프, 『노예냐 자유냐』, 이신 옮김, 늘봄, 2015, 44쪽.

라는 것을 강조했다.[27] 그처럼 효라는 일도 그 일이 세상에 있으니 하늘이 그 일을 할 수 있는 힘을 선험적으로 우리에게 주셨다는 믿음을 드러내는 것이라고 여긴다. 또한 그의 「이루 장」에 보면 참된 인간은 그 깊이 나아감을 도로써 하는 것은 "스스로 얻기를 원하기 때문"[欲其自得之也]이라고 했다.[28] 이 언술과 더불어 같이 생각해 보고 싶은 구절로 그가 「공손추 장」에서 인(仁)을 행하는 일을 화살 쏘는 일[射者]로 비유하면서 그 쏜 화살이 혹시 맞지 않더라도 자기를 이긴 자를 원망하지 않고 "도리어 자신에게 구할 뿐이다"[反求諸己而已矣]라고 밝힌 것이 있다.[29] 이러한 모든 언술은 바로 이렇게 우리에게는 선험적으로 얻은 귀한 가능성[性]이 있다는 것을 밝히는 말들이라고 생각한다. 그것은 비록 우리 귀와 눈에는 잘 드러나지 않지만 구하고자 하면 얻을 수 있고, 우리 귀나 눈(뇌)의 일이 아니라 더 깊은 마음이 관장하는 일로서, 그래서 "생각하면 얻고 생각하지 않으면 얻지 못하는 것이며, 그것을 하늘이 나에게 주신 것"[思則得之 不思則不得也 此天之所與我者]이라고 선포하는 것이다.[30] 맹자는 그래서 사람들이 자신의 몸에 그렇게 귀한 것을 가지고 있지만 "생각하지 않고"[不思而], 그 "생각하지 않는 것이 심하다"[弗思甚也]고 한탄하며, 공부란 오직 "그 잃어버린 마음을 찾는 것뿐"[求其放心而已矣]이라고 지적했다.[31]

이것으로써 우리에게 맹자에게서의 인간 도리(仁/義/孝)란 단지 신체(귀나 눈)의 일만이 아니고, 그때마다의 감정(기쁨이나 슬픔 등)의 일만도 아닌,

27 『맹자』「고자상」6.
28 『맹자』「이루하」14.
29 『맹자』「공손추상」7.
30 『맹자』「고자상」15.
31 『맹자』「고자상」11.

더 깊이 내려가서 '성찰하고'[思], 참된 인간됨의 길을 다시 기억해 내고 그 길을 내가 갈 수 있음을 '믿으면서'[信] 참된 거룩[聖/神]으로 나아가는 일이라는 것이 드러났다.[32] 우리는 이러한 사실을 자주 잊어버리고 잃어버리지만, 맹자는 그것은 바로 "내 안에 있는 것을 구하는 것"[求在我者]이므로 "구하면 얻고 버리면 잃어버리는 것"[求則得之 舍則失之]이며, 그것을 얻는 것이야말로 우리 삶에서 참된 "유익"(有益)이라고 밝혔다.[33] 그렇게 그는 "인간 자체가 인(仁)이고 도(道)"[仁也者人也 合而言之道也]라고[34] 선포할 정도로 인간에 대한 깊은 신뢰를 드러내 보이는 것이다. 그러므로 그는 "만물이 다 나에게 갖추어져 있다"[萬物皆備於我矣]는 믿음으로 그 성품을 길러내는 것이 바로 "하늘을 섬기는 일[所以事天也]이고 그것은 우리가 오래 살고 일찍 죽고의 물음을 떠나서 "하늘의 명령[命]을 받는 일"[所以立命也]이라고 지적하였다.[35] 이것이야말로 참된 인간의 평등이고, 맹자는 공자의 제자 안연이 말끝마다 "성선(性善)을 말씀하시고 요 임금과 순 임금을 들면서" "순 임금은 어떤 사람이며, 나는 어떤 사람이냐?"[舜何人也 予何人也]고 질문을 했다고 상기시켰는데,[36] 우리 모두는 그렇게 순 임금을 지향하면서 사는 일로 부름을 받은 것이다. 이것을 잊지 말고 나아가는 것이 인간의 사명이고 본분이라고 생각한다.

---

32 『맹자』「진심하」25.
33 『맹자』「진심상」3.
34 『맹자』「진심상」16.
35 『맹자』「진심상」1.
36 『맹자』「등문공상」1.

5. 마무리하는 말—우리 존재의 선험성으로서 효(孝)

오늘 우리 시대의 불의와, 자연과 사물에까지 뻗친 조작과 왜곡, 훼손 앞에서 주로 맹자의 언어를 들어서 어떻게 이 난국의 대한 해법을 찾을 수 있겠는가를 살펴보았다. 바로 맹자가 살았던 시대처럼 오늘 우리 시대는 세계의 힘 있는 국가들이 다시 군웅할거 하는 시대가 되었고, 특히 오늘 한반도를 중심으로 그 일이 더욱 고조되고 있기 때문이다. 이 상황에서 우리는 원치 않게도 남북으로 나뉘어 부모형제도 서로 소통하지 못하고 그 생사여부도 알지 못하는 시간과 더불어 두세 세대를 보내고 있다. 그렇게 인간 삶의 기초가 되는 가족과 가정의 삶이 파괴되면서 거기서 이어지는 남북한 사회 내부의 악과 국제적 관계에서 우리의 처지는 그 비참함과 목소리 없음이 이루 다 말할 수 없을 정도이다. 예전 우리나라, 동이족의 나라는 맹자가 인류 삶의 모범으로 지극한 효의 성인으로 끊임없이 내세우는 순 임금의 출발지였다고 한다. 그런 맹자의 정신이 한민족의 정서를 제일 잘 대변하고 있다는 말을 들을 정도로, 특히 부모를 잘 섬기고 서로 모여서 음식과 즐거움을 나누며 격려하는 가족과 친족, 마을 공동체가 잘 발달한 나라로 이름이 높았다. 중국이나 일본 등의 이웃나라들에서보다 『효경』이 특히 교육과정에서 중요시되었다는 것도 잘 알려진 이야기이다. 하지만 오늘의 현실은 세계에서 자살률 1위와 특히 노인자살률과 청소년 자살률이 높고, 출산율이 세계 최저라는 상황인데, 그것은 우리의 삶이 어느 정도로 피폐해져 있는가를 잘 드러내 준다.

맹자는 "살아 있는 사람을 먹이고 키우고, 돌아가신 사람을 장례 지내는 데 여한이 없게 하는 것"[使民養生喪死無憾也]이 "좋은 정치의 시작"[王道之

始也]이라고 했다.[37] 또한 "사람들이 일정한 생업이 있으면 마음을 잡을 수가 있어서"[民之爲道也, 有恒産者有恒心, 無恒産者無恒心] 불의에 빠지지 않는다고 갈파하였다.[38] 이에 반해서 오늘 우리의 처지는 모든 태어나는 아이들을 당장의 먹고사는 일을 위해서 남의 손에 내주어야 하고, 부모와 노인들의 여생과 장례를 모시는 일에서의 여한은 우리 모두의 다반사가 되었다. 이렇게 되고서야 어떻게 우리 공동체 삶이 어질고 정의롭기를 바랄 수 있겠는가? 오늘의 위정자와 세계 힘 있는 나라 정치가들이 온 지구 가족공동체의 처지와 미래를 위해서 반드시 숙고할 일이다. 오늘의 위정자가 자기 곡간과 배는 한없이 채우고서 또한 그것을 영구히 지속하려고 온갖 불의와 악으로 사람들을 죽게 하는데도 예전 맹자 시대 위정자처럼 그것은 "나 때문이 아니라 흉년 때문이다"라고 하거나, "나 때문이 아니라 총(전쟁) 때문이다"라고 하는 일이 일어나고 있다. 맹자는 일찍이 그와 같은 일을 세차게 비판했다.[39]

이러한 패도를 넘어서 왕도의 실현자로 숭앙 받는 순 임금은 온 천하가 자기를 따르고 좋아하는 것보다 자신 어버이 한 사람이 흡족해하고 기뻐하는 것을 더 귀히 여긴 "큰 효"(大孝)의 사람이었다. 그는 바로 그 왕도의 시작이 "인의 알맹이는 효이고, 의의 알맹이는 형과 언니를 따르는 것"[仁之實事親是也, 義之實從兄是也]에 있다는 것을 알았다. 오늘 우리 시대에 다시 이 오랜 지혜가 널리 퍼지기를 바란다.[40] 효는 참된 자기겸비이고, 과거에 대

---

37 『맹자』「양혜왕」3.
38 『맹자』「등문공상」3.
39 『맹자』「양혜왕」3.
40 『맹자』「이루상」27.

한 배은망덕이 아니라 그것을 넘어서는 감사이며, 현재 삶에 깊이 충실하면서 이웃과 미래를 향해 용기 있는 삶의 행보를 내딛도록 하는 토대인 것이다. 그것은 우리 존재의 선험성으로서 참된 즐거움의 원천이다. 맹자는 "내가 진정으로 원하는 것은 선이고, 믿음은 바로 내 안에 있으며"[可欲之謂善, 有諸己之謂信],[41] "성인도 나와 같은 사람"[聖人與我同類者]이라고 갈파하였다.[42] 이 말을 잘 새길 일이다.

41 『맹자』「진심하」 5.
42 『맹자』「고자상」 7.

2장

21세기 인류 문명의 보편적 토대로서 성(誠)과 효(孝)*

1. 시작하는 말—21세기 지구 삶의 위기와 성(誠)

지구 인류의 삶이 점점 더 하나로 되어 가고 있다. 일찍이 프랑스 예수회 신부이자 고생물학자였던 테이야르 드 샤르댕(Teilhard de Chardin, 1881-1955)은 지구 인류의 삶은 지난 19세기 말경까지는 전 지구 표면에 인간의 종을 퍼뜨리는 '팽창기'의 삶을 살았지만 이후는 그것을 마감하고 그 퍼진 사람들을 여러 형태의 집단과 공동체로 모으는 '수축기'에 섰다고 지적했다. 20세기 인류 고생물학적 발견 중에서 매우 중요한 업적으로 여겨지는 북경원인의 발굴에도 참여한 그는 인간 삶과 의식의 전개를 '초사회화'(Ultra-socialization) 또는 '초인격화'(Ultra-penalization) 등으로 예견했다. 이 예견이 유의미하게 들리는 것은 요즈음 우리 삶과 학문의 많은 영역에서

* 2018 World Philosopher's Congress Beijing, Invitation Session (080036): The Philosophy of Integration-Cheng of Zhongyong, (Time: 2:00pm-6:00pm, August 15, 2018; Place: Room 207, China National Convention Center).

들리는 소리가 탈경계의 그것이고, 거기에는 탈민족과 탈국가, 탈젠더, 탈가족 등 지금까지 전통적으로 인간 삶의 영역을 나누고, 거기서 조화와 질서를 마련해 왔던 구분과 경계들이 무너지고, 해체되고, 의문시되는 일이 다반사로 일어나고 있기 때문이다. 이 탈경계의 일은 한 개인의 차원에서도 획기적으로 일어나서 사이보그적인 인간 존재와 AI 존재가 낯설지 않고, 그것은 다시 샤르댕의 언어로, "정확히 말하면 물질과 정신이 따로 있는 것이 아니라 오직 정신으로 되어 가는 물질이 있을 따름이다"라는 것의 증거라고 할 수 있다.[1]

하지만 이렇게 지금까지 인류 삶에서 도저히 넘을 수 없다고 여겨지던 경계와 구분이 해체되고 무화되면서 많은 새로운 하나 됨과 통섭이 가능해졌지만, 그러나 동시에 그 경계들은 지금까지 우리 삶을 근거 지우고 토대와 전제로 역할을 해 주었던 것이기 때문에 그것들이 무너지고 사라지자 큰 혼란과 혼동이 일어나고 있는 것도 사실이다. 21세기 오늘날 그렇게 야기되고 있는 위험과 위기는 어느 때보다 심각하고 근본적이다. 지금까지 삶에서 그 지속가능성이 전혀 의심되지 않던 지구 집 자체가 위기에 빠져 있는 것이 드러나고 있고, 과거 사실과 미래 시간이 결코 보장된 것이 아니라 얼마든지 조작 가능하고 위험에 빠질 수 있다는 것이 날마다 증명되고 있다. 우리 일상의 삶에서도 공동 삶이 오롯이 가능하기 위한 기초적 조건인 말과 행위의 신뢰성과 예측 가능성이 심각하게 훼손되면서, 삶의 근거와 토대가 흔들리는 위기가 점점 더 고조되고 있다. 이러한 현실을 인류 문명의 제1의 차축시대 가치의 마감과 더불어 제2의 차축시대 도래를 위한 위기라고도 하고, 더 가깝게는 서구 근대주의의 해체가 불러오는 한계 상

1 Theilhard de Chardin, *L'energie humaine*, Paris: Editions du Seuil, 1962, p.74.

황이거나 더 보편적으로 말해 보면, 인간 공동 삶을 위한 세 가지 삼중주적 토대인 '전통'과 '종교', '권위'에서의 큰 변혁을 위한 위기의 모습이라고도 말해진다.[2]

서구 근대주의가 탄생시킨 인간 문명이 더 이상 순조롭게 기능하지 않는다고 하는 것은 그 서구 근대주의의 산실이 되는 유대·기독교 문명의 궁극관과 가치의식(聖俗 이해)이 더 이상 잘 작동하지 않는 것을 시사한다. 이러한 상황을 목도하면서 그렇다면 지금까지 동아시아 유교 문명과 기독교 문명 간의 대화에 천착해 온 나의 입장에서 어떠한 대안이 있을까를 생각한다. 그러면서 유교 전통의 고전『중용』에서 핵심적으로 언술하는 '성'(誠)을 살피고자 한다. 한국 신학자 윤성범은 일찍이 유교 문명의 성(誠)은 기독교 문명의 핵심 언술인 '말씀[言]이 육신이 되었다[成]'의 메시지를 동아시아적으로 지극히 잘 표현해 준 것이라고 지적한 바 있다.

오늘 인류 문명의 대표주자인 서구 근대주의의 기독교적 세계관은 그러한 예수육화의 선언에 근거하지만, 그러나 실제 역사의 진행에서는 이 세상과 저 세상, 초월과 내재, 보편과 특수 등을 과격하게 이분해 오면서 결국 존재의 초월성을 온통 탈각시켜서 오늘날과 같은 심각한 물질주의와 유물론적 일원론에 빠지는 위험을 초래했다. 이에 반해서『중용』의 성(誠)은 다른 방식으로 이 둘을 통합하고 불이적(不二的)으로 연결시켜서 세상 모든 나타나는 것의 초월성에 대한 지시를 그치지 않고 있다. 현금의 범지구적 세속화와 보편화 시대에는 이러한 유교적 내재화의 방식이 훨씬 더 적실하게 존재의 참된 모습을 밝혀줄 수 있다고 보아서 이 성(誠)을 살펴보고

---

2 Hannah Arendt, *Between Past and Future*, Penguin Book, NY, 1993, p.125.

자 한다.[3]

이러한 기초적인 인식 속에서 이 글은 크게 세 차원에서 유교적 성(誠)의 면모를 살펴보고자 한다. 즉 먼저 유교적 성(誠)이 지금까지 인류의 근대를 이끌어 왔던 서구 기독교적 초월 이해 대신에 어떻게 좀 더 이 세상적으로, 그러나 그 안에 풍성히 영적인 차원을 담지하면서 우리 삶과 인식의 초월적이고 존재론적 근거를 마련해 줄 수 있겠는지를 살펴본다. 두 번째는 그 성(誠)이 오늘 우리 현실과 여기·지금의 삶에서는 어떤 역동적인 '행위의 원리로 역할할 수 있는지를 성찰하고자 한다. 마지막으로는 그것이 현실의 위기와 미래의 전망에서 어떤 지속력과 상상력, 판단력 등으로 우리 삶의 지속가능성을 담보해 낼 수 있는지를 보려고 한다. 이러한 모든 성찰에서 이 글은 이상의 유교적 성(誠)과 동아시아의 또 다른 삶의 원리인 효(孝)가 참으로 구체적이고 현실적으로 서로 잘 관계되는 것을 보면서 그 둘의 관계 방식을 살피는 일을 통해서 앞으로 21세기 인류의 삶을 이끌 두 가지 보편적 토대와 원리로서 성(誠)과 효(孝)를 더욱 드러내고자 하는 것이다. 『중용』은 이미 2천여 년 전에 "지금 천하는 수레의 두 바퀴 사이의 폭이 같고, 글은 문자가 같으며, 행실은 윤리가 같다."[今天下 車同軌 書同文 行同倫]고 하면서,[4] 우리 인간 삶의 보편성에 대한 이상을 한껏 표현해 주었다. 오늘 21세기 인류의 삶은 이 이상의 실현을 참으로 요청한다. 그래서 다시 한 번 우리 삶의 현실에 정직하게 대면하면서 어디에서 그 삶을 연결할 보편성의 토대를 찾을 수 있겠는지를 숙고할 일이다.

---

3 윤성범, 『誠의 신학』, 서울문화사, 1972.

4 『중용』 28장.

2. 우리 삶의 부인하려야 할 수 없는 존재 근거로서 '탄생성'과 성(誠)

2-1 호모데우스와 성(誠)

서구 문명사가 유발 하라리는 『호모 데우스(Home Deus)』라는 책을 통해서 미래 인류의 종교로서 '데이터교'를 전망했다. 그것은 근대 인류가 몰두해 있던 인본주의라는 종교도 넘어서서 생명을 철저히 정보의 흐름으로 파악하면서 '만물인터넷'(Internet-of-All-Things)이라는 새로운 신을 섬기는 일을 말한다. 하라리의 이와 같은 급진적 유물론적 환원주의(컴퓨터 과학과 생물학)에 따르면, 이렇게 되면서 이제 호모 사피엔스는 서서히 사라질 것이며, 인류가 그렇게 추구해 왔던 불멸과 행복, 그리고 신성(homo deus)의 실현은 훨씬 더 성큼 다가올 것이라고 한다. 하지만 그럼에도 불구하고 그는 마지막으로 다시 그 데이터교의 "미스터리"를 언급한다. 즉 데이터교는 이제 신도 숭상하지 않고 인간도 숭배하지 않지만, 그리고 그것을 통해서 인간은 이제 자신이 "창조의 정점이 아님"을 알게 되었지만, 그래도 여전히 관건은 누군가는 계속 '느끼고'(감정), '의도'하고, 단순한 지능이 아닌 '사유'(정신)로 판단하며 또 다른 차원의 알고리즘을 보탤 것이라는 사실이다. 그런데 그 알고리즘이 계속 확장되면서 천문학적으로 쌓이는 알고리즘을 전체적으로 이해할 수 있는 사람은 아무도 없고, 왜 그 알고리즘이 그러한 진화의 길을 가는지 알 수 없다는 것이다. 이러한 의문은 데이터교가 전통적인 신(神) 의식과 인본주의를 훨씬 넘어서 있지만, 그럼에도 불구하고 "반(反) 인본주의적이지는 않다"는 것을 지시하는 의미라고 이해한다.[5]

---

5 유발 하라리, 『호모 데우스』, 김명주 옮김, 서울: 김영사, 2017, 532쪽.

나는 이러한 상황이야말로 유교적 성(誠) 담론의 확산을 위해서 좋은 계기가 된다고 본다. 왜냐하면 『중용』에서 "하늘의 도"[誠者 天之道也]라고 명시한 성(誠)이 그 글자의 구성 형태만 살펴보더라도 '말·뜻·계획[言]'을 '이룬다/행한다[成]'가 되어서, 하라리가 여기서 미래의 새로운 종교 형태로 전망한 새로운 알고리즘을 축적해 가는 일과 그렇게 다르지 않음을 보여주기 때문이다. 즉 유교적 초월자 성(誠)이란 특히 서구 기독교적 전통 속에서의 신인동형론적 초월 이해를 한참 넘어서, 물론 유교 전통과 그 안의 성(誠)도 한편으로는 하라리가 비판하는 근대 인류 문명의 인본주의와 유사한 특성을 함께 공유하기도 하지만, 지금까지 인류가 인습적으로 빠져 있던 신인동형론적 신의식이나 인간중심주의에서 탈하게 하면서도 동시에 새로운 방식으로 여전히 초월[神 또는 聖]을 의식할 수 있도록 하기 때문이다. 나는 앞으로 인류의 삶과 일이 이러한 방식으로 이루어지고 또한 그렇게 되리라고 전망한다. 이것은 이제 더 이상 어떤 외면적인 전적 초월이나 절대타자로서의 초월 이야기는 가능하지 않다는 것을 말해준다. 그런 의미에서 동아시아 유교 전통의 세간적(世間的)이고 내재적인 초월 담론인 천리(天理)나 성(性), 성(誠) 이야기는 많은 의의를 함축하고 있다고 하겠다.

2-2 데카르트 존재 증명과 성(誠)

모두 주지하다시피 『중용』은 그 첫 언설인 "하늘이 명한 것을 본성이라고 한다"[天命之謂性]라는 말로써 초월이 바로 인간 세계와 그중에서도 우리 마음[性] 안에 내재하는 것을 지적하였다. 이후 이어지는 모든 이야기들은 그 하늘의 도가 어떻게 우리가 삶에서 "잠시도 떠날 수 없는 것"[不可須臾離也]이고, 우리 감정의 미묘한 움직임이 바로 그 현현의 삶이며, 그래서 “숨는 것보다 잘 보이는 것은 없으며, 미세한 것보다 더 잘 나타나는 것이 없다”[莫乎隱 莫顯乎微]는 것을 밝혀주고 있다. 바로 이 세상이 온통 초월이 드러나는 장이며, 아니 더 과격하게 말해 보면, 이 세상의 모든 삶과 일이 초월의 일과 삶이 아닌 것이 없다는 이야기이다[鳶飛戾天 魚躍于淵]. 이 진실과 사실을 깊이 인지하고 사셨던 순 임금은 그래서 이 세상의 모든 일에 대해서 호기심(물음)이 큰 분이었고[好問], 그 일에서 “가까운 언어들을 잘 살폈다”[好察邇言]고 한다. 왜냐하면 우리 주변에서 들리는 언어 속에, 아니 더 보편적으로 말해 보면, 오늘 우리의 언어란 바로 과거로부터 축적된 다양한 초월 현현의 역사이고, 하라리의 말로 하면, 알고리즘들 집적의 결과물이므로, 그것들을 잘 살피면 삶과 생명의 진실을 알 수 있고, 자신에게 매번 닥치는 현실 속에서 어떤 판단[中庸]을 내려야 하는지를 알 수 있기 때문이다. 그래서 “평이한 데에 거처하면서 천명을 기다리는 일이 사람의 도리”[君子 居易而俟命]라고 한 공자도[6] 자신 정치의 시작을 “언어를 바르게 함”[正名]에서 찾았고, 맹자도 자신을 “말을 아는 사람”[知言]이라고 밝힌 것이라 생각한다.

하지만 오늘 우리 현실은 공자와 맹자의 시대도 그랬던 것처럼 언어의 부패 문제가 심각하다. 지금까지 결코 훼손될 수 없다고 여겨지던 과거의 사실들과 진실들이 온갖 형태의 패러디로 희화화되고 있고, 사람들의 말은 더 이상 신뢰하기 어려우며, 사실과 진실만을 전한다고 여겨지던 각종 공적 매체와 그 담당자들 말의 권위는 한없이 추락했다. 과거에는, 그리고 특히 20세기에 들어서 서구 기독교 신앙을 아시아 어느 지역보다도 폭넓게 받아들인 한국 사회에서는 그 기독교의 하느님에 대한 신앙이 그들 말과

---

6 『중용』 14장.

행위의 믿을 만한 토대가 되기도 했다. 하지만 오늘날 한국 사회에서 기독교는 '개독교'라는 말을 들을 만큼 신뢰성을 잃어버렸다. 다시 말하면 그 서구적 기독교의 외면적 초월인 신의 권위는 더 이상 역할을 하지 못한다는 것이다. 이러한 상황에서 유교적 성(誠)을 다시 우리 신뢰의 그루터기로 삼고서 세간적(世間的)으로 놓인 인간 마음의 내적 초월을 따른다고 하는 것은 무엇을 의미하는 것일까?

서구 근대는 데카르트의 실험을 통해서 도저히 의심하려야 의심할 수 없는 '생각하는 나'(res cogitans)의 존재를 밝히면서 근대의 문을 열었다. 하지만 오늘 세계 인류 문명의 위기는 그 생각하는 나의 편협성과 여전히 거기서 믿음의 최종적 토대가 되어 주고 있는 서구 기독교 신앙의 배타적 신인동형적 초월[神] 이해가 중첩되어서 위기를 맞이 하고 있다. 이에 반해서 유교적 성(誠)은 훨씬 더 통합적인 모습을 보여주고 있다. 『중용』에서 하늘의 도에 대한 담론이 중(中)에서 시작되어 성(誠)으로 넘어 가며 논하는 과정을 살펴보면, 성(誠)에 대한 본격적인 이야기는 바로 세상속에서 "천하와 국가를 다스리는 아홉 가지의 상도"[九經]를 설명하는 가운데서 나온다. 그리고 그 구경(九經)을 "한 가지로 집약하면 성(誠)이다"[一者 誠也]라는 주석과 함께 천하의 공동 삶을 위한 여러 관계의 경우들에서 그것이 '믿음과 신뢰'[信]의 것이 되도록 하기 위해서는 가장 기초가 되는 것이 "부모와의 친밀성"[純乎親]이라고 밝힌다. 그러면서 "그 부모와의 관계가 그렇게 순하게 되는 데는 방도가 있는데 자기 몸을 돌아보아 성실하지 않으면 부모에게 순할 수 없다"[純乎親有道, 反諸身不誠, 不純乎親矣]라고 말하고, 다시 "그 몸을 성실히 하는 데에는 방도가 있는데 착함에 밝지 못하면 몸을 성실히 하

지 못한다"[誠身有道, 不明乎善, 不誠乎身矣]고 설명한다.[7]

여기에서 잘 나타나듯이 이어지는 성(誠) 이야기에서 천지만물의 화육을 돕고[贊天地之化育], 천지의 일에 참여할 수 있으며[與天地參], 세계의 창조자[誠即形/爲能化]로 칭송되는 하늘의 도인 성(誠)이 처음 나타나는 장소가 우리의 '몸'[身]인 것을 지적하는 것이다. 그리고 곧 이어서 그 몸을 바로 '마음'의 선함과 연결함으로써 어떻게 유교적 초월이 진정 몸과 정신, 속(俗)과 성(聖), 세상과 초월 등을 불이적(不二的)으로 연결하는 통합의 영인가 하는 것을 잘 드러내 준다. 또한 여기에서 그 불이적 성(誠)의 도는 바로 부모와 같은 가까운 친밀성의 관계 안에서 비로소 체험되고 체현된다는 것을 밝혀주는데, 그런 의미에서 이제 인간의 신뢰할 수 있고 믿을 수 있는 능력[信]은 어떤 서구 신학이나 철학에서처럼 한 형이상학적인 신(神)의 존재 여부와 관련해서 기대할 수 없고, 오히려 여기 이 세상에서의 구체적인 몸의 체험과 연결시킬 때 더욱 기대할 수 있다는 것이다. 즉 어떤 외재적인 신의 존재에 근거해 있거나, 예를 들어 서구 데카르트적인 관념적 선험성에만 관계되어 있는 인간의 인식 가능성은 크게 믿을 만하지 않다는 것이다.

2-3 탄생성과 성(誠)

그렇다면 다시 현재 '내가 생각(의심)할 수 있다'(cogito ergo sum)는 사실보다 더 의심하려야 할 수 없는 것은 무엇인가? 그것은 그 생각할 수 있는 능력도 거기서 비로소 시작되는 '내가 태어났다'(I have been born)는 사실[誠]이 아닌가? 즉 나는 '누군가에' 의해서 태어난 '탄생성'(natality)의 존재이

---

7 『중용』 20장.

고,[8] 그것은 내가 이 세상에 태어나기 전에 누군가는 먼저 있었고, 그래서 내가 모르는 시간의 일을 알고 있는 누군가는 확실히 있으며, 그런 이유로 '과거'가 있다는 것은 의심할 수 없는 사실이라는 것이다.

다시 말하면 현재는 항상 흔들리고 불확실하며, 미래는 온전히 보장되어 있지 않아서 신뢰하기 힘들지만, 과거는 그 무엇보다 확실하다는 것이다. 그래서 우리 신뢰의 그루터기를 과거에서 찾는 것이 더 믿을 만하고, 그중에서도 어떤 형이상학적인 창조주 신과 같은 존재가 아니라 피와 살을 가지고 나를 구체적으로 낳아주고 길러준 부모의 존재야말로 참으로 믿을 만하게 나의 존재의 근거로 삼을 수 있다는 것이다. 그래서 그 존재가 나의 존재와 인식의 토대가 되고, 나의 경외와 존숭의 대상이 되는 것은 자연스럽다. 그리하여 오늘 모든 것이 흔들리고, 믿을 만한 것이 하나도 남아 있지 않으며, 특히 서구적 초월의식에 근거한 근대주의가 더 이상 역할을 하지 못하는 상황에서 다시 '내가 태어났다는 사실'[誠]을 가장 신뢰성 있는 토대로 삼아서 그것을 가능하게 해준[誠] 부모의 존재에 감사하고[孝], 그래서 이렇게 유교적 초월인 성(誠)과 짝하는 효(孝)의 도리야말로 인간 문명이 앞으로 더욱 힘써야 하는 일이라고 여긴다.

이 효를 중시한 한국 성(誠)의 신학자 윤성범은 그런 맥락에서 "효가 인[仁/誠]의 존재근거"이지 그 반대가 아니라고 했고, 인[仁·誠]은 오히려 "효의 인식 근거"라고 했다.[9] 이 말은 인간이 가족과의 친밀한 관계에서 효의 경험을 통해서 인(仁)하고, 성(誠)하는 능력을 기를 수 있게 되는 것이지 그 반대가 아니라는 것이며, 사람들이 착하고 성실한 것을 보면 그가 가정에서

8 한나 아렌트, 이진우/태정호 옮김, 『인간의 조건』, 서울: 한길사, 2001, 54쪽.
9 윤성범, 『孝』, 서울: 서울문화사, 1973, 77쪽 이하.

효를 통해서 하늘을 섬기는 사람이라는 것을 알게 된다는 의미일 것이다. 이러한 주장은 보통 유교 도 안에서도 인[仁·誠]을 형이상학적 선험성[理·性]으로 보고 효를 그 도덕적이고 구체적인 적용[氣·仁之實 事親是也]으로 보는 관점을 뒤집은 것이다.[10] 이것은 윤성범이 한국적 신학자로서 예수를 "모름지기 효자"로 보면서 기독교도 원래 "동양 종교"이고, 예수 복음의 핵심은 하늘 부모님에 대한 큰 효를 전하는 것 외가 아니라고 하는 배경이 되기도 한다.

『중용』은 우리가 참된 사람으로 성장하고자 한다면[修身] "어버이를 섬기지 않을 수 없고"[不可以不事親], 그 어버이를 섬기는 일은 결국 "하늘을 알지 않을 수 없어서"[不可以不知天] 하늘을 섬기는 일[事天]과 부모를 섬기는 일[事親]이 하나임을 밝혔다.[11] 앞에서도 지적했지만 언어[言]란 과거의 일로서의 경험과 창조와 밀접하게 관계되어 있고, 그 과거적 알고리즘으로서의 언어적 일을 내포하고 있는 성(誠)은 나의 부모가 나를 자신들의 몸과 뜻[言]으로 탄생시킨 것[成]과 마찬가지로 만물을 낳고 발육하는 창조자와 양육자[天地生物, 發育萬物]의 모습으로 먼저 이해할 수 있다. 기독교 창세기에서 하느님이 말씀으로[言] 천지를 창조하시는[成] 창조주의 모습으로 그려진 것과 유사하게, 나는 성(誠)을 우선 우리 존재의 '탄생성'(natality) 또는 '창조성'(creativity)의 조건과 연결시키고자 한다.[12] 그러나 서구 기독교의 경우보다 훨씬 더 구체적이고 몸적으로 이 땅의 부모로부터 받은 탄생성으로부터 시

10 선병삼, 「유학의 입장에서 본 해천 윤성범의 효자예수론」, 『21세기 보편영성으로서의 성과 효』, 동연, 2016, 261쪽 이하.

11 『중용』 20장.

12 한나 아렌트, 『인간의 조건』, 54쪽.

작하고자 하고, 그 탄생성이 우리 존재는 한편으로 과거로부터 선험적으로 조건 지어진 존재라는 것을 받아들이게 한다는 의미이다. 그것은 의심하려야 할 수 없는 우리 존재의 '선험적' 조건이고, 그래서 그것은 '신적' 조건이 되며, 우리는 그 조건을 우리 존재의 시작점과 근원으로 고백하고 경배해야 한다는 것이다[追遠報本]. 성(誠)은 그렇게 우리 부모와 창조주가 되시고 [不誠無物], 그래서 『중용』은 "하늘 제사[郊]와 땅 제사[社]는 상제[帝]를 섬기는 것이고, 종묘의 예는 그 조상을 제사하는 것이니, 대제[禘]와 추수감사제[嘗]의 의의에 밝으면 나라를 다스리는 일은 손바닥을 보는 것과 같을 것이다"라고 하였다.[13] 우리가 21세기 인류 삶의 보편적 토대와 근거로서 성(誠)과 효(孝)를 받아들이지 않을 수 없는 이유를 잘 밝혀주고 있다.

3. 우리 현실 삶의 생명 조건으로서 '다원성'(plurality)과 성(誠)

3-1 성(誠)과 경(敬)

오늘 인류 문명의 삶에서 좀 더 믿을 만하게 우리 존재의 존재론적 근거를 지시해 주는 언어로 성(誠)을 살펴보았지만 성(誠)은 단지 그렇게 과거적 시원[意/命]과만 관계하지 않는다. 오히려 지금 이곳과 매일, 매 순간의 삶에서 참으로 구체적이고 현실적이며 역동적으로 우리 삶을 이끄는 나침반의 역할을 할 수 있다. 『중용』은 그 유명한 언술로서 "성실함은 하늘의 도이고, 성실히 하는 것은 사람의 도이니, … 성실히 하는 사람은 선한

---

13 『중용』 19장: "郊社之禮 所以事上帝也 宗廟之禮 所以祀乎其先也 明乎郊社之禮 禘嘗之義 治國 其如示諸掌乎."

것[善]을 택하여 굳게 잡고 지키는 사람이다"[14][誠者 天之道也 誠之者 人之道也 … 誠之者 擇善固執]라고 하였다. 이 말은 우리 인간 규정이란 매 순간의 삶 속에서 무엇이 선한 것인가를 잘 살펴서 그것을 택하고 실현하면서 사는 삶이라는 것을 밝혀준다. 그렇다면 우리는 왜 이러한 인간 본분과 규정에도 불구하고 선한 사람으로 살지 못하고, 거짓과 자기기만, 심지어는 오늘에는 자신의 근원과 근본 조건인 지구 어머니를 위험에 빠뜨리고 부모와 자식, 가족 간의 관계조차도 폭력과 이익 관계로 몰고 가는 것일까? 한국 안동 도산서원 선비문화수련원에 가면 거기에 세워져 있는 퇴계 선생의 동상 밑에는 "(나의) 소원은 착한 사람이 많아지는 것"[所願 善人多]이라는 시구를 만날 수 있다. 그러한 퇴계 선생은 당시 자신 시대의 병폐를 "인물위기지병"(認物爲己之病), 즉 세상을 자기로 삼아서 마음대로 재단하여 처리하는 병으로 그려주었다.[15] 이것은 자기 밖의 세상과 타인을 온전한 객관으로 여기지 못하고 자기화하고, 온통 자신의 시각과 관점으로 왜곡하면서 자기 사적 이익을 위한 수단으로 삼는 것이라 할 수 있다. 곧 선한 사람이 아닌 것이며, 진실한 사람이 아니고, 오직 자아에 사로잡혀 이웃과 타자와 세계의 '다원성'(plurality)을 보지 못하는 것을 말한다.[16]

그렇다면 왜 이러한 병에 빠지게 되는 것일까? 퇴계 선생은 그의 생애 거의 말년에 해당하는 1566년(66세) 전후로 해서 젊은 학자 기대승(奇大升, 1527~1572)과 유명한 사단칠정(四端七情)에 대한 논변을 하던 시절, 당시 조

---

14 『중용』 20장: "誠者 天之道也 誠之者 人之道也 誠者 不勉而中 不思而得 從容中道 聖人也 誠之者 擇善而固執之者也."

15 이황, 『성학십도(聖學十圖)』, 이광호 옮김, 홍익출판사, 2001, 171쪽.

16 한나 아렌트, 『인간의 조건』, 235쪽.

선 사회에 들어온 양명의 저서 『전습록(傳習錄)』을 비판하는 「전습록논변(傳習錄論辯)」을 저술하였다. 양명의 '심즉리론'(心卽理論)과 '양지론'(良知論)은 우리가 익히 아는 대로 초월[太極/理]의 급진적인 내면화를 통해서 만물의 창조자와 주관자로서 자아와 우리 마음[心]의 존엄성을 크게 높인 사상이다. 하지만 당시 조선사회의 피비린내 나는 사화(士禍) 정국을 경험한 퇴계에게는 양명의 그와 같은 이야기는 매우 위험해 보였다. 그것은 인간의 자아중심성과 마음의 활동 중에서 특히 '의지'[意, intention]에 경도된 사고로서 자기 외의 세상을 진지하게 인정하지 않는 인물위기지병(認物爲己之病)에 빠진 모습으로 보였다. 그리하여 퇴계는 양명의 심즉리에 입각한 지행합일의 공부법을 비판했는데, 여기서 퇴계는 양명에 대해 "외물이 마음에 누가 되는 것을 염려하여"[患外物之爲心累][17] 또는 "오로지 본심에 있어 털끝만치라도 밖으로 사물에 관여할까 두려워하여"[陽明之見全柱本心怕有一毫外涉於事物][18]라는 표현을 쓴다. 그러면서 양명 오류의 핵심이 그의 자아에의 집중, 세계와 사실과 현실로부터의 소외(세계소외, worldlessness), 다시 뒤집어서 보면 진정한 자아가 없는 '자기소외'에 있다고 지적했다. 퇴계에 따르면 양명이 불교를 비판하지만 그 스스로가 불교 선학(禪學)에 빠져 있다는 것이다.[19]

퇴계는 형기(形氣)의 문제와 의리(義理)의 문제는 차원이 다르다는 것을 강조한다. 즉 선을 알고 착한 사람이 되는 일은 단순히 자기 혼자서 의도

---

17 『退溪先生文集』 권41「傳習錄論辯」, 13쪽.

18 『退溪先生文集』 권41「傳習錄論辯」, 14쪽.

19 이은선, 「어떻게 행위 할 수 있고, 희락 할 있는 인간을 기를 수 있을 것인가?-퇴계 敬의 心學과 양명의 致良知의 현대교육철학적 비교연구」, 『퇴계학논집』, 영남퇴계학연구원, 제6호.

[意]한다고 되는 일이 아니라, 살면서 수없이 만나게 되는 대상과의 관계 속에서 야기되는 우리의 감정을 어떻게 다스리고, 어떤 선택을 하는가에 따라서 이루어지는 일이라고 강조한다. 이것은 다시 말하면 내가 하늘과 부모의 선한 뜻을 받아서 태어난 귀한 존재이지만, 그리고 그 탄생과 더불어 이 세상에 지금까지 한 번도 존재하지 않던 새로운 알고리즘을 보탤 귀한 존재이지만, 자신이 세상에서 만나는 다른 존재도 그와 같은 존엄성을 가진 존재임을 알아야 한다는 의미이다. 그래서 우리 탄생과 더불어 지니게 되는 좋은 의지[심즉리 또는 양지]에도 불구하고 현재의 삶에서 우리는 세상의 무수한 객관들과 마주하게 되고, 그 가운데서 일어나는 의지 이전의 감각과 감정의 움직임에 깊게 주의하면서 그 감정을 일으키는 대상에 대한 공부를 게을리 하면 안 된다는 것이다[格物致知]. 또 다시 말하면 퇴계 선생은 양명이 이미 우리 안에 선험적으로 성취된 초월에 대한 믿음[誠意]으로 현재를 거침없이 살아갈 것을 주창하는 대신에 그 선험적 선함[性/理]에도 불구하고 현재에서 만나는 다양한 경우 수들[氣]의 엄중함을 더욱 살피도록 촉구하는 것[主敬]이다. 이것으로써 퇴계에게는 왜 성(誠)보다는 '경'(敬)이 중시되고, 권위[經]의 문제가 중요한가가 이해된다. 퇴계의 "분개"(分開)에 대한 강조와 자기 겸비에 대한 인식은 바로 우리 현실 삶에서의 객관의 다원성(plurality)의 조건에 대한 인정이고 배려라고 하겠는데, 오늘 우리 시대도 그의 시대처럼 자아의 의지와 의도의 남용으로 자칫 자아절대주의와 세계소외의 오류에 빠지기 쉽기 때문에 큰 의미로 다가온다.

3-2 성(誠)과 다원성

그런데 사실 『중용』의 성(誠) 담론 안에도 퇴계가 경(敬)을 이해하는 것과 유사한 이해들이 풍성히 들어 있다. 나는 이것을 『중용』의 성(誠)이 우리가 앞에서 본 것처럼 존재의 탄생성과 연관된 선험적 창조주[誠意]로의 모습뿐 아니라, 우리 현실적 삶의 조건인 다원성과 관련하여 매우 역동적으로 현재의 창발적 도덕적 행위력[正心]으로 모습을 드러내는 것으로 보고자 한다. 그만큼 유교적 초월인 성(誠)의 통합성을 나타내는 것이다.

하늘의 도인 성(誠)을 따르는 것이 인간의 도리라고 밝힌 『중용』은 곧 이어서 "넓게 배우며, 자세히 묻고, 신중히 생각하며, 밝게 분별하고, 독실하게 행하라"[博學之 審問之 愼思之 明辨之 篤行之]라고 전한다.[20] 이 언술은 우리가 세상과 어떤 관계를 가지고 살아야 하는가를 잘 밝혀준다. 퇴계 선생이 강조한 경(敬)과 『중용』의 성(誠)이 서로 연결되는 것을 드러내는데, 여기서의 성(誠)은 우리가 지금 여기에서 매 순간 마주하는 세상과 더불어 진실되게 만나고 응대할 것을 강조한다. 현실에서 세상과 가장 자연스럽고 직접적으로 만나는 통로인 바른 감각과 감정[正心]이 없이는 진실된 의지[誠意]도 일어나기 어렵다고 보기 때문이다.

『중용』은 말하기를, "성실함은 스스로 자기를 이룰 뿐 아니라 사물을 이루게 하는 것이니, 자기를 이룸은 '인'[仁/意]이고, 사물을 이루게 하는 것은 '지'[知/情]이니, 우리 성품[性]의 덕이다. 안과 밖을 합하는 도이니, 그러므로 때에 따라서 적용하여 마땅함을 얻는다"[21]고 하였다.

그런데 이렇게 우리 자아와 세상을 잇고, 의지와 감정(감각)을 함께 어우르며 우리 인격체의 덕으로서 작용하는 성(誠)이 참으로 현재적이며 통합적이고 직접적으로 드러나는 것이 우리의 언어생활이다. 서구 여성정치철

20 『중용』 20장.

21 『중용』 25장.

학자 한나 아렌트는 그런 의미에서 '다원성'(plurality)이라는 인간 삶의 조건 속에서 살아가는 우리에게 제일 중요한 일로 '말'과 '행위'를 들었고, 그 말과 더불어 인간 세계를 지속 가능하게 해주는 두 가지 위대한 행위로 '용서'와 '약속'을 들었다. 그러면서 그 두 행위를 인간 행위의 고유성이 가장 잘 드러나는 일로 보았다. 그런 의미에서 그 공론 영역에서 이 말과 행위의 진실성과 위대성을 보장해주는 바른 정치의 일이란 인간 세계의 "생명줄"(lifeblood)과 같은 것이라고 지적하였다.[22] 하지만 우리 현실 삶에서는 언어의 부패와 태만, 거짓이 심각하다. 또한 오늘날은 과거의 사실이 자꾸 감추어지고 조작되거나 쉽게 다시 '의견'(opinion)으로 둔갑되어서 혼동을 일으킨다. 그리하여 인간의 말이 거짓이 아닌 진실한 것이 되고, 말을 통해서 행해지는 약속과 신뢰가 성실히 이루어지도록 하며, 그것이 과거의 폭력과 거짓과 왜곡을 치유하고 용서를 통해서 다시 생명을 살려내고 상대방에게 '현재'(present)를 '선물'(present)하는 생명의 언어가 되도록 하는 일이 어디에 있는가를 묻고자 한다.[23]

3-3 성(誠)과 가족적 삶[家]

앞 장에서 우리는 우리 존재의 근거를 참으로 이 세상적이고 구체적으로 밝혀주면서도 그 근거가 하늘까지 닿아 있는 것을 지시해 주는 효(孝)에 대해서 살펴보았다. 그런데 유교 『역경(易經)』의 '집'[家]의 의미를 다루는 「풍화가인」(風化家人) 괘를 보면, 참된 인간이라면 "그 말이 항상 '사실'[物]에

---

22 이은선, 『세월호와 한국 여성신학-한나 아렌트와의 대화 속에서』, 동연, 2018, 54쪽.
23 같은 책, 52쪽.

근거해야 하고, 그 행위에는 언제나 '원칙'[恒]이 있어야 한다"[君子以 言有物而行有恒]는 구절이 나온다. 그것은 유교 도가 세상의 존재와 그 의미 실현의 출발점을 '가'[家人]에 두면서 그 가정 도의 시작과 기초를 다시 인간 말과 행위, 그리고 그 바름[正]에 두고 있다는 것을 말해준다. 또한 가인 괘, 가정 살림의 도에 대해서 말하는 장에 이러한 가르침이 나오는 것을 보면, 인간 말에서의 진실과 바르게 체화된 행실은 바로 견실한 가족적 삶을 통해서 가능해지고, 그렇게 가능해진 진실된 말과 행위야말로 평천하(平天下)를 이루는 토대와 출발점이 되는 것을 밝혀주는 의미라고 하겠다.

오늘 우리 공동체의 삶에서 말의 부패가 심하고, 인간적인 위대한 행위가 드물며, 대신 자아 절대주의의 폐해가 심하다고 하는 것은 우리가 우리 자신의 삶이 있기 전에 존재해서 그 기반의 조건이 되어 주는 세계와 타자가 있다는 것을 인정하기 어려워하는 것과 관계 있다. 즉 세계의 다원성에 대한 인정이 점점 어려워지는 것을 말한다. 유교적 언어는 그것을 우리의 '(정)의'(正義)에 대한 감각으로, 그리고 그것의 시작을 우리가 다른 사람에게 마땅히 돌아가야 할 것을 빼앗고 살아갈 때 느끼는 부끄러운 마음인 '수오지심'(羞惡之心)으로 명명하였다. 그러면서 그 능력의 가능성이 바로 가까운 삶의 반경으로부터 시작되는 것으로 본 것이다. 어린 시절부터 삶의 구체적인 현실에서 몸 체험의 자연스러운 방식을 통해서 신뢰와 사랑, 은혜와 감사 등의 인간 마음의 감정이 자라난다. 그런 감정이 어루만져지는 경험을 통해서 그 부모를 자연스럽게 공경하게 되고, 거기서부터 시작해서 타인에 대한 인정도 가능해지며, 그래서 자신이 처분할 수 없고 그렇게 해서도 안 되는 삶의 조건과 사실과 진실이 있다는 것을 받아들이게 된다는 것이다. 맹자는 그리하여 인(仁)의 구체적인 내용을 '친친'[親親, 어버이와 가족을 친애함]으로, 의(義)를 '경장'[敬長, 윗사람/오래된 것을 공경함]으로 밝히면서 그 가정이 무너지는 '무부'(無父)와 공적 영역이 무너지는 '무군'(無君)의 상태야말로 인간이 인간을 서로 잡아먹는 비인간의 극치로 가는 길로 밝혀주었다.[24]

인간의 감정은 현실 삶에서 세상과 만나는 가장 직접적인 통로이기 때문에 많이 흔들리고, 쉽게 왜곡되며, 종잡을 수 없으므로 그것을 잡아주는 권위가 필요하다. 그러나 오늘날은 거기서의 권위가 더 이상 어떤 외부적인 초월로부터의 형이상학적인 권위가 아니라 참으로 몸적이고, 우리 구체적 생활과 관계되며, 우리의 몸과 마음에 토대를 두어서 탈형이상학적이지만 진정으로 우리 삶을 증진시키는 권위가 될 것을 요구한다. 그런 의미에서 자신의 탄생성과 관련된 부모의 권위만 한 것이 어디 있겠으며, 그 부모의 존재와 권위조차 인정하지 못하는 세대에게 어떤 다른 타자의 존재에 대한 진정한 긍정을 기대할 수 있겠는가 하는 물음이 나오지 않을 수 없다.

그래서 그렇게 세상의 다원성과 다른 사람들과 더불어 살기 위해 모든 사람이 필요로 하는 정의와 권위에 대한 감각을 『중용』은 먼저 가족과 부모와 자식 간의 관계에서 찾았다. 그런 의미에서 그 부모가 돌아가셨을 때 상을 치르는 일에서는 나라의 임금을 포함해서 모든 사람에게 똑 같이 삼년상을 치르도록 했다[父母之喪 無貴賤一也][25]고 나는 이해한다. 또한 『중용』은 그 과정과 성취의 모습을 가장 기초적으로 가정과 우리 몸과 섹슈얼리티, 감정의 삶을 지시한다고 할 수 있는 '부부' 관계에서 시작한다고 하였다. 그리고 그것을 다음과 같이 밝혔다:

---

24 『맹자』「등문공하」 9장.

25 『중용』 18장.

군자의 도는 그 단서가 부부에서 비롯되고, 그 지극한 데에 미치게 되면 천지에 밝게 드러나게 된다."[君子之道 造端乎夫婦 及其至也 察乎天地][26]

4. 미래 생명의 지속 가능성으로서 믿음의 '상상력'과 성(誠)

4-1 성(誠)과 신(神)

이렇게 유교 도가 세계의 안녕과 그 의미 실현을 건실한 부부와 가족적 삶, 그 안에서의 우리 몸과 마음의 세밀한 배려 등을 통해서 가능해지는 것으로 보았지만, 사실 오늘 우리 현실의 삶에서는 그 모든 것이 크게 위협받고 있다. 특히 한국 사회에서 노인 자살률과 이혼율은 세계 최고를 점하고 있고, 청년들의 삶은 앞을 내다보기 어려운 지경이며, 한 번 떨어진 출산율은 전혀 오를 줄을 모른다. 이와 더불어 인간 몸을 대신할 인공지능(AI, artificial intelligence)과 가상현실(virtual world)이 우리 삶에서 점유하는 정도는 점점 더 늘어 가서 과연 앞서 우리가 나누었던 모든 이야기가 앞으로 인류 삶에서 어떤 의미를 계속 지닐 수 있는지 의문이 든다. 오늘 모두 알다시피 우리가 지금까지 말과 행위에서의 인간다움이 탄생하고 형성되는 가장 기초적인 장으로 가족적 삶을 밝혔지만 그것이 얼마나 깨지기 쉬우며, 그 같은 가족적 삶을 누린다는 것이 점점 더 드물어져 가는 상황에서 그러한 의문이 나오는 것이다.

그렇다면 이러한 상황에서 어떤 다른 가능성이 있겠는가? 나는 이 물음이 어떻게 우리 삶에서 윤리적 판단과 실천이 지속적으로 정의로울 수 있

26 『중용』 12장.

겠는가 하는 물음과 관련되고, 동시에 거기서의 판단이라는 것이 단순히 우리가 통상적인 수준에서 말하는 지적 능력이 아니라 소위 '영'(靈)과 '신'(神)의 능력으로까지 전개되는 인간 정신 수준의 높은 고양 가능성에 대한 물음과 관련된다고 생각한다. 즉 지금까지 우리가 탐구해 온 성(誠)을 이번에는 '생각하고 뜻하는 바[言]를 이루어 내기[成] 위해서 끝까지 견디고 인내하며 계속하는 힘'으로서의 지속력과 상상력, 믿음의 힘으로서 이해하면서 그것이 어떻게 우리 안에 내재해 있는 초월적 영의 힘[神/靈]이 되는지를 살펴보고자 하는 것을 말한다. 거기서의 답이 바로 AI 시대에서의 인간의 고유성을 담지하는 길이라고 생각하는데, 왜냐하면 만약 우리가 가족과 효의 가능성을 단지 우리 후천적인 경험과 거기서의 긍정적인 경험에만 좌우된다고 한다면 그것은 또 하나의 심각한 외적 권위주의와 일종의 유물론적 결정론에 빠지는 결과가 될 것이기 때문이다.

4-2 성(誠)과 효(孝)

이 일의 이해를 위해서 맹자의 이야기를 들어보고자 한다. 맹자는 효의 성인(聖人) 순 임금이 오십이 되어서도 부모를 사모했다는 사실을 매우 중시하면서 여러 가지로 해석한다. 우리가 익히 들어 왔듯이 맹자가 전하는 이야기에 따르면 순 임금은 아버지와 계모, 이복동생이 합하여 자신의 목숨까지 위협하는데도 그 아버지에 대한 효를 거두지 않았다. 더 나아가서 심지어는 아버지가 범죄를 저질러 잡혀가게 되었을 때라도 그것을 고발하지 않고 임금 자리도 서슴없이 내던지고 아버지를 몰래 지고 도망가서 바닷가에 가서 살면서도 "종신토록 즐거워하면서 천하를 잊을"[終身訢樂而忘天下]것이라고 했다. 이에 순의 아버지도 감복하여 착한 아버지가 되었고,

이복동생과도 잘 지내게 되었다고 한다. 이상의 경우처럼 효라고 하는 것이 단순히 밖의 대상(부모)이나 그 후천적 경험에만 달려 있는 것이 아니라 오히려 진정 각자의 주체성과 관계 있는 것을 본다. 그렇다면 효란 인간으로 탄생한 이상 꼭 그의 후천의 경험이나 환경에 전적으로 좌우되는 것이 아니라 그 자체로 인간의 선한 가능성으로 여길 수 있지 않을까 생각한다. 맹자가 인간이라면 누구나 별로 생각하지 않아도 알고, 배우지 않고서도 행할 수 있다고 한 '양지'(良知)와 '양능'(良能)으로서의 인간의 선한 가능성[性善]의 의미가 바로 그 의미라고 여기는데, 맹자는 그 선한 본성의 보편적인 예로서 어버이를 사랑하고 형과 윗사람을 공경하는 인의(仁義)를 들면서 그것을 "천하에 두루 통한다"[達之天下也]고 지적하였다.[27]

여기서는 효라는 구체적인 덕목을 통해서 살펴보았지만, 나는 그 효의 일을 지속해 나가도록 하는 근본 힘을 더 보편적인 이름으로 성(誠)으로 부르고자 한다. 성(誠)은 앞에서 우리가 살펴본 대로 우리 존재의 '탄생성'을 지시해 주고, 인간 현실 삶의 '다원성'의 조건 속에서도 우리가 매번 다시 새롭게 시작할 수 있는 힘으로 그려주었지만, 거기에 더해서 또한 그 인간성의 시작하는 일을 지속적으로 수행할 수 있는 믿음과 상상의 힘으로 이해하고자 하는 것이다. 우리가 살펴본 『중용』의 이야기에는 이러한 '지속성'의 영적 힘으로서 성(誠) 이야기가 넘쳐난다. 안회가 안회 됨은 그가 하나의 선을 얻으면 그것을 받들고 잡아서 가슴에 꼭 간직하고 잃지 않은 일로 본 것[得一善則拳拳服膺而弗失之矣]이라든가,[28] 공자가 근심이 없는 분은 오직 문왕뿐이라고 하셨는데, 그 이유는 바로 뜻을 시작한 아버지로부터

27 『맹자』「진심상」15.

28 『중용』8장.

자신을 거쳐서 그것을 계승한 아들을 두었기 때문이라는 설명,[29] 그리고 바로 그 유명한 이야기, 배우는 데 있어서 다른 사람이 능히 열 번에 이루더라도 내가 그렇지 않으면 나는 천 번을 하더라도 그만두지 않겠다는 다짐[人十 己千] 등이 모두 지속의 성실성의 힘으로서 성(誠)을 말하는 것이라고 이해한다.[30]

어떻게 이렇게 한 인간이 지속적으로 현재의 어려움을 극복하고 뜻을 이루고, 자신이 말한 것을 지키고, 또는 사실과 부합되지 않는 거짓을 말하지 않기 위해서 지속적으로 자신을 지켜 나갈 수 있을까? 그 능력이 단지 후천적인 선한 경험과 감정이나 또 단순한 의지만의 문제가 아니라면 어떻게 그러한 모든 것들이 합해져서 하나의 통합적인 힘으로 작용할 수 있을까? 나는 그것을 이해할 수 있는 좋은 단서가 맹자가 인간 본성과 특히 거기서 "우리 마음의 맡은 바는 생각하는 일이요, 그래서 생각하면 얻고, 생각하지 않으면 얻지 못한다"[心之官則思][31]라고 한 이해 속에서 잘 살필 수 있다고 본다. 즉 단순히 눈에 보이는 것만을 보는 것이 아니라 그것을 뛰어넘어서 앞으로 올 것을 먼저 보고 상상하고 믿을 수 있는 힘으로서 선험적인 '상상'의 능력을 말하는 것이다. 나는 『중용』의 성(誠)이 바로 그러한 인간 정신의 차원을 지시해 주는 언어로서 우리 정신의 영적 측면, 초월의 측면을 잘 지시해 준다고 본다. 그것은 단순히 몸이나 의지, 감정 등의 한 차원이 아니고, 그런 모든 것을 포괄하면서 인간 정신의 "넓고, 두텁고, 높고, 밝으며,

29 『중용』 18장.

30 『중용』 20장.

31 『맹자』「고자상」 15.

길고, 오래하는"[博厚 高明 悠久] 모습을 보이는 언어인 것이다.[32]

여기서 퇴계 이후의 조선 성리학자로서 양명의 심학을 조선 성리학의 시각에서 잘 통합시킨 하곡 정제두(霞谷 鄭齊斗, 1649-1736)를 잠깐 언급하고자 한다. 그는 당시 과도하게 주지주의적으로 해석된 주자학적 조선 성리학의 문제를 보고서 특히 '생리'(生理)를 강조했지만, 그러나 다시 그 인간 마음의 생리(지성/인성)로부터 '진리'(眞理, 영성)를 구별해 내면서 "선하게 되고자 하는 일을 몸과 삶으로 실행하는 일"[明善誠身]과 "배우는 목적이 결국 우리 삶의 인간다운 변화"[博文約禮]라는 것을 말하면서 한마디로 "리(理)는 곧 예(禮)이다"[理者卽禮也]라고 언술했다. 그러면서 그는 그 모든 일이 성(誠) 안에서 통합되는 일로 밝히며 성(誠)으로 모두 통합되는 과정을 설명하였다.

> (천하만물의) 조리(條理)에서 능함이 있는 것을 지[知]라고 하고, 그 모든 것을 온전하게 하는 것을 인(仁)이라 하며, 이것을 실행[實]하는 것이 신(信)이며, 그 일을 지속하는 것을 성(誠)이라고 한다.[33]

4-3 성(誠)과 예(禮)

이러한 정 하곡의 사고가 오늘날 서구의 새로운 인지과학적 탐구와도 잘

---

32 『중용』 26장.

33 『신편 국역 하곡집』 3, 「存言下」 '理者卽禮也', 재단법인 민족문화추진회, 추진회 옮김, 한국학술정보㈜, 2007, 194쪽; 이은선, 「다른 유교, 다른 기독교-지성, 인성, 영성의 통섭에 대하여」, 『양명학』, 42호, 한국양명학회; 이은선, 『통합학문으로서의 한국교육철학』, 동연, 2018, 292쪽.

상응할 수 있는 것을 본다. 칠레의 신경생물학자 프란시스코 J. 바렐라는 인류 전통의 사상가들이 인지를 주관하고 있는 주체가 과연 무엇일까를 그려내고자 애쓴 전통의 언어들을 살피면서 그것을 현대 신경과학적 연구 결과들과 연결하고자 했다. 거기서 그는 "삶은 인지이다"(Life is cognition)라는 기본 입장에서 "삶이란 의미 만들기"(sense-making)라는 하는데, 나는 그것이 『중용』의 언어로 성(誠)의 뜻과 잘 부합된다고 여겼다. 즉 이것은 우리의 주체(subjectivity, 性)는 어떤 고정된 실체가 아니라 오직 '체화'[誠]에서만 존재하고, 또한 세상이나 환경이라고 하는 것도 미리 주어진 고정된 것이 아니라 우리의 윤리적 선택과 행위[擇善固執]를 통해서 발제되는 것이라는 사실이다. 그런데 여기서 바렐라는 우리 삶에서 예기치 못했던 상황에서 자연스럽고 즉각적으로 일어나는 즉각적인 대응(just being there)이 가장 "힘든 작업"이라고 지적한다. 왜냐하면 그러한 즉각적인 대응이란 "현재 상태로 진화하기까지 장구한 시간이 걸렸기 때문"이다.[34] 이러한 의미에서 본다면 우리 삶에서 각종 예절로 정돈된[約禮] 예(禮)와 리추얼의 존재가 참으로 귀한 것을 알 수 있고, 그것은 다름 아니라 극고명이도중용(極高明而道中庸)적인 초월의 응축과 알고리즘[誠]이기 때문인 것을 밝혀준다.

공자의 말씀 중 『논어』 위령공 편에 다음과 같은 것이 있다.

> 지(知)가 미친다 하더라도 그것을 인(仁)으로 지킬 수 없으면, 비록 그것을 얻었다 해도 반드시 잃고 말 것이다. 지(知)가 미치고 인(仁)이 지켜지더라도 장중한 자세로 그것에 임하지 않으면 백성들은 공경하지 않을 것이다. 지(知)

---

34 프란스코 J. 바렐라, 유권종/박충식 옮김, 『윤리적 노하우-윤리의 본질에 관한 인지과학적 성찰』, 서울: 갈무리, 2009, 43; 이은선, 『통합학문으로서의 한국교육철학』, 295쪽.

가 미치고 인(仁)이 지켜지며 장중한 자세로 임한다 하더라도 그들을 움직이는 데 예(禮)로써 하지 않는다면 선한 일이 아니다.

이 말씀은 오늘 우리의 상황에서 많은 것을 시사해준다. 그것은 먼저 우리가 아무리 많은 지식과 앎을 가지고 있다고 하더라도 그것이 인간성의 너그러움과 부드러움, 감정의 방식으로 베풀어지지 않는다면 그 지식은 소용없게 된다는 것을 가르쳐준다. 다시 거기서 더 나아가서 그 지식이 좀 더 멀리 민중들에게 향하고, 좀 더 지속적으로 일상의 보편적 삶에 영향을 미칠 수 있기 위해서는 그것이 '리추얼'과 '예'(禮)의 방식으로 정중하게 표현되어서 사람들에게 '경외'[敬]의 감정을 불러일으켜야 한다는 것이다. 이것으로써 나는 공자가 '지성'과 '인성'과 '영성'을 선하게 통합하는 방식을 가르쳐 준 것이라고 생각한다. 우리가 비록 남들이 알지 못하는 어떤 특별한 지식을 얻었다 하더라도 그것이 인간적인 감정과 실천적 삶에서의 인간적인 언어로 재구성되지 않고서는 지속적으로 생명력을 가질 수 없다는 것이고, 또한 다시 더욱 더 삶으로 확산되고 장기적으로 공동체의 생활 속에서 행위와 실천력으로 화할 수 있게 하기 위해서는 사람들로 하여금 '거룩'[聖/敬]을 알게 하여야 한다는 의미라고 본다. 또한 그것도 그 가르침을 담당하는 자가 단지 말뿐 아니라 그의 삶의 태도가 장중함과 경외를 일으키는 것일 때 그 가르침이 상대에게 경외의 마음을 불러일으키고, 그것을 통해서 배우는 자도 체화하면서 선한 실천력으로서 공동체의 삶에 계속해서 전해질 수 있다는 의미라 하겠다.

여기서 공자가 예(禮)로써 행해지는 가르침을 강조한 것과 관련해서 참된 인간적 지혜[智, 판단력]와 행위력이란 어떤 이론이나 지식으로 얻는 것이 아니라 우리 몸의 구체적 체화로서, 몸과 마음의 자연스러운 습관으로서 체득하는 것이어야 한다는 것을 말하고자 한다. 즉 그 가르침이 공동체의 지속적인 전통으로 자리 잡기 위해서는 지속적으로, 장기간의 꾸준함 속에서, 몸과 마음의 습관으로 이루어질 때까지 행해져야 한다는 것을 말하는 것이다. 그러기 위해서는 그 가르침이 '영성'(종교)의 차원으로 연결되어야 하고, 그것은 한 공동체의 정치와 교육과 문화가, 즉 전통이 종교적이고 영성적 차원을 모두 탈각하고서는 제대로 작동될 수 없다는 것을 밝혀 준다. 왜냐하면 그러한 세속적인 차원에서만의 가르침만으로는 민중에게서 참된 경외와 존중감을 이끌어낼 수 없고, 그래서 권위가 서지 않으며, 그런 경우 사람들이 몸으로 체득하기까지 긴 노력을 들여서 배우려고 하지 않기 때문이다.

『중용』은 인간 본성으로 내재해 있는 하늘의 도인 지속할 수 있는 힘에 대해서 다양한 서술을 한다. "지극한 성실함은 신(神)과 같다"[至誠如神]고 하면서 "(그) 지극한 성실함은 쉼이 없으니 쉬지 않으면 오래하고, 오래 하면 증험이 나타난다"[至誠無息 不息則久 久則徵]고 했다.[35] 이 지속함이 인간 문화적으로 체화된 것이 바로 우리 삶의 예(禮)로 나타나서 『중용』이 "아름답고 넉넉하게 크도다. 예의(禮儀) 삼백이요, 위의(威儀) 삼천이로다"[優優大哉. 禮儀三百 威儀三千]라고 한 것이 바로 그런 뜻이라고 하겠다.[36]

『중용』은 그 마무리 부분에 와서 특히 민중들이 궁극적으로 그 도를 따르게 되는 일을 "믿음"[信]의 일로 보았다. 그 도가 보편적인 도가 되기 위해서는 좋은 것[善]이어야 하는 것은 당연하고, 그 근거에서 출발해서 먼저 몸과 감정으로 구체적으로 느낄 수 있어야 민중들은 믿게 되고, 만약 믿음

35 『중용』 24장.
36 『중용』 27장.

이 안 생기면 따르지 않는다는 것이다. 또한 몸으로 구체적으로 느끼는 것을 넘어서 상상의 여지를 주는 높은 것이어야 사람들은 믿는데, 여기서도 역시 그렇게 높음으로 믿음을 주지 못하면 따르지 않는다는 것이다.[上焉者 雖善無徵 無徵不信 不信民不從 下焉者 雖善不尊 不尊不信 不信民不從][37] 이렇게 해서 인간 삶에서 보편적인 '예'(禮)가 되고 '달도'(達道)가 탄생되는 길은 바로 믿음[信]의 일이고, 그 믿음을 일으키려면 먼저 몸과 마음으로 느끼게 하면서 동시에 더 높은 것을 상상하고 기대할 수 있게 해야 한다는 가르침이 된다. 그렇게 이루어진 도(道)는 시간의 과거와 미래와 하늘과 땅의 모든 것을 통달해서 "삼왕에 상고해도 틀리지 않으며, 하늘땅에 세워도 어그러지지 않으며, 귀신에게 질정해도 의심이 없으며 백 대 뒤의 성인을 기다려도 의혹이 없다"고 한다.[38] 참으로 귀한 가르침이다.

이렇게 해서 성(誠)은 우리의 창조주로서, 우리가 끊임없는 변화 가운데 있는 '공아'(空我, the void self, selfless self)라는 것을 가르쳐 주면서 매번 다시 시작하도록 촉구하고, 이러한 모든 진실을 가장 구체적이고 몸적이며 지속적으로 실행하고 체화하는 시작점이 바로 '효'(孝)라는 것을 밝힌다. 그렇게 성(誠)과 효(孝)는 모든 천지와 개인과 마음과 몸의 일에서 이 세상을 이끄는 하늘의 보편적 도인 것이다:

> 오직 천하의 지극히 성실이라야 천하의 큰 상도를 경륜하며, 천하의 큰 근본을 세우며, 하늘과 땅의 화육을 알 수 있으니 어찌 다른 것을 의지하는 바가

---

37 『중용』 29장.

38 『중용』 29장. "考諸三王而不謬, 建諸天地而不悖, 質諸鬼神而無疑, 百世以俟聖人而不惑."

있겠는가?[39]

5. 마무리하는 말—'간괘'(艮卦)의 이상과 포스트휴먼

예전 한반도는 동이족의 나라가 자리 잡아서 맹자가 끊임없이 지극한 효의 성인으로 내세우는 순 임금의 고향이었다고 하고, 그런 맹자의 정신이 한민족의 정서를 제일 잘 대변하고 있다는 말을 들을 정도였다. 서로 공동체를 중시하면서 친족과 마을이 잘 발달한 곳이었다. 하지만 오늘의 현실은 그런 말을 내세우기에 너무나 부끄러울 정도로 삶이 피폐해져 있다.

이런 상황에서 『역경』에서 특히 동북방의 한반도를 지시하는 것으로 많이 읽히는 '간괘'(艮卦)는 이제 더 이상 그렇게 앞으로만 나가지 말고 멈추어 설 것[止]을 말하고, 어떤 어려움이 있다 하더라도 산처럼 참고 견디면서 인내하는 것을 핵심적으로 가르친다. 나는 이것을 한국 사회가 이제 멈추어 서서 지금까지 압축적으로 서구의 근대화를 따라잡기 위해서 애써 온 시간을 돌아보라는 의미로 읽기도 하고, 더 보편적으로는 지금까지 인류의 삶이 앞으로 나아가고 더 넓게 퍼지기 위한 것이었다면, 이제는 거기서 발생한 갈등을 해소하고 인류가 하나로 화합하는 시간이 되어야 하는데, 거기서 한반도가 지속하고 인내하는 자로서 자신의 역할을 해야 한다는 의미로도 읽는다. 그 과정에서 생겨난 갈등과 불의가 21세기 오늘날 한반도 주변에서 중첩적으로 집약되어 있다고 보기 때문이다.

---

39 『중용』 32장. "唯天下至誠 爲能經綸天下之大經, 立天下之大本 知天地之化育 夫焉有所倚."

19세기 후반 한국의 역학자 김일부(金一夫, 1826-1898)는 그 간괘를 중시하면서 여성의 일, '곤도'(坤道)의 일이 우선되는 후천개벽의 『정역』(正易)을 제시했다. 그러나 오늘날의 페미니즘 시대에는 여성과 남성의 역할이 단지 겉으로 드러난 신체적 조건에 따라서 결정되고 한정할 수 없는 시대이다. 그러므로 이제 인간 누구나의 보편적 도로서 그 곤도에 잘 부합되는 효(孝)와 성(誠)의 도를 우리 모두가 더욱 힘써야 하는 덕목으로 가르쳐 주는 의미라고 읽고자 한다. 간괘가 잘 밝혀주듯이 그 길은 자신을 숨기고 자아를 좀 더 내려놓으면서 인류의 보편을 따르는 길이고[捨己從人], 그 일에서 장딴지에서 기름이 빠지고, 등뼈가 열리는 것과 같은 고통이 있을지라도 새로운 시대의 탄생을 위해서 지속함[誠]을 요구하는 것이다. 그렇게 간괘의 육오(六五)는 "간기보 언유서 회망"[艮其輔 言有序 悔亡]이라고 하고, 다시 마지막으로 한 번 더 말하기를 "상구 돈간길"[上九 敦艮吉]이라고 했다. 즉 멈추어 서서 자기를 주장하는 것을 내려놓고, 시대를 앞서 보는 초인의 믿음을 가지고 다시 한번 인내하며 말을 살피고 아끼며 참으로 겸허한 자세(孝, the void self/selfless self)로 나와 같이 하늘의 뜻으로 태어난 이웃들과 언어로 잘 화합하는 일[誠]이 우리의 인간 규정이라는 것, 이 인간 규정[言]을 우리 몸과 삶과 문명으로 이뤄낼 때까지 지속하고 인내하는 것[成]이 우리가 갈 길[誠]이라는 것을 밝혀준다.[40]

오늘 누구나 이 여성적인 도를 자신의 삶에 더욱 체화하는 것이 인류가 나아갈 길이고, 그것은 AI도 흠모하는 길이며, 그 AI조차도 미래의 목표로 삼는 길이라고 여긴다. 인간은 항상 '인간'(human)이었고, 동시에 '초인간'(post-human)이었으며, 『역경』 「계사전」은 "이어주고 계속하는 일은 선

40 『周易傳義 下』, 성백효 역주, 전통문화연구소, 345쪽.

하고, 그것을 이루고 완성하는 일은 (우리의) 본성이다"[繼之者善也, 成之者性也]라고 했다. 『중용』은 효란 다른 것이 아니라 "부모의 뜻을 잘 이어받고 부모의 일을 잘 전하는 것"[夫孝者 善繼人之志 善述人之事者也]이라고 밝혔다.[41] 여기서 성(性)은 우리의 인간성이고, 몸이며, 여성이고, 모성이라고 해석하고자 한다. 지금 세계 문명이 흔들리고 있는 때에 바로 그 몸과 모성과 우리 안의 거룩으로 다시 세계를 살 만한 세상으로 만드는 일에 우리 모두가 초대되었다. 초인은 이제 한 개인이 아니다. 포스트휴먼(초인)은 홍익인간(弘益人間)인데, 그 홍익인간은 인내와 지속성[誠]으로 여성이 된 곰이 낳은 이상인 것이다.[42]

41 『중용』 19장.

42 Lee Un-Sunn, "What Make Human Beings Still Human in our Post-human era-Confucian Feminism and the Other Christology," Collection of Lectures, East-West Theological Forum, 3rd Conference, 23-25 May 2013, Seoul, Methodist Theological University.

3장

참 인류세 시대를 위한 이신(李信)의 영(靈)의 신학

1. 시작하는 말—코로나 팬데믹 현실과 이신의 영(靈)의 신학

코로나19 팬데믹이 시작된 지 2년여가 되어 가지만, 아직도 그 기세가 꺾일 줄 모르고 있다.(2021) 그래서 사람들은 더욱 지구 인간 문명의 전환에 관해서 이야기하고, 올여름 세계 곳곳에서 목도한 세계 기후 위기 앞에서 무엇인가 근본적인 변화와 전환이 일어나고 있다는 것을 느끼며 구체적으로 두려워하기 시작했다. 그래서 그것이 무엇인지, 어떻게 우리가 그와 관계해야 하는지를 묻고 있다. 아니면 이미 우리 감각과 의식이 기존 삶의 방식에 너무도 익숙해져서 더는 돌이킬 수 없을 정도가 되었는지도 모른다. 왜냐하면 그런 가운데서도 대부분 사람의 관심이 '눈에 보이는' 자산과 영역의 확장에만 몰리고, 서로 갈등하며 편당을 나누면서 마치 오늘 생이 영원히 지속되기나 할 것처럼 한껏 욕심을 내고 있기 때문이다.

지금부터 40년 전 1981년 겨울에 소천하신 필자의 아버지 이신(李信, 1927-1981)은 이미 그때 오늘 우리가 들어도 전혀 이질감이 들지 않는 시대에 관한 이야기를 많이 하셨다. 인간이 물질과 기계에 경도되어 너나 할 것이 없이 노예처럼 살면서 그 고유성과 인격성, 창조성을 잃어버리고, 신앙 없이 불쌍한 존재로 뿔뿔이 흩어져 서로 심하게 갈등하며 싸우고 있다고 안타까워하셨다. 그런 가운데 그는 어떻게 해서든지 인간이 다시 그 안의 인격성을 회복하고, 하늘 부모님 하느님에 대한 신앙을 회복해서 서로 화해하고 사랑하며 살 것을 "'죽기까지" 역설하셨다. 그가 1981년 12월 17일 오산리 순복음 기도원의 한 허름한 침대에서 소천하시기까지 마지막으로 쓰신 글이 「이단이란 무엇인가」였는데,[1] 거기서 그는 한국 속담에 '싸움은 말리고 홍정은 붙이라'라는 말이 있다고 하면서 "한국의 역사적인 현실에서 살필 때" 그리스도교는 "우리의 살림 가운데서 싸움을 말리고 끊어진 대화를 다시 잇게 하는 홍정을 붙이는 자의 역할을 해야 한다"고 역설하셨다.[2] 결국 오늘 우리가 겪고 있는 코로나19 팬데믹도 인간과 자연, 사람과 동물, 우리 몸과 외부로부터 오는 낯선 바이러스 사이의 갈등이다. 그로부터의 치유란, 또는 오늘 상황의 언어로 하면 '면역'이란, 한마디로 자아와 세계와의 '화해'일 터인데, 그가 지적한 대로 지금까지 한국인의 역사적 삶에서 얻은 능력과 거기에 더해서 그리스도교의 역할이 바로 그 화해에 있다고 했다면, 오늘 우리가 겪고 있는 코로나19 팬데믹과 같은 모든 문제도 바로 교회와 신학의 긴요한 문제가 된다는 것을 부인할 수 없을 것이다. 그런데도 왜 오늘의 한국 교회와 신학은 그와 같은 현실에서 그토록 무력한지, 이에 대해서 40년 전 소천한 이신의 영의 신학이 무엇인가 답을 줄 수

---

1 李信, 「이단(異端)이란 무엇인가」, 『순복음』, 1981.12, 55-62쪽 이하. 당시 이미 병이 깊을 대로 깊어져서 매우 힘든 상황에서 연재하시던 「카리스마적 신학」에 더해서 이 글을 쓰셨는데, 당시 감리교신학대학원에 재학 중이던 나는 아버지의 부탁으로 원고 교정을 위해 읽었던 기억이 난다.

2 李信, 『슐리얼리즘과 영(靈)의 신학』, 이은선·이경 엮음, 동연, 2011, 337쪽.

있는지 살펴보고자 한다.

이신은 1950년 한국전쟁이 일어나기 전 감리교신학대학을 졸업하고 충청북도 전이에서 감리교 전도사로 일하던 중 전쟁을 맞았다. 고향인 전라도 광주 지역에 내려가 있던 중 그 지역에서 일어난 일련의 성령 운동을 통해서 모든 교파와 교단의 분리를 넘어서 순수한 '초대 그리스도의 교회'로 환원하자는 '환원 운동'을 만났고, 그에 동조하면서 거기서 목사 안수를 받았다. 그때 자신의 이름을 '이만수'(李萬修)에서 '이신'(李信)으로 바꿨다. 전쟁 중에 부모님을 잃고 그는 동생들의 보호자가 되어야 했고, 일찍 결혼해서 이룬 가족과 함께 어려운 한국사회의 현실에서 개척교회 목회자로 신학의 길을 시작했다. 미국 그리스도의 교회 선교사들과 함께 하는 군소 신학교 강사와 방송 설교가로서, 그러다가 1966년 도미해서 미국 테네시주 밴드빌트 신학대학원(Vanderbilt University Divinity School)에서 신학박사(Doctor of Divinity)를 받고 1971년 귀국하여 10여 년을 일하고 돌아가셨다. 그러나 그는 단지 한국의 한 변방 교단 목회자이거나 이제 막 제국주의 식민지에서 벗어나 동족상잔의 전쟁을 치른 가난한 동북아시아 나라의 경계에 머물지 않았다. 특히 해방 전 청년시절부터 닦아 온 '(슐리얼리스트) 화가'로서의 예민한 감수성과 시대감각으로 그는 당시 인간 기계문명과 부르주아 자본주의의 노예성을 깊이 인식했고, 민족과 한국 교회의 정체성을 염려하면서 그 주체성을 세우는 일에 몰두할 정도로 그 마음과 정신은 특별했다. 그 가운데서 섬세한 시적 언어와 실존적 감수성으로 시를 쓰는 시인이기도 했다.

이신은 1979년 4월 20일 날짜로 '한국쉬르리얼리슴연구소'를 소개하는 4면짜리 비매품 팸플릿을 내기 위해서 「돌의 소리」라는 글을 썼다. 그 팸플릿의 맨 뒷면을 보면 이 모임은 1979년 3월 10일 다섯 명(이신, 이기문, 강성원, 김대승, 김성영)의 인원이 김성영 사무실에서 모여서 시작했다고 하는데, 이 글에서 이신은 1924년 서구에서 앙드레 브르통이 슐리얼리즘 선언을 냈지만 "또 옛날 우리네의 그림이나 글들은 쉬르적이 아닌 것이 없다"고 말하고, 또한 "원래 초현실 사상의 발설자라는 사람들이 동양인이었다고 말함 직하지마는"이라고 발설한다.[3] 그리고 "그중에서도 허균(許筠)이 쓴 홍길동전(洪吉童傳)』 같은 것은 초현실의 세계를 왕래하는 영웅들을 그렇게 거침세 없이 그려났으니 여간 장관이 아니다"라고 하면서 슐리얼리즘 선언 일부를 가져와서 앙드레 브르통 등이 제2차 세계대전 이후 미국으로 건너가서 세 개의 V선언(VVV 선언)으로 발표한 것을 가져와 다음과 같이 소개한다:[4]

> "말하자면 쉬르레알리슴은「인간의 전면적인 解放(해방)」이라는 것을 내세우는 것이기에 V 字(자) 세 개를 합친 VVV 字를 創造(창조)하고「사람이 살기에 알맞은 당연한 세계로 돌아가자는 열망으로서의 V(승리) 곧 현재 지상에 猛威(맹위)를 떨치고 있는 逆行(역행)과 죽음의 勢力(세력)에 대한 勝利(승리)뿐만 아니라 이중의 V, 즉 이 최고의 승리를 극복한 V, 인간에 의한 인간의 奴隷化(노예화)를 永久(영구)히 存續(존속)시키려는 것에 대한 V, 또 이 VV, 二重(이중)의 승리를 넘어서 인간의 해방이 그 先決條件(선결조건)이라는 精神(정신)의 解放(해방)에 對立(대립)되는 一切(일체)에 對(대)한 V…」(VVV 선언)

---

3 이신,『李信 詩集 돌의 소리』, 이경 엮음, 동연, 2012, 147쪽.

4 심은록,「이신(李信), 묵시적 미술과 돌소리의 미학」, 현장(顯藏)아카데미 편,『환상과 저항의 신학: 이신(李信)의 슐리얼리즘 연구』, 동연, 2017, 202쪽 이하.

를 선언하기에 이른 것인데….”[5]

여기서 분명히 드러나듯이 이신은 지금으로부터 40여 년 전 인류 역사에서 가장 파멸적인 전쟁의 하나가 된 제1차 세계대전 후에, 서구 예술가들에 의해 주도된 슐리얼리즘 선언을 오래전 동양적 사고와 연결하여 소환하면서 당시 자신이 마주한 인간성 상실과 인간에 의한 인간의 노예화, 그리고 그로부터의 해방을 위한 정신의 해방을 선언하고자 했다. 당시 그가 몸담았던 한국 사회는 박정희 독재가 종국을 향해 치닫고 있던 상황에서도 부르주아 물질문명의 진보가 여지없이 선호되고 있었고, 세계의 일반적인 정황도 마찬가지였다. 하지만 그는 '돌'이 소리치는 것을 들을 수 있는 정도로 예민한 감각을 가지고, 당시의 "생활의 어려움"이나 "요즘 세상 같은 풍요"를 넘어서 더욱 더 근본적으로 "무엇인가 결정적인 것을 구하는 것을 넘어서 절대의 것을 탐색하는 사람들에게 문제"가 되는 것을 느꼈다.[6] 그것은 다른 것이 아니라 다시 살피면 "그거 때문에 분열이 생기고 싸움과 다툼이 생겨서 온통 야단법석들이니 이때야말로 사람들의 의식 혁명이 요청된다고 말할 수 있을 것"[7]이라고 보면서 "예술이라는 것 종교라는 것이 하나의 매개체를 담당하고 있지마는 종전의 것들은 사람들의 병에 약효가 잘 나는 것 같지 않으니 이런 새로운 처방"[8]인 '초현실'을 말하는 것, '돌'이라도 소리

---

5 여기서 나의 인용은 이신의 수기 원고에서 직접 가져온 것인데, 그래서 철자와 띄어쓰기가 오늘과 다른 것이 있고, 또 한문이 많이 쓰였지만 그대로 가져왔다. 오늘의 독자를 위해서 한글을 토로 달았다. 이신, 『李信 詩集 돌의 소리』, 148쪽.

6 같은 글, 146쪽.

7 같은 글, 148쪽.

8 같은 글, 149쪽.

치게 하는 방식으로 그것을 밝히기 원했던 것이다. 이것은 "미래의 귀에만 낯익은 소리"일지 모르지만 "현재의 귀에도 어떤 사람들에게는 들릴 수 있는 소리"일 것을 믿으면서 "좌우간 발설해 보는 것"이라고 이신은 1979년의 「돌의 소리」에서 선언한다.

이 글은 이상과 같이 참으로 궁벽했던 변방의 한 신앙인이자 지성인이 전 우주와 온 인간과 한국 사회와 그리스도교회가 참으로 "영적으로 되지 않으면 안 되게끔 되었다"라는 것을 절실히 느끼면서 어떻게 하면 그것이 가능해지도록 할 수 있을까를 "필사적"(必死的) 또는 "필생적"(必生的)으로 찾으며 살아온 흔적들을 살펴보려는 것이다. 그는 그것을 자신의 시와 그림, 그리고 명민한 철학적 신학적 언어, 또 열정적인 설교로 쏟아냈고, 가난하고 고독했지만 나름의 뛰어난 긍지 속에서 살다간 생활인이었는데, 여기서는 특히 그의 신학 언어에 주목하면서 오늘 우리 시대에 다시 '파국(팬데믹)'과 '문명적 전환'(The turning Point), '다시개벽'과 새로운 '신세계'(후천)가 말해지는 때에 그가 남긴 삶과 사상의 편린들이 어떤 역할을 할 수 있는지를 살펴보려고 한다. 그의 의식을 크게 점유했던 말들이 '영'(靈)과 '정신', '초현실'과 '사실' 그리고 '묵시', '환상과 저항', '창조적 자발성', '자유와 인격', '화해와 평화' 등이었다면, 오늘 우리 시대야말로 바로 이러한 언어들로 다시 추슬러지지 않는다면 그 절망과 파국을 넘어설 수 없어 보이기 때문이다.

이신 신학의 핵심 동력 중 하나는 한국인 고유의 정신적 주체성을 세우는 데 그리스도교 신앙이 어떠한 역할을 할 수 있는가를 찾는 일이었다. 그는 오늘 크게 다시 소환되고 있는 수운 최제우 선생의 동학(東學)이 그렇게 주목받지 못하던 시절, 이미 1960년대 자신의 박사학위 논문과 관련해서 그에 주목했고,[9] 귀국해서 1970년대 초(1972년경) 그가 결성한 〈포이에티스트〉 연구회에서 그에 대한 긴 발표 원고의 초고를 남겼다.[10] 뒤에서 좀 더 자세히 살필 것이지만, 그런 의미에서 이신 신학은 이미 한 고유한 '한국 토착화 신학'일 것인데, 나는 여기서 특히 유교와 기독교의 대화가로서 조선 말기 19세기 서세동점의 격동기에 동학 운동의 창시자 최제우(崔濟愚, 1824-1864)나 최시형(崔時亨, 1827-1898), 또는 같은 시대 동아시아의 중국 중심 역(易)을 조선의 정역(正易)으로 전환하며 후천개벽을 꿈꾼 김일부(金一夫, 1826-1898), 그리고 한민족 고(古)사상의 중흥을 통해서 대종교(大倧教)를 일으키며 그 일을 사상적으로 연구한 한말의 저항운동가 해학 이기(海鶴 李沂, 1848-1909) 등에 관심을 가져온 것을 토대로,[11] 이신의 추구를 이들의 의식과 서로 연결지어 보려고 한다. 이들은 이신의 언어로 하면, "한국적 묵시 문학가"이고, "미래파 선언가"일 것이다. 이들처럼 이신도 지금까지 동아시아 역사 시대의 축을 담당해 온 중국의 것과는 다른 한민족 고유의 초월 이해와 인간과 세계 이해를 항상 염두에 두고 있었다. 오늘 이신의 토착화 신학, 영의 신학을 그러한 한국 사상의 긴 흐름 가운데 자리매김하고 싶다. 이 일을 위해서 내가 그동안 한국 토착화 여성 신학자로서 나

9 李信, 『슐리얼리즘과 영(靈)의 신학』, 118쪽; 1971년 8월 미국 테네시 밴드 빌트 신학대학원(Divinity School of Vanderbilt University)의 "신약"(New Testament) 전공의 박사학위 논문으로 제출된 그의 논문 제목은 정확히 "The Phenomenon of Avant-Garde-Apocalyptic: Phenomenological Resources for the Interpretation of Apocalyptic"이다. 그 번역은 '전위 묵시문학 현상-묵시문학 해석을 위한 현상학적 자료'인데, 지금까지 이신 학위논문 분야가 '조직신학'인 줄 알 정도로 매우 통합적인 유대묵시문학적 고찰이다. 또한 '현상학적 자료'인데 '현상학적 고찰(researches)'로 잘못 알아 왔다.

10 이경 엮음, 『이신 목사 유고 목록』, 미간행, 2021에 수록.

11 이은선, 『동북아 평화와 聖·性·誠의 여성신학』, 동연, 2020.

름대로 탐구해 온 '한국 신학'(信學)과 '한국 인학'(仁學)의 관점을 가져올 것이다.[12] 이에 더해서 우리가 보통 알고 있는 서구 현대 사상가와는 달리 매우 영적이면서도 동시에 급진적으로 사회주의적인 인격주의의 사상가 니콜라이 베르댜예프(N. Berdyaev, 1874-1948)를 자주 소환할 것인데, 주지하다시피 이신은 1979년 베르댜예프 최고 성숙기의 작품 『노예냐 자유냐』를 번역 출판했다. 그리고 다시 그의 『인간의 운명』을 옮기던 중 하늘의 부름을 받았기 때문에 이 연결은 자연스럽고, 베르댜예프의 언어와 함께 이신이 꿈꾸었던 새로운 역사와 영원을 오늘 우리 시대와 세계를 위해서 살피는 일이 큰 의미로 다가올 것임을 의심치 않는다.

2. 이신의 '영(靈)의 해석학'과 묵시문학

아버지 이신이 돌아가신 해인 1981년 즈음해서 그가 손에 들고 읽으시던 책이 아서 피콕(A.R.Peacocke, 1924-2006)의 『창조와 과학의 세계(Creation and the World of Science-The Bampton Lectures)』(1978)였던 것이 기억난다. 까만색의 바탕에 여러 생명체의 흔적이 그려진 지구본이 나타나 있고, 노란색의 책 제목 중에서 특히 저자 이름 'Peacocke'이 나에게는 '공작새'의 뜻으로 읽혀서 더욱 잊히지 않는다. 나중에 알게 되었지만 영국 성공회 신학자이자 생화학자인 저자의 이 책은 그때부터 본격적으로 세계 지성계에서

---

12 필자는《에큐메니안》에 '사유와 信學"이라는 제목 아래서 한국 신학(信學)과 인학(仁學)을 선보였는데, 특히 그 일을 이신의 사상적 파트너였던 N. 베르댜예프와 더불어 대화하면서 행했다. 이신 40주기를 맞이하면서 그를 기념하는 의미이기도 했는데, 한국 여성 유교학자와 신학자로서 이신의 신학적 유산이 어떻게 한국적 토착화신학으로 거듭날 수 있는지를 살피는 일에 많은 염두를 두었다. 이번 책의 1부로 가져왔다.

종교와 신학이 어떻게 과학과 연결될 수 있는지를 성찰하는 기폭제가 되었다고 한다. VI장의 제목이 "진화된 인간과 육화한 신"(Evolved Man and God Incarnate)인 것에서도 잘 드러나듯이 신의 창조와 우주와 생명 진화가 어떻게 서로 연결될 수 있는지를 묻는 신학적 탐구에 불을 붙인 것이다.[13] 그즈음에 그린 것으로 이신은 떼이야르 드 샤르댕 식의 우주 생명 진화표를 손수 그린 그림을 남겼고, 나도 그 덕분에 샤르댕 신학에 입문하게 되었다. 그렇게 이신은 당시 한국 사회가 박정희 대통령 사후 사회정치적으로는 더욱 암울한 시간 속으로 빠져들고 있었지만, 위의 슐리얼리스트 「돌의 소리」 선언 등에서도 보듯이 그는 더욱 더 근원적이고 우주적인 세계 전망과 사고의 전환에 관심하고 있었고, 그것을 특히 "영적으로 되지 않으면 안 되게끔" 하는 일이라고 표현하며 촉구했다.

사실 이 '영적'(spiritual)이라는 표현은 기독교 신학에서 어쩌면 가장 낡고 통속적인 표현인지도 모른다. 하지만 그는 이 언어를 인간 문명이 더는 어찌해 볼 수 없는 막다른 국면에 도달했을 때, 그 절망의 상황을 참으로 획기적으로 타개해 보려는 깊은 번민과 자기 포기, 역설의 언어로 받아들였다. 그래서 그가 박사학위 주제로 삼은 '유대 묵시문학'(The Apocalyptic) 연구에서부터, 아니 그 이전에 1940년대 후반 20대에 신학의 길을 가기 위해서 안정된 은행원 자리와 화가의 길을 포기했을 때로부터 마지막 하늘길을 떠나기까지 그의 "슐리얼리즘의 신학"이나 "카리스마적 신학"에 이르도록 이 '영적'이라는 단어를 자신 탐구의 핵심 구술어로 삼았다. 그는 자기 신학, 아니 더 근본적으로는 자신 시대의 일이 "영적 해석학"의 일이라고 파

13 A.R.Peacocke, *Creation and the World of Science-The Bampton Lectures 1978*, (Clarendon Press · Oxford 1979), 187ff.

악했으며, 그 한 가지 진실한 모형이 유대 역사에서 신구약 중간기인 유대 묵시문학에 표현되었다고 보았다. 그리하여 그 모형을 찾아 밝혀내면서 어떻게 거기서의 영적 깨어남이 그 시대의 절망을 딛고 새로운 질적 도약, 즉 우주적 대변형의 모멘텀으로까지 연결되는지를 알리고자 했다. 즉 기독교 예수 탄생 복음의 길이 열린 시기를 말하는데, 19세기 중반 조선 토양에서의 '다시개벽'의 상황과도 그래서 연결시키셨다.

2-1. 유대 묵시문학

주지하다시피 유대 묵시문학의 배경은 기원전 587년 유다 왕국의 멸망과 더불어 야기된 바빌론 유수 체험까지 소급된다. 이후 알렉산더 원정으로 시작된 헬레니즘화의 확산 아래서 일련의 유대인들은 아테네적인 것뿐 아니라 이란과 페르시아 종교, 인도 이원론 등의 여러 가지 설이 혼합된 헬레니즘 영향으로부터 자신들 유산을 지키려는 저항 운동을 일으켰다. 기원전 167-142년까지 자신들 신정 정치체제와 야웨 유일신 신앙을 지켜내기 위해서 치열하게 치른 마카비 전쟁(Maccabees war)이 잘 말해주듯이, 이러한 역사와 시대 배경에서 자라난 유대 묵시문학은 당대의 깊은 분열과 좌절 경험들로부터 나온 열매들이다.[14]

그런데 이신은 그와 같은 유대 묵시문학 현상의 본질을 더 생생하게 알아보기 위해서, 그것을 오늘 현재의 문화적 체험으로 가져다 놓은 작업이 필요하다고 보았다. 그런 맥락에서 인용한 구약학자 폰 라드(Gerhard von

14 李信, 『슐리얼리즘과 영(靈)의 신학』, 70쪽.

Rad)에 따르면, "묵시문학의 신경중추"는 "지식"이다.[15] 즉 그것은 묵시문학가가 자신들 세계의 위기와 다가오는 대 파국에 대한 예민한 감각을 가지고, 그것을 다른 사람들은 눈이 있어도 보지 못하고 귀가 있어도 듣지 못해도 어떻게든 전하고자 하는 것이지만, 그들의 근본 문제는 바로 인간 인식과 의식의 문제라는 것을 지적해 주는 의미였다. 그런 뜻에서 그들은 전통적인 이해에서의 학자는 아니지만 "지적 엘리트"에 속한다고 한다. 그들은 평범한 사람들의 세속화된 지식에 반대하고, 당시의 대중적 기호와 절대로 타협하지 않으면서 시대를 재해석하는 작업을 맡은 것이다. 그래서 그 인식은 "카리스마적 지식" 또는 "영적 해석학"이라고 불린다. 하지만 그 지식과 해석의 일에서 인간적 사고와 상상이 함께 역할 한다는 것을 부인할 수 없기 때문에 이신은 그런 맥락에서 서구 중세 토마스 아퀴나스(Thomas Aquinas, 1224-1274)를 다시 불러온다. 그 이유는 아퀴나스가 인간의 환상 경험은 인간 상상력과 지성을 배제하지 않고 오히려 "지성의 자연적 빛은 은혜로운 빛의 개입으로 강화된다"고 하면서 환상 경험의 과정에서 인간 지성이 신적 조명에 의해서 더욱 강화되고 새롭게 구성되는 일이 요청된다고 밝혔기 때문이다.[16]

여기서 이렇게 "신적인 빛의 개입"에 힘입어서 다르게 보고, 새로운 인식을 찾고자 하는 묵시문학의 사람들이 저항하고, 거부하며, 고독한 물러남 속에서 새 출구를 상상하며 투쟁하는 대상은 두 가지이다. 그것은 먼저 자신이 몸담고 있던 전통의 체계와 가치에 대해서이다. 그것들이 지극히 퇴락했고, 부패했으며, 불의한 것을 보고 그에 반립하는 것이고, 다른 하나는

15 같은 책, 108쪽.
16 같은 책, 126쪽.

그러나 현재 처한 상황에서 물밀듯이 외부와 외국으로부터 밀려오는 낯선 것, 생소한 것, 힘 있는 타자로서 침략해 오는 것에 저항하는 것이다. 그런 맥락에서 그들은 단순한 민족주의자가 아니며, 보통의 유대인으로 불리기 어렵다. 그보다 훨씬 더 근본적인 차원에서 이 세상의 분열과 갈등, 파국과 종말을 넘어서려는 사람들이라고 이해할 수 있다. 그렇게 이 두 대상에 동시적으로 저항하는 것이 묵시문학의 특징이다. "본질적으로 권위에 대한 일종의 저항문학"으로서 거기서 저자는 "전통 종교와 국가 모두에 대해서" 경고를 보내는 것이므로 종종 그 위험성으로 자신들이 구술하고 저술한 것의 원본을 없애기도 했고, 대신 구전으로 전하면서 일종의 시대적 "이단"으로서 유대 전통과 헬레니즘 문화 모두에 저항한 것이다.[17]

그렇다면 이렇게 자신들 현재까지의 삶의 뿌리가 송두리째 뽑히고, 위협적인 낯선 다양함의 도전 앞에서 유대 묵시문학가들이 그러함에도 자신들 삶의 축을 놓지 않을 수 있었던 근거와 토대는 무엇이었는가? 그것은 바로 그들의 '종말론적 이원론'의 인식이었다. 여기서 이신은 1960년대 선구적인 고대 영지주의 연구가 한스 요나스(Hans Jonas)가 고대 영지주의적 이원론의 사유 방식이 유대의 유일신론, 바빌론의 우주론, 인도의 이원론, 헬레니즘 등과 제설 혼합적으로 상호 연관되어 있다고 지적한 것에 주목한다.[18] 이와 더불어 1947년부터 발견되기 시작한 사해(死海) 두루마리(Dead Sea Scrolls, DSS) 쿰란문서 속에 묵시문학과 관련된 수많은 자료가 발견되었다는 것을 들어서 유대 묵시문학과 '영지'(靈知, gnosis) 사상이 깊게 상관되고,

---

17 같은 책, 72쪽.

18 Hans Jonas, *The Gnostic Religion* (Boston: Beacom Press, 1967), pp. 3-7, 李信, 『슐리얼리즘과 영(靈)의 신학』, 50쪽 재인용.

이들이 유사하게 현재와 다가올 시대를 명확히 구분하고, 초월의 저세상과 이 세상, 신과 악마, 정신(영혼)과 육체, 내세의 삶과 지상의 삶 등을 뚜렷한 종말론적 이원론으로 나눈 것에 주목한다. 이들이 역사 전체의 과정을 함께 묶어서 결정론적으로 객관화하고 개념화하려 한 것을 말한다.[19]

2-2. 고대 영지주의와 묵시문학적 의식

신약학자 조재형은 초기 그리스도교와 영지주의의 상관관계를 여러모로 연구하며 그리스도교의 형성과 전개에서 영육 이원론의 영지주의적 관점이 어떻게 핵심적으로 역할을 했는지를 밝히고 있다. 그는 고대 '영지' 사상과 2~4세기의 기독교 '영지주의' 운동을 서로 구분할 것을 요청하며,[20] 바울서신을 포함해서 요한복음서는 물론이려니와 기독교 신약성서 안에 내포된 고대 영지 내지는 영지주의의 영향력을 크게 강조한다. 그는 "영육 이원론은 그리스도교가 기초를 두고 있는 가장 중요한 토대이며, 사실 이 이원론이 없었다면, 그리스도교도 없었을 것이다"라고 한 라일리(G. Riley)의 말을 인용한다.[21] 그런데 이러한 연구는 이신이 선취적으로 지적했듯이, 신약성서 기독교의 핵심이 지금까지 특히 한국 교회가 배타적으로 거부하고 이단시한 고대 동서양 제반 영적 추구와 어떻게 내적으로 깊이 연결되어 있는가를 드러내 준다.[22]

---

19 같은 책, 69쪽.

20 조재형, 『초기 그리스도교와 영지주의』, 동연, 2020, 41쪽 이하.

21 그레고리 라일리, 『하느님의 강-그리스도교 신앙의 원류를 찾아서』, 김준우 역, 한국기독교연구소, 2005, 82쪽. 조재형, 같은 책, 146쪽 재인용.

22 조재형의 연구는 이신이 초기 기독교 신학의 모체로 보면서 고대 영지 사상과의 관련성

이신에 의하면 그러나 이 묵시문학과 영지주의에 대한 여러 학적 연구들과 거기서 그들의 특성을 분석하고 그 사유 방식의 다양한 종교적 문화적 유산을 연관시키려는 학문적 노력은, 자칫하면 오히려 그들 사고의 진정한 고유성과 본질에 다가가기보다는 "불명예"를 가져다줄 수 있다.[23] 왜냐하면, 오랜 '박해 콤플렉스'와 역사에 대한 절망으로 허무주의와 비관주의가 밑바탕에 놓여 있는 이들의 이원론적 세계관은 바로 감각 가능한 세계와 정의 가능한 어떤 인간 본성을 본질적으로 거부하고 무효로 하는 특성을 띠기때문이다. 그래서 이들의 이원론은 좁은 심리학적 개념이나 인간적 인지나 지식만으로 접근해서는 안 되며, 그런 경우 그 고유한 영역과 정체를 놓칠 수 있다는 것이다. 거기에 반해서 이들의 이원론은 보통의 논리나 합리적 분석으로는 이해할 수 없는 "초심리적 부정성"을 주창하는 것이고,[24] 그래서 '영'(spirit/pneuma)이나 '환상'(fantasy/imagination)이라는 언어를 가져오고, 여기서 이신은 "묵시문학의 모호성"이라는 제목과 함께 "판단중지"(Epoché)를 말한다.[25] 우리는 여기서 '영'(靈)이 무엇을 말하는지는 앞으로 계속 살필 것이고, 또한 그 일이야말로 사실 이번 연구의 목적이라고 할 수 있을 것이다.

이신이 이렇게 묵시문학의 핵이란 우리 인간적 논리나 언어, 여러 학적 방법으로는 잘 잡을 수 없다고 강조한 것은, 여기서 영이 단순히 통상적인 영육 이원론에서의 영도 아니고, 동아시아 맥락의 리기(理氣) 이원론에서

을 말하는 묵시문학에 대해서는 별로 주목하지 않지만, 앞으로 묵시문학과의 관련성에 대해서도 더욱 연구가 진척되기를 기대한다.

23 李信, 『슐리얼리즘과 영(靈)의 신학』, 63쪽.

24 Hans Jonas, *Ibid.*, 333, 李信, 같은 책, 64쪽에서 재인용.

25 같은 책, 62쪽.

리(理)만을 지시한다거나, 또는 오늘날 우리 언어 사용에서 유행하는 것처럼 모든 눈에 보이지 않는 기운을 기(氣)라는 언어로 통칭해서 말하는 것과 같은 것으로 치부해 버려서는 안 된다는 것을 지시한다.[26] 묵시문학의 이원성은 궁극적인 '한계 상황' 체험의 기술이다. 그것을 저자들은 역사의식과 초월의식으로 분열된 환상과 비의와 극단적인 절망이나 저항 의식으로 드러냈고, 이러한 "묵시문학적 의식"은 종종 '나'(I)라는 일인칭 언어로, 또는 '익명'이나 '가명', 짜라투스트라나 에녹, 솔로몬 등 위대한 인물들을 재등장시켜서 자신의 실존적 한계 체험을 "자기 서술"(Self-description) 방식으로 "표상화"(presentification)하고자 했다.[27] 이신은 이러한 묵시문학의 이원론이 지시하고자 하는 영과 환상과 초월, 또는 '내세'의 세계에 대한 표상을 철학자 야스퍼스가 "대상들이 우리의 사고하는 의식을 위한 것이라면, 초월은 실존(Existenz)을 위한 것이다"라고 한 말을 들어서 일종의 "초월의 암호"로도 읽어낸다. 다시 말하면 묵시문학가들이 현세와 내세, 지금과 나중, 자아와 세상, 주체와 객체 사이 등의 극한 대립으로 체험한 환상 체험은 그

26 앞으로도 이 '영'(靈, spirit)이라는 단어에 대해서는 더 살필 것이지만, 영(靈), 혼(魂), 정신(精神), spirit, soul, mind, 리(理), 기(氣), 신(神) 등의 언어와 함께 진정으로 여기서 영이 무엇을 말하는 것인지, 히브리어, 그리스어, 라틴어, 영어, 한문, 한글 등의 동서양 언어가 서로 시대와 나라, 저자 등에 따라서 다르게 연결되어 번역 사용되면서 많은 혼돈과 모호함이 중첩되어 있다. 또한, 한국 사상에 와서도 불교와 유교, 또 한국 古사상(환단고기) 등에서의 용어 사용에도 또 다른 선호와 나름의 의미가 덧붙여져서 어려움은 더욱 가중된다. 본 연구에서는 '영'(pneuma)을 '정신'(spirit)과 등치해서 쓸 것인데, 이것은 영이 우리가 보통 알고 있는 기(氣), 즉 혼(魂, soul)보다는 리(理, spirit)에 가까운 것으로 보는 것을 말하지만, 또 다른 면에서는 그 모두를 함께 포괄하는 더욱 더 전인적이고 통전적인 인격적 특수성을 드러내는 의미로 쓰는 것을 말한다. 이은선, 「사유와 信學 3, 인격(人格)이란 무엇인가?」, 《에큐메니안》, http://www.ecumenian.com/news/articleView, 2021.03.07.

27 李信, 『슐리얼리즘과 영(靈)의 신학』, 82쪽 이하.

초월적 체험을 여기 지금의 의식 언어로 나타낼 수밖에 없는 상황에서 드러낸 "암호 언어"이고, 그렇게 초월적 실재와의 만남은 깊은 내면의 실존적 체험을 동반한다는 것을 밝혀주는 의미라는 것이다.[28]

2-3. 한국적 묵시문학가 수운 최제우와 이신의 묵시문학적 초의식

이신에 따르면 그러한 신구약 중간기 유대 묵시문학가의 영적 감수성과 그에 의해서 표현된 종말론적 이원론의 세계 해석은 단지 유대적 세계에서 그때 그곳에서만 나타난 것이 아니다. 지금까지 전개된 인류 문명사의 곳곳에서 그 유사한 현현을 보는데, 그가 학위논문에서 많이 언급하는 니체는 말할 것도 없고, 귀국해서 70년대에 단독 논문으로 발표한 키에르케고르나 본회퍼의 의식 세계, 또한 1972년 10월부터 다섯 차례에 걸쳐서 월간 『기독교사상』 지에 「그림이 있는 에세이」 라는 제목으로 소개한 20세기 서구 현대 회화의 미래 전위파 운동에서 그 뚜렷한 분출을 보았다. 그러나 이번에 내가 주목하고 싶은 것은, 비록 그것이 완결된 논문이나 책 저술로 밝혀지진 않았지만, 이신이 1972년경 〈포이에티스트회〉라는 일종의 시인 그룹 모임을 구성해서 이끄는 가운데[29] 발표한 동학의 창시자 최제우 사상에 관한 것이다. 200자 원고지 40매가량의 원고이며, "崔濟愚(최제우) 思想(사상) 포이에티스트 會(회)서 發表(발표)"라는 제목과 함께 "서론 패벗은 한국문화 한국말과 한글 밖에 뭣이 있는가 독창적인 한국 사상"이라는 언술이

28 같은 책, 104쪽.

29 이 모임은 이신이 귀국해서 곧 이루어지는데, 그 그룹의 멤버 가운데 이신과 함께 초현실주의 시 운동에 관심하던 장시 『祖國』의 작가 김소영(金昭影, 1922-)이 있었던 것으로 기억한다.

처음 보인다.

여기서 이신은 먼저 최제우 사상이 나오게 된 "사회적 배경"을 다루면서 성호 이익이나 정다산 등을 거론하며 '전제'(田制)의 문제와 영조 말부터 일어났던 '민란'(民亂)에 대해서 살핀다. "사상적 배경"에 들어가서는 고려로부터 조선 역사에서의 유교와 불교에 의한 사상적 종속 상황에 대해서 언술하고, 1784년 한국인 최초로 세례를 받은 이승훈을 말하며 서학의 유입 배경 속에서 "유도 불도 누천년에 운이 역시 다했던가"라는 말과 함께 최제우 선생이 "도학군자의 유교서적"을 불사르고 출가해서 10년간 주유한 이야기, 귀향해서 울산 유곡동에 정주하여 금강산 유고사의 스님으로부터 "(을묘)천서"(天書)를 얻었다는 설, 천성산 적멸동(寂滅窟)에서 수도하며 49일 기도했고, 37세 된 철종 11년(1860) 4월에 "신의 계시"를 받은 것 등이 나와 있다. 계해년(1863) 12월에 체포되어 갑자년(1864) 3월 10일 대구 감옥에서 교수되었다는 말로 최제우 선생 소개를 마친다.[30]

이신은 다음의 "동학의 사상구조"로 "최수운이 그 수제자 최시형에게 가르친 것"이라고 하면서 '도원'(道原), '도체'(道體), '도요'(道要), '도용'(道用)에 대해서 차례차례 설명한다. 그중에서도 '도원'에 대한 설명에서 「천도문답(天道問答)」에 "古人(고인) 소위 天道(천도)라 함은 인류 밖에 따로 最高無上(최고무상)의 神一位(신일위)를 說(설)하여 그를 인격적 上帝(상제)로 爲(위)해 두고 인류는 그 하위에 거하여 … 나의 이른바 天道(천도)는 이를 위하여 사람이 한울이요 한울이 사람이라고 한 것이다. 사람이 한울이라 함은 무엇이뇨? 有形曰(유형왈) 사람이요 無形曰(무형왈) 한울이니 유형과 무형은 이름은 비록 다르나 이치는 하나니라"라고 했다는 말을 가져온다. 수운의

30 이경 엮음, 『이신 목사 유고 목록』.

21자 주문에 대해서도 비교적 소상히 설명하는 그는 마지막으로 "동학의 창의성"을 말하면서 "천인합일", "사회의식"을 들고 "전위적 역사의식"을 말하며 전봉준까지 언급한다. 그러면서 수운의 여러 노래, '안심가'(安心歌), '교훈가'(敎訓歌), '검가'(劍歌), '용담가(龍潭歌)', '몽중가'(夢中歌) 등을 불러오는데, 이런 모든 서술이 이신이 동학의 최제우를 어떻게 조선 말기의 묵시 문학가, "지적인 엘리트"와 시대를 위한 "번민가", 미래를 향한 역사의 전환을 위해서 현재를 부정하는 깊은 "소외" 속에서도 "투쟁의 열정"을 가지고 새로운 "원형"을 꿈꾸는 "환상의 미래파"로 파악했는지를 밝혀준다.[31]

최근 한국 사회에서 동학의 '다시개벽' 정신이 큰 주목을 받고 있다. 그것을 주도적으로 이끄는 도올 김용옥은 자신의 『동경대전』 연구서, 『동경대전-나는 코리안이다 1』을 열면서 1960년대 한국 사상계 풍토에서 철학이라고 하면 무조건 서양철학만이 있는 줄 알던 때에 자신이 다녔던 고려대학의 상황은 달랐다고 소개한다. 그중에서도 신일철, 최동희 등이 당대 한국 철학계의 최고 스승 박종홍, 이상은 두 분을 모시고 천도교의 지원으로 〈한국사상연구회〉를 조직하여 단기 4292년(1959)으로부터 학술잡지 『한국사상』을 내기 시작했고, 그 창간호에 시인 조지훈은 다음과 같이 선구적으로 선언한 것을 밝힌다:

> 실학운동이 서학운동으로 변질하면서 민족 내부에서 일어난 커다란 사상이 있었다. 외래의 종교와 외래의 사상을 포섭하여 하나의 자체적인 종교사회 사상을 이루었으니 이것을 한국사상사에 있어서 세종 때의 사상적 흐름에 비견할 바가 있다. 이는 최제우가 창도한 것이다. … 그 교리의 출발이 한국

31 李信, 『슐리얼리즘과 영(靈)의 신학』, 107-121쪽.

에서 받은 천명(天命)이므로 한국민족의식이 강렬하였기 때문에 우리 역사상 잊지 못할 3·1혁명(3·1운동이라는 말을 쓰지 않았다)을 주도한 세력이 천도교였고, 그중심인물이 교주 손병희였음은 다만 우연한 일이 아니다. 최제우는 한국사상사에 있어서 최대의 인물이라 할 것이니, 그 사상은 이 민족정신문화 수천 년에 걸쳐 형성된 주체를 발양한 것이기 때문이다. 이 민족을 위한 이상의 싹을 지니고 있으며, 우리 현실에 직접 연결된 살아 있는 사상이기 때문이다. 그러므로 동학의 연구는 현대 한국사상 연구에 가장 중요한 과제가 된다….[32]

앞에서 소개한 대로 이신이 1971년에 귀국해서 곧바로 결성한 〈포이에티스트〉 모임에서 최제우 사상을 발표했다. 그 이전에 이미 1960년대 학위논문에서 최제우를 "한국의 묵시문학가이자 근대 한국 사회의 선구자"로 지목하면서 동학 운동을 "전위파 운동"으로 밝혔는데, 이는 참으로 시대를 앞선 것이었다.[33] 최제우뿐 아니라 이신 자신도 지적인 엘리트와 "내면적 플로레타리아트"(internal proletariat)의 영적 눈을 가지고 어떻게든 한국의 정신적 주체와 창조성을 회복하고자 한 것으로 이해할 수 있다. 2021년 도올 책의 출판을 계기로 출판사 창비가 마련한 특별 좌담회, "다시 동학을 찾아 오늘의 길을 묻다"에서 동학 연구가 박맹수 교수의 전언에 따르면, 수운이 대각한 후 자신 집 여종 한 사람을 수양딸로 삼은 주 씨 할머니는 수운은 "잠들기 전에도 계속 책을 읽고 일찍 일어나서 또 책을 읽고, 저

---

32 도올 김용옥, 『동경대전 1-나는 코리안이다』, 통나무, 2021, 63-65쪽에서 재인용.

33 李信, 『슐리얼리즘과 영(靈)의 신학』, 118쪽.

렇게 책을 많이 읽는 분은 처음 봤다"라고 증언했다.[34] 여기서도 보듯이 우리가 보통 쉽게 생각하는 것처럼 최제우 동학의 탄생은 결코 어떤 한두 번의 비의적 체험만으로 이루어진 것이 아니다. 이신이 아퀴나스나 야스퍼스 등의 연구를 들면서 묵시적 환상가의 의식을 "초의식"(超意識, Trans-consciousness)이라고 하면서 인간적 지성과 그것이 신적 조명과 구성으로 강화된 열매로 보았다면, 그 적실성을 이 증언이 말해주고 있다고 하겠다. 도올은 "동학은 고조선의 부활이다"라고 하면서 고조선이라는 한 국가 체제의 부활이 아니라 "인류 사회의 가장 완만하고도 개방적인 질서의 완성을 의미하는 것"으로서 "홍익인간"의 다른 이름이라고 의미화하는데,[35] 이신이 줄기차게 강조하는 묵시문학의 영적 초의식이 지향하는 것도 "제3의 눈"을 가지고 단순한 현재 것의 반동이 아니라 그 둘 모두를 넘어선, 아니 그 모두의 기초와 기반이 되는 "보편적 모체" 또는 "원형" 상에 대한 것이었다는 사실을 상기한다.[36]

2-4. 이신 회화와 제3의 눈

안타깝게도 이상과 같이 시대를 훨씬 앞선 1970년대 초 이신의 최제우 사상 발표가 어떤 자료를 참고로 해서 이루어졌는지 그 기록의 부재로 잘 알 수 없다. 하지만 오늘 한국 고(古)사상의 기록으로 새롭게 부각되고 있

---

34 김용옥, 박맹수, 백낙청, 「특별좌담 다시 동학을 찾아 오늘의 길을 묻다」, 『창작과 비평』 193 제49권 제3호, 가을 2021, 창비, 96쪽.

35 도올 김용옥, 같은 책, 340쪽.

36 Mircea Eliade, The Quest, History and Meaning in Religion (Chicago: University of Chicago Press, 1969), p.41, 李信, 『슐리얼리즘과 영(靈)의 신학』, 78쪽 재인용.

는 『환단고기』 등의 원자료가 그의 고성(固城) 이씨 집안과 깊은 관련이 있다는 것도 이신의 그러한 한국적 주체와 한국적 인간 공동 삶의 원형을 찾고자 하는 추구와 내적으로 서로 연관되는 것이 아닐까 생각해 본다.[37] 소천 40주기를 맞이하여서 막내아들 이경(李經)이 찾아 엮어낸 『이신 목사 유고 목록』에는 한 귀중한 자료가 실려 있다. 그것은 한국 사회에서 그의 사후 '역사적 예수' 연구가의 한 사람으로 잘 알려진 로버트 펑크(Robert Funk) 교수가 1969년 봄학기 밴더빌트 신학대학원에서 개설한 한 수업(The Study of the Proclamation of Jesus)에서, 해롤드 배일즈(Harold Bales)라는 이름의 저자가 발표한 이신 회화에 대한 논평문이다. 같은 저자의 다른 글로서 누가복음 2장 11-12절의 베들레헴 마굿간 그리스도 탄생 비밀에 관한 "크리스마스 이야기의 패러독스"(The Paradox of Christmas Story)가 있는데, 아마 그 스스로가 화가이기도 한 것으로 추정되는 베일즈는 이만수(Lee Mann Soo: 이신의 원래 이름)가 1967년에서 1969년 봄까지 그린 그림을 중심으로 논평한다고 하면서 자신의 연구가 "비유의 기능"을 이해하는 데 의미 있는 기여가 되기를 바란다고 밝힌다.[38]

그에 따르면 이신의 그림은 예술적 인습의 주어진 세계를 돌파하고 모두를 위한 비유적 작업을 수행한다. 그리고 특히 이신 회화의 의미를 그는 이신이 그리고 있는 비유적 내용에서보다 그 "테크닉"에서 더욱 발견한다고 밝힌다.(But I think the import message is to be found in the creative technique that he uses) 베일즈는 이신이 색을 선택해서 사용하는 데서도 매우 전복

---

37 이은선, 「해학 이기의 신인(神人/眞君)의식과 동북아 평화」, 『儒學硏究』 제50집, 2020.2, 충남대학교 유학연구소, 153-208쪽, 이은선, 『동북아 평화와 聖·性·誠의 여성신학』, 211-280쪽.

38 이경 엮음, 『이신 목사 유고 목록』, 미간행, 2021에 수록.

적이고, 그렇게 보통의 화가들이 잘 사용하지 않는 적갈색이나 황색, 검정, 회색 등의 사용으로 "색을 가지고 비유적 기능을 수행하고 있다."(he is performing a parabolic function with color.)고 평한다. 화가 폴 클레(Paul Klee)와의 연관성도 지적하면서 특히 이신이 '공간'(space)을 다루는 방식이 아주 독특하다고 평한다.[39] 그는 이신의 회화에서 어떤 대상이 아닌 공간 자체가 회화의 주제가 되고, 그래서 캔버스를 대상들로 채우지 않는 것은 분명 서구 회화에 대한 반립이지만, 그러나 이신은 거기서 더 나아가서 그의 독창적인 회화 기법으로 "공간 자체를 그리려는", 즉 "그릴 수 없는 것을 그리려 하면서"(paintings of space itself. … In his fascination with space, he has undertaken to paint the unpaintable nothinness of space.), 전통적 동양 기법도 넘어서는 길로 나아갔다고 지적한다. 그래서 이신은 대상을 그리는 것이 아니라 공간에 형태와 실체를 줌으로써 공간 자체를 만들어 내는 기법을 쓴다고 하는데(he gives form and substance to vacancy), 이렇게 "그 자체가 하나의 비유적 메시지인 테크닉의 창조적 사용"을 통해서 "부정적인 효과"(negative effect)를 얻어서 이신의 회화는 "공간 자체 속에서 또 다른 공간으로 통하는 창을 제공해주는"(in the substantial space that provides a window on another space) "하나의 열림"(an opening)이라고 밝힌다.[40]

이렇게 이신이 베일즈가 읽어내는 방식처럼 자신의 회화를 통해서도 동양과 서양 기법의 이분을 넘어서 그 모두의 근본인 '공간'이라는 "보편적 모체" 자체를 그리고자 하고, 그것을 바로 여기 지금의 공간 안에서 비유로 지시하는 것은 묵시문학가의 영의 환상이 단순한 역사와 시간의 부정도

39 같은 글.

40 같은 글.

아니고, 또한 추구하는 근본적 '원형'이 여기 지금의 현현과 상관없는 것이 아니라 오히려 모든 현현의 내재와 내면으로서 "종말론적"으로 실존하는 "영"(靈)이라는 것을 지시하는 것과 같다고 하겠다. 이신이 매우 중시하는 러시아 사상가 N. 베르댜예프가 그의 『노예냐 자유냐』에서 인간 인격과 우주의 진정한 현실에 대해서 다음과 같이 말했다면, 그것은 이신이 묵시문학적 환상의 근본 구조를 밝힘으로써 그 이원론과 거기서의 초의식의 진정한 의미를 드러내고자 하는 것과 잘 연결된다고 나는 생각한다:

> 보편(the universal)은 일반적인 것(the common)이 아니다. 추상적(abstract)인 것도 아니다. 구체적이며 충실한 것이다. 보편은 독립의 존재가 아니다. 단독적인 사물 속-옛날 용어를 빌리면, 여러 사물 속(in rebus-)에서 발견된다는 점을 생각한다면 더욱 일반적인 것이 아니다. 개인은 결코 보편의 일부가 아니다. 보편과 단독의 대치는 올바른 것이 못 된다. 인격은 결코 부분적인 것이 아니고 보편에 대치되는 의미로 특수한 것이 아니다. 인격을 보편이라고 말하는 것이 오히려 타당하다. 개인의 단독성도 개인적인 것이 아니고 보편적인 것에 의해서 침투되어 있다.[41]

3. '하느님은 영이시다'—이신의 하느님과 한국 信學(신학, fideology)

3-1. 이신의 믿음[信]과 삶의 진정성[誠]

아마도 해방 후 감리교신학대학 입학을 위해서 제출해야 했던 '신앙고백

41 니콜라스 A. 베르댜예프, 『노예냐 자유냐』, 이신 옮김, 늘봄 2015, 49쪽.

서' 같은데, 이신은 "信仰經過"(신앙경과)라는 200자 원고지 6장의 글로 어린 시절부터 그때까지(20살 정도) 자신의 신앙 경과를 간략하게 소개하는 글을 남긴다. 거기서 그는 지금 "朝鮮"(조선)이 "해방"(解放)되었다고 하지만 자신은 "그것을 믿지 못하겠습니다"라고 하면서 자신이 생각하는 "참다운 해방"은 "사람의 손으로가 아니고 다만 하나님의 뜻으로 이때 하나님의 나라가 建設(건설)될 때"라고 하면서 "더러운 罪人(죄인)이나마" 자신을 "하나님의 學校"(학교)에 들어가게 해주실 것과 "하나님을 通(통)하야 뭇사람에게 봉사하는 저가 되게" 해주실 것을 간곡히 기도한다.[42] 그 글에 따르면, "우리 집의 믿음은 나의 할아버지 떼붙어 믿어 나려왔다"고 한다. 그 할아버지는 "儒教(유교)에 아주 通(통)하야 소위 兩班(양반)다움을 숭상하고 禮儀(예의)를 지키고, … 요샛말로 舊式(구식)이 탱탱한" 분이었는데, "不時(불시)에 方向轉換(방향전환)하야 직심 있게 믿으시다 돌아가셨다 한다." 자신의 아버지는 젊은 시절에는 잘 믿으시다가 도중에 "生活(생활)의 억매임"으로 그만두시었고, 자신도 어린 시절부터 부모의 강권으로 예배당에 다녔지만, 외우기를 강요하고 이해하기 어려운 교리만을 강조하는 신앙에 일찍 싫증을 내서 그가 14살 무렵 보통학교를 졸업하고 도시로 나와서 학업을 계속할 무렵에는 "아모것도 믿지아니하였다"라고 밝힌다. 하지만 그는 도시에서 처음 그 화려함에 빠져서 한껏 "더러운 欲心"(욕심)대로 살았지만, 곧 "教養(교양)과 努力"(노력)이 "사람다움을멘든다는 것"을 알아차렸고, 그래서 "말을 삼가고, 몸가짐을 똑바로 하고, 성을 내지 말고, 和平(화평)한 얼골을 지니고, … 責任(책임)을 重(중)히 녁히고" 등 열심히 그 교양을 쌓기 위한 노력을 "繼續"(계속)하였지만, 그 모든 것이 "허사"(虛事)였고, "나는

42 이경 엮음, 『이신 목사 유고 목록』, 미간행, 2021에 수록.

여기서 信仰(신앙)을 떠난 道德的(도덕적) 修養(수양)이란 것이 헛된 것임을 깨달았다"라고 적고 있다.[43]

이러한 자각 이후 그는 성경 읽기를 계속했고, 마침내 신학 공부를 결심하게 되었다고 고백하는데, 당시 그가 '믿음'의 일을 "죄"와 "더러운 탐욕"에서 벗어나고, "天堂"(천당) 가고 "永生"(영생)을 얻는 일로 이해하면서 당시의 인습적인 언어로 단순하게 표현하고 있지만, 그의 믿음에 대한 추구는 일찍부터 시작되었다는 것을 뚜렷이 보여준다. 그것은 그가 삶에서 정녕 '진정성'[誠, authenticity]을 추구한 것이며, 그것이 이후 그의 여러 행보, 미술이나 시 등의 예술을 거쳐서 신학으로 전환하게 하였고, 거기서 현실의 교단과 교파 분리를 넘어서 순수한 '그리스도의 교회'로 환원하도록 했으며, 또한 그로부터 더 나아가서 모든 논리와 방법론, 인간적인 의식을 넘는 '초의식'과 '묵시', '초월'과 '환상', '카리스마' 등에 천착하도록 했다고 생각한다. 이것은 곧 진정한 자아와 그 내면, 실존적 자아에로의 집중이기도 하다. 이신은 일찍이 키에르케고르와 본회퍼에 대한 논문을 쓰면서 인간 '내면'에 대한 서구 문예 부흥기적 발견은 성서적 의미로는 거기서의 마음이 단지 내면생활을 의미하는 것보다는 "하나님과의 관계에서 본 '전체 인간'을 의미하는 것"이라고 지적하였다.[44] 즉, 더욱 전일적인 의미에서 우리 삶과 믿음의 진정성과 통전성[誠]을 추구하는 것을 말하는 것이고,[45] 그가 계속해서 놓지 않는 '한국적', '한국인'이라는 화두도 같은 맥락의 관심이었다

43 같은 글.

44 李信, 『슐리얼리즘과 영(靈)의 신학』, 192쪽.

45 이은선, 『한국 여성조직신학 탐구-聖·性·誠의 여성신학』, 대한기독교서회, 2004, 37쪽 이하.

고 본다.

3-2. 하느님[神] 존재 증명

이신이 소천하기 2년 전인 1979년에 묶은 것이긴 하지만, 그 원고는 원래 20여 년 전인 5·16 쿠데타 앞뒤의 시간에 부산 문화방송국에서 설교한 방송 원고였다. 그것이 "산다는 것·믿는다는 것"이라는 제목의 설교집으로 나왔다.[46] 이 제목에서도 잘 드러나듯이 이신에게서 제일 관건이 되는 것은 '인간이 어떻게 사느냐'의 물음이었고, 그 일에 대한 답에서 '하나님', '믿음', '주체성', '창조성' 등이 제일 관심이었다. 이신은 그의 첫 설교문으로 나온 "사람되는 것"에서 "우리들 눈앞에 현실적으로 손해가 있더라도 우리가 사람 되자는 데 손해를 입어서는 안 된다. 나날의 우리들의 활동과 경험이 어떻게 하든지 우리가 사람 되는 데 조금이라도 도움이 되는 일이 아니고는 여하한 구실을 붙이더라도 그것은 손해다"라고 말하며,[47] 결국 그에게 현대의 세속과 물질과 과학의 무신론의 시간에서도 왜 하느님과 신앙이 필요한가 하면 바로 우리의 '사람 되기'와 '삶'을 위해서라고 밝힌다.

그는 책의 2부 격인 「믿는다는 것」 부분으로 들어가서는 "하나님은 존재하는가"라는 근본적인 물음을 그 짧은 설교에 담고자 했다. 그러면서 돌멩이와 식물, 동물, 그리고 인간의 존재 방식이 서로 엄연히 구별되는 것을 지적하고, 돌멩이는 '공간', 식물은 그에 더해서 '생명'의 존재 여부에 관계되며, 동물과 인간의 경우는 더욱 "복잡 미묘"해서, 특히 사람의 경우는 "정

46 李信, 『산다는 것·믿는다는 것』, 기독교문사, 1979.
47 같은 책, 13쪽.

신적인 요소가 구비되어야" 참으로 그가 존재한다고 규명할 수 있는 것처럼, "하나님의 존재 여부"를 논할 때는 "인간의 감각의 세계에서 포착될 수 있는 그런 존재로 오해"해서는 안 된다고 강조한다. 그러면서 "사람들이 자기가 낳게 된 어머니의 출처를 볼 수 없듯이 지음을 받은 인간은 그 지음을 받게 된 궁극(窮極)을 절대로 볼 수는 없는 것이다"라고 하며, 하느님의 존재를 바로 인간의 '선험적인 존재 조건'(conditioned being)으로 제시하고자 한다.[48] 이러한 이신의 사고는 오늘 한국에서도 많은 주목을 받는 서구 여성 정치철학자 한나 아렌트가 인간이 모든 것의 척도로 등장하려는 세계소외(world alienation)와 지구소외의 현실에서 인간 모두는 '누군가에 의해서 탄생되었다'라는 사실의 "탄생성"(natality)의 조건을 들어서 인간이 조건 없는 존재가 아니라 "조건 지어진"(conditioned) 존재라는 것을 상기시키는 방식을 생각나게 한다.[49] 이신은 같은 글에서 이렇게 탄생한 조건적 존재로서 인간이 "그 지음을 받은 감각을 가지고 볼 수 있는 존재라면 하나님은 결코 만물을 그리고 특히 인간을 창조하신 궁극적인 하나님은 될 수는 없는 것이다"라고 명시한다.[50]

---

48 같은 책, 209쪽.

49 한나 아렌트, 『인간 조건』, 이진우, 태정호 공역, 한길사 2001, 54쪽, 이은선, 「21세기 인류 문명의 보편적 토대로서의 誠과 孝-오늘 우리 삶을 정의롭게 만들기 위한 토대로서의 孝」, 곽진상, 한민택(편), 『빛은 동방에서-심상태 몬시뇰 팔순기념 논총』, 수원가톨릭대학교출판부, 2019, 583쪽 이하. 이 책에서 II부 두번째 글로 가져왔다.

50 李信, 『산다는 것·믿는다는 것』, 13쪽.

3-3. N.베르댜예프의 경우와 인격으로 살아 계신 하느님

서구 근대 자본주의와 공산주의(사회주의)가 모두 그 내면에서는 한결같이 "유물론적 무신주의"일 뿐이라고 갈파해낸 베르댜예프는 그 무신론의 비인간성과 허무를 극복하기 위한 번민과 투쟁에서 "인격주의"(personalism)를 제안한다. 그러면서 인간 내면의 정신과 자유의 원리로서의 '인격'(personality)을 이 무신성 시대에서의 참된 초월(Transcendence)로 밝히고자 했다. 하지만 그는 현실에서 그 인격은 동시에 신적인 "보증"(guarantee)이 필요하다고 말하면서 다시 '神'(신, God)을 끌어들인다.[51] 그 가운데서 그에 따르면, 자신의 인격주의가 일반 휴머니즘과 다른 것은 후자는 인간의 본질에 오히려 충분히 주목하지 못하여 거기서의 인격의 형상이 단지 인간적 형상만이 아니라 동시에 '신의 형상'(Imago Dei)도 포괄하고 있는 "신적-인간성"(divine humanity)이라는 것을 파악하지 못한 것이라고 한다. 그에 반해서 자신의 인격주의는 인간 인격이 "신적-인간적"(divine-human) 인격일 때만 참된 인간적인 인격일 수 있다는 신비와 역설, 모순을 받아들이는 것이라고 일갈하는데,[52] 그래서 그의 인격주의는 전통의 신 또는 신의 형상, 신적 보증이라는 언어를 그 전통적 한계에도 불구하고 다시 가져온다고 밝힌다. 나는 이신도 이와 유사한 방식으로 자신의 '영의 신학'(神學)을 전개했다고 생각한다.

이신은 무신성의 시대에 '신학 한다는 것'의 위험성을 "신학이라는 아카

---

51 니콜라스 A. 베르댜예프, 『노예냐 자유냐』, 35쪽.

52 같은 책, 57-58쪽; 이은선, 「'사유와 信學' 5, 참된 인격주의와 휴머니즘의 차이는 무엇인가?」, 《에큐메니안》, http://www.ecumenian.com/news/articleView, 2021.04.04.

데미즘에 빠져 버리는 일"이라고 직시했다. 그래서 키에르케고르나 본회퍼가 했던 것처럼 다시 기독교 신앙의 역동성과 창조성을 회복하기 위해서 제안한 방식이 "영의 신학"이다. 그것은 "하나님은 영(靈)이시다"라는 말로 하느님의 두 속성, 즉 하느님의 '살아 계심'과 '창조적 역동성'을 대표적으로 밝히기 위한 것이다. 이신은 그것을 여러 가지 이름으로 표현하고 전개하였다. "슐리얼리즘의 신학"이나 "카리스마적 신학"이 그것들이고, 그는 미국 유학으로부터 귀국해서 1981년 12월 17일 급작스러운 소천까지 10여 년 동안 여러 번의 시도로 그의 역동적인 신론을 좀 더 구체적으로 밝혀보고자 시도했다. 하지만 충분히 전개하지 못하였다.

먼저 장정판의 줄이 처져 있지 않은 두꺼운 노트에 쓰인 첫 번째 글은, 1974년 1월 14일 날짜로 "슐리아리즘의 神學"(신학, Theology of Surrealism)이라는 제목으로 "意識(의식)의 鈍化"(둔화)라는 항목에서 5번까지 써 내려갔는데, 다음과 같은 첫 문단으로 자신의 영의 신학이 무엇을 지향하는지를 가늠하도록 한다:

> 슐리아리즘(Surrealism)의 神學(신학)은 日常生活(일상생활)에서 쓰는 意識(의식)은 한갓 쓰다남은 쓰레기에 불과하다고 말하드래도 무방하다고 생각하지마는 그러면 쓰레기 아닌 意識(의식)은 무엇을 말하는가 하는 것을 찾아보는 학문이라 말할 수 있는데 이 쓰레기아닌 意識(의식)이란 것이 날개가 돛인 날짐생 같아서 잘 놓치기 일수이고 김[煙氣]처럼 잘 증발해버린다고나 할까 하는 것이니 어떻게 하면 이것을 붙들 것인가 하는 것인데 或者(혹자)는 이것을 無意識(무의식, unconsciousness)이라고 말하든지 이메지네이션의 領域(영역)이라고 말하드래도 될것이지마는 이것을 옳게 捕捉(포착)한 사람은 〈영원을 向(향)해서 열린 門(문)〉이라고 말하든지 〈啓示(계시)〉라고 해도 무

방하다고 말하는 것보다 더 深刻(심각)한 意味(의미)에서 쓰레기 아닌 의식이 라고 말한다.[53]

두 번째 서술의 숡리얼리즘의 신학은 유사한 종류의 새 노트에 "숴르리어리슴의 神學(신학) 李信(이신) 씀 1980年 2月 14日"이라고 적혀 있으니 소천하기 전 1년 반 정도의 시점에서 시작한 것이다. 그 첫 페이지에 "緖論"(서론)이라고 쓰고, 행을 바꾸어서 "쉬르리어리슴의 神學(신학)의 言語"(언어)라는 제목 아래 그는 맨 먼저 "쉬르리어리슴의 神學(신학)은 한마디로 말해서 靈(영)의 神學(신학)이다"라는 선언을 앞세운다.[54] 그러면서 다시 더 나아가서 "앞에서 靈(영)의 神學(신학)이라고 했지만 실은 또 靈(영)의 목소리를 붙잡으려는 神學(신학)이다라고 말하면 좋을 것이다"라고 언술하는데, 나는 이 문장에서 이신이 자신의 영의 신학을 통해서 어떻게 하느님이 '살아 계신가'를 말하려는 지향이 참으로 적실하게 드러나고 있다고 여긴다. 왜냐하면, 여기서 그는 "목소리"를 말하는데, '목소리'란 참으로 개별적이고, 현존적이며, 실존적이어서 하느님을 영으로서 만나고, 목소리로서 만날 때는 그는 살아 계시지 않으면 안 되기 때문이다. 목소리를 알아차린다고 하는 것은 "인격의 그윽한 데 숨어 있는 심정"(heart)을 나누는 것이기 때문에 그것은 곧 너와 나와 내밀하고 구체적인 '실존의 관계'(pro me)에서 소통하는 것을 말한다. 그러므로 거기서의 하느님은 어떤 부동의 관념이

53 이 글은 2011년 나와 동생 이경이 도서출판 동연에서 새로 펴낸 李信, 『슐리얼리즘과 영(靈)의 신학』의 210쪽부터 실려 있다. 이 책에서는 원래 이신이 표기했던 한글 맞춤법이나 띄어쓰기 등을 오늘의 독자가 편하게 읽도록 고쳤지만, 이번 논문에서는 되도록 이신이 썼던 원본 그대로의 표기를 가져오고자 한다.

54 같은 책, 216쪽.

나 실체론적인 존재로서의 하느님이 아닌 것이다. 그는 '살아 있는' 하느님, '영'으로서의 하느님, 그래서 '목소리'로서 말 걸어오고, 따뜻한 인간적인 색조의 목소리와 어머니나 어린애들을 부르는 소리 같은 친밀성으로 다가오시는 하느님을 말하고자 한 것이다.[55]

이신은 더 전개되는 서술 속에서 '소리'와 '언어', '말', '목소리' 등을 구분하면서 "목소리"야말로 단순한 소리나 형식적인 언어(Sprache)가 아닌 참된 사람의 "말"(Rede)이 되어서 진정한 실존적 소통과 관계를 가능하게 한다고 적시한다. 그래서 그에게는 사람의 목소리가 진정한 영의 소리, 언어의 "초월적인 층"과 "초월적인 면"을 담지하는 언어가 되는 것이다.[56] 이신이 잘 지적한 대로, 아닌 게 아니라 오늘 우리 시대의 상황을 보면 한편으로는 소위 영에 취했다고 하고 매우 영적이라고 주장하는 사람들이 바로 여기 이곳에 함께 하는 사람들에게는 관심이 없다. 대신에 저 멀리 높은 곳, 아니면 혹시 죽음 이후에나 간다고 하는 저세상에만 관심하는 모습을 보이니 그들이 자신들은 참으로 영적인 삶을 살고 있다고 하지만 실제로는 영의 목소리를 듣지 못하는 것이라고 할 수 있다. 또 다른 한편에서는 옆에 다른 사람의 몸과 목소리가 있어도 오늘날 사람들은 온통 그 관심과 시선을 스마트폰이나 TV, 컴퓨터 등, 기계나 생산물에 두고서 정작 '사람'이나 '옆 사람'의 목소리는 듣지 못하고 산다. 그래서 여기서 이신이 말한 대로, 우리 시대에 사람의 표정이 들어가고, 개인적인 사정과 톤이 담긴 목소리는 점점 소외되고, 그 안에 담지되어 있는 심정을 알아채고 듣는 일이 점점 어려워지니 진정 사람의 목소리와 이웃의 목소리를 영의 소리, 초월의 소리로

55 같은 책, 218쪽.

56 「소리, 연어, 목소리」, 〈李信 詩集 돌의 소리〉, 이경 엮음, 동연, 2012, 158-159쪽.

듣는 일은 드물어진다.

앞의 베르댜예프는 그의 『노예냐 자유냐』에서 "존재에 대한 인간 노예성"과 "신에 대한 인간 노예성"을 아주 잘 연결해서 밝혀주었다. 그에 따르면 서구 형이상학은 모두 '존재론'이 되려는 추구이다. '변화란 없다'라는 유명한 말의 파르메니데스나 플라톤의 이데아론은 모두 초월 또는 神(신)을 '존재론'(ontology)으로 표명하기 위한 구상이다. 서구 중세로 넘어와서 신의 존재 증명에 대한 긴 논쟁과 그러한 존재론적 사고의 극단인 '유명론'(唯名論, nominalism)은 생명을 존재론화하고, 대상화하며, 객체화하려는 존재에 대한 인간 노예성의 적나라한 표명이라고 밝힌다.[57] 인간의 존재에의 노예성은 기독교 성서 전통에서 선악과 설화도 잘 전해준다. 거기서 인간은 자신 삶의 선험적 조건인 선악과를 따먹음으로써 자기 존재를 영속화하려 하고, 또한 아벨과 가인 이야기도 가인의 도시 문명은 과거에 한 번 이룬 것을 도시의 문명으로 영속화하려는 욕망이었기 때문에 살아 계신 하느님은 그의 제사를 용납하지 않는 것으로 해석할 수 있다.[58] 이렇게 존재에의 노예성은 하느님과 그 형상을 입은 인간 정신을 똑같이 살아 있는 영과 자유, 실존과 창조의 힘으로 보기보다는 과거의 결정론과 실체화된 일반자, 관념적인 필연과 고정불변의 원칙으로 보고자 한다. 이러한 존재에의 노예성이 구체적으로 신에게 적용되어 표현된 것이 특히 '의인(擬人)신론'(신인동형론, anthropomorphism)이나 '의사회신론'(擬社會神論, sociomorphism)으로 나타난다고 베르댜예프는 지적한다. 여기서 의사회신론은 절대적인

---

57 니콜라스 A. 베르댜예프, 『노예냐 자유냐』, 97-99쪽.

58 이은선, 「'사유와 信學' 6, 존재에 대한 인간의 노예성과 자유」, 《에큐메니안》, http://www.ecumenian.com/news/articleView, 2021.04.18.

신론을 사회계급적인 관점에서 규명하려는 논리로서 특히 서구 기독교적 신에 대해서 알고 있는 대부분 개념, 즉 주인(Master)과 왕, 상전과 지배자, 가부장 등과 같은 개념이 그것인데, 베르댜예프에 따르면 신은 결코 상전이 아니고 지배자가 아니며, 그러한 주인과 노예의 관계에서 드러나는 권력의지는 결코 신의 속성이 아니다. 대신에 "자유"이고, "해방자"이며, "자유의 감정"을 주는 자이지 "굴종의 감정"을 주지 않는다. 그런 맥락에서 베르댜예프는 다음과 같이 갈파한다:

> 하느님은 존재한다. … '나는 존재한다'라는 말에서 주요한 역점은 '나'에게 있는 것이지 '존재한다'에 있지 않다. 나와 인격은 범주적 사유의 결과인 '존재'보다도 더 우선적이다.[59]

2-4. 이신의 슐리얼리즘의 신학(神學)과 한국 신학(信學)

이렇게 정신과 자유, 주체와 행위로 만나는 神(신)은 이신의 언어로 하면 한마디로 "살아 계신 영이신 하나님"이다. 이신은 그 하느님을 만난 사람들의 언어를 "새 술에 취한 사람들"의 언어라고도 하며, 예수 당시 가까운 가족이나 제자들까지도 예수의 말을 잘 이해하지 못한 것처럼 그렇게 "괴이하게" 들리고, 말하는 사람들도 "사실 말이지 … 言語(언어)의 語法(어법)에 매여서 자기가 할 말을 다하지 못하는 경우가 너무나 많다"고 말한다.[60] 하지만 이신은 한 가지 방법을 알려준다. 슐리얼리즘의 방식으로, "左右間(좌

59 니콜라스 A. 베르댜예프, 『노예냐 자유냐』, 100쪽.

60 李信, 『슐리얼리즘과 영(靈)의 신학』, 192쪽.

우간) 쉬르리어리슴은 자기의 마음을 털어놓아야 한다"라고 말하는데, 그러나 곧 이어서, 또 "마음을 털어놓기 싫으면 싫은 대로 表現(표현)하면 되는 것이고 그렇게 하면 마음을 털어놓지 않으려는 그 마음이 表現(표현)된 것이니 그것으로 족하다"고 한다.[61] 그의 표현대로 참으로 "알송달송"하고 난감하다. 그래서 이신도 "사실은 쉬르리얼리슴(Surrealism)이란 참으로 〈主義(주의)〉라고 하기에는 너머 한계가 넓고 媒介體(매개체)라기에는 너머 부끄러움을 타기를 잘하기 때문에 이렇다 저렇다 말하기 어렵다고 할 것이나 〈靈(영)의 목소리〉를 전달하는데 다른 도리가 없다고 생각된다"고 고백한다. 그에게 있어서 시대의 무신성에 맞서고 비인간적 기계문명을 넘어서기 위해서는 어떻게든 하느님이 '살아 계시다'는 것을 밝히고, 그가 '목소리'로서 우리에게 다가오신다는 것을 알아듣도록 해야 하지만은, 그러나 "이 세상에 아무리 正確(정확)한 文法(문법)이 있다 하드레도 〈목소리〉를 表現(표현)하는 文法(문법)은 없다. … 원래가 슐리얼리즘의 신학은 超現實(초현실)의 方法(방법)인데 사실은 方法(방법)이 없다는 말로도 말할 수 있는 것이다. … 超現實(초현실)의 方法(방법)은 方法(방법)이 아니다"라고 고백할 수밖에 없도록 만든다.[62]

나는 여기서 이러한 모든 설왕설래가 결국 이신의 '영의 목소리의 신학'이 마침내 맞닥뜨리는 문제는 다른 것이 아니라, 바로 우리 '인식'과 '의식'의 문제, 즉 그것은 이제는 우리가 어떻게 神(신)을 말하고, 무엇으로 神(신)의 이름을 정하느냐의 문제가 아니라 그와 같은 목소리를 들을 수 있는 우리 '마음'과 '정신'이 문제라는 것, 우리가 그것을 살아 있는 하느님의 언어

61 같은 책, 217-218쪽.

62 같은 책, 219-220쪽.

로 알아차리고 그것을 믿고 따를 수 있는 '믿음'과 '신뢰'의 문제라는 것을 드러내 주는 일이라고 본다. 또다시 말하면, 이신에게도 결국 하느님의 문제, 신 존재의 물음, 그의 살아 계심의 실존성의 문제는 다름 아니라 바로 '믿음'[信], 우리의 인식과 의식의 문제(의식의 둔화)이고, 그것은 이제 영이라는 언어로 하느님을 참으로 포괄적이고 "알송달송"하게 표현하고 있지만, 그 언술의 바탕에는 우리 믿음과 언어, 말, 그것을 알아채고 그의 심정을 파악하여 다시 인간답게 대답하고 응대하는 것 등의 '신학'(信學)에 대한 의문이 놓여 있다는 것을 보여주는 것이라고 생각한다. 그래서 이제 우리 시대는 더는 '신학'(神學)이 아니라 '신학'(信學)이 관건이라는 것이고, 따라서 오늘의 신학(神學)은 더는 직접적인 '神(신)-이야기'(God-Talk)가 아니라 '신학'(信學), '우리의 믿음에 대한 학'으로 거듭나서 여기 지금의 '인간다움'[仁], 정의롭고[義], 착하게[禮] 사는 인간 행위[智]에 대한 '인학적'(仁學的) 물음으로 새롭게 태어나는 일임을 밝혀준다.[63]

그런 의미에서 한국 여성 토착화 신학자로서 나는 우리 시대를 위한 새로운 신학의 모형으로 제안하고자 하는 '한국 信學'(신학, Korean Feminist Integral Studies for Faith)이 그의 슐리얼리즘 신학에 깊게 연결되는 것을 보고,[64] 이 점에서 아버지 이신의 슐리얼리즘과 카리스마적 영의 신학이 새로

---

63 이은선, 『사유하는 집사람의 논어 읽기』, 도서출판 모시는사람들, 2020, 8쪽 이하.

64 나는 2018년 2월 재직하고 있던 대학을 조기 명예퇴직하면서 '한국 신학(信學)'에 대한 구상을 언표했었다. 또한 2020년 7월 14일 '한국信연구소'를 개소하면서 그 개소의 변으로서 더욱 분명하게 이신 사상과의 연결을 말했고, '한국신학'(信學)에 대한 구상을 밝혔었다. 이것은 일종의 '한국 여성 통합학문적' 구상으로서 초월과 인간과 우주의 미래적 삶을 매우 불이적(不二的)으로 전일적이고 통전적인 시각에서 파악하여 어떻게 우리 삶이 참된 믿음과 신뢰의 삶(誠·敬·信)으로 거듭날 수 있을까를 탐구하는 기도라고 말할 수 있다. 이은선, 『세월호와 한국여성신학-한나 아렌트와의 대화 속에서』

운 한국적 토착화신학, '한국 信學'(신학)으로 전개되는 일을 탐색한다;[65]

> 그런데이목소리를듣는다는것이중요한일이고그렇기때문에카리스마적해석학'이란이목소리를풀이하는것이아니라이목소리를어떻게하면들을수있는냐하는문제인데더말하자면요즘사람들은'어떻게'란말을하면곧장방법론을생각하는데그것은기술사회가가져온의식의오염으로서소위말하는방법론이아니라실존적인것으로근원적인것과생명적인것은인간이만드는것이아니고창조자의소관으로서누가이것에대해서감히왈가왈부할수있단말인가.[66]

나는 한국 信學(신학)과 관련해서 여기서 특히 한국사상 전통 속의 조선 신유학자 퇴계 선생을 생각한다. 그는 16세기 조선의 학문을 신유학으로 꽃피우면서 바로 한국사상이 중국의 것과는 달리 오랜 고유성으로 가꾸고 일구어 온 '궁극'[太極 또는 理]의 '살아 있음'[生]과 '인간 중심적 관점'[心學], 그리고 그 생동성과 창조성, 주체성[活理]의 시선으로 유학의 새로운 차원을 열고자 했다. 그것을 지금 우리가 살펴보는 이신의 언어로 하면 "살아 계신 하나님"을 밝히려는 의미와 같은 것이라고 나는 본다. 이것은 앞에서 보았듯이, 이신이나 베르댜예프가 강조한 살아 계신 하느님과 정신과 영,

---

, 동연, 2018; 이은선, 「한국적 聖·性·誠의 믿음의 통합학을 지향하며」, 〈한국信연구소를 열다-개소식 및 출판기념회 기록집〉, 한국信연구소 현장(顯藏)아카데미, 비매품, 2020.8.30. 이 책에서 제3부 4장의 글로 가져왔다.

65 여기서 내가 이미 여러 기회에 밝혔듯이 이신 신학의 근본적 물음이 '신학'(信學)과 '인간학'(仁學)에 대한 것이라고 보아서 한편으로 "통합학문으로서의 한국 교육철학"을 말해온 나로서 이신의 신학은 어쩌면 '한국적 인지학(仁智學)'으로도 이야기할 수 있을지 모르겠다는 생각이다. 이은선, 『통합학문으로서의 한국교육철학』, 동연, 2018.

66 李信, 『슐리얼리즘과 영(靈)의 신학』, 262쪽.

자유와 주체로서의 신(神)이 전통적인 서구의 존재론적 의사회신론적 신(神) 이름보다는 동아시아 전통의 역(易)이나 무극, 태극 등으로 표현하는 것이 훨씬 더 적실하다는 의미에서도 그러하다. 그에 대해서 그 '생생지위역(生生之爲易, 낳고 살리는 것이 역이다)'의 역(易) 우주론인 「태극도(太極圖)」에 관한 연구에서도 퇴계는 중국의 주렴계(周濂溪, 1017-1071)나 주희(朱熹, 1130-1200) 등과 구별되게 태극을 훨씬 더 인간학적으로 살아 있는 인격적 '하늘의 명령'[天命]에 집중하는 방식으로 전개시켰다는 점에서도 그러하다(퇴계의 「天命圖」 또는 「天命新圖」).[67] 퇴계 선생은 그의 「천명신도(天命新圖)」가 왜 중국 주렴계의 「태극도」와 일체의 방위가 서로 반대로 그려져서 왼쪽이 음이 되고 오른쪽이 양으로 되며, 앞뒤가 서로 바뀌었는지를 묻는 물음에 대해서 "이것은 방위를 바꾸어 놓은 것이 아니고, 다만 보는 사람이 그림에 대하여 손님[賓]의 위치에서 보는가, 주인[主]의 위치에서 보는가의 차이가 있을 뿐이니…"라고 답변하였다.[68] 곧 그 이전의 여러 도(圖)는 대체로 천(天)을 중심으로 세계를 내려다보는 입장에서 그려진 반면, 자신의 「천명신도」는 인간이 이 세상에서 천명(天命)을 우러러 보는 관점의 것이라고 밝힌다. 참된 주체와 인격의 발견을 말하는 것이다.[69]

이렇게 퇴계 선생은 하늘의 명령을 받는 존재로서의 인간을 우주의 중심으로 놓는 「천명도(天命圖)」를 통해서[70] 자신의 궁극 이해와 세계와 인간 이해인 '리기론'(理氣論)을 심화시켜 나가면서 거기서의 궁극[理]을 더욱 더 살

67 金鍾錫, 『퇴계학의 이해』, 일송미디어, 2001, 113쪽 이하.

68 "滉曰, 不然, 此非方位之易置也, 第因觀者之於圖, 有賓主之異耳."(『退溪集』 권 41. 「天命圖說後敍附圖」, 金宗錫, 앞의 책, 115쪽에서 재인용.

69 같은 책, 115쪽.

70 이황·이광호 옮김, 『퇴계집-사람됨의 학문을 세우다』, 한국고전번역원, 2017, 223쪽.

아 있는 "능동적 생명력"[活理]으로 알아 갔다.[71] 그는 우리가 많이 들었듯이 58세의 노대가(老大家)로서 33세의 신진학자 고봉 기대승(奇大升, 1527-1572)과 더불어 이신의 언어로 하면 '필사적'인 또는 '필생적'인 논의를 통해서 자신의 리(理, 하늘 또는 하느님)에 대한 이해가 그동안 너무 전통적 존재론의 테두리에 갇혀 있었다는 것을 발견했다. 그러면서 거기서 나와 온 우주의 생명과 창조 원리로서 각 사람의 마음속에서 활발히 역할하는 '리(理)의 역동성'[理動說]을 더욱 인식하기에 이른다. 그로부터 구성된 것이 그의 유명한 '호발설'(互發說), 즉 "사단은 리가 발동하나 기가 따르고 있으며, 칠정은 기가 발동하나 리가 타고 있다"[但四則理發而氣隨之, 七則氣發而理乘之耳]이다:

> 전에는 (나는) 단지 本體(본체)의 無爲(무위)함만을 알고 妙用(묘용)이 능히 드러나 행할 수 있음을 알지 못했으며, 거의 리(理)를 죽은 것(死物)으로 생각하기까지 했다. 도를 떠남이 또한 멀고 심하지 않았는가!"[72]

이러한 퇴계 선생이 참다운 사람[聖人]이 되는 성학 공부[聖學之道]의 핵심 방식을 그와 같이 '살아 있는 초월'[理兼動靜]을 "내가 그 앞에서 대면하고 있는 상제"[對越上帝]로 여기며 그에 대한 지극한 '존숭과 경외'[敬]를 핵심으로 삼은 것은 바로 그 "지극히 신묘한 작용"[至神之用]의 궁극과 초월(하느님)에 대한 깊은 종교성과 영성이 표현된 것이라고 할 수 있다. 20세기 한국 기독교 신학자 이신의 슐리얼리즘의 신학은 그의 영으로서 살아 있는

---

71 최봉근, 「退溪의 '天命圖說'에 비친 理의 全一的 生命性」, 『陽明學』, 한국양명학회(11), 2004.2, 257-285쪽.

72 『퇴계선생문집』 권18, 「答奇明彦別紙」, 최봉근, 같은 글, 274쪽에서 재인용.

하느님의 목소리를 들으려는 자세를 다른 언어로, 그러나 매우 유사한 초월에 대한 경외를 다음과 같이 그려준다:

> …사실 靈(영)의 世界(세계)에서는 人間(인간)의 現實的(현실적)인 方法(방법)이 盡(진)해버리고 하나님 앞에서 두 손 번쩍 들었을 때 하나님은 비로소 움직이시는 분이시기에 普通(보통)으로 생각하는 意味(의미)로서의 方法論(방법론)은 안 되고 方法論(방법론) 없는 方法(방법)이랄까 또는 方法(방법)이 完全(완전) 끊긴 그런 神學(신학)이라고도 말할 수 있는데 元來(원래)가 쉬르리얼리슴의 神學(신학)은 超現實(초현실)의 方法(방법)인데 사실은 方法(방법)이 없다는 말로도 말할 수 있는 것이다. … 超現實(초현실)의 方法(방법)은 方法(방법)이 아니다.[73]

> 事實(사실) 말이지 사람이 참으로 이룬 일 중에 〈祈禱(기도)〉 없이 이룬 일이란 없는 것이고 〈祈禱(기도)〉 없이 이룬 일이 참으로 이룬 일이 못 되고 또 이루었다고 해도 그것은 허무한 데 도라갈 수박에 없는 것들이다(라)고 말할 수 있는데….[74]

---

73 李信, 『슐리얼리즘과 영(靈)의 신학』, 220쪽.
74 같은 책, 220쪽.

4. '신뢰의 그루터기'—이신의 예수와 한국 인학(仁學, humanology)

4-1. 한국 그리스도의 교회 환원 운동과 이신

주지하다시피 이신은 한국전쟁 와중에서 전라도 광주 지역에서 일고 있던 그리스도 성령 운동을 접하여 '그리스도의 교회'로 환원하였다. 이러한 이신의 신앙적 전환과 이후의 행보에 많은 영향을 끼친 김은석(金銀石, 1902-1963) 목사는 이신의 소개에 의하면 "기도의 사람이요 영감적인 사람"이었다. 그는 일제강점기 기독교 신앙에 입교하면서 중국 등지에서 전도하였고, 태평양 전쟁 말기에는 일본에 가서 노동하고 전도하며 한인들의 저항의식을 고취시켰다고 한다. 그는 "한국의 바울"로 불릴 정도로 전국을 다니며 성경 공부와 전도에 열심이었는데, "경천애인"(敬天愛人)이라는 말을 무척 좋아하여 자신의 성서 연구를 "경천학"(敬天學)으로 했다가 다시 "성령으로 거듭나는 체험의 장이라는 의미로" "신화신학"(神化神學)으로 개명했다고 한다.[75] 이신은 그에게서 큰 영적 체험과 감화를 받고 감리교회에서 나와서 '그리스도의 교회'로 환원했고, 목사 안수를 받으면서 자신의 이름을 '李信'(이신)으로 개칭했다. 그가 미국 유학에서 귀국해서 1974년경에 쓴 「한국 그리스도의 교회 환원운동의 전개」에 보면, 그는 한국 그리스도의 교회 출발이 한국 가톨릭 교회처럼 외국 선교사들의 선교 활동으로 된 것이 아니라 매우 자생적으로 자발적인 의식에서 시작된 것이었다고 강조한다.[76] 그런 의식 있는 한국 그리스도인 중에 이신이 첫 번째로 소개하는

75 http://kccs.info.bbs.tb.php.persnon in 김은석 목사 자료모음 코너.

76 李信, 『슐리얼리즘과 영(靈)의 신학』, 341쪽.

동석기(董錫琪, 1881-1971) 목사는 환원 전에 감리교 목사로서 3.1운동 당시 33인 중 첫 서명자인 오산학교 창시자 이승훈(李昇薰, 1864-1930) 계열의 독립운동가로 구분될 정도로 독립운동에 투신한 인물이었다.[77] 또 다른 성낙소(1890-1964) 목사도 동학당 출신의 독립운동가로 조국의 주권 회복과 관련하여 군사 훈련이 가능할 것으로 보고 기독교 신앙을 구세군에서 시작한 순수하고 주체적인 '기독교회'를 개척한 사람이었다.

이렇게 이신이 매우 강조하는 신앙의 주체성이란 바로 하느님의 살아 계심에 대한 직접적인 응답이었다. 한국 그리스도의 교회는 그와 같은 의식에서 매우 주체적인 의식에서 개교회주의적으로 전개되어 왔고, 그런 맥락에서 일제강점기 태평양 전쟁 때 조선 총독부가 조선의 모든 교회를 통째로 '일본 기독교 조선교단'에 가입시켜서 신사참배를 강요하자 그리스도의 교회는 자신들은 하나의 교파가 아니고 오히려 신약 시대의 참 교회를 지향하는 사람들이기 때문에 어떤 인위적인 단체에도 가입할 수 없다고 버텨서 신사참배를 면할 수 있었다고 한다.[78] 이신은 이러한 살아 계신 하느님에 대한 순수한 믿음의 환원 운동에 함께한 후 김은석 목사의 성경사경회 여행에 동행하면서 참된 신앙의 전파를 위해서 애썼다. 이후 그는 상황과 처지에 상관하지 않고 어떻게든 가르침의 자리를 마련해서 모든 종파적인 기원과 인간적인 교권적 권위를 버리고 순수하게 예수 그리스도에게로 귀의하는 "한국적 자각"의 교회를 세우자고 주창했다. 그 가운데서 그가 겪은 어려움과 고통, 냉대와 이단 시비 등은 이루 말할 수 없다.

---

77 2019년 3.1운동 백주년을 맞이해서 서울역사박물관에 전시된 〈3.1운동 계보도〉에서 내가 직접 확인한 것이다.

78 김홍철, 「한국 그리스도의 교회 성장사」, 한국목회대학원 석사학위 논문, 1986, 42-43쪽.

참된 그리스도의 교회에 대한 추구로 40세의 늦은 나이에, 어린 자식들과 아내를 두고 떠난 미국 유학을 마치고 그는 1971년 귀국하였다. 그중에서도 그는 앞에서 보았듯이 한편으로 전복적인 미의식과 예술 감각으로 그림 그리는 일과 슐리얼리스트 시운동 등을 하면서도, 다른 한편으로는 궁벽하고 여전히 한국 사회에서 이해받지 못하는 그리스도의 교회 목회자와 신학자로 살았다. 1973년 뜻을 같이하는 목회자와 평신도를 모아서 우선 그리스도의 교회가 당면한 현실적인 어려움을 공동으로 타개하고자 '한국 그리스도의 교회 연합회'를 결성하고자 했다. 그리고 다음 해 1974년 3월 25일 날짜로 「한국 그리스도의 교회 선언」을 발표한다.[79] 하지만 이 선언은 당시 그리스도의 교회 실권자이기도 했던 대한기독교신학교(현 서울기독대학)의 최윤권 목사 등이 1975년 또 다른 조직인 '한국 그리스도의 교회 교역자회'를 따로 구성하면서 현실화할 기회를 잃었다. 이후 한국 그리스도의 교회는 양분되었다. 이신은 더욱 극심해진 생활고와 여러 가지 어려움에도 불구하고 고투하다가 1981년 소천했으며, 그렇게 큰 뜻으로 시작된 '한국 그리스도의 교회'는 이후 오늘의 모습으로 남게 되었다. 그것은 하나의 작은 교파 교회로 전락한 모습이며, 그것도 극단적으로 보수적이고 미국 추종의 근본주의적 성서문자주의에 빠져서 매우 폐쇄적이며 몇몇 지도자들의 사적 욕심과 전횡에 휘둘리는 교회가 되어서 그 본래의 뜻이 크게 퇴색되었다. 참으로 안타까운 일이다.

---

79 李信, 『슐리얼리즘과 영(靈)의 신학』, 358-364쪽.

4-2. 이신의 하느님의 역사성과 '신뢰의 그루터기' 예수

이신의 영의 신학이 밝히고자 하는 하느님의 두 번째 속성은 그의 '창조성'이다. 하느님의 살아 계심이 진정한 것이라면, 그 살아 계심의 힘은 지금 이곳에 다양한 형태로 드러난다. 전통적인 기독교 성서의 언어로 하면 '말씀이 육신이 되었다'라는 뜻이 되어 이신 영의 신학의 '기독론'을 말하는 것이고, 더욱 포괄적이고 보편적인 세계 이해의 관점에서 보면 그의 인간 이해와 역사 이해가 어떠한가[仁學]를 여기서 볼 수 있다.

이신은 여러 곳에서, 이미 그의 초기 설교에서부터 '말씀'이라는 언어가 히브리어로 '다마르'라고 지시하며, 그것이 '행위' 또는 '사건'을 뜻하는 것이라고 계속 지적해 왔다.[80] 히브리 성서 〈창세기〉가 바로 말씀으로 세계를 창조해 나갔다고 하는 것은, 하느님이 바로 말씀이고, 그 말씀은 구체적인 창조력을 지니는 것을 보여주는 것이다. 또한 이신이 애독하던 신약성서 〈요한복음〉의 첫 문장이 하느님이 '말씀'이라고 밝히며 세상의 모든 것이 말씀으로 말미암아 태어난 것을 주창하듯이, 그렇게 하느님은 그저 가만히 있는 분이 아니고 저세상 어디엔가 부동의 초월로서, 또는 이념이나 관념의 추상으로서가 아니라 구체적으로 여기 이 시간 속에서 인간적 '언어'(말씀)로 말 걸어오시고 사건과 역사를 일으키시는 역동적 '창조자'이시며, 그럼으로써 이 세계를 바꾸어 나가시는 '역사적 행위자'라는 것을 밝히는 것이다. 그의 슐리얼리즘 신학은 '*ΛΟΓΟΣ*(로고스)'라는 제목 아래서 그렇게 하느님 초월의 급진적인 내재성과 창조성, 역사성(인간성)을 매우 성서적이면서도 동시에 보편적인 인문의 언어로 다음과 같이 밝혀주고 있다:

---

80 李信, 『산다는 것·믿는다는 것』, 283쪽.

> 말씀은 말씀에 머물러있는 한 그 實效(실효)가 아무것도 없다고 말할 수 있는데 그것은 항상 다른 곳을 向(향)해서 志向的(지향적)이기 때문에 그런데 우리가 〈말씀이肉身(육신)이됫다〉는 말씀만 想起(상기)해도 쉽사리 알 수 있다. 다시 말하면 말씀은 肉身(육신)의 方向(방향)으로 志向性(지향성)을 갖이는 것이고 또 그렇게 될 때 實效性(실효성)이 있다는 말이다. 〈말씀이 肉身(육신)이 된다〉는 것은 超現實的(초현실적) 事實(사실)의 具體的(구체적)인 事例(사례)인데 이것은 前無後無(전무후무)하게 PARADIGMATIC한 歷史的(역사적) 事件(사건)인데 事實(사실)은 이 事件(사건)처럼 〈말씀이 肉身(육신)이 되는〉 事件(사건)이 여기서 저기서 벌어져야만 하는데 이것은 言語(언어)가 言語(언어)로만 머물러 있어서는 안된다는 것을 단적으로 말하고 있는 것이리라고 생각한다.[81]

이신은 이러한 말씀 사건을 표현해 주려는 것이 슐리얼리즘이고, 그것을 다시 "NEO-TRAN-SCENDENTALISM"(신-초-현실주의)이라고도 표현한다. 그리고 다음과 같이 밝힌다:

> 여기는 超越(초월)이 있기는 있으나 그 前(전) 모양으로 먼데 있는 초월이 아니라 가장 가까운데 있는 超越(초월)이고 우리가 보고 들을 수 없는 世界(세계)에의 超越(초월)이 아니라 우리가 보고 듣고 만지면서도 우리가 意識(의식) 못하고 가장 가까이 있으면서도 먼 그런 것이다. 다시 말하자면 그렇게 멀리 떨어져 있는 世界(세계)가 아니라 내 눈앞에 보고 있는 事物(사물) 가운데서 그 絶對(절대)의 世界(세계)를 意識(의식)하는 것이고 또 다른 말로는 〈너

---

81 李信, 『슐리얼리즘과 영(靈)의 신학』, 221쪽.

희 안에 天國(천국)이 있느니라〉하는 그런 경지인 것이다고 말할 법한데 그것은 자칫하면 또 因襲的(인습적)으로 생각하기가 일쑤이기 때문에 여기서는 NEO-TRANSCENDENTALISM이라고 말하는 것이 무방하다.[82]

이렇게 '너희 안에 천국이 있느니라'고 하면서 이 세계 속에, 인간 내면 안에 하늘의 씨앗을 보는 이신은 그러므로 "인간의 언어는 역사적이 아닐 때가 있는데 그것은 한갓 공론에 그치는 그런 경우일 것"이라고 지적한다. 이 말은 여러 가지로 해석될 수 있다. 먼저 하나의 언술이 행해진 후 그것이 어떠한 사건이나 의미도 일으키지 못하는 경우 그 말은 단지 헛말에 불과하다는 것이고, 또 다르게 말하면, '역사적'이라는 말은 어떤 구체적이고 실효적인 일이나 사건이 일어났을 때만 그렇게 지칭할 수 있으므로 실효를 내지 않는 하느님이나 인간 말은 진정한 의미에서 그 본래성에서 빗나간 것을 지시하는 의미라고 할 수 있다. 이신은 〈이사야서〉 55장 10절을 들어서 "하느님이 기뻐하시는 뜻을 성취하고야 마는" 말씀에 관해 말하는데,[83] 그렇게 "산 역사적 현장으로서의 말" 또는 "산 목소리"로서 하느님의 인간성(언어성)과 역사성, 창조성을 강하게 강조한다.

그는 소천하기 1년 반 전인 1980년 6월부터 "카리스마적 신학"이라는 제목의 신학 연재 칼럼을 실었다. 그것은 당시 그가 강사로 나가고 있던 순복음신학교와의 인연으로 '순복음중앙교회청년선교회 카리스마 편집실' 발간의 『카리스마』 지였다. '카리스마'(charisma)라는 말 자체가 '은사'(恩賜) 또는 '은총'을 의미하는 데서도 드러나듯이 이신은 살아 계신 하느님이 구

82 같은 책, 222쪽.

83 같은 책, 227쪽.

체적인 은총의 힘과 능력으로 현현되는 것을 중시했다. 그래서 자신의 신학을 "카리스마적 신학"이라고 부를 정도로 궁극의 하느님이 여기 지금 이곳을 위한 구체적 은총이 되심을 강술하면서 오늘 우리의 무신성과 허무, 방향 없음과 무의미의 시대에 신앙의 역동적 창조성과 계시성을 더욱 분명하게 밝히고자 했다. 이신은 그런 가운데 인간이 언어를 만드는 것이 아니라 '말씀'에 의해서 인간이 지어졌고, '말씀'으로 인하여 그 실존이 조명되는 순차가 됨을 먼저 지적한다. 즉 앞에서 지적했듯이, 인간의 선험적 조건성으로서의 '탄생성'을 밝히는 것인데, 그래서 인간의 언어는 하느님의 말씀에 의해서 다시 언어의 힘을 회복해야 하고 제자리를 찾아야 한다고 강조한다.[84]

이신이 인간 역사가 하느님의 말씀으로부터 받은 가장 큰 은총으로 보는 것은 바로 예수 그리스도다. 이 예수 그리스도 사건은 하느님 자신이 육신으로 되신 사건으로서 하느님이 '인격적으로' 자신을 드러낸 사건, 그리고 그것도 '종의 모습'으로 '지극히 작은 자'의 모습으로 오신 것이 "인간의 어떠한 지혜로도 이해하기 어려운 역설"이라고 강술한다.[85] 이신의 예수 그리스도 이해는 그러나 보통 인습적인 기독교 교리에서처럼 어떤 형이상학적 본체론적인 유일회성 논란으로 가지 않는다. 그보다는 그 인격의 고유한 특성과 내용, 즉 낮은 자, 지극히 작은 자, 나중에 다시 갚을 것이 없는 자에게 베푸는 사랑을 통해서 하느님을 만나는 자, 마음이 청결한 자, 기도로 하느님의 얼굴을 뵙는 자 등의 인격의 구체적 내용을 말하고, 우리가 그

84 李信, 같은 책, 254쪽.
85 같은 책, 280쪽.

와 같은 예수의 "얼굴"(person)을 만나야 한다고 역설하는 의미이다.[86] 물론 이신도 '독생자'라는 개념도 쓰고, "'독생자-예수-하느님'을 통한 경험"이야 말로 "참다운 의미의 하느님을 뵙는 경험"이라고 말하기도 한다.[87] 그러나 나의 이해로는 이러한 자칫 배타적으로 들릴 수 있는 표현은 예수가 어느 정도로 하느님과 친밀한 '인격적인' 관계를 맺었는가를 밝히는 언어이지 어떤 존재론적 실체론의 입장에서 발언하는 언어는 아니다. 뒤에서 더 살필 것이지만, 그의 성령 이해로 가면 더욱 분명하게 그는 이 '역사적 예수'도 넘어서 영에 의해서 인도되는 하느님과의 만남을 강조하는 것을 볼 수 있다.[88] 다음과 같은 글에서 이신의 역사적 예수 이해에 대한 관점을 볼 수 있다:

> 그런하나님이나에게접근하실때에과거의족장들에게나모세에게나예언자에게나타나셨던것처럼나타나시는것이아니라또는역사적예수를통해서나타나신 것처럼나타나는것이아니라성령을통해서나타나는것인데이것은우리의인격의가장중심부에서작용하실뿐만아니라만물(萬物)가운데에서작용하시는데여기서중요한것은'주의영이계신곳에는자유함이있느니라.'(고후3:10)고한것이다."[89]

86 같은 책, 280쪽.

87 같은 책, 294쪽.

88 같은 책, 258, 272쪽.

89 같은 책, 272쪽. 아버지는 이 「카리스마적 신학」을 쓰실 때 모든 통상적인 한글 띄어쓰기를 해체하기를 원하셨다. 그래서 그렇게 쓰인 원고를 잡지 편집부에 주면 그곳에서 그대로 싣기도 했지만 때로는 독자들의 항의와 편집의 어려움 등으로 그러한 글쓰기 방식을 포기해 줄 것을 요구받았다. 그러나 아버지는 굽히지 않았고, 그래서 한두 호가 걸러지기도 했지만, 그때 편집부가 얼마나 힘들었고, 그 글을 오자 없이 싣는 일이 어떻

예수에 대해 이신이 강조하는 바는 그의 '인격성'이다. 인간의 언어와 삶 자체가 하느님의 말씀에 의해서 항상 조명받지 않고서는 그의 인간성을 유지 또는 고양할 수 없다고 보는 이신은 예수의 인격을 그 일을 기초적으로 가능케 해주는 "신뢰의 그루터기", 즉 근원적인 모형으로 보는 것을 말한다. 예수는 이 땅에서 '죽기까지(성실하게)' 하느님을 신뢰한 사람으로 살다 갔고, 진정 '다시 갚을 것이 없는 가난하고 작은 사람들'을 초대하고, 사랑하고, 그들을 위해서 목숨을 내어놓기까지 했는데, 이 예수의 모습이 참 인격, 참된 인간의 모습이라고 밝힌다. 이신에 따르면, 인류의 단 하나의 소망이 "하나님을 보는 것"일 터인데, 바로 그러한 예수에게서 구체적인 인격으로 나타나신 분이 하느님 자신이라는 것을 말하는 것이야말로 "그리스도교가 가르치는 가르침의 중심이요 본질적인 것"이면서 그것이 "그리스도교 최대의 역설"(逆說)이라고 지적한다.[90] 이것이 역설이지만 이 역설에 걸려 넘어지지 않을 때 참 인간이 되는 것임을 밝히려는 것이 그의 영의 신학이고, 카리스마적 신학이다. 이것을 이신은 다음처럼 분명히 한다:

> 하나님의영이야말로우리를인격의중심에서결단을올바로내리도록하시며또우리의사람됨'을조성하는근원적인힘이기때문에어떻게보면카리스마적해석학'이란우리를사람되게만드는일에또는우리를하나님의자녀답게하는데필요한문제를다루는일이라고말함직한데….[91]

게 힘들었을 것이라는 사실을 본다. 당시 발행인으로 강용옥, 주간은 박형선, 편집장에 홍성경, 편집인으로는 오복숙, 염두철, 정혜림, 고효선 등의 이름이 나와 있는데 감사한 마음을 표한다.

90 같은 책, 280쪽.

91 같은 책. 261쪽.

이신은 예수의 인격을 설명하는 마무리에서 “성실성”(誠實性)이라는 단어를 쓴다. 그런데 이 ‘성실’이라는 언어는 퇴계 선생이 그 사상의 마지막 총론이라고 할 수 있는 자신의 『성학십도(聖學十圖)』에서 인간 마음의 다섯 가지 원리와 덕인 ‘인·의·예·지·신’(仁·義·禮·智·信)을 설명할 때 바로 ‘인간성’[仁]의 마지막 열매인 ‘신’(信)을 설명하면서 가져온 단어이다. 즉 퇴계 선생은 ‘신’(信), ‘믿음’이란 우리 인격의 ‘실지리’(實之理)로서 우리 인간됨을 끝까지 성실하게 밀고 나가서 실효성 있는 인간됨의 ‘열매’[實]를 맺게 하는 힘으로 밝혔고, 그래서 그것을 “성실지심”(誠實之心)이라고 설명하신 것이다.[92] 나는 이러한 모든 연관성과 맥락에서 이신 영의 신학의 또 다른 이름이 다른 것이 아니라 바로 ‘인학’(仁學), ‘한국적 인학’이라고 할 수 있다고 여긴다. 그것은 이신이 하느님과의 관계란 모든 관계에서 “근원적 관계”[根源的關係]가 된다고 여기며, 다른 인간관계를 이어주는 “접착체”와 같은 것이라고 비유하고,[93] 거기서 예수는 바로 그 하느님과의 근원적 관계, 퇴계의 언어로 하면 우리 안의 “인간성”[仁]을 “끝까지 성실히 밀고 나간 성실의 인격”이라고 이해했기 때문이다. 그것으로써 예수는 우리에게 사람이 어느 정도까지 그러한 관계를 성실히 지속할 수 있는 구체적 예를 보여주었기에 진정한 “신뢰[信]의 그루터기”가 되는 것을 밝힌 것이고, 이신은 다음과 같이 고백한다는 점에서 나는 그러한 호칭이 결코 무리가 아니라고 본다:

오늘날허물어진사람과사람과의관계'와'사람과자연과의관계'의정상적인회복

92 퇴계 이황, 『성학십도』, 이광호 옮김, 홍익출판사, 2001, 72쪽 이하; 이은선, 「코로나 팬데믹 이후 종교와 교육-한국 信學과 仁學의 관점에서」, 『종교교육학연구』 2021년 7월호, 106쪽.

93 李信, 「카리스마적 신학」, 『슐리얼리즘과 영(靈)의 신학』, 286쪽.

回復의기대는다른데서얻어질아무곳도없는것이고다만신뢰할수있는한인격에게서'그그루터기'를발견하고그런영에감동感動되는일인데오늘날소위성령을받았다는사람들에게서그런'신뢰의그루터기'를찾아볼수없다면그것은그분의영이라기보다오히려다른영이나다름없는것이고'불신의영'에틀림없는것이다. 참으로'예수그리스도'그분의인격은우리가갖고있는모든것을거부해도또그것들이우리를배반해도우리를끝까지배반하지않고사랑하시는신뢰할수있는'그루터기'시다.[94]

그렇게 예수는 진정한 의미에서 '말'과 '행위'가 완전한 일치를 이루고, 그 행위가 온전히 '사랑'[仁]에서 나왔다는 점에서[95] 그는 성실지심의 '인자'(仁者) 또는 '인자'(人子)라는 것이다. 한국 인학의 또 다른 결정체인 동학의 해월 최시형 선생(海月 崔時亨, 1827-1898)도 말씀하시길, "인의예지(仁義禮智)도 믿음[信]이 아니면 행하지 못하고 금목수화(金木水化)도 토(土)가 아니면 이루지 못하나니, 사람의 믿음 있는 것이 오행의 토가 있음과 같으니라. 억천만사가 도시 믿을 신(信) 한 자뿐이니라. 사람의 믿음이 없음은 수레의 바퀴 없음과 같으니라"[人之無信如車之無轍也]고 했다.[96] 이러한 한국 전래 해월 선생의 지극한 마음을 이어받아서 오늘의 학자들은 이 인학(仁學)을 한국의 '님학', 즉 만물을 지극한 존경과 사랑으로 부르는 님의 "님학"으로 전개시키고 있다.[97] 나는 이 모든 것이 살아 계신 하느님을 여기 지금에서

94 같은 책, 303쪽.

95 같은 책, 303쪽.

96 「해월신사법설」, 이규성, 『최시형의 철학』, 이화여자대학교출판부, 2011, 165쪽.

97 조성환·허남진, 「인류세 시대의 새로운 존재론 모색-애니미즘의 재해석과 이규보의 사물인식을 중심으로」, 『종교교육학연구』, 2021.07 제66호, 77쪽 이하.

예민하게 느끼고 만나는 한국인 특유의 특성에서 나온 것이라 여긴다.

4-3. 퇴계의 「천명도」와 이신의 그림 「자유로운 善(선)」, 그리고 한국 인학(仁學)

주지하다시피 이신은 1979년에 러시아 사상가 베르댜예프의 『노예냐 자유냐(Slavery and Freedom)』를 〈도서출판 인간〉에서 번역 출판했고, 돌아가시기까지 베르댜예프의 또 다른 주저 『인간의 운명(The Destiny of Man)』을 번역하고 계셨다. 베르댜예프야말로 서구 정신사에서 그의 '인격주의'(Personalism)를 통해서 인간의 인격을 새롭게 다시 발견하고, 그 인격의 초월적 근원성을 밝힘으로써 20세기 인류가 당면한 극단의 유물주의와 왜곡된 인간과 자아 중심주의를 타개하고자 분투한 사상가다. 그런 의미에서 베르댜예프에게서의 '인격'이란 그저 온 우주 생명의 한 생물학적 또는 심리·사회적 단계이거나, 또 다르게 말하면, 진화의 최고 수준 등을 표시하는 언어가 아니다. 그보다는 오히려 이 우주가 인격의 한 부분이라고 말할 정도로 질적으로 전혀 다른 세계의 이 세계에로의 "침노"(a breaking in upon this world)이고 "돌입"(a break through)이며, 그래서 "우주의 매혹과 자연에 대한 인간의 노예성"을 경고하면서 인간 인격을 자연과 우주의 산물로 환원하려는 모든 시도를 거부했다.[98] 그는 말하기를, "근본적인 이원론은 자연과 초자연의 이원론이나 물질적인 것과 심리적인 것, 또는 자연과 문명의 이원론이 아니라 자연과 자유, 자연과 정신, 자연과 인격의 이원론이다"

98 니콜라스 A. 베르댜예프, 『노예냐 자유냐』, 125쪽 이하.

라고 하며 인간 인격의 초월성에 대한 강조를 놓치지 않았다.[99]

이신도 유사한 의미에서 그 모든 초월의 역사성에 대한 강조에도 불구하고 한편으로 지치지 않고 하느님과 인간, 이 세상과 저세상, 초월과 내재 사이의 질적 이원을 강조한다. 그가 지금까지 그렇게 '말씀이 육신이 되었다'라는 것을 강술하며 지극히 낮은 자, 이 세상의 가장 비천한 곳으로의 하느님의 개입을 말하지만, 여기서 그와 같은 역설이 믿어지는 것은 결코 인간의 힘이 아니라 "하나님으로부터 받은 것이고 믿음에 의해서 순간적으로 생성(生成, becoming)되는 것이다"라고 언표한다.[100] 다시 말하면 역사적인 예수가 하느님이었다는 것을 믿을 수 있는 것은 "엄청난 비약"이며, "우리의 오성(悟性)은 깨달을 수만 없고 다만 그렇기 때문에 분노를 느끼고 반대하든지 그렇지 않으면 신앙(信仰)의 비약이 있을 따름이다"라는 것이다.[101] 나는 이렇게 이신이나 베르댜예프가 그들의 인격주의를 통해서 이 세상에서의 신의 계시, 이 세상에서의 인격의 창조와 자유를 강조하지만, 그러나 동시에 신과 인간, 초월과 내재 사이의 간격을 다시 강조하는 것을 들으면, 또 새롭게 동아시아 조선의 퇴계 선생이 생각난다. 그도 세상의 존재를 훨씬 더 기적(氣的)인 측면에서 살피는 기대승의 논박을 들으면서 리(理)가 결코 죽어 있는 사물 같은 것이 아니라 '살아 있는 리'[活理]가 됨을 밝히고자 했다. 그는 리와 기의 불상리(不相離)를 인정하면서도 리(理)와 기(氣)의 서로 다름을 보는 "분개"(分開)를 말하며 결코 리(理)의 주재성(主宰

---

99 같은 책, 127쪽; 이은선, 「'사유와 信學' 8, 자연과 자유-우주의 매혹과 자연에 대한 인간의 노예성」, 《에큐메니안》, http://www.ecumenian.com/news/articleView, 2021.07.04.

100 李信, 「카리스마적 신학」, 『슐리얼리즘과 영(靈)의 신학』, 297쪽.

101 같은 책, 298쪽.

性)과 근원적 토대성(所從來)을 포기하지 않으려고 했다.[102]

이신이 1975년에 그린 그림 중에 내가 보기에 퇴계 선생의 「태극도(太極圖)」 아니면 「천명도(天命圖)」를 연상케 하는 그림이 있다. 5호 정도의 작은 유화 그림인데, 앞에서 언급한 해롤드 베일즈가 이신의 그림에서 공간을 표현하는 방식의 시대적 전위성을 평한 대로, 이신은 동양의 「태극도」를 연상케 하는 원들의 현현을 수직으로 배치하며 한 인간상 같은 것을 그린다. 그중에서도 특히 그 형상의 가운데 원 공간 속에서 흔히 쓰지 않는 주황색과 연두색을 씀으로써 인간의 마음, 그 가운데서도 또 그 핵심이 되는 양심, 퇴계의 언어로 하면 리(理)의 현존성을 상상케 하는 작은 공간을 드러냄으로써 보는 이로 하여금 그 속으로 빨려 들어가게 한다. 퇴계 연구가 황상희 박사는 퇴계 선생의 천명도에 대한 고유한 성찰인 「천명도설후서(天命圖說後敍, 1553)」의 말을 들어서 특히 퇴계 선생이 「태극도」로부터 인간에 대한 집중으로 자신의 「천명신도(天命新圖)」를 새로 그리고, 그중에서 주렴계 등의 「태극도」 중에서도 네 번째 그림의 동그라미 윗부분을 '천명'(天命)이 내려오는 자리로 부각시킨 것이라고 보았다. 즉 「태극도」의 네 번째 동그라미의 확대가 「천명도」가 되는 것이며, 바로 "상제"가 인간의 "속마음"[衷]을 내려주는 곳이라고 지적한 것이다.[103]

---

102 이은선, 「어떻게 '행위'할 수 있고, '희락'할 수 있는 인간을 기를 것인가?-퇴계 '敬의 心學과 양명 '致良知'의 현대교육철학적 비교연구」, 『퇴계학논집』 제6호, 영남퇴계학연구원 2010.06; 王晩霞(왕만하), 「퇴계의 주돈이 사상 계승적 측면」, 『퇴계학보』 제149집, 사단법인 퇴계학연구원 2021.06, 25-28쪽.

103 황상희, 「退溪의 太極論 연구」, 『퇴계학논집』 제16호, 영남퇴계학연구원, 2015, 19-20쪽.

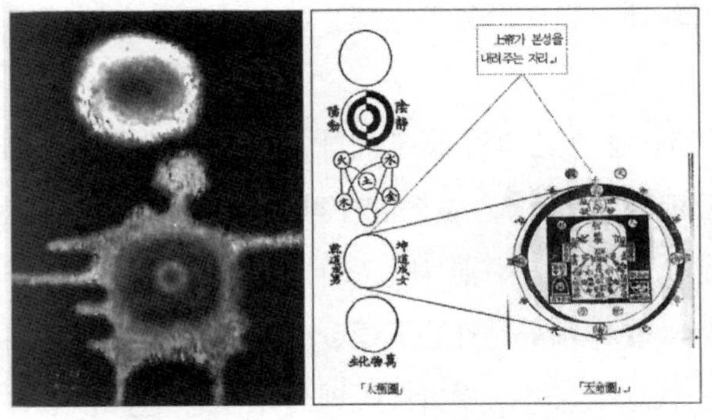

이신「자유로운 善」 퇴계「천명도」

> 「태극도(太極圖)」가 이미 만물에 명(命)하는 것으로 주를 삼았으니 원(圓)의 상면(上面)이 바로 상제(上帝)가 본성(속마음衷)을 내려주는 최초의 원두(源頭)요 모든 종류의 근저(根底)의 극치(極致)가 된다.[104]

나는 2018년 이신의 삶과 그림을 『기독교세계』 잡지에 짧게 소개하는 연재 글에서 나름대로 이 그림의 제목을 "자유로운 善"이라는 이신의 시에서 따랐고, 그 시의 다음과 같은 첫머리를 가져왔었다:

> 우리가 하고 있는 무슨 도덕률의 기준이 그러니 거기에 따라서 행하는 것도 아니요 하나님이 강요하시니 그렇게 하는 것도 아니다. 하나님은 우리에게 그렇게 노예의 입장에서 섬기기를 원치 않으시고 자원하는 마음으로 그를 섬기기를 원하시는 것이다. 착하고 아름답고 참된 마음을 우리에게 주셔서 그것을 스스로 원하는 마음으로 행하기를 즐겨하시는 것이다. 이 주시는 자

104 『退溪全書』「天命圖說後敍」, 같은 글, 19쪽에서 재인용.

는 그런 것을 가장 좋은 선물로 우리들에게 주셨다….[105]

이상과 같은 퇴계 선생이나 이신의 말을 다시 러시아 베르댜예프의 다음과 같은 말에서 생생하게 듣는다. 베르댜예프는 이 첫마디로 그의 『노예냐 자유냐』를 열었다. 이들은 모두 나름으로 동서의 뛰어난 '인학'(仁學)의 창조자들이면서 전승가들이었다고 나는 이해한다. 이들에 의해서 인간은 다시 우주에서의 자신의 위치가 무엇인가를 깨닫고, 자신의 참된 힘과 능력이 어디에 있는지를 알기를 원한다. 만약 인간이 이 외침을 듣지 못한다면, 돌들이라도 소리쳐서 듣게 하고픈 것이 이들의 마음이었고, 이신의 마음이었다고 생각한다:

> 인간은 하나의 수수께끼이다. 그리고 아마 세상 최대의 수수께끼일 것이다. 인간이 수수께끼인 것은 그가 하나의 동물(動物)이기 때문도 아니요, 그가 사회적인 존재(存在)이기 때문도 아니며, 또 자연(自然)과 사회의 일부란 이유 때문도 아니다. '인간'이 수수께끼인 것은 하나의 '인격'(personality)이기 때문이다.[106]

105 이신, 『李信 詩集 돌의 소리』, 145쪽; 이은선, 「초현실주의 신학자 李信의 삶과 그림-자유로운 선(善)」, 『기독교세계』, 2018년 3월호, 54쪽.

106 니콜라스 A. 베르댜예프, 『노예냐 자유냐』, 24쪽; 청나라 말기의 사상가 담사동(譚嗣同, 1865-1898)은 청일전쟁 등을 겪으며 몰락해 가는 구 왕조 중국을 혁신하기 위해서 가장 중국적인 개념 중의 하나라고 생각한 '仁'을 가져와서 자신의 『인학(仁學)』을 세우고자 했다. 그에 따르면 두 '이'(二) 자와 사람 '인'(人) 자가 결합한 '仁' 자는 시작을 말하는 '원'(元) 자나 없음의 '무'(无) 자와도 모두 같은 구성으로 서로 잘 통한다. 담사동, 『인학(仁學)』, 임형석 옮김, 산지니, 2016, 11, 21쪽. 그런데 한국 유학자 류승국(柳承國, 1923-2011) 교수의 갑골문자 연구에 따르면, 이 人이나 仁 자가 원래 고대 세계의 동이족(東夷族)을 지칭하는 고유명사였다가 나중에 한문 세계에서 인간 일반을 가

5. '복음은 예수가 우리와 함께하심'—이신의 성령과 동학적 불연기연

온전히 잘 기억하는지는 몰라도 오랜 유학 기간을 보내고 1971년 귀국하신 아버지한테서 내가 들은 첫 설교는 마태복음 7장 7-8절, '구하여라, 주실 것이요, 찾아라, 찾을 것이요, 문을 두드려라, 열어주실 것이다….'에 관한 것이었다. 그런데 당시 중학교 1학년 학생으로서 그 성경 말씀과 설교를 듣고서 약간 실망스러워했던 기억이 있다. 왜냐하면, 그 말씀은 그동안 많이 들어왔고, 많은 사람이 그렇게 선포하지만, 그러나 어린 나의 마음에도, 그 말씀대로 이루어진다고 실제로 믿는 사람이 과연 얼마나 있는지, 그리고 실지로 이루어지지 않는 일이 다반사일 것인데, "그렇게 공부를 많이 하고 오신 분이 아주 새롭고, 신기하고, 지금까지 듣지 못한 어떤 새로운 것을 알려주시는 것이 아니라 지금까지 누차 들어왔고, 누구나 알고 있는 평범한 말씀을 들어서 다시 어쩌면 헛말이 되어 버릴지 모르는 설교를 하신다"라고 생각했기 때문이었던 것 같다.

그런 아버지에 대해서 나만 실망했던 것 같지는 않다. 한국전쟁 당시 이신은 두 어머니를 잃었고, 아버지도 그 후 병을 얻고 돌아가셨다. 세 명 동생의 장남으로서 다섯 자녀가 있었으며 처가도 매우 어려운 처지였으니 아버지 이신의 귀향은 그런 어려움 가운데 모두가 참고 기다리던 것이었을

리키는 보통명사가 되었다고 한다. 다시 말하면 고대 한민족의 이름인 동이족의 인간성과 인격이 인간의 보편적 특성으로 지시된 것을 말한다. 이러한 모든 것은 우리가 퇴계 선생이나 이신의 영의 신학을 '한국 仁學'으로 살피는 일을 더욱 의미 있게 하고, 그것이 베르다예프의 인격주의와 잘 통하는 것은 이미 보았다. 류승국, 「한국사상의 본질과 평화의 이념」, 『한국사상의 연원과 역사적 전망』, 유교문화연구소, 2008, 507쪽 이하.

터이지만 그 이후의 상황이 그렇게 나아지지 않았던 것이다. 이신은 당시 어렵게 '부자 나라' 미국 유학을 다녀왔어도 그가 부재했을 때 마련된 명륜동 산꼭대기 판자촌의 집에서 여전히 거주하면서, 거기서 동네의 가난한 사람들과 아이들을 불러 모아 '교회'라고 하였고, 성사되지 않는 거취 문제로 끼니도 어려울 정도가 되었지만 다른 길을 찾지 않았다. 그러다가 급기야는 그 무허가 판잣집도 1975년 서울시 도시개발로 헐려서 그는 자신이 1950년대 후반 그리스도의 교회 환원 운동의 열기 속에서 개척한 충북 괴산 소수 그리스도의 교회로 다시 내려갔다.

집이 헐리기 전에는 1972년경(?)부터 짧게 담임했던 성북구 삼선동의 '서울 그리스도의 교회' 목회자로서, 앞에서 밝힌 대로 '한국 그리스도의 교회 선언'도 했고, 그 교회를 떠나서는 명륜동 성균관대학교 정문 앞 2층 건물에 세를 얻어서, 지금은 미국에 사시는 것으로 들은 김은미 전도사님의 헌신으로 조그만 교회를 시작하였다. 그 들어가는 입구에 〈한국성서원전연구소〉라는 손수 제작한 목판 패도 달아 놓으셨었다. 그러다가 집이 헐리자 우리는 당시 철거민의 새 이주지였던 잠실 시영아파트로 이사 가서 학교에 다녔고, 그 아파트도 곧 언니의 대학 등록금 마련을 위해 팔고 우리는 신촌 고모네 집으로 이사했다. 아버지는 어머니와 함께 소수 그리스도의 교회로 내려가서 거기서 3년여를 서울을 오가시면서 여러 신학교에 강의를 다니시며 자식들 교육을 담당하셨다. 그러던 중 힘들게 1978년 그동안 마련된 서울 원효로 고모네 집을 근거지로 서울로 다시 올라오셨고. 이후에도 그는 또 자기 뜻에 맞는 신학교를 열어 보고자 여러 가지 탐색을 하였던 것으로 보인다. 그런 가운데 1981년 여름 일군의 학생들과 충남 논산군 벌곡면 만복리의 독뱅이골로 가서 여름 성서학교를 하다가 거기서 위장병을 얻어 발병 3개여월만에 1981년 12월 17일 급작스럽게 돌아가셨다. 미국에서 귀국해서 10년 만의 일이었고, 54세의 이른 떠남이었다.

5-1. 이신 성령론의 삶의 자리

나는 당시 그런 아버지의 죽음을 받아들일 수 없었다. 그때 이화여대를 어렵게 졸업하고 감리교신학대학원에 들어가서 아버지의 뒤를 이어 신학을 공부하고자 했던 대학원생이었지만, 그리고 돌아가시기 전에 가까스로 결혼했고, 아버지의 친구이자 남편의 스승이던 고(故) 변선환 선생님의 배려로 함께 스위스 바젤대학으로 유학을 떠나도록 되었지만, 그런 아버지의 죽음은 상상조차 할 수 없었고 현실로 인정하기 어려웠다. 그래서 이 글에 처음 고백하는 것이지만, 아버지가 돌아가셔서 집에 빈소가 차려진 후, 나는 늦은 밤중에 고모와 함께 택시를 타고 당시 죽은 사람도 살려낸다는 이야기가 돌던 조용기 목사님을 만나고자 여의도 순복음교회로 향했다. 아버지를 살려달라고 부탁해보려고 한 것이었다. 밤중에 여의도 교회에 도착해서 안으로 들어갔지만 수위 외에는 아무도 없었고, 둘러보았지만 헛수고였다. 매우 절망스러운 마음으로 다시 집으로 돌아왔고, 이후 그 일에 대해서는 지금까지 한 번도 발설해 보지 못했다. 고모와도 서로 그에 관해 이야기를 나누지 않았다. 아버지가 돌아가실 때까지 친척들 사이에서도 갈등과 어려움이 있었으며, 아버지의 독자적인 행보에 실망한 그의 동생 목회자도 등을 돌렸었다.

그런데 이신은 어떻게 그 모든 시간을 견딜 수 있었을까? 그의 삶이 진정 무능과 실패의 이야기가 아니라면, 그는 그 어려움 가운데서도 지속해서 창조하고, 참된 한국적 교회와 신학을 구축하기 위해서 분투했고, 개인적 또는 사회적 소외와 냉대, 가난과 외로움에 맞서 나간 것일 터인데, 그가 그렇게 할 수 있었던 토대와 근거가 무엇이었을까를 상상해 본다. 그리고 그로부터 오늘 우리 시대를 위해서 건질 수 있는 신앙의 보편적 가르침이 무엇일까를 생각해 본다. 왜냐하면, 오늘 우리 시대 한국 기독교는 그가 예민하게 감지한 대로 본래의 영적 창발력을 잃고서 철저히 기득권화되어 물질과 자아 욕망 실현에 몰두하고 있고, 오늘과 같은 기술과 자본의 시대에 인간 문명은 모든 것을 할 수 있는 것같이 보이지만, 그러나 현실의 인간은 그 고유한 존엄성과 자유를 잃고서 한갓 자본 생산의 하찮은 부속품처럼 전락한 모습이기 때문이다. 그에 비례해서 온 지구 생명 공동체는 코로나19 팬데믹이 보여준 대로 크게 신음하고 있다.

나는 매우 부끄러운 일로 여기지만, 당시 아버지 육신의 떠나감을 받아들일 수 없어서 그때 한국 교회 '성령' 운동의 기수로 여겨졌고, 그 영의 도움으로 모든 것을 할 수 있을 것처럼 보이던 한 목회자를 찾아가서 아버지의 즉각적인 '몸의 부활'을 요구하려 했다. 그 일이 지금 어떻게 해석될 수 있는지, 기독교 성령론의 메시지와 연결해서 무엇을 말할 수 있는지 등을 생각하면서 앞서 이신의 영의 해석학과 신론, 기독론에 이어서 거기서 성찰했던 것보다 더욱 집중하여 그의 '(성)령론'을 살펴보고자 한다. 그는 진정 영을 어떻게 이해했는지, 또한 「현대신학과 성령론」이라는 비교적 긴 논문과 함께 그가 당시 강의를 나가던 〈순복음신학교〉에서 강연을 하며 아버지는 기독교 역사에서 성령론이 소외된 이유를 밝히고자 했다. 그러면서 오늘 다시 성령론 중심의 신학을 세운다는 것이 어떤 것인지, 그리고 돌아가시기 전에 「하나님의 영과 적그리스도의 영」이라는 글을 통해서 "영을 다 믿지 마라"고 하면서 당시 한국 교회에 퍼져나가던 성령 운동에서 경계해야 할 것을 밝히셨는데, 그런 모든 것들 속에 위의 나의 질문에 대한 답이 들어 있기를 소망해 본다.

이것은 결국 한편으로 우리 삶의 '종말'과 '미래'와 관계되는 물음이다. 또한 '부활'을 말하는 것일 터이다. 그가 '죽음'을 무엇이라고 이해했고, '부활'을 어떻게 보았으며, 우리 삶과 역사의 나아갈 방향, 그가 생각하는 궁극적인 해방과 새로운 시작, 미래가 무엇이었는지를 살펴보고자 하는 것이다. 또 다르게 말하면 오늘 심각한 위기와 위험으로 지적되는 '인류세'(Anthropocene) 시대의 새로운 방향과 나아갈 길을 모색하는 일이라고도 할 수 있다. 이러한 모든 일에서 동아시아의 전통은 '종말'(終末)보다는 특히 '종시'(終始)를 말하는데, 이 의식이 이신의 성령론과 어떻게 관계되며, 또한 '다시개벽'의 이야기와도 어떻게 서로 연결될 수 있는지를 좀 더 살펴보고자 한다.

5-2. 이신 성령론의 참 의미와 영의 편재

일찍이 이신은 그의 본회퍼 연구에서 본회퍼가 "자유주의적 신학의 약점은 그들이 세상에서 그리스도가 가진 결정권을 세상에 내어 주는 것이다"라고 한 지적을 중요하게 여겼다. 그는 그 말을 들어서 한편에서의 모든 세속화 노력에도 불구하고 세상과 그리스도 영 사이의 구별에 주목했고, 거기서 쉽게 영이 어떤 자연이나 인간 조작의 산물로 환원되는 것을 경계하였다. 앞에서도 언급했지만 유사하게 베르댜예프도 그에게 있어서 '인격'으로서 인간 안에 내재해 있는 신적 영을 자연과 우주, 또는 사회의 산물로 여기고자 하는 인간 노예성을 강하게 비판했다. 그러면서 그와는 달리 인격과 영, 인간 정신의 자유는 하나의 전혀 다른 돌입이며, 진화에 대한 창조이고, 그 정신은 어떤 자동 작용(automatism)도 반대하는 독립임을 강술했다. "정신적 원리의 승리는 인간이 우주에 종속된 것이 아니라 우주가 인격에 계시가 되는 것을 의미한다"고 강조한 것이다.[107]

이신의 영에 대한 강조는 점점 더 심화하였다. 앞에서 누차 이야기했지만 젊은 시절 영의 현재적 활동과 역동성에 대한 강조로 한국 그리스도의 교회로 환원해 들어가지만, 그러나 거기서도 미국 선교사 환원 운동가들과 관점 차이로 어려움을 겪는다. 그의 「한국 그리스도의 교회 선언」(1973)에 따르면, "미국 환원운동자들의 오류는 그들이 세례(洗禮)나 성만찬(聖晩餐) 등의 초대 교회의 의전적(儀典的) 방식을 강조한 나머지 신앙의 내면성의 충실을 결하였다는 점"이라고 한다. 다시 말하면, 영의 현재성과 실존성, 창조성에 대한 인정이 온전하지 못하다는 것인데, 그리하여 이신은 "초대 교회에로의 환원은 세례와 성만찬과 교회의 이름 등의 외면적인 환원에만 주력해야 할 것이 아니라 초대 교회 특히 사도행전에 나타난 성령의 내면적인 '역사'(役事)가 따라야 하는 것"이라고 역설하였다.[108]

이것은 매우 어려운 요청이다. 우리가 보통 오늘 여기에서의 성령의 역사를 말로는 쉽게 논하지만, 그러나 그것을 실제로 그렇게 '믿고'[信] 있는지, 그러면서 진정으로 그에 대해서 발설하면서 그것의 역사(役事)를 우리 몸과 삶으로 증명하고 있는지[誠], 또한 그 현재의 살아 있음 앞에서 참으로 존숭과 경외를 가지고 집중하고 있는지[敬]의 일이 모두 함께 중첩적으로 이루어져야 하는 일이기 때문이다. 우리가 이미 알듯이 한국 종교사에서 이 영의 현존성을 가장 급진적으로 표현[侍天主/至氣今至]했다고 할 수 있는 동학의 최제우 선생도 그래서 바로 자신 도의 결론적 메시지를 이 세 가지

107 니콜라스 A. 베르댜예프, 같은 책, 37쪽.

108 李信, 「한국그리스도의 교회 선언」, 『슐리얼리즘과 영(靈)의 신학』, 361-362쪽.

'성·경·신'(誠·敬·信)의 일로 밝혔고,[109] 이 영의 실재와 현존에 대한 깊은 자각으로 당시의 온갖 고초와 절망적 상황을 견디면서 5만 년 이상의 시간을 넘나들며 다시 5만년 이상이 지속될 대개벽 이후의 새로운 시간을 내다보았다.

이신은 지금까지 과거의 모든 신학 사상에서 "성령론이 가장 경시"되어 왔다는 것에 동의하면서 서구 중세 12세기 플로리스 요아킴(Floris Joachim)이 역사 전체의 과정을 삼위일체 신론적으로 세 단계로 구분한 것에 주목한다. 즉 '성부의 시대, 성자의 시대, 성령의 시대'가 그것인데, 첫째 시대는 율법의 노예 시대이고, 둘째 시대는 아들로서의 예속 시대라 하고, 셋째 시대는 성령의 시대로서 하느님과의 관계가 노예나 아들의 예속 관계가 아니라 "아브라함이 가졌던 하나님 친구로서의 자유 상태 관계로서 노인(老人)의 시대요, 기름(oil)의 시대요, 열매의 시대"라고 밝혔다.[110] 나는 이신이 주목한 이 성령의 시대에 관한 서술을 보면서 매우 놀랐고 신기하게 여겼다. 바로 동아시아 역(易)의 우주론과 시간론도 '동북방'을 가리키는 '간'(艮) 괘에 대한 해설로 "만물이 끝맺음을 이루고 다시 시작함을 이루는 까닭에 간에서 (하늘 또는 하느님) 말씀이 이루어진다"[艮東北之卦也, 萬物之所成終而所成始也, 故曰成言乎艮. 『주역』「설괘전」 5장]고 하면서 우주와 시간의 큰 변화와 대변혁을 고시했기 때문이다. 특히 조선의 묵시문학가 김일부 선생(金一夫, 1826-1898)은 그 주역의 세계관을 「정역」(正易)으로 바로 잡으며, 동북

---

109 『대선생주문집』, in: 도올 김용옥, 『동경대전 1-나는 코리안이다』, 147쪽; 「포덕문」, 「좌잠」 등, in: 도올 김용옥, 『동경대전 2-우리가 하느님이다』, 92, 186, 230쪽.

110 李信, 「현대신학과 성령론」, 『슐리얼리즘과 영(靈)의 신학』, 246쪽.

방 산(山)의 나라 조선의 '평범한 일인'[一夫]으로서 각고의 사유와 환상을 통해 근본적인 새로운 시간, 큰 개벽을 통해서 봄과 여름의 '선천'(先天) 시대가 지나가고 열매의 계절 가을에서 시작되는 '후천'(後天)의 시간이 시작됨을 예견한 것이 있기 때문이다.[111] 여기서 그의 「정역」을 통해서 예시되는 후천의 시간과 거기서의 새 인간상에 관한 서술이 요아킴의 '성령의 시대'에 관한 서술과 오버랩되는 것을 본다.[112]

이신은 이러한 성령의 시대에 대한 전망을 말하기 전에 서구 현대신학에서의 후기 불트만주의자 에른스트 푹스의 말 "예수의 행위의 결단이 나의 현재의 결단일 때 진정 예수는 나의 구주가 된다"라는 말을 인용한다. 이 말은 푹스가 그의 스승 불트만이 경시했던 예수 그리스도의 '역사성'을 중히 여기는 표현이라고 평가한다. 그러나 이 역사성에 대한 강조도 다시 "과거의 역사성의 회고주의"를 면할 길이 없다고 비판한다. 그 이유는 바로 그 역사적 예수의 결단을 여기 지금의 나의 결단으로 만들 힘, 즉 '성령'이라는 말을 기피했기 때문이라는 것이다.[113] 이신에 따르면, 거기서의 결단은 단지 인간적인 실존적 결단이 아니라 "성령이 우리의 연약한 것을 도우시는 결단"이어야 하는데, 푹스 류의 역사적 예수에 대한 강조는 그것을 회피했고, 과거의 역사성, 과거 성령의 역사에 의해 기록된 말씀만을 강조했다고 비판한다.[114] 그래서 이신은 말하기를, "그러나 사실은 성령이야말로 하나님과 인간을 만나게 하는 장본인"이라고 밝힌다.[115] 이러한 예수 그리스도

111 양재학, 『김일부의 생애와 사상』, 상생출판, 2020, 77쪽.

112 이정호, 『원문대조 국역주해 정역』, 아세아문화사 1996, 112-120쪽.

113 李信, 「현대신학과 성령론」, 『슐리얼리즘과 영(靈)의 신학』, 241쪽.

114 같은 책, 242쪽.

115 같은 책, 242쪽.

의 역사성에 대한 강조보다는 "성령 중심의 신학을 말하게 될 때 비로소 신학은 살아 움직이는 말이 된다. 여기서 역동적인 것이 가능하게 되기 때문"이라고 강조한다.[116]

하지만 나는 이러한 말들로써 이신의 '역사적 예수'가 아닌 '예수의 영'에 대한 관점은 잘 드러나지 않는다고 생각한다. 이신은 바울의 생애를 언급하며 바울이 항상 "예수의 영이 허락지 아니하더라" 등의 말을 하면서 역사적 예수가 아닌 "예수의 영"에 의해 인도받는 생을 살았다고 밝힌다.[117] 그러나 거기서 그 '예수의 영'이 정확히 무엇을 말하는 것인지, '하느님의 영'으로서의 '성령'과 같은 것을 말하는 것인지가 확실하지 않다. 아니면 이신이 강조해서 성령을 "하느님의 선물로서, 카리스마로서 생각해야 한다"고 하고, 오늘의 성령 운동은 "과거에 있었던 그 오순절 운동에서 한 단계 더 올라서서 이러한 카리스마 운동으로 지향해야 한다"로 말했다면,[118] 그동안 세계 교회와 특히 한국 교회가 인습적으로 별 의식 없이, '하느님의 영', 즉 '성령'과 '예수의 영'을 그대로 일치시켜서 말하는 것이 될 수 있기 때문이다.

나는 그것을 삼가야 한다고 보는 입장이다. 그것은 이신도 한편으로 비판한 대로, 성령의 역사를 과거 역사적 예수 한 사람에게만 한정시키고, 그에 실체론적으로 매이는 위험에 빠뜨리며, 그것이 오늘 서구 기독교, 특히 그에 추종하는 한국 교회가 포괄적으로 빠져 있는 배타적 그리스도 우상주

116 같은 책, 245쪽.
117 같은 책, 242쪽.
118 같은 책, 251쪽.

의의 근거가 되기 때문이다.[119] 분명 이신은 같은 글에서 자신의 마무리 강조점으로 "요한복음에서 말씀이 육신이 됐다고 말씀하는데, 말씀이 육신이 됐고 육신이 된 그 역사적 예수 그리스도가 이제는 성령이 되셨다고 하는 것"이라고 밝힌다.[120] 이것은 자칫 이신에게서도 '예수의 영'을 그대로 '하느님의 영', 즉 '성령'으로 등가화하는 서구 성령론의 거친 한계가 있음을 밝히는 것으로 읽히기 쉽다. 그러나 또 한편에서는 "원래 기독교는 동양적인 것으로서 영적인 것인데, 서구 사람들은 이것을 공연히 분석하고 공연히 논리적으로 캐려고 했기 때문에 하나님의 말씀과 기독교의 역동적인 특성을 다 놓쳐 버리고 말았던 것이다. 그래서 단설을 주장하여 성령의 세례를 부인하게 되고 이러한 이론적인 신학을 확립하게 되었으며 그러다가 결국 사신(死神, 신의 죽음)의 신학으로 종말을 내린 것"이라는 놀라운 말을 하는 것을 보면, 그는 이 지점에서의 섬세한 차이에 대한 인식을 분명하고 있었던 것으로 보인다.[121]

나는 이신의 이러한 언술을 21세기 그의 다음 세대 신학자로서 기독교 성령론을 더욱 더 실천적이고 역동적이게 하고, '성령의 세대'가 더욱 꽃피게 하도록 전래의 서구적 기독교 중심주의 또는 배타적 그리스도 중심주의를 뛰어넘는 가능성으로 읽고자 한다. 또 다르게 말하면 그것은 아주 급진적으로 거룩함과 영의 영역을 온 우주와 시간으로 더욱 확대해서 '거룩[聖/神]의 평범성'과 '보편[理/靈]의 편재성'을 크게 확장하는 일로 보고자 한

119 이은선, 「세월호 5주기의 시간에 셰리 램보의 『성령과 트라우마』를 읽다」, 《에큐메니언》, 2019.04.20. 이 책에서 제3부 2장으로 가져왔다.

120 李信, 「현대신학과 성령론」, 『슐리얼리즘과 영(靈)의 신학』, 252쪽.

121 같은 책, 248쪽.

다. 그래서 이 장의 서두에서 아버지가 오랜 유학에서 돌아와서 처음 행하신 설교, '구하라 주실 것이요, 찾으라 찾을 것이다'가 너무도 "평범하다"고 느꼈다는 것이 어쩌면 가장 적실한 파악이었는지도 모르겠다. 그러나 거기서의 '평범'은 결코 영의 구체적 체험 이전의 평범이 아니라 오히려 그 이후 온 시간과 공간의 영역이 '거룩'과 '영'의 영역으로 화하고, 그래서 새롭게 보이고, 들리는 경험 이후의 것을 말하는 것이라 여긴다. 이신이 "이그나티우스(Ignatius)의 영 분별법"을 말하면서 '하나님의 영은 예수가 육체로 오신 것을 시인하는 영이고, 그렇지 않으면 적그리스도의 영이다'라는 〈요한1서〉의 말씀을 가져오는 것은 바로 '말씀이 육신이 되었다'(Wörter Werde Dinge)라는 것과 '육신이 영이 되었다"(Dinge Werde Wörter)라는 것을 동시에 함께 말하는 것이지 결코 한 부분에 얽매이는 것이 아니라는 것이다. 만약 그러할 경우 거기서의 영은 참된 하느님의 영이 아니고, 자유의 영으로서의 그리스도 영이 아니라 마치 자신이 성령을 "소유한" 것처럼 자아를 부각시키고, "성령의 말씀에 순종하고 성령의 뜻을 존중하는 것이 아니라" 점점 더 폐쇄된 자아 중심주의와 이기주의의 노예성에 빠지는 경우가 되며, 이신의 성령론은 그것에 대한 강한 경고라고 본다.[122]

5-3. 다시 새로운 영의 기준으로서의 경(經)과 일상의 도래

여기서 이신 영의 신학을 위해서 '성경', '경'(經)이라는 보편과 객관이 다시 돌아온다. 이신은 이미 앞에서 언급한 본회퍼 연구에서 본회퍼가 급진적인 사회 참여가이지만 "우리는 매일 말씀과 명상하는 것과 중재적 기도

---

122 같은 책, 249쪽.

와 성서를 공부하는 일과를 유지하십시다"라고 한 것이나, "나는 말씀의 전도자이기 때문에 매일매일 성서로 하여금 나에게 말씀하도록 하지 않고는 성서를 해석할 수 없는 것"이라고 한 것처럼 매일의 '경(經) 공부'를 중하게 여기는 것을 밝힌다. 본회퍼는 역사 속에 감추어진 예수의 현실을 인정하고, 그래서 역사 비판적인 연구 과정을 수락해야 한다고 말했지만, 그러나 동시에 그것이 다가 아니며 절대적이지 않고, "부활하신 그분은 그러한 결점에도 불구하고 성서를 통해서 우리와 만나신다"라는 것을 역설했다는 것이다.[123] 거기서 더 나아가서 오히려 본회퍼는 "역사의 은닉성은 그리스도의 겸허의 일부이고", "역사적으로 파악할 수 없는 예수는 부활 신앙의 주제"라고 했으며, 이 말을 이신은 역사적 예수와 부활의 그리스도에 대한 신앙이 결코 둘로 나누어질 수 없는 기독교 영성의 두 중심임을 밝히는 의미로 가져온다.[124]

이신은 그의 「카리스마적 신학」에서 다음과 같이 분명하게 성령을 받는다는 것이 무엇인지를 밝히면서 그의 성령론의 참의미를 드러낸다:

> 성령을받는다는것은…말하자면모든것속에하나님의손길이와서닿아있는것을발견하는것이요하나님의영靈의편재를발견하면서모든것이신기神奇롭고모든것이기이奇異하고모든것이기적奇蹟으로보이는것이다.모든것속에하나님의임재臨齋를의식한다.이말은모든만물자체가신으로보이는범신론汎神論의자리를변호하는것이아니라모든것들속에하나님의임재를보는인격의눈그

123 李信, 「고독과 저항의 신학」, 『슐리얼리즘과 (靈)의 신학』, 186-187쪽.
124 같은 책, 190쪽.

것을말하는것이다.[125]

여기서 나는 더할 수 없이 급진적인 초월의 내재화로 '다시개벽'의 문을 연 최제우 선생이 1863년 잡히시기 한 달 전에 「불연기연(不然其然)」이라는 유언과도 같은 짧은 글을 지으신 것을 생각한다. 최제우 선생의 이 글에 대한 해설에서 도올은 인류 지성사의 전개는 바로 "불연을 기연화하는 과정"이라고 하면서, 이 불연기연을 "불연은 기연이다", 즉 불연을 주어로 보고, 기연을 술부로 하는 '그렇지 아니한 세계는 결국 그러한 세계로 설명이 된다.'라는 의미로 해석할 수 있다고 말한다.[126] 지금까지의 이신 언어로 하면, 즉 '불연'의 초현실과 영과 말씀의 세계가 곧 '기연', 육신과 역사와 만물 안에서 체현되는 일을 말하는 것이라 생각한다. 그러한 수운 선생의 비유적 사유가 좀 더 명확히 드러나는 글로 같은 시기에 지은 것으로 전해지는 「팔절(八節)」이 있는데, 여기서 수운은 우주적 큰 도(道)와 명(命), 밝음[明]과 성실함[誠] 등이 모두 여기 지금의 나[我]와 내 몸[吾身], 내 마음[吾心], 나의 믿음(吾信)과 성실성, 공평함 등에 드러나는 것임을 깨우친다.[127] 이러한 수운 사상의 한 뿌리로도 이야기되는 퇴계 선생도[128] 앞에서 우리가 살펴본 대로 우주의 태극(太極)과 천명(天命)의 비전으로 시작한 그의 『성학십도』를 「숙흥야매잠(夙興夜寐箴)」, 즉 '일찍 일어나고 늦게 잠자는 일에 대한 가르침'이라는 지극히 평범하고, 보편적이며, 보통 사람[一夫] 누구나의

---

125 李信, 「카리스마적 신학」, 같은 책, 295쪽.

126 도올 김용옥, 『동경대전 2-우리가 하느님이다』, 199-200쪽.

127 같은 책, 288-289쪽.

128 도올은 수운의 아버지 근암(近庵) 최옥이 영남지방의 퇴계 학통을 잇는 대상 이상정(李象靖) 그룹이라고 설명한다. 김용옥, 『동경대전 1-나는 코리안이다』, 359-366쪽.

일에 대한 교훈으로 마무리한다. 우리가 익히 알다시피 수운을 이은 해월 최시형 선생은 바로 우리의 삶 전체를 "하늘로써 하늘을 먹는 일"[以天食天]이라고 하면서 "만사를 안다는 것은 밥 한 그릇을 먹는 이치를 아는 데 있다"[萬事知 食一碗]라고 했다.[129] 해월은 수운 선생이 전해준 동학의 도를 구체적으로 민중들과 특히 여성과 어린이들에게 펼치기 위해서 그 지극한 일상을 경계하는 「내수도문(內修道文)」을 지었고,[130] '자신이 일상으로 말하는 모든 말'[人語]이 곧 "천어"(天語), 즉 '하늘의 말'이라고 하며 사람을 대할 때 늘 어린이같이 하면서 "우(愚, 어리석은 체하는 것)·묵(默, 침착하게 하는 것)·눌(訥, 말조심하는 것)"의 세 가지를 일용의 원칙으로 삼아서 생활할 것을 권고하였다.[131] 이렇게 한국 정신사의 전통에서 면면히 살아 있어서 때에 따라서 돌출하는 초월의 현현(현장)은 그것을 깊이 체험한 인격으로 하여금 '자신을 잊고', 아니면 진정 스스로를 시간과 공간의 '참된 중심으로 깨달아서' 이제는 영원과 시간, 무(無)와 유(有), 신념과 자유, 너와 나 등의 구분과 이분을 문제 삼지 않고, 참된 자유 속에서 큰 희락을 품고서 안심하며 살아가도록 한다. 여기서 그의 죽음과 삶, 부활 또는 영원에 대한 의식이 크게 일어나며 과거의 것을 전복하는 것이 가능해지는 것이다.

---

129 「해월신사법설(海月神師法說)」.

130 이은선, 「한국 페미니스트 신학자의 동학 읽기」, 변선환 아키브·동서종교신학연구소 편, 『동서 종교의 만남과 그 미래』, 도서출판 모시는사람들, 2010, 302쪽.

131 「해월신사법설(海月神師法說)」, 152쪽.

6. '영원에의 전진'—이신의 부활과 한국적 종시론(終始論)

이신의 도미 전 1965년 작(作)인, 긴 시(詩) 같기도 하고 그가 연구한 묵시문학의 한편으로 읽을 수 있는 「병든 영원(永遠)」이라는 글이 있다.[132] 읽어내기가 그렇게 쉽지 않은 많은 상징과 환상의 표현들이 들어가 있는데, 그는 첫 문장으로 "그처럼 어두운 밤이 연속되면 하나의 형상도 산천의 수려함을 닮아서 더욱 우습게 영원성을 부각해 내는데…"라고 쓰고 있다.[133] 그는 지금 시간이 깊이 병들어 있고, 그 병듦이 너무도 깊어서 "산천"도, "기묘한 물새 소리"도 어떻게든 '영원'을 드러내고 소리 지르고 하지만, 그것을 볼 수 있고, 듣는 사람이 없어서 깊이 탄식한다.

그는 "종말론적인 웃음거리"를 말하고, "삼라만상은 태양에 의해서 조명되는 듯하지마는 사실은 더 밝은 빛에 의해서 개발되어 가는 것을 시각적인 면에서는 도무지 알지 못"하는데, 그러나 이것도 "그렇게 비극적인 것은 아니"고, "보다 비극적인 것이란 시각이 시각 노릇을 하려면 빛보다도 오히려 빛 아닌 것에 의해서 보장을 받아야 한다는 것"이라고 한다.[134] 이 "빛보다도 오히려 빛 아닌 것"이 무엇인지 여러 가지로 생각해 볼 수 있지만, 그러나 이신은 여기서도 한 번 더 반전해서 "그것도 너무 어리석은 일"이라고 하고, 오히려 "지금쯤은 그런 긴장된 이론을 그만두고 보다 선명한 체질적

---

132 이 글에서 이신이 미국 유학도 마치고 한참 후 1979년에 번역해 낸 N.베르댜예프 『노예냐 자유냐』의 역사 이해와 시간 이해 등과 유사한 점을 많이 보는데, 이신이 그렇게 유학 전부터 베르댜예프를 알고 있었는지 분명치 않아서 이미 여기서 서로 간의 직접적인 연관성을 말할 수 있을지 잘 모르겠다.

133 이신, 「병든 영원(永遠)」, 『李信 詩集 돌의 소리』, 125쪽.

134 같은 글, 125쪽.

규명부터 먼저 해 나가야 할 것"이라고 말한다. 그에게 "종교적 정열은 하나의 식은땀과 같은 것"이라고 일갈한다.[135]

6-1. 삶과 죽음, 이신의 부활과 한밝 변찬린의 부활

이신에게 있어서 시간은 깊이 병들어 있다. 그 시간은 필사적(必死的)으로 죽음을 향해 돌진하고 영원과 대립하기 때문이다. 아니 "시간은 변화 없이는 일어나지 아니"하는 것이고, "일체의 변화 그것을 시간"이라고 하므로, "영원은 결코 무변화(無變化)를 의미하는 것이 아니"고, "오히려 더 찬란한 변화가 있는 것"이라고 지시한다. 이신은 "묵시록"(默示錄)이란 "이런 병든 시간 안에서 이 병든 것을 치유해 보려는 부단한 투쟁이 벌어지는 Paradox를 엮어 보이는 책"이라고 매우 인상 깊게 서술한다. 그 묵시록의 투쟁은 "필사적" 아니면 "필생적"(必生的)인데, 여기서 그 둘 중 한 길인 필생의 길이란 "영원한 풍토에서 새로운 열매 맺음을 위한 발아(發芽) 혹은 개화"(開花)인 것을 말하는 것이라고 밝히고,[136] 나는 이 서술에서 앞에서 우리가 김일부 「정역」의 후천개벽 선포에서 들었던 시간의 대역전에 관한 술어를 다시 듣는다.

이신은 병든 시간의 역사 가운데서도 앞으로의 치유를 위한 "취침으로서의 죽음"이 있다고 밝힌다. 하지만 이 시간에서 영원으로의 길은 결코 "연결된 길"이 아니며, 그것은 "하나의 단층"(斷層)이고, "비약"(飛躍)이며, "돌연변화"(Mutation)라는 것인데, 즉 그것은 이 병든 시간을 치유할 "새로운

135 같은 글, 126-127쪽.
136 같은 글, 130쪽.

약이 투입"되는 것이며, "새로운 성질의 것이 시간 밖에서 새로이 투입"되어서 마치 "새로운 폭탄이 있는 것처럼 생명을 위한 다이내믹한 힘"이고, "생명을 위한 폭발력"이라는 것이다.[137]

이신과 베르댜예프, 한국 인학(仁學)이나 「정역」이 밝히고자 하는 것이 이렇게 바로 청천벽력과도 같이 병든 시간을 치유할 '영원'이 돌입하고 침노하는 곳이 '인간'[人]이고, 그 '인격'[仁]이며, '주체'[忍]이고, '정신'[認]이라는 것이라고 나는 생각한다.[138] 이신에 따르면, 시간이 병들어 있다는 것은 그것이 과거와 현재, 미래로 분열된 것이고, 그 분열로 시간 내에 있는 모든 것은 비참하며, 이 비참은 그러나 객체적이라기보다는 주체적이고 인격적이어서 주체의 분열이 '죽음에 이르는 병'이다. 그러므로 이 병의 치료는 외면적인 투쟁이 아니라 "어디까지나 정신적인 투쟁"인 것을 강술한다.[139] 묵시록은 바로 이 시간의 병에 대한 "정신적인 투병기"(鬪病記)라는 것인데, 그래서 그에 따르면 '종말적' 또는 '종말론'이라는 것을 진정으로 이해할 수 있는 것은 결코 시간 내에서는 되지 않고, 바로 이 시간의 병듦을 논하는 것, 마침내는 영원에 의해서만 처음과 종말이 있다는 것을 아는 주체적이고 인격적인 일이 되는 것이다.[140]

여기서 이신이 우리 육신의 생리적인 죽음을 어떻게 이해하는가가 드러난다. 즉 그에게서 우리 육신의 죽음은 자연스러운 외적인 죽음이 되는 것

137 같은 글, 131쪽.

138 이은선, 「'사유와 信學' 8, 자연과 자유-우주의 매혹과 자연에 대한 인간의 노예성」, 《에큐메니언》, http://www.ecumenian.com/news/articleView, 2021.06.22.

139 이신, 「병든 영원(永遠)」, 『李信 詩集 돌의 소리』, 131-132쪽.

140 같은 글, 133쪽.

이고, 거기서 더 나아가서 반복되는 그와 같은 외적인 죽음과 새로운 탄생으로 "우주는 생(生)의 대체 혹은 갱신으로 이만큼이라도 유지되어 왔다"고 한다.[141] 이신은 "사람을 인격적인 주체자로 볼 때 인간은 불사(不死)다"라고 밝힌다. 또한 "부활과 영생은 인간을 이런 주체적인 인격으로 볼 때 말하는 소리이다"라고 한다. 다시 말하면, 인간은 "나의 손 나의 머리 나의 발 나의 몸이 곧 그런 객체적인 것이 죽는 것이지 나는 언제나 나대로 인격적인 주체자로서 생존하고 있는 것"이라는 관점이다.[142] 하지만 한편 이신은 생애 마지막 글쓰기라고 할 수 있는 그의 「카리스마적 신학」의 마지막 파트인 "삶과 죽음"(『카리스마』 1981년 12월호, 통권16호) 부분에서는 이와는 정반대의 이야기를 한다. 즉 그는 "사실은사람은생리적生理的으로종족적種族的으로혈통적血統的으로죽지않고영속적으로목숨을이어가기마련인데그것은하나의개인이죽는다고할지라도그를통해서유전遺傳된종족에의해서그의생리적인목숨은여전히살아가는것"[143]이기 때문이라고 한다. 그러한 생리적인 불사에 반해서 "'사람은생리적으로죽고사는것이아니라인격적으로죽고산다.'고말해야하는데이것은마치어떤정치하는사람들에게정치적생명운운하는것과마찬가지여서… 이런것과는비교도안되게심각한인격적으로죽는다는것은사실은이런말로도우리들의머리에쏙들어오도록그의미가통하는것은아니다"라고 밝힌다.[144] 다시 말하면 여기서는 사람은 생리적으로는 설사 자신의 친자식이 없더라도 여전히 형제나 친족을

---

141 같은 글, 132쪽.

142 이신, 「인격」, 『李信 詩集 돌의 소리』, 135쪽.

143 李信, 「카리스마적 신학」, 『슐리얼리즘과 영(靈)의 신학』, 304-305쪽.

144 같은 책, 307쪽.

통해서 그의 생리적인 생의 유전자가 이어지는 것이므로 사실 죽는 것이 아니지만, 대신에 진정으로 죽은 일은 인간은 인격이라는 유일회적인 독특성과 고유성의 존재이므로 죽음이란 바로 그 인격의 죽음을 말하는 것이고, 영원이라고 하는 것도 연속적인 관계에서 영원한 것이 아니라 "연속성과는대립되는순간성때문에질적으로는영원한그런것"이라고 설명하는 것이다.[145]

나는 이처럼 이신이 우리 육신과 인격, 몸과 정신이 한편으로는 모두 죽고, 또한 동시에 한편으로는 영원하기도 하다고 하고, 다른 말로 하면 여기서 죽음과 영생의 의미가 서로 호환되어 말해지는 것은, 그에게 있어서 몸과 정신, 육신과 영혼 등은 우리의 통상적인 이해에서처럼 서로 배타적인 이원론으로 나뉘는 것이 아니라 오히려 이 두 차원을 모두 포괄하는 좀 더 통전적인 제3의 인간적 모습과 생명적 삶으로 고양되고 극복되는 것을 지향하고 지시하는 것이라고 이해한다. 즉 그것을 베르댜이예프나 이신의 언어로 하면 '인격'이나 '정신'(spirit), '영' 등으로 표시할 수 있겠는데, 그런 뜻에서 이들에게서 "근본적인 이원론은 자연과 초자연의 이원론이나 물질적인 것과 심리적인 것, 또는 자연과 문명의 이원론이 아니라 자연과 자유, 자연과 정신, 자연과 인격의 이원론이다"라는 선언은 적실하다는 의미이겠다.[146] 거기서의 이원론은 '자유'(freedom)와 '필연'(necessity), 영의 자유와 객체화의 노예성 사이의 그것이어서, 참된 삶은 결코 몸을 압박하지도 무시하지도 않고, "매일의 빵의 문제도 곧 정신의 문제"가 되는 것이기에 이

145 같은 책, 306쪽.

146 니콜라스 A. 베르댜예프, 『노예냐 자유냐』, 126쪽; 이은선, 「'사유와 信學' 8, 자연과 자유-우주의 매혹과 자연에 대한 인간의 노예성」, 《에큐메니안》, http://www.ecumenian.com/news/articleView, 2021.07.04.

러한 관점에서는 부활도 기독교 정신사에서 왜곡된 영지주의가 추구하듯이 육으로부터의 탈출이나 해방이 아닌 것이 된다.

그런 면에서 나에게는 예를 들어, 한국의 또 다른 대안적 기독교 사상가 한밝 변찬린(邊燦麟, 1934-1985)이 기독교 죽음과 부활 이해에서 두 가지 종류의 "맥"(脈)을 구분하면서[僊脈과 仙脈], 하나는 유대 성서의 에녹이나 엘리야처럼 '살아서 죽음을 보지 않고 하늘로 옮겨진 경우'[우화등선羽化登仙의 선화僊化]로 말하고, 다른 하나는 예수처럼 '죽어서 몸이 사라져 옮겨진 경우[시해선尸解仙의 선화仙化]의 부활을 말하는 것[147]은 먼저 살펴본 이신이나 베르댜예프의 이해와는 달리 여전히 과거 좁은 의미의 '영육 이원론'에 사로잡혀 있는 모습으로 보인다. 즉 육과 이 세상과 역사와 인간 자연에 대한 무의식의 깊은 거부와 부정, 혐오가 변찬린의 경우에도 들어가 있는 것으로 여겨진다는 것이다.[148]

여기에 대해서 이신이 위에서 밝힌, 서로 호환되는 두 가지 죽음과 영생 이해는 결론적으로 자연적 몸으로서의 인간은 오히려 이 세계에 머무는 동안에 남겨지는 유전자 등으로 불사이고, 그래서 진정 두려워해야 할 것은 우리 인격이 객체화의 노예로 전락하는 인격과 영의 죽음이라는 것을 가르쳐준다. 또한 영혼 불멸에 관한 통속적인 주장이 말하듯이 인간 몸의 구조가 분해하는 시점에서 몸의 형상이 상실되면서 (영)혼이 몸에서 분리한다는 것이 결코 불사를 의미하는 것이 아니라는 것이다. 변찬린의 시해선

---

147 邊燦麟 述, 『聖經의 原理』, 文岩社, 99쪽 이하 참조; 이호재, 「선(僊)이란 무엇인가?-변찬린의 선맥신학과 유동식의 풍류신학(1)」, 《에큐메니안》 2020.02.18.

148 김선하, 『아브젝시옹과 성스러움-줄리아 크리스테바와 폴 리쾨르로 프로이트 넘어서기』, 늘봄, 2021, 18쪽 이하.

은 이와 유사한 입장을 가지는 것으로 보이는데, 진정한 불사는 인격의 부활이라는 것이고, 그 인격이 우리 몸과 혼과 영 전체를 관통하는 통전적 정신체이고 영이므로 그것이 몸의 부활이기도 한 인격의 부활이라는 것을 말해준다고 나는 이해한다.[149] 그래서 이러한 이신의 이해가 변찬린의 그것보다 훨씬 더 진정성 있게 21세기 오늘 우리 삶에서의 몸의 죽음과 그 몸의 마지막이 모든 것의 끝이 아니라는 것, 그리고 진정한 부활이란 무엇을 의미할 수 있는가를 말해준다고 나는 생각한다.

6-2. 포스트휴머니즘 시대 몸의 마지막과 부활 신앙

이신의 시에 "사실"(事實)이라는 제목의 시 「사실 I. II」가 있다. 시 I에서 이신은 "아무리 부정하고 또 부정해도 그것이 사실이라면 어떻게 하겠습니까"라고 물으며 시작해서 여러 단계를 거쳐서 "모든 사람이 다 모를 뿐만 아니라 나도 다 잊어버렸어도 그것이 사실이라면 또 어떻게 하겠습니까 … 정말 어떻게 하겠습니까"라고 묻고, 그다음에 "사실이 그렇게 강인(强靭)한 것이라면 나도 그와 반대되는 사실을 만들어서 싸움을 붙여 전취(戰取)하는 길밖에 어디 있겠습니까"라고 하면서 나름대로 죽음을 넘어서 부활로 나아가는 길을 제시한다.

그러면서 그다음 시 II에서는 다시 온전히 새롭게 시작하기를, "아무리 부정하고 부정해도 그것이 사실이니 좋습니다"라고 하고, "어떤 증거를 하나라도 세울 수 없어도 그것이 사실이니 좋습니다"라고 하면서 "모든 사람

---

149 이은선, 「세월호, 고통 속의 빛, 영생에 대하여」, 『세월호와 한국 여성신학-한나 아렌트의 대화 속에서』, 동연, 2018, 97-116쪽.

이 부정할 뿐 아니라 모든 사람이 그 사실을 잊어버렸어도 … 내가 그 사실을 잊었을 뿐만 아니라 나도 내가 한 일을 모른다고 할지라도 그것이 사실이니 좋습니다"라고 말한다. 그는 마지막 행으로 "좋습니다. 좋습니다. 그것이 사실이니 좋습니다. 남이 몰라도 … 내가 잊어버렸어도 … 좋습니다. 좋습니다. … 그것이 사실이니 좋습니다"라고 노래한다. 그것은 진정으로 나를 잊고서, 또한 세계를 잊고서, 한 진정한 객관, 한 진정한 초월, 한 진실한 지속함[誠]에 대한 믿음과 희락을 고백하면서 정말 "좋습니다"라는 인격이 부활한 자의 기쁨의 노래를 부르는 것이다.

나는 이것이 진정한 부활이고, 종말이며, 아니 '새로운 시작함'[終始]이라고 본다. 그런 의미에서 부활은 '명멸'하는 것이고, 보편화하는 것이며, 종말과 종시는 서로를 끌어당기면서 참된 자아와 세계, 우주, 새 하늘과 새 땅을 향해 순간에서 비약하며 영원을 가져오면서 세상과 필연과 죽음을 돌파해 나아가는 것이라고 생각한다.[150] 그런 의식에서 이신은 나사렛의 한 목수였던 예수가 우리에게 진정으로 하고 싶은 말은 "그전처럼 남에게 붙여 살지 말고 독립해서 살아 보라"는 것이라고 설명하고, "종으로 살 때처럼 남의 눈치나 보고 살아가지 말고 너희 속에 무한히 퍼져나가는 힘이 부여되어 있으니 그것을 마음껏 창의력을 가지고 활용하라"라고 조언한다. "죽음도 의미 있는 것으로 전환시킬 수 있느니라 죽음도 삶으로 전환시킬 수 있느니라 … 그러니 세상에 억울한 일은 사람이 사람답지 못한 일을 하다가 죽은 것이 아니겠습니까. 비굴한 일을 하다가 죽는 것이 아니겠습니까…."라고 하며 그의 또 다른 시 「나사렛의 한 목수상(木手像)-새그리스도

---

150 이신, 「사실(事實) I, II」, 『李信 詩集 돌의 소리』, 55-64쪽.

로지」에서 호소한다.[151]

나는 이와 같은 진정한 인격 의식과 자유의 정신, 부활과 영원에 대한 새로운 인식이 2천 년 전 당시에는 이 세상과 육신과 물질이 천하게 여겨졌으므로 어떻게든 그것을 거룩의 영역으로 끌어올리는 것이 중요했기 때문에 '말씀이 육신이 되었다'라는 것을 강조하는 의미로 예수 '몸'의 부활이 부각되는 부활 현현 이야기가 중요했다고 본다. 그러나 21세기 오늘날은 오히려 영과 정신의 영역이 철저히 무시되고, 육신과 물질이 중시되는 시대가 되었으므로 이제는 오히려 반대로 인격과 정신의 죽음과 노예성이 얼마나 심각한가를 밝히고, 거기에 초점을 맞추어서 '육신이 말씀(영)이 된다'는 것을 밝히는 이신의 삶과 죽음 이해가 더 적실하게 다가오는 것을 본다. 이것이 바로 최근의 새로운 신약성서 부활 연구가 지적하고 제안한 대로 오늘날 4차산업혁명에 따른 트랜스휴머니즘의 시간 속에서 "인간 생명에 대한 최첨단의 지식과 이론을 수렴하여" 새롭게 기독교 부활 신앙을 변증하는 일이고, "전통 신앙의 기본 틀에 충실하면서 동시에 새로운 발전론적 해석의 지평을 개척"하는 일이 된다고 보는 바이다.[152]

이신은 이미 1968년 미국 유학 중에 다음과 같은 시를 썼다. "영원에의 전진"을 말하는데, 우리 몸의 마지막과 참 부활이 무엇일 수 있는가를 제시해주는 것으로 읽힌다:

---

151 이신, 「나사렛의 한 목수상(木手像)」, 같은 책, 65-73쪽.

152 차정식, 「생성기 기독교의 '부활' 신앙 모티브와 그 전개 과정-신약성서 자료에 대한 '발전론적' 분석을 중심으로」, 『신학과 사회』 33(4), 2019, 27쪽.

늙는 것과
세상을 떠나는 것은
우리는 슬퍼하고
좋지 않게 생각한다
그러나
그러지 말고
시간의 경과를
전진으로
그리고
더 드높은 지경으로
고양되는 것으로
생각하면
얼마나
좋았는가
영원한 자리에로의
옮김으로
드높은 곳으로의
올라감으로
생각하면
얼마나 좋겠는가[153]
-이신, 「영원에의 전진」(1968. 6. 23)

153 이신, 『李信 詩集 돌의 소리』, 63-64쪽.

6-3. 참된 인간세(人間世, Anthropocene)와 한국적 종시(終始)

이신은 유대 묵시 문학가들의 희년에 대한 환상과 추구에서 "달력이 재구성되기까지" 하는 것을 지적하였다.[154] 한국 땅에서 김일부 선생은 우주 변화의 이치와 해와 달, 일월(日月)의 움직임을 '윤력'(閏歷, 1년 365일)의 탈락과 '정력'(正曆, 1년이 360일)의 회복으로 크게 혁신시키며 「정역팔괘도(正易八卦圖)」로 그려내면서 자연 변화와 함께 인간의 근본적 개조와 인간성의 혁명을 외쳤다. 『정역』은 "자연과 인문이 조화된 역이요 세계 인류의 신화(神化)의 역"이고,[155] 선후천의 인과와 만유 생명의 종시(終始)를 세밀히 관찰하여 '태극'(太極)을 강조하는 선천의 『주역』에 비해서 인간의 주체적인 역할이 중시되고, 거기서 음양의 조화와 균평이 강조되는 '황극'(皇極)을 표방하는 역이라고 한다.[156]

그런데 나는 이 황극과 거기서의 주체자인 '황극인'에 대한 이상이 앞에서 살펴본 이신의 새그리스도로지인 새로운 인간 이상과 새 하늘 새 땅의 이상과 많이 연결됨을 본다. 즉 여기서의 황극 정신은 과거 선천의 황극이 "오직 임금만이 극(極)을 세우고 복을 펴던" 것과는 달리 "사람이면 누구나 그 완성을 기하여 태극에서 황극으로 진출하게 되는" 것을 말하는 정신이고,[157] 황극인은 "무엇에도 갇힌 사람이 아니"고, "융통 자재하고 팔달무애한 자유인"으로서 우주의 자기 집에서 하늘 부모의 뜻[天工]을 대행하는 대

---

154 이신, 『슐리얼리즘과 영(靈)의 신학』, 99, 102쪽.

155 이정호, 같은 책, 105쪽.

156 곽신환, 「학산 이정호의 역학과 『正易』」, 학산이정호연구간행위원회엮음, 『학산 이정호 연구』, 지식과교양, 2021, 224쪽.

157 이정호, 같은 책, 116쪽.

업을 이루는 사람이라고 하는데, 그래서 천지와 일월도 그러한 황극인을 기다리고, "산천과 초목이 그와 같은 인간의 완성으로 인해서 각자의 해원(解冤)을 하게 될 것"이라고 밝힌다.[158] 나는 이러한 이야기를 들으면서 이신이나 베르댜예프의 인격적 사회주의와 우주주의가 잘 연결됨을 본다.

베르댜예프의 인격주의는 실존적 세계에서 태양을 우주의 중심으로 볼 것이 아니라 인간의 인격을 중심으로 보아야 한다고 밝히며,[159] 인류 근대 과학적 '지동설'(地動說)의 단차원적 외재화의 위험을 지적했다. 그래서 참된 인격의 실현과 현실화는 "태양을 자기 속에 가져오는 것"이라고 역설했다. 나는 이것을 인격주의의 실현을 통해서 근대의 '지동설'(地動說)을 넘어, 다시 고대 중세의 '천동설'(天動說)로 돌아가는 것도 아닌, 참다운 인격 중심의 '인동설'(人動說)로 초월해 가는 의미라고 지적했다. 한국 인학(仁學)과 신학(信學)이 그에 대한 대답이라고 생각한 것이다.[160]

이러한 관점은 이미 여러 번 지적했지만, 수운 최제우나 그 전수자 해월 최시형 선생에게서 더욱 분명하게 나타난다. 이렇게 한국 사상 속에 면면히 흐르는 이 마음[一分爲二合而爲一의 방법론 또는 人中天地一]이[161] 바로 인간이 자연의 부분으로 돌아가기도 하지만, 그러나 결코 그 자연의 일부만이 아니라는 것[理 또는 人格과 靈]에 대한 깊은 신뢰이며, 그래서 참으로 죽는 것이 무엇이고, 영원과 영생이 무엇인지를 알면서 그것을 살아내는 일

158 같은 책, 119쪽.

159 니콜라스 A. 베르댜예프, 같은 책, 54쪽.

160 이은선, 「코로나 팬데믹 이후 종교와 교육-한국 信學과 仁學의 관점에서」, 108쪽.

161 이은선, 「'사유와 信學' 8, 자연과 자유-우주의 매혹과 자연에 대한 인간의 노예성」, 《에큐메니안》, http://www.ecumenian.com/news/articleView, 2021.07.04.

에 기초한 것이라고 말하고자 한다. 이신은 다음과 같이 그의 「카리스마적 신화」 "삶과죽음"에서 마지막 유언처럼 말한다:

> 이런중대한문제를착각하고있다면문제가운데서도여간큰문제가아닐수없는데이것은길을가는사람이길을잘못잡아들었기때문에잘못된길을걸어가면걸어갈수록더문제가커지는것과는비교가안될만큼큰문제요기껏살아봤자허탕을치는삶을사는것이될것이니여간정신을차려야할문제가아니다.[162]

> 인간의인격은생리적인삶에관계하지마는또생리적인것을가로지르는말하자면생리적인것을초월하는그런것으로생리적삶의요구를인간이인간으로살기위해서거부할때도있고도생리적인요구를거슬러올라가서삶의방향을다른곳으로틀어놓을때도있는데이것은마치돛단배가바람이부는방향으로가기도하지마는또어떤때는바람을거슬러서가야하는경우가있는것처럼인간의인격은자기의주체성이주체로서의제놀음을하기위해서는생리적인측면에서볼때손해가가는일을해야할때가있는가하면또우리들직접적인욕구를강력히억제하고인격이제놀음'을해야하는것이다.[163]

이러한 신뢰와 이상은 결코 섣부른 주관주의가 아니고, 왜곡된 인간중심주의가 아니다. 오히려 인간은 "소우주"이지 우주의 계층적 단계나 일부가 아니고, '전체'는 구체적인 인격의 자유와 영(spirit) 속에서 발견되는 것이지 관념적 보편이나 자연 일반에서가 아니라는 것을 깊이 통찰하는 데서 나온

---

162 李信, 「카리스마적 신학」, 『슐리얼리즘과 영(靈)의 신학』, 304쪽.
163 같은 책, 307쪽.

것이다. “보편적인 것은 추상적인 것이 아니라 구체적인 것이고, 또한 가장 구체적인 것은 부분적인 것이 아니라 보편적인 것이다.”라는 관점을 말하는 것이다.[164]

그리하여 나는 이러한 통찰들에 근거해서 오늘 우리가 진입한 인간세를 자연의 종말이나 지구의 종말 등과 같은 언어로 반(反)인간적으로 비관적인 입장에서 보는 것을 넘어서야 한다고 본다. 그래서 그 비관의 인과로 “지구탈출”이나 “인간탈출”을 말할 것이 아니라[165] 다시 인간에 의해서 참된 지구 생명 공동체가 회복되고, 그래서 지구 생명체의 ‘마음’[心]으로서의 인간의 회심과 역할을 통해서 지구 생명 공동체가 함께 ‘정신화’[靈化]하고, ‘인격화’하며, 좀 더 포괄적이고 심층적으로 ‘주체화’하는 방향으로 나아가는 것을 지향하는 의미로 해석하며 그와같은 이해를 제안한다. 즉 ‘좋은 인류세’, ‘참된 인류세’에 대한 지시이고, 그 방향으로서의 명(命)을 말하는 것이며, 그 일에서의 믿음[信學]과 인격의 일[仁學]을 놓지 말라는 설득이라고 여긴다.

이러한 한국 인학(仁學)과 신학(信學)은 절망의 탈지구과 탈인간과는 달리 지금 지구 집과 온 생명에 대한 깊은 우환 의식에도 불구하고, 그것을 넘어서는 시간에 대한 새로운 신념의 상상과 환상 속에서, 그러므로 진정 큰 소망과 희락 속에서 ‘환상’과 ‘저항’의 일을 지속해 나간다. 김일부 선생은 다가오는 후천의 「정역(正易)」을 펼치는 일에서 당하는 온갖 고초와 고난에도 불구하고 스스로 “사람이 없으면 홀로 지키고, 사람이 있으면 전하리로다”[无人則守, 有人傳]라고 했으며, 그는 “아침마다 뒷동산에 올라가 ‘복

164 니콜라스 A. 베르댜예프, 같은 책, 152쪽.
165 김상준, 『붕새의 날개, 문명의 진로-팽창문명에서 내장문명으로』, 아카넷, 2021, 860쪽.

받아 가거라'고 외쳤을 뿐"이라고 한다.[166] 해월 선생의 다음과 같은 말도 바로 오늘 우리가 어디에 서 있으며, 왜 우리가 한국 신학(信學)과 인학(仁學)에 근거해서 참된 인류세를 말해야 하는지를 잘 밝혀준다고 본다:

> 이 세상의 운수는 개벽의 운수라. 천지도 편안치 못하고, 산천초목도 편안치 못하고, 강물의 고기도 편안치 못하고, 나는 새 기는 짐승도 다 편안치 못하리니, 유독 사람만이 따스하게 입고 배부르게 먹으며 편안하게 도를 구하겠는가. 선천과 후천의 운이 서로 엇갈리어 이치와 기운이 서로 싸우는지라, 만물이 다 싸우니 어찌 사람의 싸움이 없겠는가.[167]

7. 마무리하는 말—참 인류세 시대와 한반도

이번 글을 쓰면서 참 놀라운 사실을 알게 되었다. 2018년 북경에서 제16회 세계철학자 대회를 통해서 개인적으로 알게 된 이화여대 철학과의 고(故) 이규성 교수님 책을 통해서이다. 그는 동양 철학자로서 평소 유영모나 함석헌, 동학사상을 다루었다. 그런 그가 『한국현대철학사론』과 그와 쌍을 이루는 『중국철학사론』을 지으면서 바로 이 글에서 주요 대화 상대자로 삼은 러시아의 베르댜예프를 자신 사고의 중요한 길잡이로 삼고 있었다는 것이다. 특히 마지막 『중국철학사론』에서는 '들어가는 말'부터 시작해서, 책 전체를 통해서 중국 대륙에서 19세기부터 강하게 서세동점 하던 서구 현대

---

166 이동준, 「鶴山全集解題를 대신하여」, 학산이정호연구간행위원회 엮음, 『학산 이정호 연구』, 86쪽.

167 「해월신사법설(海月神師法說)」, 178쪽.

에 대해서 응전하고 도전한 중국 현대철학가들을 다루면서는, 특별히 마지막 대상자인 철학자 장세영(張世英, 1921-현재)을 베르댜이예프의 인격주의적 사회주의와 긴밀히 관계시키는 것을 보았다.[168] 이규성 교수는 그의 마지막 결론 "상실과 전망"에 도달하기 전에, 어떻게 중국의 현대철학자들이 거대하게 위협적으로 몰려와서 중국 문명, 아니 인류 문명 전체를 서구 기독교 문명으로 포괄한 상황에 맞서면서, 다시 중국 고유의 사상 전통을 찾아내고 재해석하고 새롭게 정비하여서 자신들의 처지에서 답을 제시하는가를 웅장하게 밝혀준다. 그런 후 바로 도스토옙스키의 『카라마조프가의 형제들』 등을 들면서 베르댜예프가 볼셰비키 공산당의 정국에서 반혁명의 죄목으로 서구로 추방된 이야기, 그가 인격성의 원리를 들어서 반공리주의적이고 반전체주의적인 신념에서 서구의 모든 역사상의 존재론을 의심하고, "진정한 존재는 나의 내면에서 근원적 무에 대한 통찰을 통과해서 직관적으로 이해되는 것이다"라는 의식을 가지고 현대 인류 문명의 두 흐름인 자본주의와 공산주의에 동시에 투쟁한 사상가였음을 밝힌다. 이러한 베르댜예프의 인격주의는 결코 주관적 관념론이 아니고, 오히려 베르댜예프가 "나의 철학은 언제나 갈등의 철학이었다"라고 고백하며 사회주의 혁명이 인격주의 철학으로 보완되지 않으면 안 되는 것을 밝힌 창조적 자유의지의 철학자였음을 강조하는 것이다.[169]

오늘 코로나19 이후의 세계가 미국과 시진핑의 중국으로 나누어져서 그 갈등이 심해지며, 거기서 한반도의 미래가 크게 좌우되고 있다. 이러한 상

---

168 같은 책, 1,061쪽.
169 같은 책, 1,075-1,076쪽.

황에서 나는 이와 같은 이규성 교수의 마무리, "계급의식만 가지고는 봉건적 노예의식을 극복할 수 없었다"라는 것을 강조한 장세영 교수의 성찰과 그 한 계기가 되어준 베르댜예프뿐 아니라 그 사상을 벌써 40여 년 전에 한국의 현실에 가져와서 진정한 영과 인격과 참된 공동체에 대한 이상으로 거듭날 것을 촉구한 이신의 사고에 깊이 감사한다. 그러면서 이번 나의 시도인 이신의 연구를 특히 동아시아의 사상 전통과 연결하고, 그중에서도 한국 고유의 사상 전통인 '인간'에 대한 중시와 그것의 하늘과의 한 몸 됨[天我無間]과 더불어 온 천지 만물을 생명과 변화와 살아 있음으로 보는 깊은 생명 의식[活理·生理]의 한국 의식이, 지금 큰 위기에 빠져 있는 인류세를 위해서 큰 역할을 할 수 있다고 다시 한번 그 증거를 얻은 것처럼 느껴졌다.

문재인 대통령 당시에 유엔 연설에서 함께했던 한국의 젊은 예술가 BTS도 그런 의미에서 자신들의 세대는 결코 "잃어버린 세대 lost generation"가 아니라고 강조했다. 대신에 앞으로 해야 할 역할이 큰 "환영받는 세대 welcome generation" 라고 하면서 한국의 젊은 세대가 이미 다음 세대의 세계 지도자가 되어서 그들의 의식을 탈인간, 탈지구의 방향이 아닌 참된 인간의 세기, 모든 사람이 착한 사람으로 거듭나서 후천의 '유리세계'(琉璃世界)를 준비하고 있음을 보여주었다. 『정역』 연구가 이정호 선생은 그의 "정역과 우리나라"라는 짧은 발언에서 동북방, 중국의 동북에 위치하고 있는 한국이 바로 한 세기 전에 김일부 선생이 창시한 정역의 주인공의 나라인 것을 밝히며 '간(艮) 괘'의 방을 가리키는 동북방의 한국이 그 후천 인류세의 새로운 시작이 되는 새 마당이라고 언술했다. 그래서 이정호 선생은 '한반도의 38선'은 우리나라의 38선일 뿐 아니라 "세계의 38선이며", 한국의 정역을 세계인의 정역이라고 하면서 지금까지 세계의 막내로서 극동의 한 구석에 있는 조그마한 나라였지만, 그 많은 슬픔과 고통 이후에 "인류 최고의 복지사회인 유리세계 건설에 앞장을 서"는 나라로 거듭날 것임을 주창하였다.[170] 새로운 사명과 의무를 지니고서 "생명의 못자리 터"로 역할을 하는 일을 말한 것이다.

이신의 영의 신학은 그런 일이 가능해지는 길로서 지금까지 한국 기독교가 일상으로 평범하게 많이 들어 왔지만, 그 평범하고 가장 기초가 되는 것을 잃어버린 그것을 다음과 같이 말해준다:

> 그러므로요한일서에는'누구든지하나님을사랑하노라하고그형제를미워하면이는거짓말하는자니보는바그형제를사랑치아니하는자가보지못하는바하나님을사랑할수가없느니라'(요일4:20)고하였는데이것은사람과사람의관계에서하나님의인격과의만남을의식하는것을말하는것으로참다운'영적하나님'은무슨환상(幻像)이나무슨환청(幻聽)현상을통해서나타나는것보다이런인격과인격과의관계에서찾아볼수있으니이것은역사적으로오셨던예수그리스도를통해서계시啓示된 것이다.[171]

그러면서 오늘 우리 시대에 이런 일에 걸려 넘어지지 않은 참다운 살아있는 신앙의 그루터기와 성실의 사람으로서 그가 죽기 전 여름방학 동안 학생들과 더불어 성경을 연찬하면 두 달을 보냈던 충남 논산 독뱅이골의 한 일부(一夫) '벌꿀 치는 임씨 할아버지'의 이야기를 전해준다. 임씨 할아버지는 그 깊고 깊은 두메산골에서 오십 년 전부터 재래종 꿀벌을 쳐 오던 사람이었다고 한다. 하루는 가을 산에 가서 꿀통을 집으로 가져와 꿀을 따

170 이정호, 같은 책, 120-124쪽.

171 李信, 「카리스마적 신학」, 『슐리얼리즘과 영(靈)의 신학』, 285쪽.

려고 하다가 그 꿀을 따려면 벌들을 모두 죽여야 하는 것이 너무 마음이 아파서 그 일을 그만두고 다른 일을 하기 시작했다고 한다. 그것에 대해서 이신은 다음과 같이 전한다:

> 아닌게아니라사람이꿀을따기위해서그들이봄여름내에애써채잽집(採集)한것을빼앗아버리고그들을모조리죽인다니사람처럼지독한것이없다고느껴지기도한다. 요금세상에서사람의목숨도파리목숨보다더쉽게죽이는것을볼때그것쯤은무엇이그렇게문제될것이있겠는가하고말할것이나이것이우리들의의식구조의그릇된방향에로퇴화(退化)를말하는것이요또잇속(利害打算)에는무척밝아가는세상에서어쩌면생명경외(生命敬畏)라든지영적세계에대한민감도(敏感度)는둔화(鈍化)되어 가는것인지알수없는노릇으로서그런둔감한마음으로영원하신하나님을만나뵌다는것을얼토당토않은일인것이다.[172]

나는 이런 이야기를 들으면서 『주역』「계사전」의 말씀이 다시 생각났다. 곧 그것은 천지의 도는 '인격 속에서 드러나고, 우리 모든 삶과 행위, 언어, 믿음, 고백 속에 숨어 계신다'["顯諸仁 藏諸用", 「繫辭上」4]라고 이해되는 말씀이다. 짧게 '현장'(顯藏)이라는 두 단어로 축약될 수 있는 이 말씀 안에 다시 '묵시'와 '토착'의 두 뜻이 함께 들어 있음도 보고, 어떻게든 우리의 매일의 삶에서 '믿음'[信]과 '진실'[誠], '경외'[敬]를 말하고 실천하는 일이라고 이해한다.

그리고 마지막으로 유사하게 이 세 가지의 항목을 중하게 여긴 다석 유영모 선생이 그 일에서의 구체적인 방도로써 '일좌식'(一坐食)과 '일언인'(一

172 같은 책, 287-288쪽.

言仁)을 말했다면, 나는 그중에서도 '일좌'와 '일식', '일언'에 이어서 마지막 '일인'(一仁)을 '늘 걷기'로 풀면서 어디를 가든지 걸어 다니신 일에 주목하고자 한다. 그런데 왜 이 '일인'이 걷는 일과 관계되는가 하는 물음과 관련해서,[173] 나는 그것은 바로 인간을 비로소 인간 되게 하는 일은 걷는 일, '직립보행'이야말로 그 출발이고 시작이 되어서 그런 것이 아닌가 생각해 본다. 그렇게 다석도 '걷기와 함께 하는[一仁] 인간 되기의 일[仁學]'을 우리 삶의 토대와 기초로 본 것이라고 여긴다. 이제 지금까지의 모든 성찰을 나는 다음의 네 언어 쌍의 일들로 밝히면서 길어진 글을 마무리하고자 한다. 그것이란 다름 아닌 '성·성·성·성'(聖·性·誠·成)과 '신·신·신·신'(神·身·信·伸(新)), 그리고 '인·인·인·인'(仁·人·忍·認)의 일을 말하는데, 이렇게 기이하게도 우리 한글 소리로 같은 음으로 발음되는 이 말들이 나는 앞으로 우리 모두의 참된 인류세로 나가는 길에 선한 길라잡이가 될 것을 믿고 기대한다.

---

173 이정배, 「기독교적 입장에서 본 유교적 孝-다석 유영모의 시각에서 그 의미와 한계 그리고 재구성」, 임종수 외, 『효(孝)와 경(敬)의 뜻을 찾아서』, 문사철, 2019, 207쪽.

역·중·인(易·中·仁)과 한국 신학의 미래

—신학(神學)에서 신학(信學)과 인학(仁學)으로

1. 시작하는 말—전도서의 하느님과 때[歷]

2022년 임인년을 맞이해서 첫 주일 예배부터 히브리 성경 전도서를 읽었다. 코로나19 팬데믹이 가시지 않고 더욱 심해지는 상황과 대선을 앞두고 상식과 이해를 흔드는 일들이 온통 다반사로 벌어지는 한국 정치 마당, 과거 전두환이나 최순실 때의 일이 다시 반복될지 모른다는 우려 속에서 전도서를 읽고 싶은 생각이 났다. 셋째 장을 넘지 않아서 그 안에 인류 문명의 모든 지혜가 들어있는 것 같은 감동을 받았다. 전도서 1장과 2장에서 왜 이 전도서를 노래하게 되었는지를 가늠토록 하는 '모든 것이 헛되다'라는 고백이 반복해서 나오고, 저자는 자신이 믿어 왔던 '하느님'도 전혀 이해할 수 없는 방식으로 인생의 공과(功過)와 화복(禍福)을 나누니 더는 믿을 수 없고, 그래서 그 하느님이라는 단어도 쓰지 않는 것처럼 보였다.

그러나 이어지는 3장에서는 그가 모든 허무를 딛고 다시 신뢰하고, 믿는 것이 생겼음을 토로하니 그것은 바로 '때'(time)라는 것이다. "모든 일에는

다 때가 있다. 세상에서 일어나는 일마다 알맞은 때가 있다." 태어날 때, 죽을 때, 울 때, 웃을 때, 흩어버릴 때, 모아들일 때, 말하지 않을 때, 말할 때, 전쟁을 치를 때, 평화를 누릴 때 등등, 이렇게 사람이 애쓴다고 무엇 하나 보탤 수 없는 때가 있으므로 자신은 이제 그 때가 '있음'(being)을 '깨달았기'(knowing) 때문에 "기쁘게 사는 것, 살면서 좋은 일을 하는 것, 사람에게 이보다 더 좋은 것이 무엇이랴!"라고 고백한다고 밝힌다.

전도서 저자의 고백 내용과 여기 쓰인 단어들(비록 몇 차례의 번역이긴 하지만)을 보면서 이곳에서 '하느님'이라는 단어는 긴요치 않고, '때'[歷]라는 것이 훌륭히 대치할 수 있음을 보았다. 물론 그 전도서 저자는 그러한 때에 대한 고백 이후에 그가 앞에서 실망과 허무로 포기한 '하느님'에 대한 믿음을 때에 대한 믿음과 슬쩍 다시 연결한다. 인간은 때에 대한 감각에도 불구하고 그것을 처음부터 끝까지 다 알지는 못하지만, 하느님은 그렇지 않아서 "모든 것이 제때에 알맞게 일어나도록 만드셨다"고 고백한다. 또한, 이어서 '모든 일은 언제나 한결같다'라는 속성을 들어서 그러므로 그것이 '하느님이 하시는' 일이고, 사람은 '그를 두려워할 수밖에 없다'는 말을 하는데, 그러나 이 언술들에서도 그 하느님 대신에 '때'라는 언어를 다시 넣어도 전혀 무리가 없음을 알 수 있다.

예전 한국인들이 기독교 복음을 몰랐을 때 인격적인 하느님에 대한 믿음 대신에 때[曆/易]에 대한 믿음으로 살아온 것이 그들의 삶이 아니었을까 생각한다. 물론 기독교 하느님을 알기 전에도 한국인들의 의식과 언어에는 유사한 나름의 '인격적인 神'(신, 하느님)에 대한 신앙이 뚜렷이 있었다고 종종 주장되어 왔다. 하지만, 그 강도와 보편성 확장에서는 기독교 신앙이 결정적인 역할을 했다는 것을 부인할 수 없을 것이다. 그런데 앞에서 전도서 3장에서 본 것처럼 거기서도 '하느님'이라는 단어가 '때'라는 단어로 무리

없이 치환되는 선례도 있고 보면, 오늘 21세기 한국 사회에서 기독교 신앙이 유입된 지 2백여 년이 지나 그러한 인격적 하느님 신앙의 적실성이 한없이 떨어진 상황에서 다시 과거 한국인의 때(曆)와 역(易)에 대한 신앙과 지혜를 가져와 봄직하지 않은가 생각한다. 현재 한국 신학과 교회 현실에서 그동안 완고하게 굳어 버린 기독교 언어가 더는 잘 기능하지 못하는 상황을 생각해 보면 오래된 미래의 새로운 길을 모색하는 일은 유의미해 보인다.

2. 역(易)과 존재, 그리고 살아 계신 하느님

온 존재와 의미의 '궁극'(the Ultimate)을 참으로 친밀하게 의인화해서 '하늘 부모님'[天父]으로 껴안게 된 기독인들이, 그러나 쉽게 빠져들 수 있는 악이 있다. 그것은 바로 그 하늘자녀가 된 자기 자신을 그대로 절대화하고, 이 세상에서 모든 만족을 구하는 일이다. 나는 한국 기독교나 서구 기독교와 그 문명이 빠져 있는 자아 절대주의와 세계에 대한 보수주의적 세속화와 영속화 등이 거기서 기인한다고 본다. 이러한 현실을 염두에 두면서 오랜 기간에 걸쳐 한국을 비롯한 동북아시아 인간 삶에서 영근 '역'(易, the Change) 사상을 살펴보고자 한다. 특히 한국의 경우는 다른 나라에 비교해서 오래전부터 나름의 역 사상을 전개해 왔고, 그것이 오늘날까지도 한국인 삶과 정신의 곳곳에 스며들어 있기 때문이다.[1]

'때'[曆]와 치환하여 쓸 수 있는 역(易)은 이 세상의 모든 것이 고정되어 있

1 류승국, 「한국 易學思想의 특질과 문화적 영향」, 『한국사상의 연원과 역사적 전망』, 유교문화연구소, 2009, 257-282쪽.

지 않고 줄어들고 늘어나는 등의 변화를 거듭하고 계속함을 지시한다. 그런데 그 변화에는 일정한 패턴이 보인다는 것이고, 그 과정을 자세히 살피고 성찰하여 일종의 기호나 도표로, 또는 언어적 풀이로 밝혀내고자 한 것이 역(易)의 괘도(掛圖)이거나 책[易書]일 것이다. 우리가 이러한 역(易, 변화) 원리에 관한 탐구에서 일반적으로 많이 거론하는 중국 고전인 '주역'(周易)은 기원전 11세기경부터 중국 주나라에서 연원한 것으로 본다. 하지만 그것 외에도 그 이전의 '연산'(連山)이나 '귀장'(歸藏)의 역이 있었다고 하고, 특히 19세기 조선의 유학자 김일부(金一夫, 1826-1898) 선생이 그림그리고 해설한 정역(正易)에 대한 관심도 요즈음 점점 커지고 있다. 11세기 중국 북송의 주돈이(周敦頤, 1017-1073) 등은 역(易, 변화)의 궁극자에 대한 의식을 '태극'(太極) 또는 '무극'(無極)이라는 이름으로 밝혔다. 그 언어가 다시 '리'(理) 또는 '천리'(天理), 혹은 '지기'(至氣) 등 좀 더 보편성을 띠는 언어로 개념화되어서 이후 우리가 많이 들은 조선 성리학(性理學)의 역학적 뿌리로 역할을 한 것을 우리가 안다.

공자가 쓴 것으로 전해지는 『주역』 「계사전(繫辭傳)」에는 "낳고 살리는[生生] 것을 일컬어 역(易)이라 한다"[生生之謂易]와 "천지의 큰 덕을 생이라 한다"[天地之大德曰生]라는 유명한 두 언술이 있다. 이 말씀이 잘 밝혀주는 대로 역(易)은 천지의 큰 덕으로서 낳고 또 낳으면서 살리는 일을 하고, 만물을 탄생시키고 기르고 보살피는 일을 하는 근원적 생명의 힘으로 파악되고 있다. 나는 이것을 기독교 언어에서 '살아 계신' 하느님과 '창조자'로서의 하느님을 밝히는 의미와 같은 것이며, 둘 사이의 연결이 잘 이루어질 수 있다고 본다. 오늘날 '하느님'이라는 서구 유신론적 언어가 매우 문제시된 상황에서 이러한 동아시아 '생생'(生生)의 힘을 기초로 하는 '역'(易)의 이름은 큰

의미가 있다.[2]

여기서 특히 한국적 역학에서 이 '生(살림)' 의식이 더욱 강조되는 것을 말해야겠다. 예를 들어 조선조 성리학의 퇴계 선생은 중국의 주희를 따르면서도 천지의 큰 덕인 리(理)의 속성에서 특별히 그 주체적이고 인격적인 살아 있음과 창발성, 역동성을 강조하며 능동적 생명력인 '활리'(活理)라는 개념을 가져왔다. 그는 태극 또는 리를 인간 마음 가운데의 '천명'(天命)으로 강조하면서 어떤 정태적인 우주적 존재 원리로보다는 능동적으로 활동하고 발현하고 다가오는 '살아 있는', '창조자'로 만나는 것을 보여주었다.[3] 퇴계 선생에 이어서 특히 영조 때의 강화 양명학자 하곡 정제두(鄭齊斗, 1649-1736)는 그 리(理)를 '생리'(生理)라는 언어로 크게 강조하면서, 이것이 세상의 만물을 낳고 살리는 천지의 큰 덕인 역(易)이며, 우리 몸과 마음에서 사랑하고[精], 공감하고[情], 깨닫고[知], 세상과 진정으로 하나가 되는 일을 통해서 새로운 세계를 창조해 나가는 "생명근원"[生身命根]으로 보았다.[4] 또한, 이에 더해서 주목하고자 하는 일은 오래전 한국 상고사의 정신적 맥이 담겨 있는 것으로 볼 수 있는 『환단고기(桓檀古記)』에는 이 '생'(生)이나 살아 있는 또는 살리는 마음을 의미하는 '성'(性)이라는 언어가 유난히 많이 눈에 띄는 것이다. 예를 들어 조선 초기 이맥(李陌, 1455-1528)이 지은 것으로 전해지는 『태백일사(太白逸史)』 제3 「신시본기」(神市本紀)에 보면 "개천지생(開天知生), 개토이생(開土理生), 개인숭생"(開人崇生)이라는 말이 나온

2 이정용 지음, 『역(易)과 모퉁이의 신학』, 임찬순 엮고 씀, 동연, 2023.

3 같은 글, 260쪽; 최봉근, 「退溪의 '天命圖說'에 비친 理의 全一的 生命性」, 『陽明學』 11, 한국양명학회, 2004.2, 257-285쪽.

4 이은선, 『통합학문으로서의 한국 교육철학』, 동연, 2018, 277쪽 이하.

다. 하늘을 열고, 땅을 열고, 인간 삶을 여는 일과 더불어 그 속에서 "생명을 알고"[知生], "낳고 살리는 일을 다스릴 줄 알고"[理生], "그 생명을 귀히 받드는 일"[崇生]에 관해서 밝히는 언술을 만난다.[5]

이렇게 역(易)이나 리(理), 생성(生性) 등의 언어는 오늘 죽은 고목처럼 굳어졌고, 타버린 재처럼 생명력을 잃은 서구적 하느님이라는 언어 대신에 새롭게 우리 의식에서 '궁극'이나 '초월'(the Transzendenz)의 차원을 지시해 주는 언어로 쓰일 수 있다. 아니 꼭 '우리' 의식이나 '인간' 의식의 차원에 한정된 의미만이 아니라 그것을 넘어서 생각할 수 있다. 특히 지금 인간 문명에 의해서 야기된 기후와 생태 위기 등으로 지구 삶 자체가 크게 '존재론적'으로 흔들리는 상황이 되었다면, 지금까지 인간 의식에 의해서 무생명이고, 단지 물건에 불과하고, 죽은 것으로 폄하되어 온 존재들[物]도 모두 함께 포괄될 가능성의 언어[天地生物之理/心]로서 좋은 대안이 될 수 있을 것이다.

최근 일군의 서구 사상가들은 인간 의식과 생각으로 동식물이나 이 세상과 상관하는 것이 아니라 철저히 그 인간적 상관을 넘어서 '세상 자체'(world-in-itself), '우리 없는 세상'(world-without-us), 곧 "사고로부터 존재의 독립성을 보장"하는 일이 가능한지를 파고든다. 세상의 물자체(物自體)를 인정한 칸트까지도 포함해서 지금까지의 모든 세상과 물(物)은 인간과 그 의식과 경험으로 '파악'되고 '이해'된 것이므로 그것을 진정 넘어서는 일에 관해서 묻는 것이다. 그만큼 세계 존재와 생명이 위기에 처해 있다는 방증일 것이다.[6]

---

5 이기동·정창건 역해, 『환단고기(桓檀古記)』, 도서출판 행촌, 2019, 292쪽.

6 스티븐 샤비로, 『사물들의 우주-사변적 실재론과 화이트헤드』, 안호성 옮김, 갈무리 2021, 130쪽.

서양에서는 오늘에서야 제기된 이 물음이 유사하게 일찍이 조선 후기로 들어서면서 조선 성리학자들이 파고들었던 '인물성동이론'(人物性同異論), 즉 인간의 성(性)과 인간 이외의 만물의 성(性)이 과연 같은가 다른가에 관한 논의에서 치열하게 표현되었다고 볼 수 있다. 여기서 이를 자세히 논할 수는 없지만, 그런 만큼 한국 신학이 앞으로 주목해야 하는 과제는 바로 오늘 여러 측면에서 21세기의 문제를 선취한 것으로 볼 수 있는 '한국 성리학'과의 대화가 매우 긴요함을 보여준다. 예를 들어 본인이 그러한 대화로 수행하고자 하는 '신학(神學)에서 신학(信學)으로'의 추구는 단순히 소박한 인식론적인 물음이 아니라 좀 더 근본적으로 세계와 존재, 또는 하나님의 가능성을 묻는 급진적인 '존재론'적 물음이라는 것을 말하고자 한다.[7]

3. 중(中)과 사유[心思], 그리고 믿음[信]

우리가 익히 알고 있듯이, 역(易)은 원래 주술적인 점술과 관련이 깊었다. 하지만 조선 성리학자들은 그러한 주술과 점술적인 요소를 배제하고자 했고, 그 이전 중국 송나라 성리학(性理學) 자체가 『주역(周易)』과 더불어 『중용(中庸)』에 기반을 뒀으므로 좁은 의미의 점술보다는 더 보편적인 인간 사유와 판단에 관한 탐구로 나아갔다. 공자 『논어』「요왈」에 보면, "요 임금이 말했다. '아! 순아, 하늘의 역수[天之曆數]가 너에게 있으니 진실로 그 중을 잡아라"[允執其中]라는 말이 있다. 그리고 그보다 앞서 『서경(書經)』에는 유교 도통의 시작이라고 하는, 요 임금이 순 임금에게 전달한 "인심은 위태롭고

---

7 이은선, 「코로나 팬데믹 이후 종교와 교육-한국 信學과 仁學의 관점에서」, 『종교교육학연구』 2021.07.Vol.66, 한국종교교육학회, 97-113쪽.

[人心惟危], 도심은 미미하니[道心惟微], 오로지 정밀하고 한결같이 해서[惟精惟一], 진실로 그 중심을 잡아라[允執闕中]"라는 말이 나온다. 이후 유교 도(道)는 하늘의 역수와 깊은 관련 속에서 인간 내면에 생명적 씨앗[性·理]으로 놓여 있는 이 '중심'[中]을 잡으려는 일이 되었고, 한국사상은 무엇보다도 그 일을 '인극'(人極)과 '인간론'으로 전개시켜 근본으로 삼았다.[8] '중화'(中和)를 지극히 하면 "천지가 제자리를 잡고, 만물이 성장한다."[致中和 天地位焉 萬物育焉, 『중용』 1장]는 것을 깊이 믿고 체현하고자 한 것이다.

중(中)이 있다는 것을 의식하며 산다는 것은 그 중(中) 이외의 다양한 다른 경우 수와 존재가 세상에 있다는 것을 인정하는 것을 말한다. 즉 다양성의 조건을 말하고, 거기서 더 나아가서 그 '다양성'(plurality)이 존재의 피할 수 없는 조건이기 때문에 그러한 조건은 우리에게 깊이 '생각하고'[心思], '사유하며'[窮理], '판단하는'[明辯] 일을 요청한다는 것이다. 이렇게 인간 삶이란 심사숙고의 지적 사유로 중(中)을 잡기 위해서 최선을 다하고, 인식과 실천의 일을 지속하는 일을 통해서 열매가 얻어지고, 생명이 피어나며, 아름다운 공동체와 문화가 자라는 것을 강조한 지혜라고 하겠다.

앞에서 역(易)이라는 언어와 기독교의 살아 계신 하느님이 잘 호환될 수 있다고 생각한 것처럼, 여기서 우리 판단에서의 '중'(中)을 얻는 일은 그 인격적인 하느님의 '영의 목소리(성령)'를 듣는 일과 잘 상관될 수 있겠다. 그런데 오늘 한국 교회에서 영의 목소리를 듣는 일이 일종의 주술이나 도술로 전락했고, 그래서 하느님의 살아 있는 목소리를 듣고 그 인격적인 가르침을 따른다고 하는 사람들조차 온갖 사리사욕을 채우는 일에 몰두하며 자신들의 기독교 신앙에 더해서 스스로가 점술과 주술을 찾아다니는 일도 마

8 류승국, 같은 글, 265쪽.

다하지 않는다.

여기서 조선 성리학이 세상의 다양성에 대한 깊은 인정[敬]과 함께 중심을 얻기 위해서 노력하는 '사유'[心思]의 힘으로 전개된 것을 떠올린다. 함석헌 선생도 유사한 의미에서 앞으로의 종교는 "이지"(理智)의 종교가 될 것이며, "노력"의 종교가 될 것이라고 했다.[9] 오늘 한국 기독교가 성령의 역사 등을 강조하며 '신앙'[信]과 '사유'[理·思]를 서로 상관 없는 대척점에 놓고서 사유하지 않고, 묻지 않고, 의심하지 않으며 믿음을 어떤 단번에 이루어지는 주술적 작업처럼 여기는 것은 문제가 많다. 그들의 잘못된 주술적 신앙의 오류가 이 사유를 무시하는 데 있는 것이 아닌가 생각한다. 한국 기독교는 이전의 유교 가르침을 악마시했고, 거기서의 성찰을 눈먼 교사의 그것으로 무시하면서 자신들이 가장 직접적으로 하늘의 궁극자와 소통한다고 자랑해 왔다. 그런데 그러한 신앙의 최고 주체성 선포자들이 오늘날은 참으로 궁색하게도 그 유교 가르침도 일상에서 경원시할 것을 말해온 주술과 점술에 종속되어 있는 것을 보니 참으로 아이러니라고 하지 않을 수 없다.

퇴계 선생이 일생 성리학적 탐구의 결정체로 저술한 『성학십도(聖學十圖, To become a sage)』의 제6 그림인 '심통성정도'(心統性情圖)에는 어떻게 우리 마음속에 본성적으로 놓여 있는 인·의·예·지·신(仁·義·禮·智·信)의 덕이 발현되는가를 밝히는 말이 있다. 거기서 특히 '믿음'[信]에 대한 서술에 집중해 보면, '신'(信)은 '참됨의 이치'[實之理]를 갖추고 있는 것으로서, 그 믿음을 '성실한 마음'[誠實之心]으로 표현한다. 이 말은 곧 믿음[信]이란 앞에

---

9 함석헌, 『새 시대의 종교』, 함석헌 저작집 14, 74쪽, in, 이은선, 「仁의 사도 함석헌의 삶과 사상」, 『다른 유교 다른 기독교』, 모시는사람들 2016, 232쪽.

서 살펴본 중(中)과 연결하여 볼 때 중(中)의 참을 택해서 그것이 구체적으로 열매[實]로 드러날 때까지 성실(誠實)로써 지속하는 실천의 행위를 말하는 것으로 이해할 수 있다. 다시 말하면, 우리가 기독교 신앙에서 일반적으로 이해하듯이 믿음[信]이 그저 단번에 이루어지는 어떤 것이 아니라 그것은 참과 진실을 구하는 긴장이며, 지속하는 노력이고, 구체적인 열매를 창조할 때까지 계속하는 수행적 힘이라는 것이다. 이 때문에 여기서 그러한 믿음[信]이 『중용』이 중(中)에 더해서 또 다른 핵심 덕으로 가르치는 성(誠)과 긴밀히 연결되어 있는 것을 볼 수 있다. 『중용』은 이를 "성[誠者]은 하늘의 길이며, 그것을 따르는 일(誠之者)는 인간의 길"[誠者 天之道也, 誠之者 人之道也]이라고 밝혔다. 기독교 신앙은 이러한 가르침을 유교로부터 배울 수 있고, 오늘 한국 교회는 무엇보다도 이러한 '불성무물'(不誠無物, 성실과 진실이 아니면 아무것도 이루지 못한다)의 통찰이 요청되는 것 같다.

4. 인(仁)과 세계, 그리고 공동의 삶

그런데 사실 무수히 변화하는 세계 속에서, 무한히 다양한 의견들과 관점 속에서 중(中)을 잡는 일은 쉽지 않다. 더군다나 그 일을 지속하고 유지하는 일[誠·信]은 더욱 힘들고, 거기서의 생각하고 사유하는 일[心思·窮理]은 그렇게 간이(簡易)한 일이 아님을 누구나 안다. 그래서 여기서 더 직접적이면서도 간이하게 우리 인간됨과 연결되는 '인'(仁)에 대해서 알아보고자 한다. 인간이라는 존재는 바로 '인간성'(仁)을 지니는 일이고, 그것은 곧 두 사람(人+二)이 서로 인간답게 기대면서 사랑하고 배려하는 데서 나온 말(仁)이라고도 하는데, 유교적 세계관에서 이 인(仁)이라는 의식이 전개 발전되어 온 과정이 길다.

공자의 『논어』 전체만 해도 무려 105차례나 등장하고, 맹자의 유명한 인·의·예·지(仁·義·禮·智) 사단(四端)의 성선설 논의를 넘어서, 주희(朱熹, 1130-1200)는 그 인(仁)에 관한 「인설(仁說)」을 썼다. 주희는 천지 역(易)이 만물을 낳고 기르는 큰 덕이 '원·형·이·정'(元·亨·利·貞) 네 가지인 것과 그 운행이 '봄·여름·가을·겨울'인 것을 상기시키며, 그것이 인간에게 '인·의·예·지' 네 덕목의 본성적 씨앗(性)으로 놓여 있다고 밝혔다. 그중에서 인(仁)이란 가장 처음의 사랑하고 측은히 여기는 감정[情]으로 나타나며, 그것이 모든 다른 덕과 감정을 포괄하는 기초와 원형이 된다고 강조한다.[10] 퇴계 선생도 그의 『성학십도(聖學十圖)』 제7도인 「인설도(仁說圖)」를 "인(仁)이란 천지가 만물을 낳은 마음이요, 사람이 그것을 얻어서 마음으로 삼은 것이다."[仁者, 天地生物之心, 而人之所得以爲心]라는 구절을 가져와 시작한다. 이 한 문장에 정말 많은 이야기가 담겨 있다. 이는 유교적 〈창세기〉일 뿐 아니라 인간론과 그 감정론이라 할 수 있겠는데, 더 이어지는 설명에서 그 인(仁)을 "생명의 성"(生之性)과 "사랑의 원리"(愛之理)라고 했으니, 그것은 곧 인간 마음이 천지의 역(易)이 되는 인(仁)을 통해서 만물을 낳고 살리는 창조자가 되는 것을 밝히는 언술이라 하겠다. 그 창조의 작업은 차가운 이성이나 사고보다는 먼저 사랑의 감정과 몸과 마음의 따뜻한 살림의 몸짓으로 드러나는 것임을 말하는 설명이라고 할 수 있다.

나는 일찍이 이 '생물'(生物) 또는 '생물지심'(生物之心)이라는 언어에 주목해서 그로부터 오늘의 반(反)생명적 물질주의 문명에 맞설 수 있는 '한국적 영성', '한국적 페미니스트 살림 영성'을 "한국 생물[生物] 여성 영성"으로 드

---

10 주희, 『인설』, 임헌규 옮김, 책세상문고 026, 2014, 53쪽.

러내고자 했다.[11] 최근에는 그 일을 한국적 '신학'(信學)이나 '인학'(仁學)을 구성하는 일로 말하고 있는데, 오늘 더욱 급박해진 기후나 생태 위기 등으로 인류세(Anthropocene)에 대한 비난이 거세지면서 지구 집에서 인간 의식의 '제거주의'나 인간 사고와 세계 사이의 어떠한 상관관계도 반대하는 '반(反)상관주의' 등이 거론되지만, 나는 오히려 우리의 갈 길은 지금까지의 길을 다시 한번 다듬어서 좀 더 포괄적인 생명의 길, '참 인류세'로 나아가야 한다고 주장하고 있다.[12]

오늘날 한편으로 인간 의식에 의한 세계 점령과 규정에 대해 급진적으로 반대하는 운동은 인간 의식 없이도 신(神)은 물론, 존재(세계), 생명, 창조가 가능하다고 하는 반(反) 인류세적 극단주의로 나가려는 모습도 드러낸다.[13] 나는 이것은 또 하나의 서구 물질주의의 전체주의 사고가 표현된 것으로서 전래의 형이상학적 이원론의 실체론이 재현된 것이라고 본다. 즉 여전히 인간과 자연, 사고와 세계, 신과 인간, 마음과 몸 등을 '실체론적'으로 이원론으로 나누고, 과정(process)과 명멸(明滅)과 경험으로서의 존재, 즉 역(易)으로서의 생명과 자아에 대한 이해보다는 어떤 고정된 완결체로서의 존재 의식에 매달리는 것이다. 여기에 대해서 동아시아 성리학자 주희나 퇴계처럼 인간의 마음 자체를 '천지생물'(天地生物)의 역(易)으로 보면서 자아(주체)와 세계가 깊은 상관성 속에서 함께 서로를 구성해 가는 '자기 창조'

11 이은선, 『한국 생물生物여성영성의 신학-종교聖·여성性·정치誠의 한몸짜기』, 모시는사람들, 2011.

12 이은선, 「왜 오늘 다시 인격인가?-우리 시대의 인학(仁學)과 신학(信學)」, 《에큐메니안》, 2021.03.21.

13 퀑탱 메이야수, 『유한성 이후: 우연성과 필연성에 관한 시론』, 정지은 옮김, 도서출판b, 2010, in, 스티븐 샤비로, 같은 책, 126쪽 이하.

(autopoiesis)를 지속하는 과정으로 보는 것이 한 좋은 대안이 될 수 있다.

앞에서 언급한 함석헌 선생은 "나와 하나님을 맞대주지 못하는 종교"는 "참종교"가 아니고, "중보 소리 많이 하는 종교"는 "협잡종교"라고 했다. 그렇다면, 동아시아에서 오랜 시간에 걸쳐서 유불도 삼도의 통합적 사고로 영글었고, 온 우주 생명과의 깊은 연결 속에서 '천지생물지심'(天地生物之心)으로 인간과 만물의 본성을 밝히면서 인간의 근본적인 능동성과 창조성과 주체성이 강조되는 성리학적 세계 이해와 인간 이해가 우리에게 좋은 오래된 미래가 될 수 있을 것이다.

5. 인(仁)을 체득하는 공(公)의 방법

'인설도'(仁說圖)의 또 다른 언술 중에는 "공(公)이란 인(仁)을 체득하는 방법이니 자기를 극복하여 예(禮)로 돌아가면 인(仁)이 된다"[公者, 所以體仁, 猶言克己復禮爲仁也]는 말이 있다. 이 말은 오늘 우리 시대에 특히 중요한 의미가 있다. 나는 이 말을 앞에서 천지의 창조주인 역(易)으로서의 인(仁)을 얻는 방법, 또는 그것이 내 안에 있다는 것을 뚜렷이 깨닫는 의식이며, 거기서 더 나아가서 그 인(仁)을 내 몸에 키울 수 있는 길은 결코 혼자서 하는 일이 아니라 '함께', '공동체'[公]의 삶 속에서, 공적(公的) 영역에서의 현현과 세계와의 관계 속에서 가능해진다는 의미로 먼저 이해하고자 한다. 즉 자아와 세계, 나와 타자, 의식과 세계, 마음과 몸, 인간과 우주 또는 신(神) 등은 서로 '불이적'(不二的)으로 연결되어 있어야만 서로의 존재와 성장이 가능하고, 그런 의미에서 모든 창조와 존재는 나와 세계와의 공동 산물이라는 것을 밝혀준다는 뜻이다.

'공'(公)이라는 글자에 대한 이러한 해석과 더불어 그다음의 '극기복례'와 연결하여 보면, 진정 인(仁)한 사람이 되는 길과 그 인(仁)을 깨닫고 체득하는 방식은 바로 '공평무사'(公平無私), 즉 자기 이익과 자기 입장에 휘둘리는 아니라 참된 중(中)를 잡기 위해서 자기를 넘어서는 일을 통해서 가능해진다는 말로 이해할 수 있다. 그런 의미에서 중(中)이라는 것은 단순한 양비(兩非)나 양시(兩是)가 아닐 것이고, 그 판단과 선택이 '천지를 낳고 살리는 마음'[天地生物之心]으로 공동체와 관계와 생명을 낳고 살찌우고 증대시키는 그런 행위를 말하는 것이라 생각한다.

여기서 다시 기독교 신앙의 '십자가'와 만난다. 그 가운데서도 유교적 '극기복례'의 길은 그 자신을 이기는 힘이 바로 자신에게 달려 있다는 것을 강조하고, 그렇지만 동시에 그 힘이 길러지는 것은 바로 '공'(公)을 통해서라는 것, 그리고 그렇게 자신을 이겨나가는 열매가 어떤 거창한 비의적인 능력이나 도사의 주술력과 같은 것이 아니라 일상과 매일의 삶에서 다른 사람과 세계와 관계할 때 자신이 절대의 존재가 아니라 '조건 지어진'(conditioned)존재라는 것을 진심으로 받아들이는 공경(敬)과 겸손, 예절(禮)을 통해서 나타난다는 것이다. 그것이야말로 일상과 구체적인 삶에서 초월을 예배하는 것이고, 오늘 포스트 휴먼(post-human)과 세속화 이후(post-secular) 시대로 들어선 인류 문명이 요청하는 '가장 적게 종교적이면서도 풍성히 영적인' 방식의 예배를 드리는 일이라고 본다. 나는 오늘 한국 교회나 그 지도자들이 온갖 주술적 추구에 빠져 있고, 유아독존적으로 자기중심적이며, 끝없는 이익과 사적 욕망에 눈이 어두운 것을 볼 때 이와 같은 우리의 오래된 가르침에 다시 눈을 돌리는 일을 생각한다. 그것이 한국적 신학(信學)과 인학(仁學)이 말하려는 것이다.

그렇지만 우리는 한편 과거 우리의 역사에서 이러한 조선 유교적 예(禮)도 지나친 이론화와 관념화로 다시 '사람 잡는 예'(禮)로 치달아 밖에 내던져 짓밟히는 지경까지 간 것을 안다. 한국사상은 그에 대한 대안으로 '기독교 복음'을 받았고, 서학(西學)과의 씨름도 거치면서 나름대로 또 다른 길을 찾아 나섰는데, 그중에서 가장 강력한 것이 바로 '동학'(東學)이었다.

최근에 동학에 관한 관심이 비등하다. '개벽'(開闢) 내지는 '다시개벽'의 기치를 걸고 21세기 오늘날이야말로 진정한 '후천개벽'의 때로서 지금까지 지구 문명이 서구 기독교 가치 중심적 '근대'였다면, 오늘은 한국의 동학사상과 같은 비서구 국가들에 의한 '토착적 근대'가 역할을 해야 한다고 주장한다.[14] 하지만 나는 앞에서 살펴본 조선조 성리학적 사고에서 벌써 서구적 근대를 넘어선 '근대 이후'(postmodern)의 정신이 나타나고 있었음을 보고자 했다. 그래서 그러한 조선 성리학적 뿌리에서 나온 동학을 단지 "토착적 근대"라고 칭하는 것은 타당치 않으며, 오히려 서구 근대도 넘어서는 '근대 이후', '포스트모던'의 한 표현으로 읽기를 원한다. 이러한 동학의 최제우 선생은 자신 가르침의 결정체로서 '성경신'(誠·敬·信)의 세 글자를 지목했고, 이것이 내가 추구하는 한국적 신학(信學)과 인학(仁學)과 잘 부합한다고 생각한다.

6. 마무리하는 말—한국 사상의 회통성과 새 그리스도로지

20세기의 동학만이 아니라 한국사상의 전일적이고 회통적인 사고는 이미 원효(A.D.617-686)나 통일신라의 최치원(A.D.857-900) 같은 사상가들에 의해서 뚜렷이 추구되었다. 특히 최치원은 중국인들과는 다른 '동인'(東人) 의식을 가지고 "도(道)는 사람에게서 멀리 떨어져 있지 않다. 이방인이란 따로 없다. 그러므로 동인의 자식들은 불교도 할 수 있고 유교도 할 수 있다"

14 조성환·이병한, 『개벽파선언』, 모시는사람들, 2019.

[夫道不遠人 人無異國 是以 東人之子 爲釋爲儒必也]고 강술했다.[15] 그는 동인(한국인)들이 큰 회통적 사고를 할 수 있는 고유한 정신적 뿌리로서 '풍류'(風流)를 들었는데, 나는 여기서 '풍류'라는 단어보다는 오히려 '살림'(生)이 더 적실한 표현이라고 생각한다. 앞에서 짧게 지적한 대로, 한국 창세기 이야기에 나타나는 '홍익인간'(弘益人間) 정신 등을 따로 들지 않더라도, 아주 오랜 고기(古記)에서부터 벌써 나타나고 강조되어 온 '낳고 살리는 정신'[生·性]과 그것이 더 전개되어서 '생리'(生理), '생물'(生物), '생의'(生意) 등으로 표현되면서 한편 감정[情]으로, 다른 한편으로 이지적 성찰의 정신[理]으로, 그리고 지칠 줄 모르는 생명적 의지[意]나 상상력[思] 등의 영적 힘으로 분출되어 온 것을 말한다. 이 한국적 마음과 정신이야말로 앞으로도 계속 또다시 융화하고 회통하는 생명과 살림의 '역'(易)과 '중'(中)과 '인'(仁)이 아닌가 생각한다.

나는 이러한 한국 정신사적 바탕에 근거해서 우리가 가장 늦게 만난 20세기 서구 개신교의 예수 정신을 또 다시 창조적으로 융섭한[16] 초현실주의 영(靈)의 신학자 이신(李信, 1927-1981)의 「나사렛의 한 목수상(木手像) - 새 그리스도로지」라는 시에 이러한 한국적 신학(信學)과 인학(仁學)의 영성이 잘 나타나 있다고 생각한다. 그중 일부를 가져오면서 이 성찰을 마무리하고자 한다:

"…

15 최치원, 「진감화상비명眞鑑和尙碑銘」, 류승국, 앞의 책, 234쪽에서 재인용.

16 이은선, 「참된 인류세(Anthropocene) 시대를 위한 李信의 영(靈)의 신학-N. 베르댜예프와 한국 信學과 仁學과의 대화 속에서」, 『李信의 묵시의식과 토착화의 새 차원』, 동연, 2021, 130쪽.

얼마든지 지혜롭게/얼마든지 힘차게/얼마든지 착하게

얼마든지 아름답게 살 수 있느니라고/부르짖으십니다.

…

그러니 세상에 /억울한 일은/사람이 사람답지 못한 일을

하다가 죽는 것이 아니겠습니까.

…

세상의 하나의 물리적인 현상도

그것이 두고두고/다른 물건들에게

영향을 주는 것과는/같지 않지마는

하나의 자유로운 인격의 주체자로서/행한 하나하나의 일들은

그대로 사실로서 삭여가고/있는 것이 아니겠습니까.

…

그리고는 마지막 숨을 거둘 때/하나의 결정적인 인간상을

"사실"이라고 하는 엄격성 속에/담아 두고 떠나는 것입니다.

그것을 죽음으로 보지 않고/삶으로 본 것이

부활에의 깨달음이었습니다.

…

그분이 신이었다는 결론은

죽음을 몰랐다는 데/있는 것보다

그처럼 죽음으로/삶에/새로운 의미를

불어넣은 데 있습니다.

-1968/11/6 태네시주 내슈빌에서"[17]

---

17 이신,『李信 詩集 돌의 소리』, 이경 엮음, 동연, 2012, 65-73쪽.

5장

퇴계 사상의 신학(信學)적 확장

—참 인류세 세계를 위한 토대[本原之地] 찾기

1. 시작하는 말 —21세기 신실재론의 등장과 퇴계 사상

지금까지 인류 삶에 기초가 되어 왔던 토대들이 한꺼번에 무너져 내리는 것 같은 오늘, 그 현실을 가리키면서 '가상(virtual)이 실재(real)를 빨아들이면서 발전한다'라는 언술이 나온다.[1] 또한, 우리 시대에 제일 염려되는 일로 사람들의 "사실 저항"(fact resistance)이 이야기된다.[2] 이 '사실 저항'이라는 말은 미국에서 2015년 트럼프 대통령 등장과 더불어 두드러졌다. 하지만 근자의 한국 정치에서도 2014년 세월호 참사가 일어났던 박근혜 정권 이후, 특히 인간 공동체 삶에서 공적 판단의 마지막 보루로 여겨지던 법적 권력을 기반으로 해서 등장한 윤석열 정부 아래서 더욱 크게 실감하고

1 이원진, 「퇴계의 성학십도, 가상현실VR과 만나다」, 『개벽의 징후』, 도서출판 모시는사람들, 2020, 47쪽.

2 오사 빅포르스, 『진실의 조건』, 박세연 옮김, 푸른숲, 2020, 20쪽.

있다. 일찍이 한나 아렌트는 인간 삶과 사유의 시작과 더불어 함께 있어 왔다고 할 수 있는 이러한 현실에 대해서 그녀의 「진리와 정치」(Truth and Politics, 1961)에서 매우 예리한 분석을 내놓았다. 그녀는 '사실'(fact) 내지는 '사실적 진리'(factual truth)라는 것도 결국 인간의 인지와 해석 때문에 받아들여지는 것이고, 그래서 그것이 정치와 권력과 더불어 충돌을 일으킬 때 무수히 왜곡되고 조작되며 무시되는 경우 속수무책일 수밖에 없다고 했다. 그러나 한 공동체에서 그러한 일이 반복되면 사람들은 자신들 판단의 바른 사실적 토대를 잃고서 마침내는 어떤 판단도 할 수 없고, 또한 하지 않는 우왕좌왕과 무관심, 조작된 허위적 의견(opinion) 수준에만 빠져 사는 만인 대 만인의 갈등 내지는 전체주의의 비극으로 떨어진다고 일갈했다. 그녀가 말한 유명한 '악의 평범성'이라는 현실이 도래하는 것을 말한다.[3]

그런데 여기서 그녀는 그럼에도 불구하고 '사실'(facts)은 "완고성에서 권력보다 우월하다"라고 주장한다. 참(truth)의 반대는 수천 가지의 모습이고 무한히 "소름 끼치는 동요"를 겪으면서 연속적으로 다른 모습으로 위장되어 주장될 수 있지만, 그러나 사실과 사건의 완고성은 특수한 시간 및 공간적 맥락과 분리될 수 없는 "단순히 그 모습 그대로 존재하는 것"(thereness)의 맥락적 안정성이기 때문이다. 그래서 수없이 그 우연을 맞추기 위해서 조작되고 의도되는 인위의 안정성이 그 사실의 완고성을 결코 이길 수 없다고 말한다.[4] 하지만 우리도 알다시피 오늘날은 그 인위와 가상이 또 하나의 실재와 현실(reality)이 되어서 사실과 진리를 더욱 몰아세우고 있다. 그

---

3 한나 아렌트, 「진리와 정치」, 『과거와 미래사이』, 서유경 옮김, 푸른숲, 2005, 345쪽; 이은선, 『세월호와 한국 여성신학-한나 아렌트와 대화 속에서』, 동연, 2018, 56쪽.

4 한나 아렌트, 같은 책, 345-346쪽.

래서 오늘 우리 눈앞에서 전개되는 AI와 메타버스, 가상현실의 시대는 과연 어떤 사실이 의견이나 해석과 독립해서 존재할 수 있을 것인가 하는 '포스트 트루스'(post-truth) 시대적 물음이 더욱 강력하게 제기될 수밖에 없다.

이러한 상황에 대한 다른 출구 찾기로 인간 인지와 해석과는 상관없는 '사물 주체'나 '사물 권력'을 말하는 신실재론이 강력히 대두되고 있다. 지금까지 인류 문명은 동서의 구분을 떠나서, 특히 서양 문명에서는 '인간'과 '세계'라는 양분된 의식 속에서 그 관계를 주체와 객체, 의식과 사물, 생물과 무생물 등의 절대 계급적 가치 관계로 서로 나누어 지내 왔다. 거기서 상대라고 여겨 온 객체 대상을 주체인 인간이 마음대로 처분할 수 있고 조리할 수 있다고 생각했고, 그 대상에 인간 외의 전(全) 생명과 자연, 지구, 사물 등이 있었다. 하지만 바로 그 인간 주체가 아니고, 의식이 아니며, 죽었다고 생각해 온 지구를 비롯한 온 사물(事物)이 죽어 있는 '사물'(死物)이 아니라 '활물'(活物)이라는 것이 주창되고 있다. 인간 삶이라는 것도 그 활물과의 긴밀하고 중첩적인 상관으로 이루어지는 것이며, 그래서 만약 한쪽이 과한 권력을 쓸 때 다른 한쪽이 고사(枯死)하면서 나머지 쪽(인간 주체)의 삶도 보장되기 어렵다는 것이 속속 밝혀지면서 지금까지의 인간 중심적 인식 방식에 큰 물음이 제기되고 있는 것이다.

그래서 21세기 오늘 모두가 감지하게 된 심각한 기후 위기나 코로나19 팬데믹이 대두하기 전부터 프랑스의 브뤼노 라투르(Bruno Latour, 1947-)는 이 인간 인식 권력의 폭력성과 자아 중심주의, 세계소외를 세차게 비판하면서 "인식론적 재난"을 말했다.[5] 소위 서구 근대 칸트 인식론의 코페르니쿠스적 혁명도 인간을 철학의 중심에 놓으며 세계의 나머지 부분을 불가지적 객체들의 집합으로 환원한 것이라면서 그에 대해서 그는 "반혁명"을 해야 한다고 주장한다.[6] 유사한 문제의식 속에서 인간 사고로부터 철저히 독립적인 객체의 존재성을 밝히는 일이 시급하다고 주장하는 오늘의 '사변적 실재론자'들은 "단순히 세계-그-자체(world-in-itself, 객관적)가 우리에게-있어서의-세계(world-for-us, 주관적)와 다른 점을 생각하는 것으로는 충분하지 않다. …우리-없는-세계(world-without-us)라고 부르는 것을 적극적으로 탐구"하는 지경까지 나가야 한다고 강술한다.[7]

그러나 이 사변적 실재론자들이 주장하는 것처럼 오늘 인간을 포함한 지구 삶의 정황이 그 사실적 종말의 위기 앞에서 "거대한 외부, 영원한 즉자성, 그 존재가 사고되었는지 아닌지에 무관심한 그 즉자성의 존재"를 말하는 정도까지 이르렀다는 것을 한편 수긍한다 하더라도, 동시에 그럼에도 불구하고 여전히 인간 인식에게 남는 문제는 어떻게 그 자체로 인간 인식과 동떨어져 존재하는 세계와 만나고, 거기에 접근 내지는 '접속'할 수 있겠는가 하는 것이다.[8] 이 문제에 대한 답을 위해서 다시 단순히 과거 전통 신학(神學)의 방식으로 신(神)에게로 돌아갈 수 없다는 것은 오늘의 세속주의

5 브뤼노 라투르, 『지구와 충돌하지 않고 착륙하는 방법-신기후체제의 정치』, 박범순 옮김, 이음, 2021, 45쪽.

6 그레이엄 하먼, 『네트워크의 군주-브뤼노 라투르와 객체지향 철학』, 김효진 옮김, 갈무리, 2019, 128쪽.

7 스티븐 샤비로, 『사물들의 우주-사변적 실재론과 화이트헤드』, 안호성 옮김, 갈무리, 2021, 130쪽.

8 같은 책, 129쪽.

시대에 명약관화한 일이다. 그렇다면 어떤 다른 길이 있을까를 고민할 수 밖에 없는데, 여기서 우리가 아무리 이들 신실재론자가 주장하듯이 인간 외의 만물을 나름의 주체적 행위력으로 인간과 동등한 권력을 가진 또 다른 '행위소', '사물 행위소'와 '사물 주체'로 받아들인다 하더라도, 거기서 '관계'가 일어나려면 어떤 경우에도 그 '시작점과 출발점'(starting point, 所從來)이 있어야 한다는 것이다. 이것은 부인하려야 부인할 수 없는 사실이다. 오늘의 현실은 객체의 실재를 인정하는 좀 더 강력한 객체지향의 '형이상학(실재론)의 도래'가 요청된다. 그러나 동시에 그 일은 다시 그 실재와 관계를 맺어야 하는 '출발점'으로서 '인간 주체'[人]와 그 '인식력'[性理]을 묻는 물음이 되는 것을 피할 수 없다. 다시 말하면 결국 더는 어떤 정태적 존재론이나 형이상학의 물음[神學]이 아니라 거기서 인간 인식의 출발점이라고 하는 '감각'과 '감정'(情)에 대한 물음, '의지'[意]와 '판단'[智]에 대한 물음 등, 총괄적으로 우리 전(全)존재의 인식력과 '신뢰'[敬/信]의 선택, '실천'[誠]과 구체적 '열매'[實]의 물음인 '신학'(信學)의 물음이 된다는 것이다.[9]

이번에 '퇴계 사상의 확장과 확산'이라는 주어진 주제 아래 우리에게 어쩌면 너무도 익숙한 그의 삶과 사유를 다시 살펴보고자 하는 것은 바로 이러한 문제의식과 맥락에서일 것이다. 그것은 우리가 익히 알고 있으려니와 그가 오늘 지구 집의 정황을 이렇게 '여섯 번째의 멸종' 위기로 몰아온 서구 근대 정신과는 다른 동아시아 '신유학'의 사유가라는 일반적인 이유에서뿐 아니라, 그가 이룩한 성리학(性理學)과 심학(心學)이 바로 위에서 제

---

9 이은선, 「易·中·仁과 한국 신학(神學)의 미래-신학(神學)에서 신학(信學)과 인학(仁學)으로」, 『기독교사상』, 2022.03, 통권 759호, 21-36쪽. 이 책의 제2부 4장으로 가져왔다.

기된 것과 유사한 객관 세계의 실재론적 물음과 거기서의 인간 인식론의 딜레마를 나름의 고유한 방식으로 넘어섰다고 보기 때문이다. 즉 그는 비록 5백여 년 시공의 차이가 나지만 과문한 내가 보기에 "천지에 가득 찬 모든 것"[天地之塞]이 "자신의 몸"[吾其體]이고, "모든 사물이 자신과 함께 산다"[物吾與也]라는 것을 고백하는 경지까지 올랐다.[10] 그리고 거기서 그러한 고백과 관계의 주체(출발점)가 '인간'[人]과 그 '마음'[心]이라는 것을 저버리지 않으면서도, 그러나 동시에 그 자아[我]와 인간, 마음이 결코 오늘 이 지구집에서 큰 문젯거리가 된 유아독존적 절대 군주의 그것이 아니었다는 것이다. 오히려 그 상대성과 조건성에 대한 깊은 인지 속에서[居敬] 그 자아의 시작 권력[性理]이 자신을 초월해서 더 큰, 또는 더 오랜 시공의 근원[天/太極]과 연결되어 있고, 그 근원이 궁극(無極)인 것을 고백하는 '겸비'[舍己從人]와 '공존'[善與人同]과 '큰 사랑'[求仁成聖]의 사람이었다는 것이다.

그는 당시 자신 시대 유행하는 사유와 학의 병폐를 "구이지학"(口耳之學)의 폐해로 구술했는데, 나는 오늘 이 언어가 우리 시대 신유물론적 실재론자들에 대한 비판에도 적실하게 쓰일 수 있다고 생각한다. 즉 사람들이 자신들 입과 귀와 눈의 감각에만 드러나는 것이 다인 줄 알고 더 깊은 차원의 실재[理]를 보지 못하고, 사유하지 못하는 것을 깊이 염려한 것이다.[11] 퇴계 선생은 당시 새롭게 조선에 전래된 양명학이나 젊은 학자 그룹의 주기론(主氣論)적 경향이 그 폐해에 빠질 위험성이 있다고 보았는데, 어떻게 하면

---

10 『退溪集』, 「聖學十圖」 '서명도', 이황·이이, 한국의 유학사상 삼성세계사상 1, 윤사순·유정동 역, 삼성출판사, 1993, 535쪽.

11 같은 책, 「전습록논변」, 519쪽.

그 나타남[氣]의 세계를 존중하면서도 그것이 다가 아니라 더 깊은 근원과 실재[理]에 조건 지어졌다는 것을 밝히고, 믿게 하고, 실행하게 할지 그 길을 찾는 것이 그의 일생의 업[吾事之業]이었던 것이다. 이 글은 예를 들어 오늘 서구 사변적 실재론의 '행위자-연결망 이론'(ANT, Actor-Network-Theory)도 유사하게 당시 선생이 비판한 기(氣) 일원적 환원주의에 빠지기 쉽다고 보면서, 이미 20세기 서구에서 그러한 유물주의적 일원론의 한계를 나름대로 간파하며 다른 길을 제시하고자 했던 러시아의 사상가 N. 베르댜예프(N. Berdyaev, 1874-1948)와 한나 아렌트(H. Arendt, 1906-1975), 그리고 폴 리쾨르(P. Ricoeur, 1813-2005) 등과 대화하며 조선 퇴계의 삶과 사상을 그에 대한 한국 '신학'(信學)적, 또는 '인학'(仁學)적 대응의 의미 깊은 예로 드러내고자 한다.

2. 퇴계 사유의 출발처로서 '천즉리'(天卽理)와 그의 실재론(理動)

1501년 연산군 7년에 경상도 예안현에서 태어난 퇴계 선생의 『언행록』을 보면 그는 어린 시절부터 타인과 세계에 대한 존숭과 겸허가 참으로 뛰어났던 것 같다. 태어난 지 7개월 만에 아버지[진사 이식]가 돌아가시고, 8남매의 막내로서 어머니 춘천 박씨가 홀어머니 자식들이라는 소리를 듣지 않게 하려고 엄하게 키웠다고 하는데, 그의 어머니에 대한 효(孝)와 형들, 눈에 보이지 않는 신령(神靈)과 선인들, 주변 자연과 사물에 대한 예민한 감응과 존숭의 능력은 특별했던 것 같다. 어머니가 돌아가시고 나서는 자신을 죄인으로 여겨 생일상도 받지 않으려 했고, 형님들을 어버이처럼 섬겼으며, 조상을 모시는 제사에서는 아무리 춥고 더워도 질병이 없는 한 반드시 친히 가서 제물을 올렸다고 한다. 새로운 먹거리를 얻으면 꼭 종가에 보내어 사당에 올리도록 했다 전해진다. 또한 제사를 마치고 자리를 걷은 뒤에도 시간이 지나도록 신위를 향해 앉아 계셨다는 등, 그가 보인 우리 눈과 귀에 들리는 감각의 세계를 넘어선 감추어진 차원에 대한 정성과 배려는 뛰어났다.[12]

『언행록(言行錄)』 맨 처음부터 나오는 내러티브에 따르면, 12세 때 숙부 송재공에게서 『논어』를 배우면서 거기에 나오는 '리'(理) 자에 대한 의식에 이르러 그것이 "무릇 일의 옳은 것이다"[凡事之是者 是理乎]라는 대답을 해서 크게 칭찬을 들었다고 한다. 19세 때 성리학의 「태극도(太極圖)」가 들어 있는 『성리대전』 제1권과 마지막 70권을 얻어 숙독하고서 학문에 들어가는 문을 얻은 듯했다는 고백을 했고, 20세에 『주역(周易)』을 읽으면서 그 뜻을 깨닫고자 침식을 잊고 공부하다 건강을 크게 해쳤다고 한다. 그런 선생은 스스로 고백하기를 자신의 학문을 계발해 줄 스승이나 벗을 만나지 못한 가운데 23세 때 성균관에 유학하다가 만난 『심경부주(心經附註)』를 읽고 "비로소 심학의 연원을 알고 또 심법의 정미함을 알게 되었다"고 밝힌다. 이후 34세부터 46세까지 13년간은 관리로서 매우 바쁜 삶을 사는 가운데 43세에 『주자대전(朱子大全)』을 얻어 깊이 공부하며 하루 속히 고향에 내려가서 학문에 몰두할 수 있기를 바랐다. 46세 때 장인과 둘째 부인 권씨의 장례를 계기로 귀향하여 양진암(養眞庵)과 한서암(寒棲庵)에 이어 1551년 52세 때 계상서당(溪上書堂)이라는 열 칸 정도의 작은 서당을 짓고 강학하기 시작했다고 전해진다.

---

12 『退溪集』, 「언행록」 '봉선', 장기근 역저, 명문당, 2003, 606쪽 이하.

2-1. 퇴계 「천명신도(天命新圖)」와 「천명도설(天命圖說)」

그렇다면 선생이 그렇게 『성리대전』과 『주자대전』, 『심경』 등에 몰두하면서 당시 잔인하고 비루했던 네 번에 걸친 '사화'(士禍)의 시간을 통과하며 "천년 미래의 삶을 바로잡는 것"[訂天年]을 염두에 두면서 이루고자 한 학문은 어떤 것이었을까? 1552년 1월 51세 때 지은, 보통 '도통시'(道通詩)로 읽히는 「입춘을 맞아[正月二日立春]」에 보면,[13] 그는 "누런 책 속에서 성현을 마주 대하며 초연히 앉아 창밖으로 봄이 오는 소식을 들으니 거문고 줄 끊어졌다고 탄식하지 않는다"라고 읊고 있다. 이 시 한 편에서도 잘 드러나듯이, 그가 16세기 조선에 태어나 살며 '성명·의리의 학'[性命義理之學]으로 만난 동아시아 '성리학'(性理學)을 통해서 일구어낸 삶과 사유체계는 실로 웅장하고 동시에 지극히 섬세하다. 그는 과거 인간적 축적[黃卷, 누런 책] 앞에 앉아 있으면서도 지금 눈앞의 만물 자연[梅窓, 매화의 봄소식]과 섬세하게 만나고, 그 모든 존재와 삶의 앞날을 위한 희망을 간구한다.[莫向瑤琴嘆絶絃][14]

이러한 가운데 그가 1553년 53세 때 다시 성균관 대사성에 임명되어 서울에 와 있는 동안 만난 추만 정지운(鄭之雲, 1509-1561)의 「천명도(天命圖)」에 대한 사유와 관점에서 선생 고유의 학문과 관점이 본격적으로 표현되기 시작한 것으로 여겨진다. 선생은 추만의 「천명도」를 자세히 살피고 그것을 「천명신도(天命新圖)」로 그려냈고, 1555년 병으로 다시 사직하고 귀향하여 「천명도설(天命圖說)」로 정리했다. 11세기 중국 송나라 장횡거(1020-1077)

---

13 이황, 이광호 옮김, 『퇴계집』, 한국고전번역원, 2017, 117쪽.

14 같은 책, 117-118쪽.

나 주렴계(1017-1073)에 의해서 촉발된 성리학적 '우주론'[太極論]과 대화하면서 조선 성리학이 고유의 우주론과 인간론인 「천명도(天命圖)」를 사유해 냈고, 그것을 다시 한번 새롭게 천착해낸 퇴계 천명도는 어떤 뜻과 미래적 의미를 담고 있는 것일까? 주렴계의 「태극도(太極圖)」가 그려낸 우주 개벽과 역동의 원두처인 태극(太極)을 정이천(1033-1107)과 주희(1130-1200)는 우주 사물의 존재와 당위의 원리[理, principle]로 내재화시켰고, 어린 시절부터 리(理)에 대한 남다른 의식을 내보였다는 퇴계 선생은 그러한 정주학을 깊이 공부하면서 "태극이란 오직 이 하나의 리(理) 자(字)이다"[太極只是一箇理字]나 "동정이 태극이 아니라 동정의 소이(所以)가 태극이다"[動靜非太極, 而所以動靜者, 乃太極也]라는 이해를 기본적으로 따랐다. 1553년 이후의 퇴계 「천명도」는 이러한 이해와 함께 그 태극 또는 리(理)를 특별히 하늘과 인간이 더욱 더 긴밀하고 역동적인 관계 속에 있음을 지시하는 '천명'(天命) 또는 '천'(天)으로 파악하면서 우주론과 인간론을 좀 더 전일적으로 통섭한 것으로 나는 이해한다. 그것은 조선 성리학 전개에서도 종종 거론되는 중국 성리학에서와는 다른, 오랜 사상적 전통으로서의 하늘[天]에 대한 깊은 숭배와 거기서 특히 인극[人極]을 중심으로 하는 '천인무간'(天人無間) 또는 '천아무간'(天我無間)의 살아 있는 생생한 관계를 추구하는 이상이 표현된 것을 말한다.[15] 퇴계 선생은 그의 「천명도설」 첫 문장을 다음과 같은 말로 연다:

질문: 천명의 뜻에 대해서 들을 수 있겠는가?

15 류승국, 「한국 역학사상(易學思想)의 특질과 문화적 영향」, 『한국사상의 연원과 역사적 전망』, 유교문화연구소, 2009, 261쪽.

답: 천(天)은 곧 리(理)이다. 그 덕은 네 가지인데, 원형이정(元·亨·利·貞)이 그것이다. 그 네 가지의 실제[實]는 성실[誠]이다. 대개 원(元)이란 시작의 리이고, 형(亨)이란 통함의 리이며, 리(利)란 이루어짐의 리이고, 정(貞)은 완성의 리이니 (네 가지가) 순환하여 쉬지 않는 까닭이다. 진실하고 거짓됨이 없는 묘함으로 소위 성실[誠]이다. 그러므로 음양과 오행이 유행할 때에 이 네 가지는 항상 그 안에 있어서 '만물에게 명령하는 근원'[命物之原]이 된다. 이것으로써 사물이 음양과 오행의 기(氣)를 받아서 형성되고, 원형이정의 리를 갖추어 성(性)으로 삼지 않는 것이 없고, 그 성의 조목에는 다섯 가지가 있으니 인의예지신(仁義禮智信)이다. 그러므로 사덕과 오상은 위아래로 하나의 리이니 본래 '하늘과 사람'의 구분이 없었다.[16]

선생은 여기서 우선 만물 안의 리(理)가 "하늘"[天]이라는 것을 명시하면서[天卽理], 그 천의 우주적 리(理)가 만물의 내재적 본성[性]으로 자리 잡음으로써 온 세상이 초월과 연결되지 않음이 없음을 분명히 한다. 나는 여기서 선생이 초월의 내재성인 리를 특히 '태극'이나 혹은 '천리'와는 다른 언어인 '天'(천, 하늘)으로 말했다는 것은 그 초월을 단지 어떤 이법적인 형이상학적 원리나 정태적인 존재 원리로서보다는 훨씬 더 생생하고 살아 있는 구체적인 관계의 상대로 이해한 것이라고 본다. 선생도 평소에 썼을 한

16 『退溪先生續集』 卷之八, 雜著, 「天命圖說」: "問. 天命之義. 可得聞歟. 曰. 天卽理也. 而其德有四. 曰元亨利貞是也. 四者之實曰誠. 蓋元者. 始之理. 亨者. 通之理. 利者. 遂之理. 貞者. 成之理而其所以循環不息者. 莫非眞實無妄之妙. 乃所謂誠也. 故當二五流行之際. 此四者常寓於其中. 而爲命物之源. 是以. 凡物受陰陽五行之氣以爲形者. 莫不具元亨利貞之理以爲性. 其性之目有五. 曰仁義禮智信. 故四德五常. 上下一理. 未嘗有間於天人之分. 김종석, 『퇴계학의 이해』, 일송미디어, 2001, 94-95쪽 참조.

국 고유의 '하늘님(하느님)'을 말하고, 그것은 서구 기독교의 인격적 신을 가리키는 '신(神, God)'이라는 언어와도 상응될 수 있다는 의미에서이다. 사실 선생은 다른 곳에서 정이천 『역전(易傳)』의 해설을 들어서 리(理), 천(天), 건(乾), 상제(上帝), 신(神) 등이 모두 같지만 지시하는 바에 따라서 이름이 다를 뿐인 것을 다음처럼 밝혔다:

> 무릇 '천'(天)이란 총괄적으로 말하면 '도'(道)다. 형체로 말하면 '천'이라고 하고, 성정(性情)의 측면에서 말하면 '건'(乾)이라고 하고, 주재하는 측면에서 말할 때는 '(상)제'(上)帝라고 하며, 작용의 측면에서 말하면 '귀신'(鬼神)이라 하고, 그 작용의 묘용한 측면을 말할 때는 '신'(神)이다. 이것이 천지조화라고 생각하는데, 지시하는 바에 따라서 다른 이름을 말한다.[17]

특히 '신'(神)에 대한 설명과 관련해서 선생은, "대개 신의 구별은 세 가지가 있으니, 하늘에 있는 신, 사람에게 있는 신, 제사 드리는 신이 그것입니다. 세 가지가 비록 다르나 신이 되는 소이(所以)는 같으니[三者雖異, 其所以爲神則同], 그 다른 것을 알고 또 그 같은 것을 알아야 신(神)의 도(道)를 말할 수 있습니다"라고 했다.[18]

선생의 「천명도」는 이렇게 천과 리, 건(乾)과 성(性), 신(神) 등이 모두 총

---

17 『退溪先生文集』 卷之四十, 書, 答審姪問目 中庸: "程易傳釋乾字曰. 夫天. 專言之則道也. 以形體言. 謂之天. 以性情謂之乾. 以主宰謂之帝. 以功用謂之鬼神. 以妙用謂之神. 今按只是天地造化. 但所指而言有異耳".

18 『退溪集』, 「人心道心辯」 '李仲虎의 碣文을 논하여 金而精에게 보인 別紙', 윤사순·유정동 역, 146쪽, 원문 499쪽.

괄적으로 같은 도의 다른 이름이라는 것을 알면서, 거기서 특히 신(神)도 아니고, 그러한 경우 선생의 초월 이해가 너무 서양 인격신론의 경우처럼 신인동형론적인 인간중심주의로 빠질 수 있다. 그러나 반대로 너무 이법적이고 사변적인 존재론적 이해가 될 수 있는 리(理)도 아니며, 또한 우주론적 건(乾)이나 심성론적인 성(性)보다도 '천'(天)이라는 이름에 집중한다. 그러면서 그 천이 우주론적 건도 포괄하면서 인간론적 성정의 이치를 품부하고, 현재와 여기에서 말을 걸며 명령을 내리는 살아 있는 초월[天命]과 만물과 만사의 근원[命物之原]으로서 제시된 것이다. 하늘의 원리[원·형·이·정의 사덕]와 인간 삶의 원리[인·의·예·지·신의 오상]가 그렇게 긴히 연결되어 있다는 것을 분명히 하면서[理在事中], 그러나 이 세상의 만물과 인간의 원리는 그보다 앞선[理在事先] 또는 그 위의[理在事上] 하늘적 근원[天]에서 비롯된 것임을 알아야 함을 밝힌 것이라고 나는 이해한다.

이러한 선생의 사유는 우리가 보통 알고 있는 주자학에서의 "리는 감정도 없고[無情意], 계산도 없으며[無計度], 만드는 작용도 없는[無造作]"이라는 형용사로 서술되는 리와는 다르다.[19] 그에 비교해서 훨씬 더 그 주재적 시원성[命物之原]과 능동성이 강조된 이해로서 그것은 퇴계 「천명도」가 단순한 리기(理氣) 존재론적 「태극도」의 우주론이 아니라 그 우주론을 주재하는 하늘과 그의 명령에 화답하는 만물, 그리고 특히 가치론이 강조되면서 그 명령에 응대하는 인격주의적 우주론으로 전개했기 때문이다. 이런 맥락에서 많은 연구가가 퇴계 리(理) 이해에서의 고유성으로 리가 스스로 역

---

19 『朱子語類』 권 1, 북경: 중화서국 1986, 3쪽; 이동희, 『화이트헤드의 과정철학과 조선조 성리학』, 심산, 2020, 51쪽 참조.

동하는 '리동'(理動)이나 '리발'(理發)과 전일적 창조적 생명성으로서의 '활리'(活理)에 대해서 말한다.[20] 거기서 더 나가서 특히 '천(天)의 관점에서 퇴계 사상을 살피는 한 연구는 주자학이 천이나 상제를 도나 리의 원리로 환원시켜 이해하려는 데 반해[天卽理] 퇴계는 오히려 그 반대로 리를 천으로 환원시키거나 일치시키는 경향[理卽天]을 보인다고 지적하였다.[21]

이 글을 본인도 동의한다. 이는 일본의 대표적인 퇴계 연구가 다카하시 스스무(高橋進)의 주장과는 반대되는 것이라는 지적도 나에게 의미 있게 다가왔다. 이와 더불어 선생이 이러한 천명도에 대한 천착과 더불어 이어서 펼치는 고봉 기대승(奇大升, 1527-1572)과의 사단칠정논변이나 그 사상의 절정이라고 할 수 있는 「무진육조소(戊辰六條疏)」나 「성학십도(聖學十圖)」에 드러나는 리의 주재성과 창조성, 더욱 생생해진 인격성과 함께 드러나는 초월성이 천명도 이해에서 우주론적으로 또는 "형이상학적으로" 확보되었다고 주장하는 연구도 퇴계 사유에서의 '리즉천'(理卽天)의 측면을 지적해 준다고 하겠다.[22]

2-2. 퇴계 「천명도(天命圖)」와 인동설(人動說)

추만이나 퇴계의 「천명도」는 그 가운데서도 「태극도」를 경시하지 않았다. 선생이 추만의 「천명도」를 만나고, 그것을 「천명신도」로 수정하기까지

20 최봉근, 「退溪의 『天命圖說』에 비친 理의 全一的 生命性」, 『陽明學』 제11호 2004.2, 한국양명학회, 257-285쪽.

21 조성환, 『하늘을 그리는 사람들-퇴계·다산·동학의 하늘철학』, 소나무, 2022, 126-127쪽.

22 강경현, 「퇴계 이황의 리(理)에 대한 해석의 갈래-'리동(理動)·리발(理發)·리도(理到)' 이해를 중심으로」, 『泰東古典硏究』 제39집, 2017.12, 120쪽.

의 과정과 그렇게 마련된 「천명도」의 의미를 한 질문자와의 문답 형식으로 밝히는 「천명도설후서(天命圖說後叙)」에 보면, 선생은 자신의 「천명도」가 어떻게 주렴계의 「태극도」에 의거하고, 거기에 더해 주희의 설을 바탕으로 해서 '천명지위성'(天命之謂性)을 말하는 자사(子思)의 『중용(中庸)』을 큰 지침으로 삼았는지를 강조한다.[23] 하지만 그 「천명도」라는 이름이 간절하게 잘 지시하는 대로, 둘 사이의 차이는 매우 근원적이어서 마치 '천동설'(天動說)에서 '지동설'(地動說), 내지는 '인동설'(人動說)로의 전환과 같은 것이라고 말하고자 한다.[24] 선생은 이 글에서 어떤 사람이, 도(圖)나 서(書)를 작성하는 것은 "모두 하늘의 뜻에서 나오는 것이며"[皆出於天意], 성현들만이 지어낼 수 있는 것인데 어떻게 "저 정지운이라는 아무것도 아닌 사람이 감히 「천명도」를 그리며"[彼鄭生何人而敢爲圖], 선생도 어떤 사람이기에 거기에 가담했느냐고 한 힐책성의 질문을 받는다. 거기에 대해 선생은 자신을 과거 주렴계의 「태극도」와 연결하며 변증하면서도 그로부터 드러나는 차이와 의미를 분명히 한다. 그것은 나의 이해로는, 한마디로 지금까지는 '태극'이 우주의 주인공이었지만, 「천명도」는 그것을 넘어서 '인간'과 '만물'이 새로운 주체로 서는 것이며, 그때까지 높은 하늘과 우주 안에서 주목받지 못한 '인간'[人], 그의 '마음'[性/心], 역시 한 사물로서의 '땅'[則地亦一物也]의 주권을 회복하는 일이라 보고자 한다.

선생은 밝히기를, 「태극도」는 우주에서의 리·기의 본원을 밝히고[闡理氣

23 『退溪集』, 「천명도설후서」, 450쪽.

24 이은선, 「참된 인류세(Anthropocene) 시대를 위한 이신(李信)의 영(靈)의 신학」, 『李信의 묵시의식과 토착화의 새차원』, 동연, 2021, 129쪽 이하.

之本原], 그 조화의 미묘함을 발명[發造化之機妙]한 것이어서 그림을 그 본원부터 시작해서 다섯 개의 권역과 단계로 내려가면서 나누어 설명하지만, 「천명도」는 그 본원을 이미 "사람이나 만물이 품부 받은 것을 바탕으로 해서"[因人物之稟賦] 그린 것이기 때문에 다섯 단계를 모두 하나의 천권(天圈) 안에 포괄하였다고 말한다.[25] 즉 선생의 「천명도」에서는 인간과 세상의 현실이 우주의 중심이 되는 것이고, 그 현재의 현실로부터 천명이라는 본원이 찾아지는 것을 말한다.[26] 또한 「태극도」에서는 음양의 관계가 조화의 "대대"(對待)를 위주로 한 까닭에 "주인공이 모든 객을 속에 포괄"[包客在主之中]하고 있지만, 「천명도」는 "운행"(運行)을 위주로 해서 지금 현재의 당사자를 중시한다고 밝힌다.[此主於運行, 故當時者在裏 成功者在表][27] 특히 「천명도」의 큰 특징은 우주의 전후·좌우가 "보는 사람에 따라서"[第因觀者之於圖] 다르게 표현될 수 있다는 설명인데, 이것은 바로 "주객의 변화와 전도"[有賓主之異耳]가 가능함을 밝히는 것이고, 그래서 자신의 「천명도」는 우주가 중심이 아닌 그 우주를 보는 관찰자인 사람이 중심이므로[人極] 기존의 하도(河圖)·낙서(洛書)나 「태극도」와는 달리 좌우와 전후가 반대로 표시된 것이라고 지적하는 것이다. 그러면서 그 설명은, "전후·좌우가 보는 사람에 따라서 서로 다르고 바뀌는 것일 뿐, 하늘과 땅 동서남북의 본 위치가 변화한다는 뜻이 아니다"[由觀者之向背而互易耳, 非天地東西南北之本位有變也]라고 한다.[28]

---

25 『退溪集』, 「천명도설후서」, 451쪽.

26 유권종, 「退溪의 『天命圖說』 연구」, 『孔子學』 제9호, 2002, 177쪽.

27 『退溪集』, 「천명도설후서」, 452쪽.

28 같은 글, 453쪽.

하지만 이러한 '인권'(人權)과 '물권'(物權)에 대한 강조에도 불구하고 선생이 「천명도」에서 제일 중시하는 사항은 주렴계의 우주적 「태극도」와 함께 "상천(上天)이 만물에게 명(命)을 내리는 도(道)를 보여주는 것"[示上天命物之道]이었음을 알 수 있다. 즉 다시 '천'(天)의 주재성에 대한 강조인데, 그래서 「태극도」와 「천명도」는 이전의 하도(河圖)·낙서(洛書)와는 달리 도표의 위쪽을 자방(子方)의 북쪽으로 삼아 그리면서 하늘의 명이 위에서 아래로 내려오는 것의 형상을 자연스럽게 표현했다고 강조한다. 선생은 말하기를,

> 「태극도」는 원래 모든 만물에 하늘이 명(命)을 내리는 것을 위주로 하고 있으므로, 그 도표의 윗자리는 상제(上帝)가 모든 본성을 내려주는[降衷] 최초의 원두처이고, 만물을 품류(品類)하는 근저의 극치가 된다.[29]

라고 하였다. 여기서 선생은 분명하게 "상제"(上帝)라는 단어까지 쓰면서 인간 및 만물이 존재와 삶의 궁극인 하늘로부터 연원하고 그로부터 탄생한 것임을 밝힌다. 그래서 그의 「천명도」가 우주론인 「태극도」를 기초로 했음을 누차 강조한 것이고, 이러한 맥락에서 퇴계 사상의 종교성이 두루 거론되고,[30] 그의 사상이 하나의 "하늘철학"[天學]으로 표현된다.[31]

---

29 같은 글, 454쪽: "太極圖. 既以命物爲主. 則其圖之上面. 乃是上帝降衷之最初源頭. 而爲品彙根柢之極致.", 한국문집총간, 『退溪先生文集』 卷之四十一, 雜著, 天命圖說後敍 附圖. 황상희, 「退溪의 太極論 연구」, 『퇴계학논집』 제16호, 2015, 19쪽 재인용.

30 김형찬, 「조선 유학의 理 개념에 나타난 종교적 성격 연구-退溪의 理發에서 茶山의 上帝까지」, 『철학연구』 제39집, 2006, 72쪽 이하.

31 조성환, 같은 책, 81쪽 이하.

한편 퇴계의 이와 같은 '천즉리'(天卽理)를 넘는 '리즉천'(理卽天)의 「천명도」는 그와 동시에 「태극도」와의 차이도 다시 언급하는데, 「천명도」는 「태극도」에서 태극과 음양, 오행이 나온 이후에 나오는 "신묘한 이치가 응결된 곳"[妙合而凝]을 바로 세계가 "천명과 접하는 시간과 장소"[而爲天命之際接]로 삼아서 거기서부터 「천명도」를 그린 것이라고 설명한다.[32] 그것은 인간과 만물이 같은 하늘과 태극으로부터 연원한 것이라고 해도 다시 그 인간과 사물 사이에는 차이와 다름이 있음을 밝히려는 의미라고 본다. 즉 퇴계는 다음과 같이 분명히 말했다:

> 저것은 '태극'으로 이름하였고, 이것은 '천명'으로 이름하였으니, 태극의 명칭은 조화가 드러내는 자연의 지분을 살핀 의사이고, 천명의 명칭은 인(人)과 물(物)이 받은 바의 직분이 있는 도리이다. 여기서 '자연의 지분을 살핀다'라는 것은 수위(修爲/修養)의 일에 참여하지 않는 것이다. … '받은 바의 직분이 있다'라는 것은 수양하지 않고는 천명을 행할 수 없다.[33]

또다시 말하면 여기서 「태극도」와 「천명도」의 본질적인 차이란 「태극도」는 우주 자연 존재의 질서에 관심하는 것이라면, 「천명도」는 인간과 사물이 하늘로부터 받은 직분의 차이에 대한 의식[性]과 함께 인간과 그 개별자의 도덕적 주체성[人極]과 그 실행을 위한 수양의 실천[敬]을 중시하는 것

---

32 『退溪集』, 「천명도설후서」, 장기근 역저, 455쪽.

33 『退溪先生文集』 卷之三十八, 書答申啓叔: "名以太極者. 占造化自然之地分意思. 名以天命者. 有人物所受之職分道理. 占自然地分者. 固不當參以修爲之事. … 有所受職分者. 苟無修爲之事. 則天命不行矣.", 금장태, 「退溪에 있어서 「太極圖」와 「天命新圖」의 解析과 相關性」.

임을 말하는 것이다. 선생은, "소당연을 아는 것은 성(性)을 아는 것이요, 소이연을 아는 것은 천(天)을 아는 것이니, 그 리(理)의 불어온 곳[所從來]을 아는 것을 말합니다"라는 말도 했다.[34]

2-3. 퇴계의 「천명도」와 N.베르댜예프의 인격주의

우리는 앞에서 21세기 오늘 급박한 지구 위기와 세계(사물)소외의 때에 그에 대한 대항마로서의 서구적 탐색인 급진적인 사물 중심의 객체지향 실재론을 먼저 염두에 두었다. 그러면서 그와는 다른 동아시아 성리학의 반경에서 다시 그 사물의 하늘적 기반(태극 또는 리)과 그 가운데서도 인간 존재가 우주론적 대표의 삶을 잃지 않도록 하는 퇴계 우주론 또는 인간론을 살펴보았다. 그것은 최근 서구의 사물 중심과 객체지향의 실재론이 오늘날 매일의 세계 정치 현실에서도 잘 보여주듯이, 결국 극단의 물질주의로 인해서 다시 만인 대 만인의 극한 대립을 불러올 수밖에 없고, 그렇지 않으면 극심한 쾌락주의나 허무주의 속에서 '지구의 종말'이라는 명제를 붙들고 그저 절망에 빠져 있도록 한다고 보았기 때문이다. 아니면 오히려 자신이 낳은 AI와 가상현실의 노예로 살아가는 길이 있을 것이다.

퇴계는 여기서 지금 여기의 존재가 우주론적 근거(태극론)와 연결되어 있지 않으면 살아갈 방향도 잃고, 존재의 권리도 주장할 근거가 없어짐을 보면서도, 그와 더불어 또한 사람이 그러한 자각과 일을 어찌 되었든 선두에

34 『退溪集』, 「自省錄」 '鄭子中과 寄明彦의 論學에 답함', 윤사순·유정동 역, 72쪽, 원문 475쪽: "知所當然, 是知性, 知所以然, 是知天, 謂知其理所從來也."

서 주재적으로 하지 않으면 온 우주가 지향하는 새로운 현실의 시작은 가능하지 않은 것으로 보았다. 그의 「천명도」는 그러한 통찰 속에서 「태극도」에 근거한 '천명'의 품부를 받은 인간과 만물 삶의 이상을 그린 것이라고 나는 이해한다.

나는 퇴계의 「천명도」를 보는 가운데 20세기 러시아 사상가 니콜라이 베르댜예프(N. Berdyev, 1874-1948)가 나름대로 그의 「천명도」라 할 수 있는 『노예냐 자유냐(Slavery and Freedom)』(1939)의 이상을 세운 것이 생각났다. 그것은 베르댜예프가 20세기의 볼셰비키즘과 자본주의를 인류 유물주의의 쌍벽이라고 보면서 그 비인간성과 노예성을 온 몸으로 체험하고서 그에 대한 돌파구로서 다시 존재와 인간 삶에 인격주의적 초월의 근거를 마련하고자 했기 때문이다. 거기서 그는 "신적 보증"을 가져오려 하면서도 그 방식이 결코 서구 전통적 신학(神學)의 인습적 방식이 아니고, 특히 퇴계 선생의 '천명'과도 많은 점에서 상통하는 것으로 보이는 "인격"(personality)이라는 내재신적 상징을 그 핵심 기제로 가져와서 시도했다. 즉 베르댜예프에 따르면 오늘 세계 존재와 인간 삶에 진정으로 요청되는 초월의 차원은 지금까지처럼 어떤 밖의 실체론적 객관(예를 들어 어떤 신인동형적 신)이나 객체화된 권위에 의해서 얻어지는 것이 아니다. 오히려 그것은 존재의 "수수께끼"(a riddle)이고 "신비"라고 밖에 할 수 없는 내면의 "능동적인 동적 과정"의 "자유"이고, "정신"(spirit)이며, "영"(靈)이라고 하는데, 그것을 베르댜예프는 "인격"이라고 표현했다. 나는 그 인격이 동아시아 퇴계 성리학의 세계에서 '천즉리'(天卽理)나 '리즉천'(理卽天)의 이해에서의 '리'(理)나 '천명', 또는 '성'(性)과 매우 잘 통할 수 있음을 본다.[35]

35 이은선, 「참된 인류세(Anthropocene) 시대를 위한 이신(李信)의 영(靈)의 신학」, 144쪽

베르댜예프는 서구 정신사에서 20세기로 들어오면서 현대 중국에서 양수명(梁漱溟, 1893-1988)에게도 큰 영향을 끼친 베르그송(H. Bergson, 1895-1941)의 생철학마저도 인간과 존재를 물질[氣]이라는 의미에서 우주와 자연, 또는 진화나 사회의 산물로 환원시켜 버렸다고 비판한다. 그와는 달리 베르댜예프는 "인격은 우주의 일부가 아니라 오히려 우주가 인격의 일부이며 그 질료"라고 주장하는데, 이것은 "인격주의의 역설"로서 인간에게서의 인격이라는 의식은 결코 어떤 세상의 산물이거나 세계가 진화하는 가운데 생겨난 하나의 세계적 계기나 요소, 그 연속성이 아니라는 주장이다. 오히려 그것은 세계에 들어온 "돌파"(a break through)이고, "침노"(a breaking in upon this world)이며, "단절"(interruption)로서,[36] 마치 퇴계 선생이 「태극도」를 인정하는 가운데서도, 그 대우주의 그림 안에서 하나의 전적 다른 순간과 지점의 '천명'(天命)의 때와 지점을 말하면서, 이제 우주의 이해를 그 천명을 중심으로 다시 새롭게 그려낸 것과 잘 통한다. 베르댜예프는 인격을 다른 객체와 동일한 계열의 한 객체와 실체로 파악하지 않고 세계의 실존적이고 인격적인 중심으로, 세계의 신비와 수수께끼가 담지된 "하나의 소우주, 완벽한 우주"(a microcosm, a complete universe)이며, "예외이지 법칙이 아닌", "단회적인 사실"이라고 이해하는 것이다.[37]

퇴계 선생의 「천명도」가 어떻게든 「태극도」와 연결된 것임을 주장하고, 다음 장에서 더욱 소상히 다룰 것이지만, 리와 기, 사단과 칠정의 불상리(不

이하.

36 니콜라스 A. 베르댜예프, 『노예냐 자유냐』, 이신 옮김, 늘봄, 2015, 27쪽.

37 같은 책, 30쪽.

相離) 중에서도 어떻게든 불상잡(不相雜)을 놓지 않으려는 것처럼, 베르댜예프는 20세기 인간과 세계에 대한 이해가 각종 과학과 진보주의, 자연적 생기주의나 사회주의 등으로 과격하게 물화 되어서 해석되는 것을 경계했다. 그래서 자신의 인격주의로 인간 존재와 만물의 잃어버린 초월의 차원을 밝혀낼 수 있기를 바랐다. 그에 따르면 이러한 자신의 '인격주의'와 우리가 보통 말하는 서구 근대 '인본주의'(humanism)와는 다른 것인데, 서구인본주의는 오히려 인간에 대한 긍정을 더욱 일관되게 밀고 나가지 못했다고 비판한다. 즉 그 '인간성'(humanity)을 세계로부터 독립시키는 보증을 충분히 해주지 못했다는 것이다. 베르댜예프는에 따르면, 그런 근대의 인본주의는 인격을 사회나 자연에 예속시키는 위험을 지니고 있는데, 그 이유는 그 인본주의가 '인격'의 형상이 단지 인간만의 형상이 아니라 동시에 신의 형상도 나타내고, 그래서 "인격은 그것이 '신적-인간적'(divine-human) 인격일 때에만 인간적인 인격일 수 있다"라는 역설과 신비를 알지 못하기 때문이다.[38] 유사하게 퇴계 선생도 자신의 「천명도」가 「태극도」, 즉 베르댜예프의 언어로 하면 '신의 형상'에 접목되어 있다는 것을 누차 말하면서, 아니 그보다도 선생이 인간의 성(性), 다시 베르댜예프의 언어로 말해서, '인격'을 바로 '천명'(하늘의 명령)이라고 표현한 것 자체가 바로 그 '신적 인간성'(divine-humanity)을 우선 강술한 것이라 할 수 있다. 그 천명이 인간과 만물의 일용 간에 흐르고 있는 것을 우리가 미루어서 알 수 있음을 강조한 것인데, 선생은 말하기를, "이미 태극이 없는 곳이 없음을 알면서 어찌 인간과 사물의 삶이 일용 간에 한없이 넓은 것이 천명(天命)의 유행이 아닌 것이 없음을 모르는가. 오직 물(物)은 미루어 나가지 못하나 사람[人]은 능히 미루

38 같은 책, 57쪽.

어 나갈 수 있을 뿐이다"라고 밝히신 것과 같은 뜻이라고 나는 이해한다.[39]

3. 타자의 실재와 함께 하는 '성즉리'(性卽理)와 역동하는 마음[理發]

선생은 사람들이 이렇게 '태극'과 '천명'으로서, 그러나 형체 이전의 "형이상"(形而上)의 도(道)와 "만물을 낳고 살리는 근원"[生物之本]으로서, 그리하여 "만물의 근본"[萬事之根柢]이 되는 리(理)에 대해서 말들은 많이 하지만, 그러나 실제로 그 리가 진정 무엇인지를 '궁리'(窮理)하는 사람은 드물다고 안타까워하셨다. 스스로는 이상의 「천명도」에 대한 깊은 성찰과 더불어 정주 리학(理學)에 관한 연구를 거듭하면서 1556년 『주자서절요(朱子書節要)』를 펴냈고, 1557년 『계몽전의(啓蒙傳疑)』를 완성했으며, 「향약입조서(鄉約立條序)」를 마련하기 시작했다. 1559년에는 『송계원명이학통록(宋季元明理學通錄)』 집필에 착수하셨다. 그사이 1557년 57세 때 비좁은 계상서당 대신에 도산서당 터를 얻어서 공사를 시작했으며, 다음 해 36세의 율곡 이이(1536-1584)가 방문해서 뜻깊은 만남이 이루어졌다.

그런 가운데 선생은 1559년에는 추만의 「천명도」를 계기로 해서 역시 주자학을 깊은 공부하던 고봉 기대승(奇大升, 1527-1572)과 더불어 장장 7여년간 이어진 '사단칠정논변'(四端七情論辨)을 시작했다. 선생이 5년에 걸쳐 도산서당을 지으면서 가장 먼저 떠올린 인물은, 그때 지은 많은 시를 통해서 보면 순 임금과 시인 도연명(365-427)이었을 것이라고 추측하는데,[40] 여

---

39 『退溪先生文集』 卷之三十八, 書答申啓叔: "君旣知太極之無不在矣. 寧不知人物之生. 洋洋乎日用間者. 亦莫非天命之流行乎. 惟是物不能推而人能推耳.", 황상희, 같은 글 12쪽 재인용.

40 이황, 이광호 옮김, 『퇴계집』, 161쪽.

기서 순 임금은 우리가 잘 알듯이 맹자에 의해서 '사기종인'(舍己從人, 나를 버리고 남과 더불어 같이 한다)과 '선여인동'(善與人同, 다른 사람과 함께 선을 행한다)이라는 유명한 구절로 그 인격이 서술된 분이다.[41] 도연명은 귀거래(歸去來)하여 농사지으며 자연과 하나 되면서 높은 경지의 안빈낙도하는 삶과 시를 남긴 시인이다. 이것은 바로 퇴계 선생이 '타인'과 '타자'와 '세상 만물'과 더불어 관계하면서 어떤 지경을 추구했고, 그 지경에 도달하기 위해서 어떤 길을 가고자 했으며, 그것이 어떻게 고봉과의 사단칠정논변을 통해서 표현되었을지를 상징적으로 드러내 주는 것이라고 생각한다. 즉 그가 세계의 '타자'[氣]와 '다수'[殊]와 관계하는 방식을 말한다.

3-1. 고봉과의 사단칠정논변 시작

선생은 그의 「천명도설」에서 천지 만물이 모두 우주의 네 가지 운행 원리인 리(理)와 다섯 가지 형상 질료인 기(氣)의 결합으로 이루어진다는 것을 다음과 같이 말하였다.

> 하늘이 사람에게 명(命)을 내리니, 이 기(氣)가 아니면 이 리(理)를 머물게 할 곳이 없고, 이 심(心)이 아니면 이 리·기(理·氣)를 머물게 할 곳이 없다. 그러므로 우리 사람의 마음(心)은 텅 빈 리와 영명한 기로서 '리기(理氣)의 집'[理氣之舍]이 된다.[42]

---

41 『맹자』「공손추 上」 8; 이은선, 「포스트휴먼 시대에서의 인간의 조건」, 『다른 유교, 다른 기독교』, 도서출판 모시는사람들, 2016, 290쪽.

42 『退溪先生續集卷之八』, 雜著, 「天命圖說」: "天之降命于人也. 非此氣. 無以寓此理也. 非此心. 無以寓此理氣也. 故吾人之心. 虛 理 而且靈 氣. 爲理氣之舍."

여기서 심은 그렇게 "만사의 근원"[萬事之本]이기 때문에 그 "마음 밭"[心地]을 잘 가꾼다거나, 혹은 그 마음을 잃어버렸을 때[放心] 다시 찾는 일이 우리 삶과 공부에서 제일 중요한 관건이 된다는 가르침이다. 선생과 고봉은 그 일에서 심 이해와 그 심의 구체적인 작동에 대해서 서로 이견을 보이면서 긴 논변을 주고받은 것이다. 먼저 고봉은 선생이 추만 정지운의 「천명도」를 다듬으면서 우리 마음속의 움직임 중 맹자가 말한 '사단'(惻隱·羞惡·辭讓·是非의 마음)과 『중용』의 자사가 말한 '칠정'(喜·怒·哀·樂·愛·惡·慾) 중에서 "사단(四端)은 리가 움직인 것이고, 칠정(七情)은 기가 움직인 것"[四端理之發, 七情 氣之發]이라고 한 것에 이의를 제기하고, 그러한 퇴계의 파악은 마치 칠정이라는 정(情) 외에 사단이라는 정이 따로 있는 것으로 오해하도록 한다고 지적한다. 우리 마음에서 칠정 바깥에 사단이라는 감정이 따로 있는 것이 아니고 둘은 함께 하나의 정(情)이므로 그렇게 말해서는 안 되고, 또한, 리기(理氣)에 대한 성리학의 보편적인 이해는 리는 '무작위'(無作爲)를 특징으로 하고, 리기는 서로 떨어져서 홀로 작동하는 것이 아니라는 것이므로, 이러한 것을 잘 알고 있는 퇴계가 '리지발, 기지발'을 말하자 고봉으로서는 받아들이기 힘들었던 것이다.

그러한 고봉의 리기(理氣) 불상리적 관점의 논리적인 지적을 받자 선생은 그가 왜 그러한 이원적인 표현을 썼고, 리기가 함께 동하고 움직이는 것으로 보는 '호발'(互發)의 변을 펼치는가를 조목을 들어서 상세히 밝힌다. 그러나 그 가운데서 고봉의 반박과 지적을 받고서 자신도 많이 배웠다고 하면서 또 포기할 것은 포기하면서 더 다듬은 것을 말하며 그 마무리를 다음과 같이 표현했다:

"비록 저도 칠정이 리와 무관하게 바깥 사물과 우연히 만나 감응해서 움직이는[動] 것으로 생각하지는 않지만, 사물에 접촉되어 동하는 것은 사단도 칠정과 다르지 않습니다[且四端感動而動 固不異於七情]. 다만 '사단은 리가 발현함에 기가 따르는 것'[理發而氣隨之]이고, 칠정은 '기가 발동해서 리가 그것을 타는 것'[氣發而理乘之]라고 생각할 뿐입니다."[43]

선생이 왜 자신도 리기(理氣)가 서로 떨어질 수 없다는 것[不相離]을 알고, 그리고 칠정도 리와 기를 겸했다는 것도 알면서도 그가 사단은 주리적(主理的)인 것이고, 칠정은 주기적(主氣的)이라고 이분하여 그 '다른 점'을 강조하는지를 밝히는 이유와 근거는 매우 정밀하고 일관되다. 그것은 크게 보아서 당시 사람들이 한 유행처럼 인간 존재, 아니면 인간 도덕적 능력을, 오늘의 언어로 하면 어떤 자연적 산물이나 생물학적 진화, 또는 후천적 학습 등의 세계내적[氣] 결과물로 환원하려는 경향을 보면서 그 안에 내포된 위험한 실천적 파급력을 보았기 때문이다. 그리하여 선생은 어떻게든 인간과 세계 사물의 "하늘적 기원"[皆本乎天者也]을 밝히면서 그 기원으로 인한 리기 이원론적 실재의 수수께끼와 모순에 기꺼이 동참하고자 한 것이라고 나는 이해한다.

선생은 다 같은 정(情)인데 왜 그와 같이 리기(理氣)라고 하는 형이상학적 원리까지 가져와서 사단과 칠정이라고 서로 다른 이름[異名]이 있게 하느냐는 질문에, 우선 그렇게 말한 두 성현의 취지, 즉 "나아가 말한바"[所就以言之者]가 같지 않기 때문에 우리가 그것을 무시해서는 안 되고, 분별하지 않

43 『退溪集』, 「論四端七情書」, 윤사순·유정동 역, 99쪽, 원문 482쪽; 최영진/이황, 『퇴계 이황』, 살림, 2019, 79쪽 참조.

을 수 없다고 강조한다. 선생에 따르면 자사가 '천명지위성'(天命之謂性)을 말하고, 맹자가 '성선의 성'[性善之性]을 말하면서 가리킨 바는 바로 인간 성(性)이 "악이 없는 완전한 선"[順善無惡]이라는 것을 밝히고자 한 것이므로, 그 언술이 "리의 근본 본연의 곳"[理源頭本然處]을 가리킨 것이라고 보아서 사단과 칠정의 분별이 있어야 한다는 것이다. 두 성현이 "하나만 알고 둘은 몰라서"[非知其一不知其二也]가 아니라 기를 섞어서 성을 말한다면 성의 본래 선함을 볼 수 없다고 여겨서 그리했다고 설명한다.[44]

여기에 반해서 칠정은 "바깥 사물이 사람의 형기에 접촉되어 (마음) 안에서 움직여서 나오게 되는 것"이고, 바깥 사물이 올 적에 "쉽게 감동하고 먼저 움직이는"[易感而先動者] 것이 마음의 "형기"(形氣)만 한 것이 없어서, 주자(朱子)도 그 형기의 단서[苗脈]인 칠정의 움직임에도 '본래 당연한 이치'가 있다고 하였다. 그러나 그 가리키는 점이 기(氣)의 편에 있는 것이고, 그러한 형기의 움직임을 결코 "리의 본체"라고 할 수 없다는 설명이다. 그래서 이 두 이름의 차이는 다시 "소종래"(所從來), 즉 어디서부터 나오는 것이냐에 근거해서 무엇을 주로 가리켜 말하는 것인가의 차이가 된다는 것이다.[45]

이처럼 선생이 성현들 말의 속 깊은 의미[所就以言之]를 생각하고, 또한 사단과 칠정의 소종래의 다름[理·氣]을 염두에 두면서 둘을 나누고자 하는

---

44 같은 글, 85쪽.

45 같은 글, 86쪽;『退溪先生文集』卷之十六, 書, 答奇明彦 論四端七情第一書: "七情之發. 朱子謂本有當然之則. 則非無理也. 然而所指而言者. 則在乎氣. 何也. 外物之來. 易感而先動者莫如形氣. 而七者其苗脈也. 安有在中爲純理. 而才發爲雜氣. 外感則形氣. 而其發爲理之本體耶. 四端. 皆善也. 故曰. 無四者之心. 非人也. 而曰. 乃若其情. 則可以爲善矣. 七情. 善惡未定也. 故一有之而不能察. 則心不得其正. 而必發而中節. 然後乃謂之和. 由是觀之. 二者雖曰皆不外乎理氣. 而因其所從來. 各指其所主與所重而言之. 則謂之某爲理. 某爲氣. 何不可之有乎."

것은 바로 그렇게 세세히 잘 살펴서 구별하지 않으면 "기로써 성을 논하는 폐단"[以氣論性之弊]과 "인욕을 천리로 여기는 병통"[認人欲天理之患]에 빠지게 된다고 여겼기 때문이다.[46] 선생은 당시 반복되는 잔인한 사화(士禍)의 현실에서 사람들의 마음이 한없이 완악해지면서 쉽게 다른 사람을 판단하고 살상하는 현실을 보면서 특히 선악을 판단하는 '의리'(義理)의 일이 얼마나 정밀하고 공평해져야 하는지를 절감하였을 것이다. 그때 참된 위기지학의 학문이 실종되고, 주장과 욕망이 난무하고, 사리와 권력을 얻기 위한 과거시험으로 모든 공부가 환원되는 것을 보면서 선생은 편벽되지 않는 의로운 권위와 근본[本]과 뿌리[根柢]에 입각한 "의리지학"(義理之學)을 세우고자 한 것이다. 그래서 그는 제자들에게 항상 "본분(本分) 외에는 티끌만큼도 더하지 말고, 사실[底]만을 가지고 말하는 것이 바로 도리이다"라고 강조하였고,[47] "의리의 학"[義理之學]은 "매우 정밀하고 자세한 것"[精微之致]이라고 강술하였다. 그리하여 반드시 마음을 크게 먹고 안목을 높여서 "절대로 먼저 어떤 한 가지 설로 주장을 삼지 말고"[切勿先以一說爲主], "같은 것 중에 다른 점이 있음을 알아야 하고, 다른 것 중에 같은 점이 있음을 알아내서"[就同中而知其有異, 就異中而見其有同], "한 가지로 합쳐서 살피더라도 실제로는 서로 혼합되지 않는 결과가 되도록 해야 함"[合而爲一而實歸於不相雜]을 후학 고봉에게 요청한 것이다.[48]

이것은 매우 주체적이면서도 동시에 진정 객관과 사물을 그 자체로 인

---

46 같은 글, 88쪽; 『退溪先生文集』 卷之十六, 書, 答奇明彥 論四端七情第一書: "其病不少. 而如此不已. 不知不覺之間. 駸駸然入於以氣論性之蔽. 而墮於認人欲作天理之患矣."

47 『退溪集』, 「언행록」, 572쪽.

48 『退溪集』, 「論四端七情書」, 윤사순·유정동 역, 87쪽.

정하는 안목이다. 단지 주리(主理)가 아니라 기(氣)가 있다는 것을 사심 없이 예민하게 인정하는 것이기 때문에 그에 답하면서, 그러나 편한 현실적 일원론으로 빠지는 것이 아니라 그 둘 사이에서 긴장과 갈등, 역설이 있고, 그래서 끊임없는 숙고의 판단이 요청되는 일로서 그 긴장의 자유 속에서 진실을 찾아내는 것이 진정 인간의 길이고, 그것이 의리학이므로 그와 같은 어려운 판단의 길을 요청하신 것이다. 참으로 '이이일'(二而一)과 '일이이'(一而二)의 실재를 역동적으로 파악하고자 하는 진정한 실재론자의 그것이라고 나는 생각한다. 그것은 단순한 객체지향이 아닌 것이다.

3-2. 사단칠정논변의 심화

두 번째 편지에서 이어지는 선생의 권고와 요청은 더욱 예리하고 정치하지만, 결코 그 자신을 후학인 고봉 위에 두고 자신이 "더 의심할 것 없다는 자신이 들어서" 하는 것이 아니라는 것을 밝힌다. 오히려 끊임없이 의심스러운 것이 많은 가운데 고봉이 자신의 "잘못된 것을 지적해 자세히 가르쳐 주시니 많은 것을 깨닫게" 된다고 말하고, 그 가운데서도 서로의 같음과 다름, 잘못 이해해서 고친 것, 끝내 달라서 시인할 수 없는 것 등을 조목으로 나누어서 자세히 답변한다. 진정 '자기를 버리고 남을 따르는'[舍己從人] 마음과 '남과 더불어 선을 행하고자 하는'[善與人同] 자세로 최선을 다하는 모습을 잘 읽을 수 있다. 선생은 어떻게든 인간 정신[心] 속에는 현실에서 타자[物]와의 수많은 만남에서 참된 선, 선생의 언어로 하면 "리의 근본 본연"을 느낄 수 있고, 행할 수 있는 능력이 있다는 것을 밝히려 한 것이다. 그것이 하늘의 '천명'으로 인간에 내려온 리(理)의 본연의 모습으로서 '사단'(四端)이며, 그 사단은 같은 정(情)이지만 성현들이 이름도 다른 이름으로 말했고, 또 자세히 살펴보면 그것을 말한 취지와 주안점과 어디서부터 연원하는가의 차이도 밝힐 수 있으므로, 결코 그 사단과 칠정의 둘을 하나로 섞어서는 안 된다는 말씀이다.

여기서 선생은 앞선 편지에서는 '이름'[名]이 다른 것을 강조했지만, 이번에는 고봉이 "실제 내용은 같으면서 이름만 다른 것이므로 칠정 밖에 따로 사단이 있는 것이 아니니, 사단과 칠정은 서로 다른 뜻이 있지 않다"[同實異名, 非七情外復有四端, 四七非有異義]고 하자, 거기에 대해서 "만일 본래부터 다른 점이 없었다면 어떻게 다른 이름이 있었겠습니까?"[若本無所異, 則安有異名乎?]라고 반박하면서 이제 이름이 다른 것은 먼저 그 실제 내용이 다른 것이 있었기 때문임을 알아야 한다고 강조하신다.[49] 이것은 선생의 사단과 칠정의 다름에 대한 이해가 훨씬 더 '실재론적'으로 근거가 되어 있음을 밝히는 것이다. 그렇게 '실재론적(realism)'으로 밝히는 것이 이전의 '유명론(nomalism)'(唯名論)에서보다 자칫 사고를 경직시킬 우려가 있지만, 여기서 선생의 실재론은 다른 한편에서 그 두 이름의 다름이 그들이 발할 때[理發/氣發] 서로 다른 뜻을 주로 삼은 데서 나왔고, 다른 결과를 의도한 것에 따른 것이라는 설명을 동시에 해주고 있으므로, 오히려 선생의 사고가 매우 역동적이고 창발적임[互發]을 보여주는 실례로 해석할 수 있다고 나는 해석한다.

선생은 이 설명에서 '사람이 말을 타고 출입하는 것'[古人以人乘馬出入]의 비유를 가져온다. 그러면서 여기서 어떤 사람이 이 모습을 보고 사람과 말

---

49 같은 글, 101쪽;『退溪先生文集』卷之十六, 書, 答奇明彦 論四端七情第二書: "指既不同. 言不得不異耳. 辯誨曰. 同實異名. 非七情外復有四端. 四七非有異義. 滉謂就同中而知實有理發氣發之分. 是以. 異名之耳. 若本無所異. 則安有異名乎. 故雖不可謂七情之外復有四端. 若遂以爲非有異義. 則恐不可也."

을 다 말하지 않고 '사람이 간다'라고만 해도 그 언술 속에는 사람이 타고 있는 말도 동시에 포함되는 것이고, 반대로 '말[馬]이 간다'라고 말을 위주로 해서 이야기하면서 사람을 꼭 들지 않아도 거기에 사람도 함께 가는 것이 포함되는 것처럼, 자신이 사단과 칠정을 리기(理氣)의 타고 따르는 것으로 하는 이야기가 바로 이 경우라고 밝힌다.[50] 즉 "이미 '같지 않은 것'을 말하려니까 언어도 달라지지 않을 수 없을 뿐"[指旣不同 言不得不異耳]이지만, 자신도 사단과 칠정의 '같은 점'도 염두에 두고 있다고 말하는 것이다. 선생은 제자들에게 밝히기를, "도는 항상 가까이 있지마는 사람들이 살피지를 못한다. 일상생활에 활용되는 사물(事物) 밖에 그 어떤 도리(道理)가 따로 있겠는가?"라고 하셨다.[51]

선생은 이렇게 진정 리(理)의 실재를 강조하지만, 기(氣)의 실재(세계, 사물, 타자, 칠정 등)를 누구보다도 진지하고 세밀하게 관찰하고 받아들인다. 하지만 그것으로 온 존재와 삶이 다시 일원화되고 환원되는 것의 위험성을 보고, 그것을 막기 위해서 매우 역설적이고 모순되게 보이지만 '리발'(理發)을 말하는 것이다. 그것은 세계 삶에서 겉으로 드러난 것, 눈과 귀로 들을 수

---

50 같은 글, 100쪽;『退溪先生文集』卷之十六, 書, 答奇明彦 論四端七情第二書: "古人以人乘馬出入. 比理乘氣而行. 正好. 蓋人非馬不出入. 馬非人失軌途. 人馬相須不相離. 人有指說此者. 或泛指而言其行. 則a029_420a人馬皆在其中. 四七渾淪而言者. 是也. 或指言人行. 則不須幷言馬. 而馬行在其中. 四端是也. 或指言馬行. 則不須幷言人. 而人行在其中. 七情是也. 公見滉分別而言四七. 則每引渾淪言者以攻之. 是見人說人行馬行. 而力言人馬一也. 不可分說也. 見滉以氣發言七情. 則力言理發. 是見人說馬行. 而必曰人行也. 見滉以理發言四端. 則又力言氣發. 是見人說人行. 而必曰馬行也. 此正朱子所謂與迷藏之戲相似. 如何如何."

51『退溪集』,「언행록」, 572쪽.

있는 것만이 다가 아니라는 것을 밝히려는 것이었다. 세계의 진정한 실재는 어쩌면 그 드러나는 현상이 아니라 그 현상을 드러나게 하는 근원인 '뜻'과 '도리'[理]이고, 인간적인 언어로 하면 윤리와 도덕의 실현이 우리 삶, 아니 인간적 삶만이 아니라 전 우주 생명의 삶이 지향하는 바[所當然]이고, 그것이 궁극의 집[太極]이라는 것을 밝히고자 한 것이라 하겠다. 그 궁극을 이룰 힘과 능력이 우리 모두에게 한결같이 있다는 것이고, 아니 그것은 좁은 의미의 인위적인 의도의 힘[意/所當然]이라는 것을 넘어서 그보다 더 선험적으로 앞서서, 또는 더 깊고 높게, 우주 자연의 존재 힘[性/所以然]으로서 내재해 있는 것을 보여주고 싶었던 것이다. 그래서 인간의 윤리 행위적 힘이 흔들리기 쉬운 인간 의지에 좌우되는 것이 아니라 그보다 더 탄탄히 존재론적(우주 자연적)으로 근거가 되어 있음을 나타내기 위해서 선생은 "성(性)을 아는 것이 소당연(所當然)을 아는 것"이라고 하면서도 한편으로 성(性)을 다시 '소이연'(所以然)의 움직임이라고도 말하면서 사단칠정논변을 통해서 '리발'과 '리기 호발'(互發)을 증거하려 한 것이라고 나는 이해한다. 의지와 윤리의 차원이 더욱 근본적으로 존재의 차원과 상관없지 않음을 보여주려는 고투가, 짧지만 다음과 같은 언술에서도 잘 드러난다고 생각한다:

> 소당연(所當然)을 아는 것을 성(性)을 아는 것이요, 소이연(所以然)을 아는 것은 '천'(天)을 아는 것이니, 그 리(理)의 불어온 곳(所從來)을 아는 것을 말합니다.[52]

52 『退溪集』, 「자성록」, 윤사순·유정동 역, 72쪽, 원문 475쪽: "故曰, 知所當然, 是知性, 知所以然, 是知天, 謂知其理所從來也".

대개 마음이 이 이치(동정)를 갖추어 동(動)하고 정(靜)할 수 있으므로 성정(性·情)의 이름이 있는 것인데, 성(性)과 정(情)이 마음과 상대되어 두 물(物)이 되는 것이 아니라 하였으니, 기왕 두 물이 아니라 한다면 심이 동하는 것은 곧 성의 그러한 바[所以然]로서, 정의 동하는 것은 곧 심이 그렇게 하는 바[所當然]입니다.[53]

선생은 그 내재 존재[所以然]의 힘이 모든 세계 한계[氣/物/情]의 폭압에도 불구하고 그 폭압이 다가 아니며, 그것을 잘 넘고, 다스리고, 서로 조화롭게 지내야 한다는 것을 알고 행위를 하게 하는 역동[理動]과 창발[理發]의 힘이므로 당시 시대의 후학자가 그 감추어진 힘을 잘 찾아내려고 하지 않고, 그런 노력을 들이지 않으면서 쉽게 겉모습만의 조화와 가벼운 하나 됨을 좋아하고 잘못된 매혹에 빠지지 않나 경계하신 것이다. 그렇게 "같은 점 찾기를 좋아하지만 분리하여 다른 점 찾기를 싫어하고, 하나로 뭉뚱그리기를 좋아하고 분석하기를 싫어해서"[喜同而惡離, 樂渾全而壓剖析] "사단과 칠정의 근본 내력[所從來]을 궁구하지도 않은 채 대체로 리기(理氣)를 겸한 것이기에 선과 악이 모두 있다고 주장하고, 그래서 분별하여 논하는 것은 옳지 않다"고 하는 것은 시대의 큰 병통으로서 마치 "대추를 씹지 않고 그냥 삼키는 것"[鶻圇呑棗]처럼 되어서 큰 폐단의 고리가 된다고 보셨다.[54]

---

53 『退溪集』, 「金而精에게 답한 別紙」, 윤사순·유정동 역, 134쪽, 원문 494쪽.

54 『退溪集』, 「論四端七情書」, 윤사순·유정동 역, 88쪽; 최영진/이황, 앞의 책, 139-140쪽 참조; 『退溪先生文集』 卷之十六, 書, 答奇明彦 論四端七情第一書: "夫講學而惡分析. 務合爲一說. 古人謂之鶻圇呑棗. 其病不少."

3-3. 논변의 방식과 태도에서도 드러나는 퇴계 실재론

그런데 본인이 이 논변을 따라가면서 더 감동한 것은 선생과 고봉의 관점 중 어느 것이 더 옳고 그르냐의 내용상의 문제나 그들 사유를 뒷받침하는 논리적 타당성 물음을 넘어서 선생이 자신의 관점을 피력하면서 상대방을 대하는 태도와 모습, 거기서 쓰이는 언어와 서술 방식 등 때문이었다. 이것은 이 논변 자체가 그 내용은 별도로 하고서라도, 선생이 얼마나 타인과 세계를 실재로서 그대로 인정하고, 그 앞에서 자신의 삶도 같은 정도로 '조건 지어져 있다'(conditioned being)는 것을 깊이 인지하고 있는지를 보여주는 생생한 예가 된다고 생각한다.[55] 즉 선생은 자신의 삶으로도 직접 리기(理氣)의 이원과 자아와 세계, 마음과 물질, 감정과 의지, 뜻과 행위가 결코 쉽게 하나 되기 어렵다는 것, 그래서 우리가 더욱 조심하면서 그 실재를 알기 위해서 다가가고 탐구해서 그 둘 사이의 틈과 갈등, 싸움을 넘어서고자 해야 한다는 것을 증거 해 준 것이라는 의미이다. 그리고 거기서 선생은 그 갈등의 현실에서도 우리에게 두 가능성으로 주어져 있는 '부정과 반감'[情·氣, Antipathy]과 '긍정과 공감의 힘'[性·理, sympathy] 중에서 긍정에 더 힘을 쓰고자 한 것이고, 그런 의미에서 자신의 「천명도설」을 다음의 말로 결론지은 것이 잘 이해된다:

> 학문의 도는 기질의 좋고 나쁨에 달린 것이 아니고[不係於氣質之美惡] 오직 천리를 아는 것이 밝은가 밝지 못하는가, 천리를 행함이 극진한가 극진하지 못

55 이은선, 「21세기 인류 문명의 보편적 토대로서의 誠과 孝」, 곽진상·한민택(편), 『빛은 동방에서-심상태 몬시뇰 팔순기념논총』, 수원가톨릭대학교출판부, 2019, 585쪽 이하.

한가에 달려 있을 뿐이다.[56]

선생은 사단칠정 논의를 계속해 가는 후학 고봉에게 누차 말씀하기를, 자신이 계속 표현을 수정하고 이해를 더해 감을 밝히는 것은 서로 도와서 밝혀 보려는 의도에서이지 "결코 그 고친 제 말이 완벽한 것이라는 생각"에서 한 것이 아니라고 강조한다. "이 어리석고 망령된 사람을 버리지 않고 다정히 깨우쳐 주시는 뜻이 지극히 깊고 친절하다"라는 지극한 겸허와 감사의 표현을 하고, 상대방 고봉이 보내준 글의 뜻과 의미가 깊고 넓어서 노쇠하고 병든 자신에게는 그 이해가 마치 황하강의 한 지류를 작은 조각배를 타고서 거슬러서 그 근원을 찾아가는 것 같은 어려운 일이었지만 그래도 힘을 다해서 "간혹 작은 줄기의 끝이나마 얻은 것"이 있었다고 밝힌다.[57]

그렇게 어려운 일로 비유되는 일을 늙고 병든 퇴계는 받은 편지를 상대 의견과 자신 의견의 차이와 같은 점, 배운 것, 근본적으로는 같지만 의도가 다르거나 분명히 다른 점 등으로 자세히 분류해서 조목으로 나누고, 거기서 어떻게든 상대에게 적실한 근거와 이치로 자신을 이해시키기 위해서 생각과 표현을 다듬고 또 다듬어서 다시 편지를 보내는 일로 수행했다. 편지에 "변회왈"(辨誨曰)이라는 표현이 많이 나오는데, 이 말은 고봉의 반문이나 반박을 가리키는 말로, 그 반박이 자신을 깨우쳐 준 것이라는 의미에서

56 『退溪先生續集』, 卷之八, 雜著, 「天命圖說」: "然則學問之道. 不係於氣質之美惡. 惟在知天理之明不明. 行天理之盡不盡如何耳."

57 『退溪集』, 「論四端七情書」, 윤사순·유정동 역, 93쪽.

선생의 겸손한 태도를 밝히는 언어라고 한다.[58] "가르쳐주신 말씀에"라는 말로 번역되었다.[59]

선생은 자신 주장과 말의 타당함과 옳음을 변증하기 위해서 종종 여러 성현 말과 선유(先儒)들의 책 구절을 가져온다. 그러면서도 그 말들을 그저 어떤 기존의 고정되고 실체화된 객관적 권위로 받아들이는 것이 아니라 거기서 그 성현과 선유의 말이 진정 어떤 '취지'[所就以言之者]로 한 말인지, 가리키는 뜻[所指]이 무엇이며, 그 말이 쓰인 맥락과 배경 등은 어떠한지를 살피며 여러 차원의 분석을 시도한다. 그리하여 그런 일을 정밀하게 수행하는 선생에 따르면, "오래오래 이처럼 하면 자연히 문란하게 할 수 없는 일정한 규율이 있음을 점차로 깨닫게 되고, 성현의 말씀이 횡설수설한 속에도 서로 충돌되지 않는 지당함이 있음을 점차로 알게 된다"고 한다.

이것은 인간 인식의 수행에서 '권위'(authority)를 스스로 받아들이는 매우 주체적인 수행 방식을 밝히는 것이다. 그래서 그는 후학 고봉에게 "어찌 한 가지 소견이 있다고 하여 변함없이 자기 의견만을 고집하면서 타인의 한마디를 용납하지 않을 수 있겠습니까?"라고 묻고, "성현의 말씀이 자기의 의견과 같으면 취하고, 자기의 것과 다르면 억지로 같게 하거나 혹은 배척함으로써 틀렸다고 할 수 있겠습니까?"의 태도를 비판적으로 지적한다.[60] 선생은 "마음을 비우고 화평하게 하여 서서히 그 뜻을 관찰하고"[虛心

---

58 같은 글, 128쪽 각주 38번.

59 최영진/이황, 같은 책, 161쪽.

60 『退溪集』, 「論四端七情書」, 윤사순·유정동 역, 109쪽; 『退溪先生文集』 卷之十六, 書, 答奇明彦 論四端七情第二書: "如此久久. 自然漸覷其有井井不容紊處. 漸見得聖賢之言橫說竪說. 各有攸當. 不相妨礙處. 其或以是自爲說. 則亦庶幾不戾於義理素定之本

平氣, 徐觀其義就],[61] "마음에서 터득하는"[得於心] 일을 강조하면서 "혼륜"(渾淪)과 "분개"(分開) 중 어느 한쪽만을 편벽되게 고집하지 말 것을 권하는 것이다. 이것이 옛사람이 말한 "감히 자신을 믿지 말고, 스승을 믿으라"[不敢自信而信其師]라는 말의 참된 뜻임을 설명하고,[62] 그런 과정을 거치는 "백 세 제일의 강직함과 용기"[剛勇, 百世一人]를 가지고 있는 주자의 말인 '사단은 리(理)의 발이고, 칠정은 기(氣)의 발이다'[四端是理之發, 七情是氣之發]가 자신 이론의 "종본"(宗本)이 됨을 밝히신다. 그러면서 "참된 강함과 참된 용기는 멋대로 어거지를 부리면서 역설하는 데 있지 않고, 과오를 고치기에 인색하지 않으며, 옳은 것을 들으면 곧 따르는 데 있음을 알아야겠습니다"라는 말로 두 번째 편지를 마무리한다.[63]

나는 이 모든 논설이 바로 인간 '사유'[理/思]의 힘이 어떠하며, 왜 우리가 악(惡)의 현실에 마주해서 그에 굴복하지 않고 계속 성찰해 나가야 하고, 그 사유의 힘이 비록 쉽게 즉각적으로 발하는 감정의 힘에 비해서 지난한 인간적 일이 된다 하더라도 사유하고 생각하는 일을 그만두지 않아야 하는 이유인 것을 밝혀주는 의미라고 생각한다. 그것은 인간 존재의 핵은 사유하는 일이며[心之官則思], 그 사유를 통해서 삶의 공동체 구성원들이—오늘날은 그 구성원들 속에 인간 외의 자연과 사물도 반드시 들어가야 한다는

分. 如遇見差處說差處. 因人指點. 或自覺悟. 而隨手改定. 亦自快愜. 何能一有所見. a029_425a遽執己意. 不容他人一喙耶. 又何得於聖賢之言. 同於己者則取之. 不同於己者則或强之以爲同. 或斥之以爲非耶."

61 같은 글, 87쪽.

62 같은 글, 88쪽.

63 같은 글, 105-106쪽; 『退溪先生文集』 卷之十六, 書, 答奇明彦 論四端七情第二書: "乃知眞剛眞勇. 不在於逞氣强說. 而在於改過不吝. 聞義卽服也."

것이 강력하게 주장되는데—좀 더 공평하고 평화롭게 살아갈 수 있는 삶의 터전이 마련될 수 있다는 믿음을 표현한 것이라 본다. 하지만 사유의 힘이 인간 본성[性]임에도 불구하고 더불어 악의 실재는 쉽게 뿌리 뽑힌다고 여길 수 없고, 그래서 그같은 조건 아래 살아야 하는 것이 인간 삶의 실재라면 거기서 삶의 주인공이 할 일은 바로 자신 속에 하늘의 '은총'[천명]으로 내려져 있는 선(善)의 힘을 믿고 선택하는 것이라는 가르침이겠다.[64]

앞 장에서 우리가 이와 같은 퇴계 사유와 연결해서 들었던 베르다예프의 '인격' 의식에 따르면, 바로 인격의 일이란 자유로운 주체[정신]의 사유[理, spirit]의 일이 되어서 본래 각각 하늘적 주체[各具一太極]로서 살아가도록 규정된 인격적 자유를 가두는 세계의 온갖 "필연성"(necessity)과 "객체화"(objectification)에 대항해서 싸우는 일이 된다.[65] 세계의 객체화와 필연성이 바로 우리가 한편 우리 삶의 조건으로 마주하는 악(惡)의 실재이고 현실인데, 그럼에도 불구하고 우리 생명이 단지 그 필연성과 현상의 자연[氣]에만 얽매이는 것이 아니라, 더 근원적으로는 정신과 자유, 인격[天命]에 속해 있다는 것을 밝히는 일이라는 것이고, 그것이 바로 정신[理]의 자유이고, 인간의 일이며, 온 우주의 지향이라는 것이다.

앞에서 여러 가지로 살핀 대로 퇴계 선생의 이 인간 사유의 힘에 대한 신뢰는 결코 도그마적이지 않다. 그 자신 고뇌에 찬 실존적 체험과 끊임없는 실험으로 다져나간 것이고, 인간 삶의 필연성의 조건[氣]에 대한 예민한 감

---

64 이은선, 「세월호 이후의 한국교회 - 지성·인성·영성의 통섭에 대하여」, 『통합학문으로서의 한국교육철학』, 동연, 2020, 267쪽 이하,

65 Nicolas Berdyaev, *The Beginning & The End*, Harper Torchbooks, New York and Evanston 1952, vii.

각을 가지고 이 두 가지 실재를 함께 보지 못하는 시대의 값싼 습합과 하나됨의 주장[口耳之學]을 "이단"(異端)이라고 지적하며, 자신의 이원성의 입장을 견지하면서 더욱 분명히 본 것이다. 서구 사상사에서의 칸트 이원론을 이후 독일 관념론과 현대 생철학 등의 일원적 사고보다 훨씬 더 의미 있게 평가하는 베르댜예프에 따르면, 서구 정신사에서 이처럼 이원론(二元論)을 기조로 하는 칸트 "자유의 형이상학"(metaphysics of freedom)의 참뜻을 진정으로 이해한 사람은 드물다. 왜냐하면, 칸트는 한편으로 세계 실재의 탄생 또는 드러남은 사유하는 주체의 창조 행위(사유)가 없이는 가능하지 않음을 밝혔지만, 동시에 그 탄생한(드러난) 것이란 실재의 본질(things-in-themselves)은 아니라는 것을 명시함으로써, 즉 퇴계의 언어로 하면 이원의 사고[理一分殊 또는 理·氣와 사단·칠정의 二元]를 견지함으로써 신(神)이 떠난 자리에 인간이 신이 되는 오류를 차단했기 때문이다.[66]

그러한 이해의 베르댜예프는 퇴계 선생이 고봉에게 '분개'를 마다하고 '혼륜'만을 고집하는 병폐를 지적한 것처럼, "잘못된 일원론"(false monism)을 말하고, 그 일원론을 "형이상학적 이단"(a metaphysical heresy)이라고 비판한다.[67] 나는 오늘 우리 시대에 이상과 같은 인간 사유의 일과 그 사유의 작동이 기초로 삼는 이원적 실재에 대한 의식이 의미하는 바가 크다고 생각한다. 그 이유는 오늘 우리 시대도 세상 존재와 인간 인격도 오로지 자연의 인과적 산물과 물질[氣]로 환원하며 거기서 바로 감각적 또는 감정적 자아가 신(神)이 되고, 세계의 자연과 사물에 대해서는 다시 인간이 신이 되

66 *Ibid*. p.31.

67 *Ibid*. p.28.

는 잘못된 감각주의, 유물주의, 자아와 인간중심주의의 일원론이 판치고 있기 때문이다. 거기서 이루어지는 현실은 그러나, 오늘의 지구 위기에서도 보듯이 인물과 자연 두 주체가 함께 함몰하는 것이며, 악이 평범하게 만연하면서 생명 현실이 서서히 고사하며 사라지는 것이다.

하지만 그럼에도 불구하고 선생은 다시 거기에 대항하고자 하는 자신의 박학(博學), 심문(審問), 명변(明辨)과 신사(愼思)의 오랜 궁리와 덕행도, 리기(理氣) 이원의 주자의 말을 사유의 종본(宗本)으로 삼았던 스스로의 독서법도 다시 "보잘것없는 법"[滉讀書之拙法]이라고 부르고, 자신도 여전히 "10년 공부를 쌓아서야 겨우 그 비슷한 것을 얻었지만, 아직도 참다운 앎을 알지 못한다"고 고백한다.[68] 이 고백은 우리의 사유가 진리와 실재를 위한 "보장"(guarantee)이 아니라 하나의 "기회"(chance)이고,[69] 그래서 우리 인격의 자유는 결코 보장을 말하지 않으며, 모든 인간적 인식과 사유의 문제는 그리하여 하나의 형이상학의 문제이면서 궁극에는 우리 '믿음'[敬·信]과 '지속성'[誠]의 물음과 밀접하게 연결되어 있다는 것을 밝혀준다. 선생은 그래서 고봉에게 "앞으로 날마다 날마다 매진하면서 또 10여 년의 공부를 쌓은 뒤"를 말씀하는데,[70] 선생의 사유와 덕행이 이 논변 이후로 어떻게 더욱 전개되는지를 다음 장에서 살펴보고자 한다.

---

68 『退溪集』, 「論四端七情書」, 윤사순·유정동 역, 110쪽; 『退溪先生文集』 卷之十六, 書, 答奇明彦 論四端七情第二書: "在滉則積十年之功. 僅得其髣髴. 而猶未能眞知. 故有語病如此."

69 N. Berdyaev, *op. cit.*, p.46.

70 『退溪集』, 「論四端七情書」, 윤사순·유정동 역, 110쪽; 『退溪先生文集』 卷之十六, 書, 答奇明彦 論四端七情第二書: "又積十餘年之功. 然後各以所造看如何. 彼此得失. 於此始可定耳."

4. 퇴계 사유의 절정으로서 '정즉리'(情卽理)를 향한 '경천'(敬天)의 길[理到]

퇴계 선생의 『언행록』을 보면 선생이 학문을 강론하는 데 그 방식이 온화하고, 상대를 존중하며, 쉽게 가부(可否)나 시비(是非)를 나누어서 결론짓지 않으며 그렇다고 또 선불리 서로 다름을 통합하려고 하지 않는 것을 알 수 있다. 선생은 더불어서 강론하다가 의심나는 곳에 이르면 "자기 소견을 고집하지 않고 반드시 여러 사람의 의견을 넓게 취하셨다"고 한다. 또한, 남과 변론할 때도 마음에 맞지 않는 점이 있어도 "당장에 '옳지 않다'라고 말하지 않으시고, 다만 '의리로 보아 아마 그렇지 않을 것 같다'라고만 하셨다" 한다.[71] 예를 들어 과거 '백이와 숙제 중에서 누가 임금 자리에 올라야 합니까'라는 물음을 가지고 정이천이나 주자가 의견을 낸 것을 소개하며 "어떻게 딱 잘라서 누구를 세우는 것이 마땅하다고 하겠는가. 다만 두 사람의 양보를 착하다고 할 뿐"이라고 말씀했다고 제자가 전한다.[72]

이렇게 여러 사람과 더불어 이야기할 때 부드럽게 말하고 다투지 않았고, 다른 사람과 더불어 온종일 논의하시는 경우 "간절하고 측은히 여기는 마음이 갈수록 더해졌고[懇惻之意 愈久愈篤], 그래서 혹 남의 말이 마음에 맞지 않는다 하더라도 말이나 얼굴빛이 변하는 일이 없으셨다"[就有未合, 未嘗變其辭色][73]는 선생 말년 삶의 정황은 그러나 결코 편안한 것이 아니었다. 1561년 도산서당과 농운정사가 완공되어 '완락재'(玩樂齋)라는 이름도 얻었고, 「뜰의 풀[庭草]」이라는 시에서는 "뜰의 풀들도 생각도 사람과 한가지니,

71 『退溪集』, 「언행록」, 583쪽.

72 이황, 『자성록/언행록/성학십도』, 고산 고정일 역해, 동서문화사, 2018, 157쪽.

73 『退溪集』, 「언행록」, 594쪽.

누가 미묘한 뜻과 하나가 될까, 하도와 낙서가 하늘의 기틀 드러내니 침잠하여 생각하기에 달렸네"라고 천아무간(天我無間)의 경지를 토로했다.[74] 하지만, 조용히 물러나 강학에 몰두하고자 하는 그의 바람은 계속 좌절되었다. 당시 수 없는 부름과 사퇴를 거듭하면서 말에서 떨어지는 사고까지 당하며 병은 깊어 갔고, 사람들의 오해는 쌓여 갔다. 1568년 선생은 자신의 이러한 진퇴양난의 상황을 다음과 같이 "구사무로"(求死無路, 죽음을 구해도 길이 없다)로 표하며 손자 안도(安道)에게 편지했다:

> 나는 평생 무슨 의롭지 못한 짓을 하였기에 하느님의 도와주심을 받지 못하고 일신이 이처럼 천만고에 없었던 일로, 이리저리 밀리고 옮겨 다니기를 이처럼 혹독한 데 이르게 되어 버렸는지? 윤허치 않으신다는 비지(批旨)를 받은 뒤부터는 땅강아지와 개미 같은 보잘것없는 몸의 하찮은 정성으로서는 비록 간을 열고 피를 뿌리며, 괴롭고 애절하게 간청한들 위로 임금님의 마음에 다가갈 수가 없으니, 천 길의 벼랑에 떨어진 것 같아서 두려움에 떤 나머지 죽음을 구하여도 길이 없구나.[75]

이런 상황에 더해서 가정적으로, 우리에게 많이 알려진 증손자 수창(壽昌)의 죽음까지 더해진다. 더군다나 그 죽음은 할아버지 퇴계가 손자 안도가 자신 아들 수창이 모유와 영양 부족으로 매우 어려우니 유모를 한 사람 보내달라는 부탁을 하자 "어진 사람이 차마 할 짓이 아니다"[仁人所不忍]라

---

74 이황, 『퇴계집』, 이광호 옮김, 167쪽.

75 『陶山全書』 4, p.298, 「答安道孫」, 권오봉, 『가서(家書)로 본 퇴계의 삶과 사상』 下, 삼보문화재단 2020, 742쪽 재인용.

는 말로 그 부탁을 거절하면서 일어난 것이어서 더욱 그러했을 것이다. 즉 유모 자신의 아이를 떼어놓고 그를 서울로 보낼 수 없다고 "남의 아이를 죽이면서 내 자식을 살리는 것은 매우 불가하다"[殺人子 以活己子 甚不可]라는 선생의 뜻으로 증손의 목숨을 구하지 못한 것이다.[76] 이러는 가운데서 선생은 1566년 「심경후론(心經後論)」과 「전습록논변(傳習錄論辨)」, 「도산십이곡 발문」 등을 썼고, 1568년 선조에게 「무진육조소(戊辰六條疏)」와 「성학십도(聖學十圖)」를 지어 올렸다. 그리고 돌아가시는 1570년에 기대승에게 「개치지격물설(改致知格物說)」을 써서 보낸 것이다.

4-1. 퇴계의 의(意)와 양명 그리고 한나 아렌트

선생은 고백하기를 젊은 시절에 얻은 주자의 제자 진덕수의 『심경』을 자신은 "평생 신명과도 같이 믿었고, 엄부(嚴父)처럼 공경했다"고 한다. 그런데 『심경』에 명나라 정민정(程敏政)이 주를 붙인 『심경부주(心經附註)』와 관련해서 그의 삶에 문제가 있고, 그가 육상산(陸象山)의 심학과 가깝다는 비판이 일어났다. 선생은 그런 비판들을 일면 수긍하면서도 예전 주자가 "그 사람 때문에 그 말을 버리지 않는" 공평 정대한 마음을 보여주었다고 하면서[77] 그럼에도 불구하고 책의 가치를 변호했다. 그렇더라도 선생은 이러한 변호와 더불어 주자가 젊었을 때의 입장을 만년에 뉘우치고 상산과 뜻을 합했다는 등의 이야기는 잘못된 것이라고 지적한다.

76 같은 책, 868쪽.

77 이황, 『자성록/언행록/성학십도』, 162쪽.

이즈음에 선생은 이처럼 『심경』에 대해 깊은 신뢰와 애정을 드러내면서도 또 다른 심학(心學)의 대가 양명을 비판하는 「전습록논변」을 써서 세차게 비판했다. 특히 양명이 "털끝만치라도 외물에 간섭될까 두려워하고"[患外物之爲心累], "형기의 하는 짓을 끌어서 의리에 대한 지행의 말을 밝히려 했다"라고 하면서 그의 '심즉리'(心卽理)에 근거한 '지행합일설'(知行合一說)을 반박했다. 하지만 필자가 보기에 여기서 선생은 자신이 사단과 칠정을 나누고, 성(性)과 정(情)을 나눈 근거가 성현들이 그렇게 나누어 말할 때 가졌던 '의도'와 '원래 뜻', '지향점'[所指, 所主, 所從來, 所就以言之] 등이었다고 한 것을 잊으신 것 같다. 왜냐하면, 그것은 바로 양명이 그의 심즉리 이해에서 제일 관심을 기울였던 것이 마음의 '의'(意)였고, 그것이 바로 선생이 지적한 의도, 원래 뜻, 지향점 등과 다른 것이 아니기 때문이다. 그리하여 나는 양명이 그렇게 우리 마음의의 제일의 기초적인 작동[發]과 힘으로 '의'(意)를 보면서 세상의 물(物)이 드디어 그 마음의 의도로 인해서 우리 상대로 불리게(존재하게) 되는 것을 말했다면[心卽理], 선생의 소종래나 소취이언지 등의 강조가 선생도 잘 의식하지 못하는 사이에 양명의 사유에 많이 접근해 간 것임을 말해주는 것이라고 파악한다.[78]

선생은 그의 「천명도설」에서 "사람이 하늘에서 명(命)을 받으매, 사덕(四德)의 리(理)를 갖추어 한 몸의 주재자로 삼으니 마음[心]이요, 사물이 마음속을 감동하게 해 선악의 기미를 따라 한마음의 용(用)이 되는 것은 정(情)

78 이은선, 「어떻게 행위하고 희락할 수 있는 인간을 기를 수 있을 것인가-양명과 퇴계 그리고 루돌프 슈타이너」, 『생물권정치학시대에서의 정치와 교육-한나 아렌트와 유교와의 대화 속에서』, 도서출판 모시는사람들, 296쪽.

과 의(意)이다"[79]라고 하였다. 여기서 정과 의를 마음의 두 가지 '작용'[用]이라고 했지만 사실 선생은 의(意)에 대해서는 많이 말씀하지 않았다. 그 이유가 선생이 정(情)은 '성발'(性發)이고, 의(意)는 '심발'(心發)이라는 선유의 관점을 의심의 여지가 없다고 하고, 거기서 정(情)은 성(性)이 "형체도 그림자도 없이" 먼저 "자연스럽게 발출"(發出)한 것이라면, 의(意)는 그 이후에 "정의 발(發)에 인하여 경영·계탁(計度)하면서 이렇게 저렇게 하려고 주장하는 것"이라고 파악한 이해에 들어 있지 않나 생각한다.[80] 즉 이러한 이해에 따르면 정(情)과 의(意) 중에서 심을 작동하는 더 근원적인 기제를 일종의 지각력[知/감각]으로서의 정(情)으로 보는 것이며, 그렇게 되면 악의 근원을 근본적으로 따져서 그 뿌리를 찾아 다루고자 하는 선생이 관심하는 것이 정(情)이 될 수밖에 없기 때문이다. 그것은 양명이 악의 근원을 더욱 분명하게 우리 마음의 의(意)로 본 것과는 다른 것이다.

그러나 한편 그러면서도 그렇게 선유들이 사단과 칠정을 나누어 말하고, 거기서 칠정에 관한 공부를 강조한 그들 '소종래'(所從來)와 '소지'(所指)를 더 생각하라고 했다면, 그것은 그러한 정(情)이라는 감각[知]보다 그것을 더 먼저 일으키는 어떤 의지[意]를 생각하라는 것이고, 그렇다면 심의 활동을 일으키는 더 근원적인 기제를 여기서는 다시 의(意)라고 말할 수밖에 없다는 것이다. 이것은 곧 앞에서 지적한 대로 선생의 이해가 의도하지는 않았지만 자신도 잘 의식하지 못하는 사이에 양명과 유사하게 되는 것을 말한

79 『退溪先生續集』, 卷之八, 雜著, 「天命圖說」: "曰. 人之受命于天也. 具四德之理. 以爲一身之主宰者. 心也. 事物之感於中也. 隨善惡之幾. 以爲一心之用者. 情意也."

80 『退溪集』, 「論四端七情書」, '李宏仲 問目에 답함(2), 윤사순·유정동 역, 125쪽.

다. 그리고 양명이 심즉리를 말할 때의 의(意)는 단지 자연스럽게 즉각적으로 느끼는 감각적 지(知)로서의 정(情) 다음에 발동하는 어떤 이차적인 인위적인 의도 등의 그것이 아니라, 그보다 더 근본적으로 생명과 존재 자체의 힘으로서의 '생리'(生理)나 '생의'(生意)로 이해되는 차원이 있다.[81] 선생이 사단과 칠정을 계속 이원으로 보기 위해서는 거기서의 정(情)보다 그 정을 일으키는 소종래(所從來)나 소지(所指)의 의지[意]로서의 리(理)차원을 받아들이지 않을 수 없으므로 리의 역동성과 창발성, 능동성을 더욱 염두에 두지 않을 수 없게 되었다는 것이다. 즉 '리동'(理動)과 '리발'(理發)의 차원을 넘어 더욱 더 적극적으로 리의 주체성과 능동성, 창발성이 포함된 '리도'(理到)의 차원으로의 전개를 말하는 것이다.[82]

여기서 나는 퇴계 선생처럼 시대의 주관주의(세계소외)와 다시 선생의 언어로 하면, 그 주관의 구이지학(口耳之學)과 인물위기(認物爲己)적 차원을 비판하며, 20세기 독일 나치나 스탈린의 전체주의의 기원을 밝히고자 한 한나 아렌트가 생각났다. 그녀는 진정으로 인간의 참된 도덕적 행위를 불러일으키는 힘은 좁은 의미의 의지[意]나 사유[知]라기보다는 오히려 그보다 더 근원적으로 인간 마음이 바깥의 사물(facts)과 그 사물의 있음(realness)과 관계하면서, 거기서 자연스럽고 즉각적이며 정감적으로, 가장 개인적이지만 참으로 순수하게 보편적으로 작동하는 인간 "미감"(a faculty of taste)으로서의 마음의 "판단력"(a faculty of judging)을 보았다.

20세기 최고의 정치 철학자로서 아렌트는 인간 사유의 힘[理, principles]

81 이은선, 「한나 아렌트의 탄생성의 교육학과 왕양명의 치량지의 교육사상-공적 감각과 지행합일의 인간 교육을 위해서」, 294쪽 이하.

82 강경현, 같은 논문, 124쪽 이하.

에 대한 신뢰에서 자신의 세계 이해를 시작했다. 하지만 그 사유가 관념성과 행위 없음에 빠지는 것에 실망했고, 그래서 또 그 사유보다 행위하고 시작할 수 있는 능력, 우리 논의의 맥락에서 보면 '의지'라고 할 힘에 기대서 "절대 악"으로 실재하는 시대의 악에 대항하고자 했다. 그러나 자신이 신뢰하는 인간 행위력이 도저히 이해하기 어려운 거대 악의 현실 앞에서 매우 취약하고, 잘 기능하지 못하는 것을 고통스럽게 목도한다. 그 절망의 상황에서 그녀는 자신이 외면해 왔지만 지금까지 신뢰해 왔던 일반적인 사유의 힘보다 더 근저에 놓여 있는 인간의 "제6번째 감각"(a kind of sixth sense)이라고 하는 '미감', 일종의 '정'(情)으로서 상대방과 세계가 함께 하는 일상의 삶에서 지극히 보편적으로 길러지고, 그 관계 속에서 작동하는 더욱 근본적이고, 직관적이며, 정감적이면서도 그 대상과 세계의 본래를 밝혀 주는 '미적 판단력', 일명 '취미판단'으로 불리는 인간 마음의 힘을 발견하면서 자신의 이원적 세계관의 딜레마를 넘을 가능성을 본 것이다.[83]

나는 이것이 퇴계 선생에서의 정(情)과 리도(理到) 이해가 취한 길과 유사하다고 본다. 그녀는 이 미감, "공통감"(common sense)이라고도 하고, 우리의 '양심'(bon sense)과도 통하는 미적 판단력을, 칸트가 본질과 현상의 세계에 대한 이원성의 사고를 견지하면서도 그 이원성을 좀 더 직관적이고 역동적이며, 개별적으로 넘나들 수 있는 미감으로서의 취미 판단력을 말한 그의 '제삼 비판서'(die Kritik der Urteilvernunft)를 깊게 읽으면서 발견했다. 그녀에게 세계 전체주의의 악을 넘을 수 있는 희망을 준, 인간 감각과 감정, 사유와 의지를 좀 더 포괄적이고 기초적으로 근거 지우는 근본적인 정신의

---

83 이은선, 「한나 아렌트의 탄생성의 교육학과 왕양명의 치량지의 교육사상-공적 감각과 지행합일의 인간교육을 위해서」, 141쪽 이하.

힘을 발견한 것이다. 그 판단력이 '공통감'(공감)이라는 사실은 우리의 판단은 반드시 다른 사람들과 이웃, 타자인 세계의 실재를 전제한다는 것이고, 그들의 존재가 아니고서는 우리 판단력은 기능하지 않는다는 점에서 그것은 진정 오늘의 왜곡된 주관주의 시대, 그래서 반대급부로 '사물 행위소'를 말하지만, 거기서는 다시 인간의 주체성과 사유가 소외되는 딜레마 앞에서 우리 시대의 제3의 대안적 의미로 떠오르는 것을 본다. 나는 퇴계 선생의 리(理)에 대한 이해가 사단칠정논변을 거치며 심화하면서 이런 차원, 즉 하나의 '미감'으로서의 정(情)의 차원을 통섭하며 '정즉리'(情卽理)의 차원으로 향해 갔다고 이해한다. 거기서는 온 만물의 리(理)가 진정 그 인격성과 개별성, 능동성을 얻으며, 그러므로 그 앞에서 왜곡된 자아의 의도를 내려놓고 대신에 깊은 존숭감[敬]의 신뢰[信]로 사물의 리(理)가 스스로 다가오는 것을 맞이하는 '리도'(理到)의 차원이 열리는 것을 말한다.

4-2. 퇴계의 전복적 격물(格物)이해와 '리자도'(理自到)

선생은 고봉과의 사단칠정논변을 총 마무리하는 단계에서 다음과 같은 언술과 함께 주자의 참뜻을 물으며 자신의 이원적 주장을 많이 거두어들인다.

> 〈혹문(或問)〉에서는 '희·노·애·오·욕'은 도리어 '인(仁)·의(義)'에 가까운 듯이 보았습니다. 주자는 '진실로 서로 같은 점이 있다'고만 말하고, 그 서로 같음은 바로 말하지 않았으나, 여기에는 틀림없이 주자의 뜻이 있을 것입니다. 오늘날의 논자들은 대부분 희·노·애·락을 인·의·예·지에 짝지어 보기는 하면서도 주자의 뜻이 과연 어떠한 것인지는 알지 못합니다. 원래 사단칠정의

이론은 각기 하나의 뜻을 드러내는 것이므로, 아마도 혼합한 하나의 이론으로 하여서는 안 될 것입니다.[84]

또한, 사단칠정론에서는 성(性)과 정(情)을 리(理)와 기(氣)로 거의 나누다시피 했는데, '아직 발하지 않은 것은 성(性)이고, 이미 발한 것은 정(情)인가'라는 질문에 그것을 고여 있는 물[性]과 흐르는 물[情]에 비유해서 "고여 있는 물이 나가서 흐름이 되고, 흐름은 고인 데서부터 나오는 것이니, 고인 물과 흐르는 물이 어찌 둘이겠는가"라고 응수한다.[85] 이에 더해서, 천(天)과 성명(性命), 물(物)과 기(己)와의 관계를 대해서 "하늘이 물(物)에 주는 것을 주로 하여 말하기 때문에 물(物)이라 하고, 물(物)이 하늘에서 받은 것을 주로 해서 말하기 때문에 기(己)라고 한 것이니, … '물이 곧 두 가지 물이 아니다'라고 대답하는데,[86] 이러한 언술도 퇴계 선생의 사유가 점점 더 '천인상응'(天人相應), '물아일여'(物我一如) 등의 통전적 사고로 가는 모습이라고 여겨진다. 곧 '정즉리'(情卽理)의 지경으로 향하는 것이다.

나는 이러한 선생 사유의 전개를 다음과 같이 양명과 견주어 보고자 한다. 즉 양명은 그 절정의 사유로서 인간 심의 본체를 다시 세상과 외물과의 긴밀한 관계 속에서 하늘이 심어준 영적 지각력으로서의 "양지"(良知)로 파

84 『退溪集』, 「論四端七情書」, '奇明彦의 四端七情 總論을 덧붙임', 윤사순·유정동 역, 121쪽; 『退溪先生文集』 卷之十七, 書, 重答奇明彦, 附奇明彦四端七情總論: "且或問看得來. 喜怒愛惡欲. 卻似近仁義. 朱子曰. 固有相似處. 其曰固有相似處. 而不正言其相似. 則意固有在也. 今之論者. 多以喜怒哀樂配仁義禮智. 未a029_444c知於朱子之意. 果何如也. 蓋七情四端之說. 各是發明一義. 恐不可滾合爲一說. 此亦不可不知者也."

85 이황, 『자성록/언행록/성학십도』, 163쪽.

86 같은 책, 163쪽.

악하면서, 이제 그 생명의 근원적인 힘이고, 모든 인간적 인식과 의지, 감정과 행위의 근원[天植靈根]이며, "저절로 쉬지 않고 자라나는"[自生生不息] 양지를 온전히 만물 일체의 큰 의식으로 키우기 위해 몰두한다.[致良知][87] 이에 대해서 퇴계 선생은 그의 「무진육조소」의 깊은 경천(敬天) 의식과 더불어 『성학십도』에서 「태극도」를 다시 처음의 자리로 가져오면서 우리 마음이란 하늘이 품부해 준[天地生物之心] 감각과 감정, 의지를 모두 포괄하는 깊은 사랑의 통찰력으로서 "인"(仁)인 것을 더욱 통찰하면서[「심통성정도(心統性情圖)」와 「인설도(仁說圖)」], 그 사랑의 인식력을 키우는 일[「경재잠도(敬齋箴圖)」, 「숙흥야매잠도(夙興夜寐箴圖)」]에 온 힘을 쏟게 되는 것을 말한다.

선생의 사유에서 우리 마음의 하늘적 뿌리인 리(理) 이해에서 이와같은 전개와 관련하여 선생이 죽음을 20여 일 앞둔 1570년 11월에 고봉에게 쓴 편지가 주목받는다. 거기서 선생은 자신의 리 이해가 그동안 얼마나 주관적 이해에 사로잡혀 있었는지, 그래서 그 하늘적 힘인 리(理) 자체가 "영적인 살아 있는 힘"[活理/至神之用]으로서 "스스로 우리에게 다가오고"[理自到], 어떤 죽어 있는 사물(死物)로서 실체화된 원리나 인식력이 아니라 살아 있는 영적 존재인 것을 알게 되었다고 고백하는 것이다:

> 지난번 제가 잘못된 설을 고집했던 이유는 단지 주자가 말한 '리(理)는 감정이나 의지가 없고, 계획함과 헤아림도 없으며, 짓고 만들지도 않는다.'라고 하는 이론만 고수한 채 '내가 사물의 지극한 곳에 궁구하여 이르는 것이지 리

87 이은선, 「어떻게 행위하고 희락할 수 있는 인간을 기를 수 있을 것인가-양명과 퇴계 그리고 루돌프 슈타이너」, 294쪽.

가 어찌 지극한 곳에 스스로 이를 수 있겠는가.'라고 생각했기 때문입니다. 그런 까닭에 '물격'(物格)의 '格(격, 이르다)'과 '무부도'(無不到)의 '도(到, 도달하다)'를 모두 내가 격(格)하고 내가 도(到) 하는 것으로만 보았습니다. 그러는 중에 … 제 견해가 비로소 잘못되었다는 사실이 두려워지기 시작했습니다. 이에 옛 견해는 남김없이 다 씻어 버리고, 마음을 비우고 세심한 주의로 먼저 리가 스스로 이를 수 있는 까닭이 무엇인지를 찾아보았습니다.[88]

주자가 '리(理)는 만물에 있지만 그 작용은 실로 한 사람의 마음을 벗어나지 않는다.'라고 한 말을 보면 리는 스스로 작용하지 못하니 반드시 사람의 마음을 기다려야 하는 것이 아닌가 싶습니다. 그렇다면 '리가 스스로 이른다'고 말할 수 없을 것 같습니다. 그러나 (주자는) 또한 말하기를 '리에는 반드시 작용[用]이 있는데, 어찌 이 마음[心]의 작용을 또 말할 필요가 있겠는가.'라고 했습니다. 그 (리의) 작용은 비록 사람의 마음 밖에 있는 것이 아니지만 그 작용이 오묘하므로 실제로 리의 발현은 사람 마음이 이르는 바에 따라 이르지 않음이 없고 다하지 않음이 없다는 것입니다. 그러니 다만 내가 사물의 리에 궁구하여 이름[格物]이 지극하지 못함을 걱정할 뿐 리가 스스로 이를(自到) 수 없음을 걱정하지 않습니다. 그러므로 격물(格物)이라는 말은 진실로 '내가 사물의 리의 지극한 곳에 궁구하여 이른다.'는 것을 의미하는 것이니, 물격(物格)이라는 말이 어찌 '사물의 리가 지극한 곳에 나의 궁구함에 따라 이르지

---

88 『退溪先生文集』 卷之十八, 書 答奇明彦 a029_466b 別紙: "物格與物理之極處無不到之說. 謹聞命矣. 前此滉所以堅執誤說者. 只知守朱子理無情意. 無計度. 無造作之說. 以爲我可以窮到物理之極處. 理豈能自至於極處. 故硬把物格之格. 無不到之到. 皆作己格己到看. 往在都中. … 然後乃始恐怕己見之差誤. 於是. 盡底裏濯去舊見. 虛心細意. 先尋箇理所以能自到者如何.

> 않음이 없다'라고 해석될 수 없겠습니까? 이로써 감정, 의지와 조작이 없다는 이것은 리의 본연의 본체이고, 그 궁구함에 따라 발현되어 이르지 않음이 없다는 이것은 리의 '지극히 신묘한 작용[至神之用]'임을 알 수 있습니다. 이전에는 다만 (理의) 본체의 작위 없음만 알았을 뿐, 그 '묘한 작용이 현상으로 드러날 수 있음[妙用之能顯行]'을 알지 못하여 거의 리를 죽은 것[死物]으로 여기듯 하였으니 진리와 동떨어짐이 그 얼마나 심하였겠습니까?[89]

이것은 실로 놀라운 고백이다. 죽는 순간까지 주자와 마찬가지로 어떻게 하면 우리 공부가 우리를 참된 인간이 되도록 하며, 그 일 속에서 천지부모를 깨닫고 만물을 형제자매로 받아들이는 일이 가능해질 수 있을까를 고민하며 '격물'(格物) 탐색에 천착했던 선생의 마지막 고투와 직관이 잘 드러나는 대목이라고 생각한다. 이것은 곧 자신의 스승 주자의 『대학』이나 『중용』 연구를 고봉과 더불어 다시 살피며 '내'가 인식 주체로 사물의 리에 도달하는 것을 넘어서 바로 내가 만나고자 하는 '사물'의 리가 스스로 나에게 와서 조우하는 경지, 즉 '리자도'(理自到)와 '물격'(物格)의 경지가 있음을 고백하신 것이다.

이러한 선생 말년의 고백에 주목하며 여기서 말하는 리자도(理自到)의 진

---

89 『退溪先生文集』 卷之十八, 書 答奇明彦 a029_466b 別紙… "其(朱子)曰. 理在萬物. 而其用實不外一人之心. 則疑若理不能自用. 必有待於人心. 似不可以自到爲言. 然而又曰, 理必有用. 何必又說是心之用乎. 則其用雖不外乎人心. 而其所以爲用之妙. 實是理之發見者. 隨人心所至. 而無所不到. 無所不盡. 但恐吾之格物有未至. 不患理不能自到也. 然則方其言格物也. 則固是言我窮至物理之極處. 及其言物格也. 則豈不可謂物理之極處. 隨吾所窮而無不到乎. 是知無情意造作者. 此理本然之體也. 其隨寓發見而無不到者. 此理至神之用也. 向也但有見於本體之無爲. 而不知妙用之能顯行. 殆若認理爲死物. 其去道不亦遠甚矣乎."

정한 의미가 무엇일까를 밝히고자 하는 한 선행연구가 보여주는 대로,[90] 선생은 우선 리(理)에 작용이 있다는 것을 인정하면서도 거기서의 리의 작동을 인식 주체인 내 심의 리의 작동에 한정해서 보았다. 그렇다면 진정으로 리자도는 말할 수 없는 것이 아닌가 고민한 것이다. 그러다가 다시 또 다른 주자의 말을 살피며,[91] 진정으로 리의 작용을 말한다면 다시 꼭 나의 심의 작용을 말할 필요가 없고, 물론 그것으로써 사물 속의 리가 나의 궁구에 응답하는 것이지만 사물의 리(인식 객체) 스스로가 나에게 오는 것, 즉 리자도(理自到)도 동시에 말할 수 있음을 깨달은 것이다. 그것이 바로 리의 "오묘한 작용이고"[妙用之能顯行], "신비한 신(神)의 일이며"[至神之用], 자신이 전에는 이렇게 리의 살아 있음을 보지 못하고 죽은 사물로 알았고, 그래서 리자도와 물격(物格)을 진정으로 말하지 못했다고 고백하는 것이다. 더욱 더 진정한 객체나 실재, 상대의 인정을 말하는 것이다.

4-3. 퇴계 리자도(理自到)와 신(神)의 계시

나는 이러한 선생의 고백을 서구 기독교 사유와 대화하는 입장에서 기존 유교 언어에 머물러 초월[理]에 대한 내재신적 시각에서 파악하는 것보다

---

90 김상현, 「이황의 격물론에 대한 새로운 이해-주체·객체 상호 작용으로서의 인식론-」, 『철학논총』 제75집 2014, 제1권, 새한철학회, 357-384쪽.

91 선생의 격물론, 특히 그의 '리자도'에 대해서 정치한 논의를 펼친 김상현의 연구에 따르면, 선생이 초기 '격물론'을 수정하는 결정적인 역할을 했던 사람은 기대승이다. 1568년 기대승과 '물격'의 문제를 토론할 기회가 있었고, 기대승은 그에 뒷받침할 만한 근거를 주희의 이론에서 찾아 선생에게 보냈다고 한다. 하지만 선생 자신이 다시 『중용혹문』의 소주에서 진정한 '리능자도'(理能自到)의 근거를 찾아 위의 고백을 한 것이라고 밝힌다. 김상현, 앞의 글, 370-371쪽, 각주 34-35.

훨씬 더 나가서, 좀 더 적극적으로 리의 초월성과 주체성, 능동성과 역동성(영성)을 강조하는 입장에서 해석하고자 한다. 즉 여기서 선생이 경험한 것은 마치 서구 초월신 신앙에서의 신(神)의 계시 경험과 유사하게, 신의 온전한 주재성 속에서의 신의 임재 경험, 한 계시의 경험이었다는 것이다. 그것으로써 신과 세계의 초월성과 실재성, 자존성이 더욱 인정된다. 그러나 동시에 그와 진정으로 하나 될 수 있는 또 다른 가능성, 즉 '믿음'[敬]과 '신앙'[信]의 가능성도 얻은 것이라고 나는 이해한다. 그것은 신이 스스로 내려와서 주체에게 다가오고 거기에 응답하는 경지를 말하는 것이다. 물론 나도 선생의 이러한 관점의 변화가 인식 대상[物]의 자존성을 크게 인정하는 가운데, 그러나 거기서 결코 인식 주체의 자발성과 능동성이 훼손되는 방식이 아닌 두 편의 상호 불이적(不二的) 함께함의 방식, 즉 "주체와 객체의 상호 작용으로서의 인식"이라는 해석에 동의하는 바이다.[92] 그런 의미에서 오늘날의 유물주의적 신실재론의 지경을 훨씬 넘은 것이라고 본다.

그러나 이러한 해석을 넘어서 이 마지막 시기의 선생 인식의 변화에서 더 핵심적인 것은, 선생이 더욱 더 생생하고 살아 있는 영의 실재로서 '리'(초월)를 만났다는 것이고, 그가 그 리의 임재 앞에서 자신은 인식 주체로서 한없이 낮아지면서 큰 '겸비'와 '존숭' 속에서 더 없는 공경감[敬]과 사랑[仁], 믿음[信]과 성실[誠]의 주체가 되어 갔다는 것으로 이해하고자 한다.[93] 주자와 함께 퇴계 선생도 이전에 인식작용이란 인식 주체인 나의 마음이 인식 대상[物]에 다가가서 그 안의 리를 파악하는 것으로 보았다. 하지만 여기에

92 같은 글, 377쪽.

93 이은선, 「참된 인류세(Anthropocene) 시대를 위한 이신(李信)의 영(靈)의 신학」, 140쪽.

서 선생의 '리자도(理自到)'의 경험과 그에 대한 깊은 성찰은 그로 하여금 이제 그의 공부 방향이 더욱 더 스스로가 사물의 리에 궁구하여 이름[格物]이 지극하지 못하는 것을 걱정하도록 했지, 거기서 리가 나에게 오시지 않는 것[自到]을 염려하도록 하지 않는다는 것이다. 즉, 그의 지금까지의 지적 추구가 가지는 좁은 인식론적 틀을 넘어서 진정한 의미에서 일종의 '믿음'과 자기 겸비의 '신학(信學)적' 추구가 되게 했고, 또 다르게 유교 내적 언어로 말하면, 선생의 사유가 양명 심학적 주관주의의 사각지대와 오류를 나름으로 걷어내면서도 또 하나의 독자적인 객체지향적 '심학'(心學)으로 크게 전개된 것을 말한다.[94] 이것은 결코 서구 전통적 의미에서의 신학(神學)으로서의 전환은 아닌 것이다. '격물'뿐 아니라 리자도의 '물격'의 리(理)를 만난 선생의 공부는 그리하여 지금까지 오랫동안 사단칠정논변을 수행하면서 겪어 온 "인식론적 딜레마"를 인식 주체 안의 리[심]보다는 세계의 리에 더욱 집중하는 방식으로, 그 두 리를 더욱 역동하고 살아 있는 같은 리(理)로 만나고 깨달으면서 극복할 가능성을 본 것으로 나는 이해한다. 즉 '신학(神學)이 아닌 신학(信學)으로'의 전환을 생각하는 바이다. 선생은 다음과 같이 말했다:

> 물(物)이 비록 갖가지로 다르지만, 리(理)는 하나입니다. 오직 그 리가 하나이므로 성(性)에 안팎의 구분이 없습니다. 군자의 마음이 확연 대공할 수 있는 것은 그 성을 온전히 하여 안팎이 없을 수 있기 때문이고, 물이 옴에 순응할 수 있는 것은 그 리를 한결같이 따라 피차가 없기 때문입니다. 한갓 물이 밖인 줄만 알고 리에 피차가 없는 것을 알지 못한다면 이것을 리와 사(事)를 나

94 김형찬, 「퇴계의 양명학 비판과 조선 유학의 성립」, 『퇴계학보』 제148집, 2020, 39-65쪽.

누어 둘이 되게 하는 것이니 참으로 옳지 않습니다.[95]

그리하여 선생은 이런 리(理) 또는 천(天)에 대한 지극한 긍정과 신뢰의 소산이라고 할 수 있는 그의 작품 『성학십도』의 공부를 한마디로 "경(敬)을 유지하는 공부"[持敬]라고 하면서 다음과 같이 밝힌 것이다:

> 경(敬)을 유지한다는 것[持敬]은 배움[學]과 사유[思]를 겸하고, 동(動)·정(靜)을 일관하며, 내(內)·외(外)를 합하고, 현(顯)·미(微)를 하나로 하는 길입니다.[96]

4-4. 퇴계 신학(信學)과 폴 리쾨르의 악(惡)의 해석학

이상의 논의와 함께 나는 마지막으로 특히 서구 현대 사상가 폴 리쾨르와 더불어 그 의미를 생각해 보고자 한다. 리쾨르는 언어와 개념을 통해 인간 실존을 이해하는 일에 몰두해 오면서 서구 근대 데카르트 코기토의 자아 절대주의를 넘어서 다시 우리 삶에서 '초월'과 '성스러움'과 '믿음'의 차원을 회복하기를 원했다. 그 일을 위해서 그는 '현상학'을 거쳐서 '해석학'으로 이행했고, 퇴계 선생이 리와 기, 사단과 칠정, 성(性)과 심[情] 등 사이의 갈등으로 고민하며 그 틈을 메우고자 '격물(格物)'과 '물격(物格)'의 두 개념과

---

95 『退溪先生文集』 卷之十三, 書, 「答李達李天機」: "物雖萬殊. 理則一也. 惟其理之一. 故性無內外之分. 君子之心. 所以能廓然而大公者. 以能全其性而無內外也. 所以能物來而順應者. 以一循其理而無彼此也. 苟徒知物之爲外. 而不知理無彼此. 是分理與事爲二致. 固不可.", 정도원, 『퇴계 이황과 16세기 유학』, 도서출판 문사철, 2010, 277쪽 재인용.

96 『退溪先生文集』 卷之七, 「進聖學十圖箚」: "而持敬者. 又所以兼思學. 貫動靜. 合內外. 一顯微之道也."

더불어 치열한 해석학적 노력을 기울인 것과 유사하게, 특히 '악'(惡)의 상징을 마주하면서 그와 씨름했다. 그러면서 그 악의 상징은 인간 실존의 실패와 사유의 실패를 지시하지만, 그것을 넘어서 '화해'와 '은총'의 새로운 기회와 상징이 될 수 있음을 말했다.[97]

퇴계 선생은 참혹한 조선 사화의 현실과 계속되는 붕당과 개인적으로 처한 여러 가지 딜레마적 상황 속에서도 리의 실재를 강조했다. 그러면서도 거대한 악의 현실과 가능성[氣/情]이 결코 쉽게 상대되지 않는 것을 경험했다. 그러나 리쾨르가 악의 상징이 우리 사고를 촉발하고, 그것과 씨름하는 해석학적 고투 속에서, 그리고 마침내는 우리 생의 처음과 마지막은 우리 소관이 아니라 "전적 타자"(Tout-Autre)로서 우리에게 '은총'으로, 자신의 그 철저한 타자성을 스스로가 무화함으로써 다가오는 것을 경험하는 기회라고 이야기한 것처럼, 나는 퇴계 선생의 리도(理到) 경험이 바로 그러한 전적 타자였던 리(理)가 '모든 그럼 함에도 불구하고' 이 기(氣)의 현실을 넘어서 스스로 다가오는 은총으로 경험한 것이라고 보고자 한다.[98]

그런 의미에서 거기서의 인식 주체와 인식 객체 사이의 관계는 어느 한쪽이, 또는 격물(格物)이나 물격(物格)의 어느 층이 다른 하나를 "폭력"으로 제압하는 유의 것이 아니라,[99] 오히려 지금까지의 "논리"(logics)의 영역을 벗어나서 살아 있는 만남의 "역사"(history)가 일어난 사건으로 해석할 수 있다고 본다.[100] 리쾨르는 그의 해석학에서 '판단중지'를 말했고, 이 판단중

---

97 폴 리쾨르, 『해석에 대하여-프로이트에 관한 시론』, 김동규/박준영 옮김, 인간사랑, 2020, 736쪽.

98 같은 책, 737쪽.

99 김상현, 같은 글, 380쪽.

100 폴 리쾨르, 737쪽.

지는 "종교적 대상의 실재에 대한 믿음에 참여하는 것"이라고 했다.[101] 그렇게 "악의 상징들은 우리에게 "정신의 현상학"(a phenomenology of spirit)에서 "성스러운 것의 현상학"(a phenomenology of the sacred)으로 나아가는 통로에 대한 어떤 결정적인 것을 가르쳐 준다"고 했다.[102] 나는 이 언술로써 퇴계 선생이 악의 현실과 더불어 씨름하면서 리의 작용[用], 곧 '정신'의 현상에 대한 치열한 궁리를 통해서 「무진육조소」나 『성학십도』의 '경천지도'(敬天之道) 즉 믿음의 길로 나아가는 어떤 결정적인 계기가 되었을 수 있는 리자도(理自到)의 경험을 상상해 본다.

리쾨르도, 앞의 베르댜예프처럼 칸트적 이원론의 의미를 다시 소환하며, 악의 문제는 우리가 헤겔을 넘어 다시 칸트에게로 돌아가게 한다고 적시한다.[103] 그 이유는 헤겔의 정신 현상학이 그 변증법의 궁리 속에서 다시 정신과 자아의 절대화라는 우상에 빠지지만, 칸트 이원론은 정신과 주체의 선험적 한계와 조건에 대한 인지를 그만두지 않고 그 가운데서도 종교와 신앙과 경건의 영역이 있음을 드러내기 때문이라고 했다. 좁은 의미의 인간 사고와 궁리를 넘어서, 아니 그 이전에 오히려 더 보편적이고 직접적인 토대로서 인간 누구에게나 열려 있는 직관과 감정[情]의 판단력의 영역을 밝히고 희망하기 때문이다. 나는 퇴계 선생의 리동(理動), 리발(理發), 리도(理到)의 정신 현상학과 해석학도 바로 그러한 길을 유사하게 갔다고 본다. 자동화 되어서, 아니면 이미 어떤 실체로 고정되어 죽어 있는 '정신'[理]이 아

---

101 같은 책, 73쪽.
102 같은 책, 735쪽.
103 같은 책, 736쪽.

니라 우리에게 만물 속에서 '활리'(活理)와 '활물'(活物)로서 다가오고, 우리 안의 리(理)와 만나며 거기서 참된 사랑[仁/孝]의 하나 됨을 가능하게 하고, 세계 속에서 '경건'[敬]과 '믿음'[信], '성실'[誠]의 열매를 맺게 하는 역동과 사랑[天愛]의 리(정신) 또는 천(天)을 말하는 것이다.

리쾨르는 "해석학적 순환"(hermeneutic circle)을 말하면서 믿는다는 것은 부르심에 귀를 기울이는 것이고, 그러한 부르심에 귀를 기울이기 위해서는 그 메시지를 해석해야 하며, "그러므로 우리는 이해하기 위해 믿고, 믿기 위해 이해해야 한다"고 말했다.[104] 내가 보기에 퇴계 선생은 이러한 해석학적 순환의 조건을 누구보다도 잘 인지하고 살아내신 분이다. 그런 선생의 리자도(理自到)에 관한 김상현의 연구는, "그러므로 '리도'(理道)에는 나름의 제한조건이 있다"라고 언표했다.[105] 즉 선생의 리자도는 리(理)가 인식 주체인 마음에 곧바로 이른다고 하지 않고, "내 마음이 탐구한 것"[吾所窮]에 이른다고 한 것이고, 그것은 "사람들이 마치 형이상자인 리(理)가 공이 날아오듯이 물리적 운동을 할 수 있다고 오해할까 봐" 그것이 염려되어 서였을 것이라고 추측한다.[106] 이것으로써 동아시아 조선 성리학의 퇴계에게서는 인식 주체와 대상, 자아와 세계, 인간과 하늘, 사유와 계시, 지식과 신앙 등, 한마디로 리(理)와 기(氣)의 불이적(不二的) 연결성이 특별함을 말하는 것인데, 나는 이와 관련해서 둘 사이의 불이(不二)와 균형이 깨지기 쉬운 서구 전통의 은총과 신앙보다, 그리고 그 반대급부로서 오늘날 서구에

---

104 같은 책, 733쪽.

105 김상현, 같은 글, 374쪽.

106 같은 글, 376쪽.

서 등장한 급진적인 객체 위주의 신실재론보다, 퇴계에게서 성취된 동아시아 '신학'(信學)으로서의 조선 신유학적 '심통성정'(心統性情)의 해석학이 그런 의미에서 더욱 요청되고, 그것이 오늘날 퇴계 심학의 진정한 의미라고 보는 바이다.

서구 기독교 신앙은 이러한 리도(理到)의 경지를 다시 주로 역사의 종말 시간으로 미루면서 단차원적 종말론으로 또 다른 우상화에 빠질 위험을 노출하지만, 퇴계 선생의 조선 유교 리자도 신앙은 더욱 더 여기 지금에서의 '수행'과 '정치'와 '문화'적 지속에서의 열매를 중시한다. 선생의 마지막 두 작품 「무진육조소(戊辰六條疏)」나 『성학십도』를 그러한 사고의 절정이라고 보고, 그 구상을 간략하게 살펴봄으로써 이 연구를 마무리하고자 한다.

5. 참 인류세 세계를 위한 퇴계 '신학'(信學)의 의미

오늘 인간 문명에 의한 지구 집의 사실적 종말 위험 앞에서 '인류세'(Anthropocene)에 대한 논의가 뜨겁다. 이 인류세란 농경사회가 시작된 약 1만여 년 전부터 '완전히 최근'이라는 뜻을 가진 '홀로세'(Holocene) 다음으로 인간이 지구 생태계와 지구 시스템의 결정적인 인자로 등장한 지구 지질시대를 일컫는 새로운 언어이다. 인간 삶과 능력이 전례 없는 방식으로 지구 행성을 변경시킨 것에 관한 새 이름을 말하는 것이다.[107]

정확히 어느 때부터를 인류세로 지칭해야 하는지에 대한 논의는 여러 분야 과학자들 사이에서 지금도 계속 논의되고 있다. 하지만 오늘 인류가 맞닥뜨리고 있는 지구 생태계 위기를 그 출구와 치유가 거의 불가능하다

107 얼 C. 엘리스, 『인류세』, 김용진/박범순 옮김, 교유서가, 2021, 167쪽.

고 보는 비관적 인류세 이해나, 그와는 다르게 "제2의 코페르니쿠스적 전환"과 또 다른 "프로메테우스적 진화의 패러다임"으로 보든지 간에 모두 이제 지구 지질의 역사는 상당히 최근에 와서야 한 종류의 동물로 등장한 인간이 지구의 모습을 너무도 명백하게 변화시켜서, 인간을 의미하는 '안드로포스'(Anthropos)에서 따온 '인류세'로 진입했다는 것에는 모두 함께 동의한다.

그런데 나는 이 두 가지 방향 중에서 지금까지 우리가 살펴본 퇴계 사유의 신학적(信學的), 인학적(仁學的) 의미에 근거해서 이제 우리가 진입한 인류세를 자연의 종말이나 지구의 종말 등과 같은 언어로 비관적 최종의 언어로 보는 것을 지양(止揚)하고자 한다. 그보다는 그것을 넘어서 다시 인간에 의해서 참된 지구 생명 공동체에 대한 의식이 회복되고, 그래서 지구 생명체의 '마음'[心]으로서의 인간의 회심과 역할을 통해서 지구 생명 공동체가 더욱 보편적으로 '주체화'되고, '정신화'되며, '각구일태극'(各具一太極/理)의 진실이 실현되는 방향으로 나아가는 언어로 이해할 것을 촉구하고 희망하는 바이다. 즉 '좋은(good) 인류세', '참 인류세'(authentic Anthropocene)에 대한 지시이고, 그 방향으로서의 명(命)을 말하는 것이며, 그 일에서 인간 고유의 일로서 '사유'[思]와 '믿음'[信]을 놓치지 말라는 설득과 경고라고 생각하는 것을 말한다.[108]

앞에서 누누이 살펴본 대로 퇴계 선생은 기(氣)의 실재와 세계의 실재를 결코 무시하지 않았다. 오히려 그 각 사물 안에 리(理)가 살아 있음[理到]을

108 이은선, 「사유와 信學 8-자연과 자유: 우주의 매혹과 자연에 대한 인간의 노예성」, 《에큐메니안》 2021.07.04., m.ecumenian.com.

밝히며, 그에 근거해서 온 우주와 사물의 독자성과 능동성을 보장하는 근거로 보았다. 선생이 리(理)를 강조한 것은 그 리조차도 온통 하나의 기적(氣的) 산물로 보려는 것에 대한 저항이었지 결코 기(氣)의 실재를 부인하는 것이 아니었다. 그의 지치지 않는 리기(理·氣) 불상잡(不相雜)의 이원적 사유가 그것을 잘 말해준다. 이것은 오늘 인류세에 대한 해석에서도 인간조차도 모두 유기론적으로 자연이나 진화, 사회 진화의 산물로 보는 것에 대한 저항과 유사하다.

사실 오늘날 근대 데카르트적 자연에 대한 기계론은 자연과학적인 이해로 볼 때도 이미 논파되고 격파된 저급한 물질주의라고 비판받는다. 앞에서 퇴계 선생과 연결하여 살펴본 베르댜예프는 그의 『노예냐 자유냐』에서 인간의 우주와 자연에 대한 노예성을 말했는데, 그것은 우주적 일원론의 매혹과 자연의 결정론에 빠지는 것을 뜻한다.[109] 이것을 오늘 인류세의 지구 위기 상황과 연결해 보면, 곧 정신과 영, 자유의 행위자로서 인간이 우주에의 매혹에 귀의하거나 자연에의 단순한 순응, 또는 반대로 현실에 대한 좌절과 허무로 우왕좌왕하는 것이 아니라 그 위기의 기후마저 변화시키는, 질적으로 달라진 "지리물리학적 행위자"로서 더욱 책임적으로 살아갈 것을 요청하는 것으로 나는 이해한다.[110] 퇴계 선생의 리발과 리도의 가르침이 앞에서 살펴본 대로 하나의 '신학'(信學)과 '인학'(仁學)이 되어서 인식주체의 행위력과 창발력에 대한 깊은 신뢰와 더불어 인식 객체인 세상과 만물의 또 다른 주체성과 실재성에 대한 더할 수 없는 인정과 공감으로 함께 이 위기 시기에 뛰어난 역할을 할 수 있음을 지시하는 의미이다.

---

109 니콜라스 A. 베르댜예프, 『노예냐 자유냐』, 125쪽 이하.
110 얼 C. 엘리스, 『인류세』, 218쪽.

5-1. 참 인류세를 위한 퇴계의 『성학십도(聖學十圖)』

선생은 그의 『성학십도』 제6도의 「심통성정도(心統性情圖)」에서 '인·의·예·지·신'(仁·義·禮·智·信) 또는 '인·의·예·지'(仁·義·禮·智)라고 밝힌 인간 마음의 다섯 가지, 혹은 네 가지의 덕목을 설명하면서 그 마무리로 '신'(信)을 "실지리"(實之理)로서 끝까지 밀고 나가는 "성실"(誠實)의 마음으로 해석했다. 이 다섯 가지의 나열이나 순서, 또는 설명도 많은 것을 시사해주지만, 나에게 '신'(信)이라는 덕목이 이렇게 '실지리'(實之理)와 '성실지심'(誠實之心)으로 표현된 것이 특히 다가왔다. 그것은 '인간'의 '人(인) 자와 '언어'의 '言'(언) 자가 합해져서 '신'(信)이라는 글자가 만들어진 데서도 시사되듯이, 바로 우리 '믿음'[信]이란 우리가 삶에서 내리는 선한 인간적인 판단[言]을 끝까지 고수하여서 마침내 우리 속에 만물의 하늘적 씨앗[仁]으로 내재해 있는 궁극과 초월[天·性·理]을 우리 삶과 현실에서 구체적으로 '실현해 내고'[誠] '이루어 내는'[實] 능력으로 밝혀주었기 때문이다.

이어서 제7도 「인설도(仁說圖)」에서 선생이 그렇게 모든 창조와 생명, 사랑의 원리인 인(仁)을 체득하는 방법이 다시 '공'(公), 즉 '관계'라는 것을 분명히 하셨다면[公者 所以體仁 猶言克己復禮爲仁也], 신(信)이라는 덕목은 하늘과의 관계뿐 아니라 세상과의 관계를 그 인간성[仁]으로 끝까지 밀고 나가서 그 열매를 맺는 일임을 밝혀준 것이다. 이것은 이미 아렌트도 잘 지적했듯이 '진리'[理, truth]란 보통으로 생각하듯이 어떤 형이상학이나 실재론의 물음이라는 것을 넘어서 마침내는 '정치적 문제'(Truth & Potitics)이고 또한 그것을 넘어서 '신학'(信學)의 일이라는 것을 지시해 준다. 그런 의미에서 인간 신(信)을 실(實)과 성(誠)의 이치와 덕목으로 푼 것은 탁월하다. 나는 이러한 일을 퇴계 선생이 그의 「천명신도」에서 「태극도」를 뛰어넘고 「천명도」, 즉 '인극'[人/仁極]으로 시작하신 것의 의미와 상통한다고 본다.

그러나 다시 그의 『성학십도』에서는 그 「태극도」를 새롭게 가져와서 맨 앞에 두고, 그다음에 또 다른 「천명도」의 표현인 '서명도(西銘圖)'를 제시하고, 이후 소학과 대학공부가 밑받침된 심[心, 인격]의 공부가 온 일상과 전 생애의 일로 확장되고 전개되도록 하면서 그 모든 과정이 바로 '경'(敬)과 '敬天(경천)'의 공부이고, 그것이 우리의 인간성(人/仁)을 만물로 확장하는 일[仁說圖]로 그렸다.

나는 그 일이란 과거의 '천동설'(天動說)이나 '지동설'(地動說)을 넘어서, 그러나 그 의미도 같이 포괄하면서도 이제 '각자가 태양을 자기 속에 가져오는 일'을 표시하는 '인동설'(人動說)의 시대로 가야 함을 밝힌 것이라고 이해했다.[111] 다시 말하면 각자의 인격과 정신이 우주의 중심인 것을 깨달으면서도 부단히 자기를 초월하고 초극하고, 그러한 인간 정신을 토대로 인간이 온 지구 생태계를 과도하게 점령해 버렸다고 비판받는 불의한 인간중심주의로서의 인류세가 아닌 우주에서의 참다운 위치와 역할을 회복하는 일을 뜻한다. 이런 맥락에서 퇴계 선생보다 한참 후 세대의 인물로서 한국적 역학 정역(正易)의 출현을 도모한 일부 김항(一不 金恒, 1826-1898)은 "천지가 일월이 아니면 빈껍질이요[天地無日月空殼], 일월이 지극한 사람[至人]이 없으면 빈그림자다.[日月無至人虛影]"라고 선언했는데, 이러한 한국적 역학의 의식이 퇴계 선생에게 닿아 있다고 나는 생각한다.[112]

---

111 이은선, 「코로나 팬데믹 이후 종교와 교육-한국 信學과 仁學의 관점에서」, 『종교교육학연구』 제66권, 2021.07, 한국종교교육학회, 106쪽.

112 이정호, 『원문대조 국역주해 정역, 아세아문화사』, 34-35쪽; 류승국, 「2000년대 인류미래와 한민족철학」, 『한국사상의 역사적 전망』, 603쪽.

5-2. 「무진육조소(戊辰六條疏)」의 하늘 사랑과 정치

이러한 이상이 그의 「무진육조소」에도 그대로 표현되었다고 생각하는데, 먼저 제1조로 "계통을 중히 하여 인·효(仁·孝)를 온전하게 할 것"을 말한 것은 선생이 『성학십도』에서 「태극도」를 다시 선두에 가져온 것과 비견할 수 있겠다. 그리고 그 「태극도」의 구체적인 인간적 실현인 「서명도」를 이어서 제시한 것처럼 제2조로 선조 임금에게 자신의 가족 "양궁(兩宮)을 친하게 할 것"을 말하며 하늘을 구체적으로 이 세상의 부모로 섬기는 효(孝)의 덕을 강조했다. 가장 가까운 삶의 반경에서의 인(仁)과 의(義)를 행할 것을 요청하는 것이다. 그것이 인간 삶의 기초이고, 거기에 근거해서 만물에 대한 사랑으로 나갈 수 있음을 밝힌 것이라 이해한다.

셋째의 일로 하늘의 대리자가 행하는 정치의 근본을 바로 세우는 일로서 "제왕의 학과 심법의 요(要)"에 대한 공부[聖學]를 요청하는 데, 이 일은 바로 인간 마음의 사단칠정의 분개와 관계에 관한 섬세한 공부를 부탁하는 것이라고 할 수 있다. 여기서 마음을 "하늘의 일꾼"[天君]으로 밝히고, "영대"(靈臺)라는 성스러운 장소로 밝힌 것, 그 공부에서도 '경'(敬)을 위주로 해서 누가 보지 않더라도 양심에 거리낌이 없는 것을 요구하는 "옥루"(屋漏)를 말한 것 등이 모두 선생의 하늘에 대한 의식[理卽天]이 어느 지경인지를 잘 드러내 준다.[113] 넷째 "도술(道術)을 밝혀 인심(人心)을 바로 잡을 것"이란 바른 학문을 세우고, 시대의 잘못된 정신 풍토를 바로 잡고 교육과 문화의 풍토를 살피는 일이라 하겠다. 예를 들어 오늘날 지구 위기 시대에 끝 모르는 유물주의와 사욕의 개인주의, 물질주의적 환원주의가 판치는 것을 보면서

113 『退溪集』, 「戊辰六條疏」, 윤사순·유정동 역, 308쪽.

그와 같은 "이단"(異端)을 바로 잡는 일을 말하는 것이다. 그리하여 서민들의 의식을 다시 인(仁)과 의(義), 공(公)과 같은 "천명에서 나온"[出於天命] 천하와 고금의 "보편"[常道]으로 이끄는 바른 정치와 교육, 문화의 중요성을 밝히는 것이라 이해할 수 있다.

다섯째의 정사를 "복심(腹心)에게 맡기고, 이목(耳目)을 통할 것"이라는 당부는 나라의 인재를 잘 모아서 더불어 민주적으로 치리하고, 다중지성의 묘를 살리며, 변방과 말단에 관해 관심하고 경청할 것을 요청한 것인데, 세상 만물 속의 동일한 리(理)에 대한 믿음이 잘 표현된 것이라 여긴다. 마지막 여섯 째의 당부, "수양과 반성을 성실히 해서 하늘의 사랑을 이어받을 것"[誠修省以承天愛]이라는 항목에서 퇴계 선생의 '경천'(敬天)의 길이 참으로 절실하고 생생하게 드러나는 것을 본다. 여기서 선생은 많은 다양한 표현을 써서 그의 '하늘'(天)에 대한 사랑과 믿음이 얼마나 곡진하고 절절한 것인지를 드러내 준다. 하늘이 내리는 재앙도 바로 "천심이 인군을 사랑하여"[天心之仁愛人君]라는 말로 밝히고, 사람을 하늘의 그 사랑을 대신 표현해주는 통로로 그리며, 그 하늘, "상제"가 "높고 높은 곳에서 내려다보고 감시하고", "천심이 전하를 인애하심이 이렇듯 깊고 절실하고 분명하다."[可謂深切而著明矣]고 할 정도로 생생한 부모의 존재와 사랑으로 밝힌다.[114] 그리하여 임금은 하늘에 대하여 마치 자식이 어버이에 대한 것과 같으니 "어버이를 섬기는 마음을 미루어 하늘 섬기는 도를 다할"[推思親之心, 以盡事天之道] 것을 부탁하는 것이다.

나는 선생이 자신 필생 사업을 위한 마지막 부탁으로 드는 제6조의 일을

114 같은 글, 316쪽.

이렇게 "하늘 공경"[敬天]과 "하늘 섬김"[事天]의 일로 밝히면서 인간 삶과 만사의 일이 어떻게 그 지극한 사랑의 하늘에 대한 공경을 토대 삼아 시작되고 마무리되는지를 보여준 것은 큰 의미가 있다고 생각한다. 그러한 선생의 하늘 사랑과 신앙은 어떠한 서구 인격적 신앙보다 덜하지 않은 극진함과 생생함이고, 거기서 더 나아가서 참된 관계의 도로서 그렇게 오늘 존재와 인식의 총체적 위기 시대를 넘을 수 있는 한 '통전적 토대'[本原之地]가 될 수 있다고 보는 바이다. 그것은 진정한 '신실재론'을 구성할 받침이 '하늘 사랑과 신앙'[天卽理/理卽天]이라는 것을 밝혀주었기 때문이다. 그래서 마지막으로 서구 기독교의 다음 성서 구절과 「무진육조소」의 아래 구절을 오늘 참 인류세의 세계를 위해 함께 새겨야 하는 두 언어로 가져오면서 이 글을 마무리하고자 한다:

> 다만 하나님을 사랑하는 것이 너희 속에 없음을 알았노라. … 너희가 서로 영광을 취하고 유일하신 하나님[理]으로부터 오는 영광은 구하지 아니하니 어찌 나(예수, 氣)를 믿을 수 있겠느냐?[115] (요한복음 5:42-44)

> 하늘이 나를 이처럼 사랑해 주심이 헛된 일이 아니란 것을 깊이 아시고 안으로는 몸과 마음을 반성하시어 오직 경(敬)으로 일관해서 중단이 없으시고, 밖으로 정치를 잘 닦으시어 오직 성(誠)으로 일관하고, 또한 하늘과 사람 사이에서 앞에 말한 바와 같이 극진한 태도로 처하시면, 비록 가뭄과 홍수의 재난이 있고, 견책이나 경계를 내린다 해도, 어디까지나 두려움과 반성과 수양에 힘을 쓰시어 하늘이 주신 인애의 마음을 잘 받들어 섬기면 … 치평(治平)에

115 김선하, 『아브젝시옹과 성스러움』, 늘봄, 2021, 168쪽 참조.

이를 수 있을 것입니다."[116]

6. 마무리하는 말—온 세계의 참된 리화(理化)를 지향하는 신학(信學)

긴 탐색이었다. 퇴계 사유에 있어서의 그 내적 전개의 맥을 찾는 것이 제일의 관건이었다. 진리[理]는 이제 단지 신학(神學)이나 어떤 형이사학, 실재론의 물음만이 아니고, 크게 인간관계, 또는 더 보편적으로 만물의 '관계'의 문제, 즉 '정치'의 문제가 된다는 것이 오늘 여러 전쟁의 세계현실이나 한국사회 정치 현실에서도 더욱 적나라하게 드러나고 있다. 이것은 아렌트의 언어로 하면 '진리'(truth)보다 '의견'(opinion)이 더욱 관건이 된다는 의미이기도 한데, 그래서 오늘 우리 인류의 삶은 진정 '신학'(神學)을 넘어서 '신학'(信學)의 시대로 들어섰음을 밝히는 것이라고도 하겠다.

어떻게 하면 우리가 진정 우리 앞의 상대를 진정한 '실재'[理]로 만날 수 있고, 그래서 서로 믿을 수 있고, 그 가운데서 진실하고, 착하고, 선한 말을 하면서 살아가는 사랑과 신뢰의 관계가 될 수 있을까? 이것을 퇴계 선생은 참으로 간명하고 생생하게, 그리고 정감있는 언어로, "내 소원은 착한 사람이 많아지는 세상"[所願善人多]이라고 표현했다. 그러한 세상을 이루는 길에 대한 그의 간구가 잘 나타나 있다. 오늘 우리 주변의 삶에서 따뜻하고,

---

116 『退溪集』, 「戊辰六條疏」, 윤사순·유정동 역, 317-318쪽; 『退溪先生文集』 卷之六, 疏戊辰六條疏: "惟殿下深知天所以仁愛己者若是. 其非徒然也. 內以自反於身心者. 一於敬而無作輟. 外以修行於政治者. 一於誠而無假飾. 所處於天人之際者. 無所不用其極. 如前所云云. 則雖有水旱之災. 譴警之至. 猶可施恐懼修省之力. 而承天與仁愛之心. 如臣所論十六事者. 亦將以次而消除更化. 以臻於治平矣."

공감하며, 진실하게 믿어주는 한마디의 말과 시선, 포옹이 더욱 그립다. 퇴계 선생의 삶과 사유의 길에 대한 이 긴 탐색이 그 일에서 하나의 작은 열매[實]라도 맺기를 소원한다.

제3부 사유하는 신학(信學)으로의 돌파

1장 위기 시대에 한국 여성그리스도인이 믿는 예수

2장 한국적 여성신학의 부활과 성령 이해

3장 비신화화를 넘어 한국적 비케리그마화를 지향하며

4장 한국信연구소의 지향과
동서 믿음의 통합학으로서 한국 신학(信學)

5장 인류세와 한반도 종교

1장

위기 시대에 한국 여성그리스도인이 믿는 예수

1. 흔들리는 우리 삶의 터전—민족, 가정, 소유권과 관련해서

일찍이 함석헌 선생은 해방정국 후 4.19와 5.16을 겪으면서 그런 일들을 단순히 국내정치적 의미에서만이 아니라 좀 더 거시적인 "세계 역사의 흐름" 안에서 파악하고자 했다. 그러면서 특히 5.16을 그때까지 우리 삶을 핵심적으로 이끌어온 '민족'[국가]과 '가정', '소유권'의 가치가 크게 요동치며 일어난 사건으로 보았다. 그러한 지적 이후 반세기가 훌쩍 지나갔지만 오늘 (2023) 대한민국의 현실은 여전히 그 세 가지 삶의 가치와 관련된 혼란으로 큰 고통을 겪고 있다. 박근혜 전 대통령 당시 국정원 불법 선거(대선) 개입으로 국정원 개혁과 해체를 요구하며 시작된 촛불시위는 급기야 정권 퇴진까지 요구하는 민주화운동으로 전개되었다. 그러나 바로 그 옆에서는 세계 정치무대에서 나라들 간의 정보 전쟁이 날로 심해지고 있는데 국정원을 해체하라는 요구는 과연 누구를 위한 것이냐며 '민족적 안보'를 내세우면서 반대하는 종북몰이의 소리가 드높았다. 남북한 정부 모두가, 그리고 남한에서는 보수와 진보 모두가 자신들이 가장 훌륭하게 민족의 가치와 미래를 위해서 일한다고 강조했다. 박근혜 대통령의 아버지 박정희 전 대통령도 자신의 모든 행적을, 특히 5.16과 그 이후 일본과의 굴욕적인 재수교도 바로 민족을 위한 길이었다고 말해 왔다.

잘 인지하다시피 박근혜 대통령은 한국 최초의 여성대통령이다. 또한 그는 자신의 부모를 모두 비극적인 정치사건으로 잃은, 결혼하지 않은 여성대통령이다. 20세기 서구 페미니즘으로 세례를 받은 한국 페미니스트들은 당연히 여성대통령을 크게 환영해야 했지만 그때 선거에서도 그러지 않았고 이후에도 여전히 뜨악한 관계이다. 대신에 소위 페미니즘 의식으로 사고가 일깨워지지는 않았지만 전통적인 고단한 여성의 삶을 살아온 한국의 '아줌마'들은 박근혜 대통령을 환영했다. 그녀가 자신들처럼 '여성'이고, '부모를 모두 잃었고', '결혼도 하지 못해서' 너무 안됐다는 것이다. 성(性)과 가정에 대한 입장 여부에 따라서 이렇게 우리 사회가 나뉘었다.

세 번째 '소유권'과 관련한 한국 사회의 갈등 현상을 보면 예를 들어 전두환 전 대통령 일가의 미납 추징금 환수와 관련해서 드러난 돈과 소유권 이야기는 보통사람들의 상상을 초월한다. 그때 한국 사회는 남양유업 사건이나 쌍용자동차 사건 등으로 경제 활동에서의 갑을 전쟁을 더욱 적나라하게 보았다. 하지만 다른 한편에서는 당시 밀양 송전탑, 강정 해군기지 건설 등 정치와 경제가 중첩된 심각한 갈등들을 겪으면서 한국 사회에서도 신자유주의 경제 논리가 아닌 각종 협동조합운동이 활발히 탐색되었다. 『화폐를 점령하라』라는 책이 소개되면서 "돈이 돈을 버는 세상, 이자, 꼭 필요할까요?"라는 질문 등으로 지금까지 통용되던 인류 화폐제도를 근본에서부터 도전했는데, 그러한 것들은 모두 '소유권' 해석과 관련한 회오리들이다.

2. 세 가지 주제와 관련해서 예수가 답인가?

오늘 이렇게 한국인을 포함해서 인류 모두는 '민족'(국가), '가정', '소유권'의 문제로 큰 혼란과 어려움에 빠져 있다. 이러한 가운데서 예수, 특히 '한국적 예수'가 우리 시대의 답이라는 말을 하려면 이 세 주제와 관련해서도 나름의 대답을 내놓아야 할 것이다. 그래서 자연스럽게 나의 탐색도 이러한 맥락에서 이루어졌다.

나는 한국 여성신학자로서 '민족'의 물음과 관련해서 예수가 꼭 답인가에 대해서 계속 딴죽을 걸어 왔다. 30여 년 전 유럽으로 유학을 가서 기독교가 서양 종교라는 의식이 싹 텄고, 서구적으로 해석된 예수 이해는 그 안에 견고한 서구 중심주의가 놓여 있는 것을 보았다. 따라서 유대인도 아니고 서구인도 아닌 한국 사람으로서, 서구 기독교 전통과는 다른 동아시아 전통에서 자랐으므로 2천 년 전 유대인 예수만을 유일무이하게 그리스도로 강조하는 지금까지의 그리스도론을 그대로 받아들이기가 무척 힘들었다. 기독교 신학자로서 유교전통과의 대화는 그런 의미에서 새로운 대안적 예수상을 찾고자 하는 길이었고, 그런 맥락에서 나의 예수 이해는 오늘날 대중적인 예수상과 크게 차이가 난다. 우선 그의 '역사성'에 대한 집중으로 지금까지 견고하게 드리워졌던 서구 형이상학적 장막을 걷어내고자 했다.

한편 함석헌 선생은 21세기에는 유교 전통의 중국이 다시 부상하리라는 것은 확실하지만 만약 중국이 "8억이 넘는 민중의 민족주의"를 극복하지 못하면 "인류 역사에 큰 걱정거리"가 될 것이라고 지적하였다.[1] 그런 뜻에서 본다면 한편으로 나의 유교 전통과의 대화도 좁은 민족주의라고 비난

---

1 함석헌, 『뜻으로 본 한국역사』, 함석헌 전집 1, 한길사, 1986, 363쪽.

받을 수 있다. 하지만 다른 한편에서 보면 세계 인류 문명의 정황은 여전히 미국을 중심으로 한 서구 기독교 패권주의가 우세한 상황이고, 그것의 사상적 토대가 예수의 그리스도성에 대한 형이상학적 배타주의이고 보면, 동아시아 유교 전통과의 대화는 그에 대한 저항과 대안 추구라고 할 수 있다. 기독교 신학자로서 나는 예수의 그리스도성과 신성, 그리고 그 그리스도성의 고유함을 믿지만, 그러나 그렇다고 그것이 꼭 그만을 유일한 그리스도의 성육신으로 보는 것을 의미하지는 않는다. 오히려 우리 시대는 더욱 더 다양하게 '복수'(複數)의 그리스도를 말할 수 있어야 한다고 보는 입장이다.

3. 오늘도 여전히 진화 중인 '메시아'(그리스도)와 '신'(神) 이해

나는 오늘날 우리 주변에서 이러한 시대적 요청, 즉 지금까지의 배타적인 예수 그리스도 이해에 대한 재고 요청이 점점 더 다양한 형태로 드러나고 있는 것을 본다. 예전 인터넷에 아주 재미있는 해외뉴스가 실렸었다. 그 뉴스는 미국 테네시 법원의 한 판사가 아이 이름을 '메시아'(Messiah)라고 지으려는 어떤 부모의 청을 불허하는 판결을 내린 것에 관한 이야기였다. 그러한 판결의 근거는 "이 타이틀은 예수 그리스도에게만 쓸 수 있다"는 것이었다. 하지만 그럼에도 불구하고 미국에서 '메시아'라는 이름은 아기 이름들 중에서 가장 빠르게 증가하는 이름 중 하나라고 한다.[2] 매우 희화적이고 시사적이다. 비록 기독교 국가 미국 법원의 판결은 여전히 전통적 기독교의 독단에 빠져 있는 것이 드러났지만, 일반 시민들은 오히려 거기서 많이 벗어나고 있는 모습이다. 한국에서도 다시 번역 출판되어 주목받고 있

2 《매일경제》, 2013.8.13.

는 유태계 사회심리학자 에릭 프롬의 저서 『너희도 신처럼 되리라』가 자주 소개되고 의미화 되는 것도 같은 맥락에서 이해할 수 있겠다.

또한 그 무렵 한국의 《여성신문》에는 여성들이 생리와 어머니의 역할을 마친 '완경' 시기를 '여왕' 시기로 부르자는 제안이 실렸다. 대략 50세 전후로 여성들이 생리를 마무리하고 75세 정도에서 본격적으로 시작되는 할머니 시기 이전까지의 기간을 '여왕의 시기'로 부르자는 것인데, 이미 우리 사회에도 여성들을 '여신'의 이미지로 묘사하는 일은 낯설지 않다. 여기에 더해서 여성 생식력의 마무리를 '여왕'이라는 칭호로 축하해주고 의미화하는 일들이 제안되었다는 것은 '신성'(神性)이나 '왕'의 이미지가 우리 시대에 또 다시 한번 급진적으로 진화하고 있음을 보여준다.

지금으로부터 2천여 전 예수가 살았던 로마 시대에서는 로마의 왕이 '신'(神)으로 불렀다. 즉 신이 된 황제 아우구스투스(카이사르 아우구스투스, the Caesar Augustus)는 로마제국의 그리스도, 즉 구주(救主)였고 구원자였던 것이다. 그러나 당시 로마제국의 속국이었던 팔레스타인의 유대인들은 그 시대 조류에 대해서 자신들의 '하느님(야훼) 신앙'으로 죽기까지 대항했다(No Lord but God).[3] 하지만 당시 유대인들도 그처럼 세상의 힘과 권력을 근거로 땅 위의 힘 있는 자의 형상을 '신'(神)으로 삼고 부르는 일에 대항해서는 죽음을 불사했지만, 당시 별 이름도 없고 미천한 갈릴리에서 자라서 가난하고 권력 없는 자의 모습으로 등장한 청년 예수가 '메시아'로 불리고, '주'(主)와 '인자'(人者)로 불리는 일은 인정할 수 없었다. 그래서 그를 십자가에 못 박았다.

---

3 존 도미닉 크로산/조나단 리드, 『예수의 역사-고고학과 주석학의 통합』, 김기철 옮김, 한국 기독교연구소, 221쪽.

그렇게 시작된 기독교 역사에서 2천여 년이 흐르면서 당시 십자가에 못 박혔던 예수는 그러나 다시 '왕'이 되었고, 유일무이한 '그리스도' 성육신이 되었으며, 인간적 배타성 중에서도 가장 강력한 배타성의 근거가 되었다. 그래서 나는 오늘 우리 시대의 진정한 하나님 신앙은 그렇게 유일무이하게 신의 아들이 된 예수의 배타적인 그리스도성을 깨는 일, 그래서 다수의 그리스도를 인정하는 일, 그럼으로써 예수상도 포함해서 어떤 인간적인 형상도 최종의 신상으로 인정하지 않는 일과 깊이 관련되어 있다고 생각한다. 나의 예수상은, 특히 기독교 외의 다양한 이웃종교의 전통을 많이 접하고 사는 한국인의 예수상은 그래서 세계 여느 지역 그리스도인들의 그것보다 이러한 다원성의 그리스도성을 더욱 깊이 인정하는 모습이어야 한다고 생각한다. 이 중에서도 특히 유교가 제시하는 인간의 보편적 신적 가능성에 대한 믿음[性卽理 또는 心卽理]이 우리 시대에 큰 의미로 다가온다.

4. 오늘의 가족 위기와 예수

예전 한국 여성신학자들의 모임에서 의미 있는 논의가 있었다. 오늘 한국 사회뿐 아니라 인류 문명 전체가 겪고 있는 가족 공동체 해체와 관련해서 한 여성신학자가 대안으로 제시한 답과 관련한 토론이었다. 거기서 과연 여성신학자들이 우리 시대 가족과 관련한 답을 얻는 일에 있어서도 그저 기독교 메시지 안에만 머무는 일이 적실한가 하는 논의였다. 왜냐하면 역사적 예수는 지금까지 드러난 바에 따르면 결혼도 하지 않았고, 아이를 키워본 경험도 없으며, 가정적 삶이 그의 중심 관심이 아니었기 때문이다. 이러한 논의는 이미 70~80년대 서구 여성신학자들도 제기한 문제였다. 나는 세계 어느 곳보다도 오래되고 깊이 있는 유교 전통에 살고 있는 여성신학자로서 그 유교 전통에서 여전히 많이 배울 수 있다고 제안했다. 왜냐하면 가족과 가정적 삶을 우리 존재물음의 핵심 관건[修身齊家治國平天下]으로 삼고 있는 전통이 바로 유교이기 때문이다.

하지만 잘 알다시피 그 유교는 전통적으로 엄격한 가부장주의로 인해서 여성들에게 많이 외면을 당해 왔다. 또한 유교의 가족 중시는 종종 보듯이 심한 가족이기주의로 변질되었고, 그래서 특히 페미니스트 여성들은 유교 전통을 경원시한다. 그러나 그럼에도 불구하고 오늘 인류 삶의 위기가 인간 삶의 가장 기초적인 기반인 가족 공동체 해체와 밀접히 연결되어 있는 것을 본다면 이 물음에 대해서 유교 전통뿐 아니라 교회를 포함한 우리 시대는 나름대로 답해야 할 것이다. 현재 우리 사회는 오랜 유교 전통에도 불구하고 모성이 귀하게 여김을 받지 못하고 존중받지 못하여 출산과 양육, 가정교육과 부모봉양이 철저히 개인의 사적 부담이거나 아니면 그 일을 금전적 대가와 더불어 양도받은 사회적 임금노동자의 일이 되어 가고 있다. 거기서 '인간성'(仁) 자체이며 삶의 보람인, 보살피고 더불어 살아가는 일의 가치가 심하게 훼손되어서 그것을 통해 앞으로 우리 사회의 인간성 훼손과 비인간화가 어떻게 진행되어 갈지 예측하기 어렵다. 한국 사회도 2022년을 기준으로 1인 가구가 34.5%(750만2천), 2인 가구가 28.8%로 1-2인 가구가 전체의 65.3%가 된다. 그래서 정부에서도 지금까지의 주택정책을 대폭 수정하여 '1-2인 가구 월세' 중심으로 하려 한다는 보도가 있었다.

예수께서도 유대인들이 하나님 공경을 빙자로 부모 공경을 하지 않고, 부모에게 드려야 할 것을 하나님께 드린다는 명분으로 삭제하는 것을 "위선자"의 일로 호되게 비판하였다(마15: 3-9). 물론 그는 또 다른 곳에서는 아버지의 장례를 치르고 와서 예수를 따르겠다는 한 제자의 말을 듣고 "너는 나를 따라오너라. 죽은 사람의 장례는 죽은 사람들이 치르게 두어라."(마

8:22)라고 하였고, "누가 나의 어머니이며, 형제들이냐?…하늘에 계신 내 아버지의 뜻을 따라 사는 사람이 곧 내 형제요 자매요 어머니이다"(마12:48-50)라고 하면서 보통 유교 전통이 빠지기 쉬운 좁은 혈연 중심의 가족주의를 급진적으로 깨기도 했다.

그러나 예수께서 "내 안에 머물러 있어라. 그리하면 나도 너희 안에 머물러 있겠다. 가지가 포도나무에 붙어 있지 아니하면 스스로 열매를 맺을 수 없는 것과 같이 너희도 내 안에 머물러 있지 아니하면 열매를 맺을 수 없다"(요15:4)고 하신 말씀은 결정적으로 인간 존재의 공동체성을 지시한 것이고, 인간이 더불어 사는 삶을 포기하고 자기 안에 폐쇄될 경우 어떤 결과가 날 것임을 분명하게 드러낸 언술이라고 할 수 있다. 그런 의미에서 이러한 예수의 시각은 유교 전통에서 인간의 본성을 '인'(仁, 서로 기대어 있음)으로 본 것과 상통하고 그 인(仁)을 싹 트게 하고 기르기 위해서는 가까운 삶의 반경 안에서의 가족적 삶이 필수적임을 말하는 것과 다르지 않다고 나는 생각한다. 다만 오늘날은 그 가족적 삶의 모습이 전통적 혈연 중심이라거나 남녀 성역할 고정적인 것이 아니라 여러 다양한 형태로 확장되고 전개될 수 있다. 이러한 친밀한 가족적 공동체의 의미를 유교 전통 속에서 기독교를 받아들인 한국 교회가 적극적으로 받아들여 실험해야 한다고 본다.

일찍이 예수의 모습을 하늘 부모님에 대한 극진한 '효자녀'(孝子(女))로 그린 한국 신학자 윤성범의 통찰에 동의한다. 또한 그런 한국적 예수의 모습을 따르는 한국 교회는 오늘날 가정이 해체되었거나 이룰 수 없어서 외롭게 살아가는 사람들에게 더욱 적극적으로 가족과 가정의 역할로써 다가가야 할 것이다. 자신의 공동체 안에서 탄생한 아이들은 모두 바로 자신의 아이라고 생각하며 적극적이고 구체적으로 그 양육과 교육을 위해서 교회가 계획하고 돕고, 노인 세대의 봉양은 말할 것도 없고, 청년 세대의 미래와 가족적 구성을 위해서 마음을 다해서 보살펴야 할 것이다. 오늘 전 세계적으로 가족공동체의 해체가 가져오는 폐해가 심하다면, 또한 전 세계적으로 불고 있는 K-문화의 바람과 더불어 세계로 나가는 '한국적 예수'의 모습이 이야기되려면, 바로 그 예수는 모성과 가족적 사랑의 마음을 더욱 풍성하고, 다면적으로 실현한 모습이어야 할 것이다.

한국의 오랜 전통적 삶에는 가족을 위해서 희생한 어버이, 자식을 위해서 모든 것을 내놓은 어머니와 아버지, 극진한 효자녀의 모습들 이야기가 즐비하다. 이런 가족적 사랑을 한국 교회가 교회공동체적으로 새롭게 실천하고 있는 모습으로 세계에 대안을 제시해 준다면 한국 교회는 우리 시대의 구원의 방주가 될 것이다. 하지만 현실은 바로 그 한국 사회에서도 가족공동체적 가치가 많이 훼손되어서 세계 최고의 자살률과 노인자살률 등이 이야기되고 있다. 그래서 오늘 한국 교회는 세계로 나가는 것을 말하기 전에 먼저 자기 자신을 깊이 돌아보아야 할 것이다.

5. 우주생명 진화의 법칙으로서 자발적 자기비움과 그리스도의 도(道)

이상의 여러 주제들과 관련해서 내게 다시 큰 신비로 다가오는 예수 이야기는 그의 국가 세금에 대한 이야기와 사두개파와의 부활 논쟁 이야기이다. 이 두 이야기는 마태, 마가, 누가의 세 복음서에 모두 한결같이 들어 있는 이야기로서(마22:15-33, 막12:13-27, 눅20:20-40) 예수 지혜의 신비와 믿음을 유감없이 드러내고 있다.

예수는 (유대인으로서) 과연 로마 황제에게 세금을 바치는 것이 옳으냐고 묻는 자신을 걸어 넘어뜨리려는 질문에 대해서 황제의 얼굴상과 글자가 새겨져 있는 데나리온 동전 한 닢을 들고서 "황제의 것은 황제에 돌려주고,

하나님의 것은 하나님께 돌려드리라"고 대답한다. 또한 부활이 없다고 하는 사두개인의 간계에 대해서 구약 성서 모세의 가시나무 떨기 이야기를 들어서 "하나님은 죽은 사람들의 하나님이 아니라, 살아 있는 사람들의 하나님이시다. 모든 사람들은 하나님과의 관계 속에서 살고 있다"라고 대답하면서 삶과 죽음에 대한 우리의 섣부른 구분을 물리치셨다. '황제의 것은 황제에게 돌려주고, 하나님의 것은 하나님께 돌리라'는 대답도 우리의 인습적인 일반적인 이분법적 사고를 깨는 대답이다. 그렇게 삶과 죽음, 죽음과 부활, 개인의 삶과 공동체의 존재는 그에게 있어서 우리의 일반적인 생각과는 달리 서로 긴밀히 한몸으로 연결되어 있다. 그의 십자가의 길은 바로 이러한 혜안과 보통의 인습적인 구분을 넘어 있는 하나님 존재에 대한 믿음의 길을 통해서 가능해졌다고 생각한다.

오늘날 '주체성'(자아)과 '경제제일주의'의 시대에 자기포기와 가난과 무소유의 길은 그것이 아무리 진리의 길이라 해도 원하는 사람이 적고 그 길을 가고자 하는 사람이 드물다. 그러므로 지금 예수를 시대의 대안으로 제시하고자 한다면 바로 이 자기포기의 길과 또한 물질로부터의 해방의 길에 대해서 의미 있게 이야기해 줄 수 있어야 할 것이다. 유교와 기독교의 대화가로서 나는 이 일에서 한국 기독교가 새롭게 찾고자 하는 '한국적 예수'는 우리의 오랜 유교 전통에서 대성(大聖) 순(舜) 임금의 덕목으로 잘 알려져 있는 '사기종인'(舍己從人)의 덕목으로부터 도움을 받을 수 있다고 생각했다. 즉 '자기를 포기하고 다른 사람을 따른다'인데, 여기서 '다른사람'[人]이란 자신을 넘는 큰 '보편'을 말하는 것으로 이해할 수 있다. 또한 이에 더해서 물질주의로부터 벗어남의 일에서는 불교적 무소유의 도가 바로 우리 곁에 있으니, 오늘 한국적 예수가 세계에 제시하고자 하는 모습은 이런 주제들에 대한 답에 있어서 우리 곁에 있는 다양한 이웃 전통들과의 대화를 통해서 어느 시대, 어느 곳에서의 예수 모습보다 더 '전개된(진화된)' 모습이어야 한다고 본다.

삶과 죽음을 단절로 보지 않고 몸의 마지막을 모든 것의 마지막으로 보지 않는 예수의 대답은 "황제의 것은 황제에게, 하나님의 것은 하나님에게"라는 것이었다. 다시 말하면 예수는 그 답을 우리 자신의 자발적 판단력과 상상력, 행위력에 넘기신 것이다. 그는 두 세계가 다르다는 것은 인정하지만 그러나 그 다름은 우리들 각자의 판단 행위와 더불어 시작되는 것이지 원래부터 그렇게 나누어져 있는 것이 아니라고 가르치신다. 다윈 이후 현대 진화론과 신학과의 대화를 더욱 진지하게 탐구하는 존 F. 호트 등의 '진화신학'(theology of evolution)은 앞에서 예수가 삶과 죽음을 철저한 단절로 생각하지 않았듯이 죽음을 모든 것의 끝으로 생각하지 않는다. 오히려 죽음을 우리가 생애 동안 다른 사람들 및 자연세계와 맺은 관계들로 구성되어 있는 개인적 중심에서 해방되어 우주에의 더 깊은 참여로 나아가는 개인적 여정이라고 유추한다. 이런 이해야말로 기독교 몸의 부활과도 매우 상통한다고 지적한다.[4] 또한 다윈 진화론의 '자연선택'(natural selection)이 지금까지 주장되듯이 창조와 역사 속에 관여하시는 하나님의 계획과 뜻을 부정하는 유물론적 무신론을 의미하는 것이 아니라, 오히려 진정으로 자신을 비우고 내어주면서 상대방을 "그 자신이 되도록 하는" "하나님의 자기비움"(the humility of God)의 표현이라고 밝힌다. 그의 진화신학에 따르면, 예수 십자가의 수난과 부활이 잘 말해주듯이 하나님의 진정한 창조

4 존 F. 호트, 『다윈 이후의 하느님-진화의 신학』, 박만 옮김, 한국시독교연구소, 2011, 270쪽.

원리는 그렇게 자신의 의지와 계획을 관철시키는 방식이 아니라 오히려 다함없는 자기포기와 겸손, 연약함(vulnerability)으로 자연과 인간의 '자기결정'(autopoiesis)을 인정하는 자기비움의 방식이라는 것이다.[5] 그런 의미에서 본다면 현대 과학의 진화론에 비추어 보더라도 창조와 진화의 참 원리는 '자기포기'이고 '자기비움'이며, '연약함과 겸손의 원리'라는 것을 알 수 있다. 즉 '십자가'의 길, '사기종인'의 길이 신앙인이 가야 할 길, 참 길인 것을 알려주는 의미이다.

그렇게 전 우주에 자율성과 자기창조성의 여지를 허용하시는 하나님의 겸비 속에서 우주 생명의 자발성과 창조성이 살아난다. 그렇다면 오늘 우리가 세계에 전하고자 하는 한국적 예수의 모습도 그동안 역사 속에서 힘과 권력과 전쟁과 강함의 상징이 된 교회와 예수의 모습을 걷어내고 "자기를 확장하기보다 내어주는 신비로서의 하나님 모습"을 다시 새롭게 드러내는 예수 상이어야 할 것이다. 신앙인으로서 현대과학의 진화론을 허용한다는 것은 피조세계의 독립과 자유를 원하시는 하나님의 겸비를 받아들이는 일이고, 우리 삶에서의 고통과 우발성과 멸망의 가능성 앞에서도 우리 자신의 창조적 생명성을 의심하지 않는 일일 것이다. 오래전부터 유교 전통은 '노겸'(勞謙), '큰 수고를 하고도 자기를 낮추고 비우는 덕'에 대해서 말해 왔다.

---

5 같은 책, 86-99쪽.

6. 생명을 낳고 살리는 여성의 길, 생명 진화의 법과 한국 여성그리스도인의 삶—'천지생물지심'(天地生物之心)의 영성

나는 오래전부터 이러한 자기비움과 자기내어줌, 무력과 무소유의 길을 특히 '여성의 길', 더 나아가서 '한국적 여성의 길'이라고 이름 지어 왔다.[6] 근대 사회과학으로서의 서구 페미니즘이 지금까지 '주체성의 원리'와 '자아의 욕구'를 강조했지만 이제 그 물결도 한 차례 지나간 후 그래도 여전히 계속되고 지속되는 우리 삶의 현실을 보면, 진정으로 생명을 살리고 평화를 이루고, 긴 안목에서 정의를 실현시키는 길은 바로 앞에서 이야기한 여성적인[陰] 자기내어줌의 길인 것을 알 수 있다. 그것은 우리 삶이 새로워지고, 새로운 창조와 치유가 가능해지기 위해서는 이 자기비움, 자기겸허, 자기내어줌의 삶이 있지 않고서는 되지 않는다는 성찰인데, 그런 길을 통해서만 삶과 죽음이 하나로 연결되고, 부활을 믿는 일이 가능해짐을 깨닫는다.

오늘날 이 여성적 길은 예전처럼 생물학적인 여남 구분의 결정론에 갇혀 있지 않다. 오히려 모든 생명의 겉으로 드러난 신체적 차이나 구분을 넘어서 각자의 '자기 결정'(autopoiesis)의 일로 보고자 한다. 과거 유대교로부터의 예수 혁명은 그 자기 결정의 신적인 힘이 오직 유대인, 그중에서도 유대인 남성들에게만 있다고 하는 당시 시대의 왜곡을 바로잡으려는 것이었다. 예수는 그 오랜 유대종교적, 민족적, 성적 왜곡을 깨고 자신의 목숨을 내어놓으면서까지 하늘 아래의 모든 사람이, 현실의 외면적 조건에 관계

---

6 이은선, 「한국 여성민중(생명)영성과 여성그리스도의 도래」, 『한국 生物여성영성의 신학』, 도서출판 모시는사람들, 2011, 159쪽 이하.

없이 본래적으로, 그래서 병든 자, 가난한 자, 여성이나 노예도 그 신적 존재라는 것을 밝혀 주려고 하였다. 이것을 받아들일 수 없었던 당시의 기득권 세력은 그런 예수를 십자가에 못 박았다. 하지만 그는 부활하셔서 오늘도 우리에게 이 자기결정의 원리가 우주생명의 보편적인 창조와 진화의 원리라는 것을 가르쳐 주신다. 그런 그가 오늘날은 바로 그 자신의 이름이 또 하나의 견고한 불통의 실체론이 된 것을 보면 무엇이라고 하실까? 아마도 그는 오늘도 역시 우리에게 동일하게 말씀하실 것이다; "하나님은 죽은 자의 하나님이 아니라 산자의 하나님이시다"라는 말씀이다.

2장

한국적 여성신학의 부활과 성령 이해

—셰리 램보의 『성령과 트라우마』를 읽고

1. 시작하며

지난 세월호 5주기, 사순절 기간에 아주 귀한 책을 읽게 되었다. 이 책을 지은 셸리 램보라는 미국의 여성신학자, 그 책을 자기 삶의 경험과 연관시키며 잘 번역한 번역자 박시형 목사님, 그 램보라는 여성신학자를 키운 나의 동료 같은 여성신학자 캐서린 캘러 교수, 램보나 캘러 교수 등의 미국 여성신학자들로 하여금 그와 같은 성토요일의 성령론을 더욱 적극적으로 사고하게 만든 2005년 미국 뉴올리언스에서의 허리케인 카트리나 희생자들의 고뇌와 고통, 남긴 이야기와 기억 등, 많은 것들이 서로 '연결'(multiplicity)되어서 이 책이 나오게 되었고, 거기에 한국기독교연구소 김준우 목사님의 수고도 빼놓을 수 없다.

책을 읽으면서 제일 먼저 든 생각은 이러한 성찰이야말로 특히 한국 신학계에서 고유하게 나올 수 있는 책이고, 또한 한국 여성신학자의 한 사람으로서 4.16 세월호 참사와 더불어 해 온 성찰들이 나름의 유사한 것이라 여겨졌다.[1] 특히 올해(2019) 5주기를 맞이한 세월호, 71주기의 제주 4.3사건 이야기, 3.1독립운동 백주년을 맞이해서 지난 백여 년의 시간 동안 묻혀있던 각종 이야기가 드러나면서 그 이야기의 주인공들이 겪어 온 삶이야말로 바로 서구 여성신학자 램보가 부각하고자 하는 '성토요일'의 삶 이야기가 아니었을까 생각해 본다. 그들이 이때까지 살아남았고, 살아남아서 어떻게든 자신들의 이야기를 전해주려고 다시 목숨과 얼굴과 안락을 감수하게 만든 힘과 숨이 바로 저자가 말하는 성토요일의 '성령'과 다르지 않다고 생각한다.

또한, 몇해 전 세상을 떠난 일본군 '성노예' 피해자 김복동 할머니의 이야기도 있는데, 그는 여성작가 김숨의 언어를 빌려서 『숭고함은 나를 들여다보는 거야』(2018)라는 '증언소설집'을 남겼다. 만 14세의 나이로 속아서 일본군 전쟁터 위안소로 끌려가 겪은 죽음과도 같은 고통의 트라우마를 그녀는 92세로 세상을 떠나기까지 참으로 길게 견뎌내야 했으며, 그 증언집은 독실한 불교도인 그녀가 겪는 트라우마가 어느 정도인지를 드러내 주고 있다.[2] 그런 고통과 상처 속에서도 그녀는 이후의 삶을 통해서 세계가 주목하는 여성인권운동가가 되었고, 하지만 그것은 결코 간단한 '성공'의 이야기가 아니다. 죽는 순간까지 그녀는 불교도로서 살면서 자신이 죄를 지으면 다음 생에서도 다시 유사한 고통을 겪을지 모른다는 두려움에 떨었고, 삶의 감각이 극심하게 손상된 채로 고통스럽게 살았다. 하지만 그 모든 것에

---

1 『세월호와 한국 여성신학』(이은선, 동연, 2018)이 있다. 여기서도 세월호라는 끔찍한 재난을 겪고 난 이후의 유족과 한국 사회가 어떻게 기독교 신앙을 견지할 수 있을까의 물음에 천착하면서 특히 '부활'과 '몸의 죽음', '영' 등의 물음과 더불어 전통 신론과 기독론의 재구성을 탐색했다.

2 김숨, 『숭고함은 나를 들여다보는 거야-일본군 위안부 김복동 증언집』, 현대문학, 2018.

도 불구하고 그녀는 그것들을 넘어서 죽는 순간까지 일본 정부의 공적 사과를 받아내기 위해 투쟁에 몸담았으며, 세상을 떠나면서는 가진 것을 재일 조선학교 어린 학생들을 위해서 내놓으면서 자신의 저항과 투쟁과 경험이 계속 이어지기를 원했다. 그녀 속의 '생리'(生理), 살리는 영, 램보의 이야기로 하면 "숨"과 "사랑"의 "성령"이 그녀의 트라우마 속에서도 남아서 역할을 한 것이다.[3]

하지만 한국 기독교 교회와 목회의 현실은 한국 역사와 특히 근현대사만 하더라도, 그리고 오늘 우리 매일의 삶의 현장에서 상처와 고통, 죽음과 그로 인한 트라우마의 현실이 심각한데도 이를 깊이 들여다보지 않고 오직 '승리'와 '부활'과 '성공'과 '빠름'의 이야기만을 선호한다. 이 책의 가치와 소중함은 바로 이러한 현실로 인해서 빛나고, 특히 강원도 고성과 속초 등에서의 산불과 같은 자연 재앙도 이제 결코 남의 이야기가 아닌 것이 되어 가는 현실에서 더욱 그러하다. 이 책은 지금까지 우리 기독교 신앙의 기초와 기본을 그 근본에서부터 다시 검토하기를 요청하고, 그러나 저자인 서구 여성신학자보다 훨씬 더 중층의 다원성과 복합적으로 누적된 트라우마와 접하고 살아가는 한국 여성신학자로서 그 제안의 한계와 불철저성도 보면서 그런 것들을 중심으로 몇 가지 짚어 보고자 한다.

2. 트라우마 렌즈와 성토요일의 발견

사실 이미 오래전에 『교회와 제2의 性(성)』, 『하나님 아버지를 넘어서』 등의 저자인 미국 여성신학자 메리 데일리는 지금까지 기독교 교리상에 나

3 변선환 아키브 편, 『3.1정신과 '以後'기독교』, 도서출판모시는사람들, 2019, 16-17쪽.

오는 모든 기독론은 '그리스도 우상주의'(christolatry)에 빠진 것이고, 일종의 '가현설'(假現說, docetism)이라고 비판하였다.[4] 그것은 지금까지의 기독교 그리스도 이해가 철저히 영육 이원론에 빠져서 그리스도의 몸성과 인간성, 역사성에 대한 진지한 성찰을 묻어 두고 단지 그 신성과 영웅적 그리스도성, 승리의 부활만을 강조해 온 것이라는 비판이다. 램보의 『성령과 트라우마』도 같은 비판적 정신에서 나온 것이라 할 수 있고, 그러나 거기서 더 나아가서 지금까지의 기독교 복음이 신론과 기독론에 집중되었던 것을 넘어서 '성령론'의 시각에서 새롭게 보려는 시도이다.

성령론의 시각에서 신론과 그리스도의 죽음(십자가)과 부활을 새롭게 이해하려는 이러한 기도는 오늘 우리 시대에 만연한 '트라우마'라는 '외상 증후군'과 마주하면서 시작된다. 우리가 겪은, 또는 겪을 많은 일이 심지어는 죽음의 경험이라는 것도 단지 한 번에 완결되는 것이 아니라 바로 삶과 매일의 일상에서 살아 있음과 더불어 반복적으로 겪는 상처와 고통이다. 그렇다면 지금까지 기독교 신앙이 단선적으로 예수의 십자가 죽음 이후에 자동적으로 '부활'을 말하고, 막강한 힘의 담지자로서 저 어딘가 외부에 의심 없이 '존재'하는 신의 있음을 말한다든가, 또는 항상 승리로 이끄는 요술 방망이처럼 어떤 강력한 성취와 성공의 힘으로만 이해되는 '영'(성령) 이야기를 하는 것은 더 이상 믿기 어렵다는 것이다. 그래서 저자가 이런 정황을 다시 살피기 위해서 돌아보는 단어가 '성토요일'(Holy Saturday)이고, 이에 근거해서 저자는 '정통적인' 기독교 신앙의 '구원 내러티브'를 다시 살피고 해체하여 재구성하려는 것이다.

---

4 이은선, 「페미니즘 몸담론과 역사적 예수 그리고 다원주의적 여성 그리스도론」, 『한국 여성조직신학 탐구-聖·性·誠의 여성신학』, 대한기독교서회, 2004, 101-102쪽.

2014년 4월 16일 세월호 참사 이후에 "신은 죽었다, 나의 내면의 신은 이렇게 말한다"라는 언어로 '세월호 以後(이후) 교회'를 말해온 나 자신도 여기서 저자 램보가 부각하는 '성토요일'에 대한 이상은 갖지 못했었다. 그래서 저자의 이 책이 더욱 의미 있게 다가오고, 그 성토요일에 대한 상상과 더불어 예수의 죽음과 부활에 관한 이야기가 또다시 새롭게 펼쳐지는 것을 느낀다. 저자 램보는 칼 바르트와 같은 세대의 스위스 가톨릭 신학자 한스 폰 발타자르(H. U. von Balthasar)의 '성토요일 신학'과 그 신학의 전개를 가능케 해준 여의사 출신의 평신도 여성 아드리엔 폰 스페이어(Adrienne von Speyr)의 신비 체험에 주목한다. 스페이어는 1941년 이후 25년 동안 그리스도가 십자가에서 돌아가신 후 지옥으로 내려가서 겪는 무시무시한 고독과 버림받음, 포기를 환상 속에서 반복적으로 체험해 왔다고 한다. 지금까지 전통(정통) 신학에서는 이 극도의 고통의 시간이 간단히 지워져 있었고, 금요일의 십자가 사건 이후로 곧바로 일요일의 승리에 찬 부활이 말해지면서 토요일의 죽음의 시간, 삶과 죽음이 교차하면서 극도로 외롭고, 어떤 희망과 재생의 가능성도 없이 철저히 내던져진 '지옥'의 고통과 죽음의 경험이 무시되었다는 것이다.

저자는 이 토요일의 경험을 우리가 겪고 듣는 '트라우마'의 경험과 연결한다. 그것은 살아 있으면서도 죽음을 반복적으로 경험하는 것이며 결코 부활이나 승리를 쉽게 말할 수 없는 고통에 찬 경험이며, 그리고 그것이 정말 고통스러운 이유는 언제 이 고통이 끝날지 알 수 없이 '반복'되고 '지속'되어서 이 지옥과도 같은 트라우마의 고통 속에서 할 수 있는 일이란 그저 그것을 '견뎌내고', '버티면서' '살아남는' 일이기 때문이라고 한다.

3. 성토요일의 성령론과 요한복음의 부활 증언

'성토요일의 성령론'은 바로 이러한 가운데서 드러나는 '성령'의 새로운 모습을 그리는 신학이다. 그러나 저자 램보는 그와 같은 성토요일의 신학을 말하는 발타자르조차 그 신학이 여전히 '기독론'(십자가) 중심적이고, '삼위일체론'에 묶여 있다고 비판한다. 즉 발타자르가 전통의 신학이 주목하지 못하는 성토요일의 고통과 죽음의 시간을 발견하였다고 하지만, 그의 신학에서는 '그리스도'가 중심이 되어 삼위일체적(trinitarian)으로 '구원'의 그리스도가 부각되면서(soteriological) '지옥'이나 '몸의 고통'이나 '성령' 등의 의미가 충분히 드러나지 않는다는 것이다. 이에 반해서 램보는 성토요일의 신학은 더욱 더 성령론이 중심이 되어야 한다는 입장이고, 그 성령론의 해석에서도 전통적 성령론이 주목하지 못하는 또 다른 차원을 밝히기 위해서 특히 요한복음 막달라 마리아의 부활 증언과 애제자 요한의 증언을 살핀다.

저자 램보는 요한복음의 증언을 살피기 위한 첫 출발로서 요한복음 19:33-34절의, 숨을 거두신 후 창에 찔린 예수의 옆구리에서 '피와 물'이 흘러나왔다는 기록에 주목하면서, 특히 거기서 피보다는 '물'에 집중한다. 그러면서 그 물이란 '생명'과 연결되고, 결국 '성령'과 관계된다는 독특한 해석을 내놓는다. 저자는 예수의 '물과 성령으로 거듭나지 않으면 아무도 하느님 나라에 들어갈 수 없다'(요한 3:5)는 말씀을 상기시키며 여기서 드러나는 성령은 사도행전 등에서 전하는 '성령강림절의 (확실한) 성령'이 아니라 죽은 예수의 옆구리에서 '남은' 물이 흐르듯이, 그리고 막달라 마리아가 안식 후 첫날 아직 어두울 때 예수의 무덤에 찾아가서 만난 예수의 부활이 무엇이라고 정확히 말할 수는 없는 가운데 그래도 "어떤 다른 종류의 존재"로 있었고, "현존과 부재가 섞여 있는 영역"에서 "이제까지 알지 못했던 방식으로 그곳에 현존"하는 방식의 영이라고 말한다. 즉 저자가 여기서 새롭게 드러내고자 하는 성령과 부활은 전래의 인습적 성령과 부활 이야기대로 그렇게 분명하고 확실한 성공적 메시지의 것이 아니라 '부재'이기도 하면서 '현존'하고, 죽음이기도 하지만 다른 방식으로 현존하는 증언이고, 그것은 그래서 "죽음의 여파 속에서 삶을 이해하기 위해 몸부림치는 증인들"의 증거라는 것이다.[5]

저자가 여기서 중시하는 두 단어가 있는데, 그것은 '남아 있다' 또는 '머무른다'의 뜻을 가진 '메네인'(menein)이라는 단어와 '넘겨주다'라는 뜻을 지닌 '파라디도나이'(paradidonai)이다. 저자는 자신의 성토요일의 성령론과 새로운 부활 이해를 펼치기 위해서 이 두 단어를 여러 맥락에서 다양하게 풀어낸다. 요한복음 19장 30절의 예수가 신포도주를 맛보신 후 "이제 다 이루었다" 하시고 "그의 영(spirit/pneuma)을 넘겨주셨다"라고 증언한 대로 예수의 죽음 후 무언가가 분명히 '남겨졌다'라는 것을 강조한다. 그리고 그 '영', '예수가 죽을 때 내쉰 숨'을 제자들이 '넘겨받았으며', 순교한 베드로와는 달리 '남아 있는 자'가 되어서 그 영을 넘겨받은 예수의 애제자는 예수의 죽음이 그것으로 끝난 것이 아니라 "마지막 숨이 말하는 진실"을 "넘겨주는 일"을 맡은 것이라고 역설한다. 즉 몸의 끝이 모든 것의 끝이 아니며,[6] 성령

---

5 셰리 램보, 『성령과 트라우마-죽음과 삶 사이, 성토요일의 성령론』, 박시형 옮김, 한국기독교연구소, 2019, 179쪽.

6 이은선, 「세월호 참사와 우리 희망의 근거: 세월호 1주기, 몸의 끝이 모든 것의 끝인가?」; 「부활은 명멸(明滅)한다: 4.16 세월호 2주기의 진실을 통과하는 우리들」, 『세월호와 한국 여성신학』, 117-128쪽; 129-164쪽.

은 "승리하는 힘이 아니라 끈질기게 지속하는 힘이며, … 견디어내는 힘"이라는 것이다.[7] 그래서 우리가 '증언'(부활)은 "죽음과 삶이 만나는 곳인 동시에 죽음과 삶으로부터 생겨나는 증언의 장소이기도 한 독특한 공간"으로 이해할 수 있고,[8] '생존'은 "남아서 사랑하라는 독특한 명령을 통해 주어진 모습"이기 때문에 "이제 부활한 삶에 대한 개념도 달라"져서, 부활한 삶이란 "승리한 새 삶"(victorious new life)이 아니라 "살아남은 사랑에 대한 끊임없는 증언"(persistent witness to love's survival)이라고 강조한다.[9] '부활'에 대한 그리고 '성령'에 대한 또다른 해석인 것이다.

4. 램보 성토요일 성령론의 한계와 불철저성

이렇게 삶과 죽음, 십자가와 부활, 몸과 영의 불이적(不二的) 관계에 대한 전복적 성찰을 하면서 성령과 부활의 좀 더 진실한 실재에 다가서려는 저자의 노력은 매우 의미 깊다. 원래 이 저술의 시발점이 그러하듯이 특히 오늘날 누구나 맞닥뜨릴 수 있는 삶과 죽음이 혼재한 트라우마 현실의 만연 앞에서 이러한 시도는 기독교 복음과 '구원'의 진정성과 성실성을 더욱 더 신장시킬 수 있다. 하지만 내가 보기에 저자의 이러한 탐색에는 여전히 불철저하고, 분명하지 않은 측면들이 여럿이 보인다. 그리고 그 가장 주된 원인을 나는 저자가 여러 차원에서 전통적 기독교 사고의 울타리를 넘어서서 다원적으로 사고하고 중간성의 의미를 강조한다고 하지만, 여전히 전통

---

7 셰리 램보, 『성령과 트라우마-죽음과 삶 사이, 성토요일의 성령론』, 214쪽.

8 같은 책, 234쪽.

9 같은 책, 235쪽.

안에 머뭇거리면서 그 성령론의 강조에도 불구하고 그리스도론 중심주의, 또는 그리스도 중심적 성령론에서 충분히 벗어나지 못했기 때문이라고 본다. 즉 그의 영론이 충분히 일관되게 보다 보편적으로 확장되지 못했다는 것이다.

그래서 저자는 "예수가 죽을 때 내쉰 숨(death breath)이 넘겨졌다"라고 서술하면서[10] 이 죽음 이후에도 살아남는 것이 "남아 있는 사랑"(remaining love)이며, "남아 있는 성령"(the remaining Spirit)이라고 언급하지만,[11] 동시에 거기서의 '영'(숨)이 '예수'의 영인지, 삼위일체 제3위의 '성령'인지 "불분명"하다고 말하고,[12] 또한, 이 장면에 대한 누가복음과 요한복음의 증언을 비교하면서 누가복음의 예수는 자신의 영을 "성부"의 손에 부탁하지만, 요한복음은 예수의 영이 "누구에게 넘겨지는지 명확히 제시하지 않는다"고 말한다. 그러면서 바로 우리가 "이 사실에 주목해야 한다"고 강조한다.[13]

나에게는 저자의 이러한 질문과 그렇게 설득력 있게 들리지 않는 것은, 그가 여기 '이 세상'과 고통과 몸의 실제와 다원성을 중시함에도 불구하고, 전통 기독교의 완고한 성속(聖俗) 이원주의와 개체주의적(인격주의적) 신(神) 이해를 온전히 벗어나지 못하고, '영'으로서의 실재 이해가 철저하지 못해서 야기되는 것으로 보이기 때문이다. 물론 저자는 자신이 많은 영향을 받은 캐더린 켈러의 '테홈'(tehom, 심연)이라는 언어를 통해서 전통적 기독교

---

10 같은 책, 228쪽.
11 같은 책, 286쪽.
12 같은 책, 229쪽.
13 같은 책, 252쪽.

의 무로부터의 창조 이야기(ex nihilo)를 극복하고 창조(시작)와 부활도 직선적이고 일회적인 것보다는 반복되고 지속되는 나선형의 "되어감의 사건"(continual becoming)으로 이해하는 것을 밝힌다.[14] 하지만 그러한 이해를 분명하게 예수 부활 사건에까지 적용시키는 것으로는 보이지 않는다. 즉 그녀의 이해는 전통 기독교가 여전히 놓지 않는 '부활' 사건, 그중에서도 '예수' 부활 사건은 그러한 반복과 지속의 시각을 통해서 보는 것이 아니라 하느님 영(테홈)의 반복 불가능한 유일회적 배타성으로 보는 측면이 있다는 것이다. 그래서 그의 성토요일의 성령론은 예수에게서 마지막으로 넘겨진 영이 '하느님'의 영인지, '예수'의 숨인지, 아니면 생전에 예수가 자신이 가고 제자들에게 찾아올 것이라고 이야기한 '성령'인지의 구분을 묻는다.

최근 페이스북의 친구가 2001년 자신의 어머니가 돌아가셔서 산에 모시고 돌아온 며칠 후 꿈속에서 만났던 어머니에 대해서 구술해 주었다. 그 어머니는 평소의 옷차림으로 물통에 약수터에서 길어오는 물을 한 통 등에 지고 오셔서 병원 중환자실 옆에서 쭈그리고 있는 자신에게 작은 소반에 삭힌 고추와 깻잎장아찌를 반찬으로 밥상을 차려주며 먹으라고 하셨다고 한다. 어머니와 구술자가 밥을 물에 말아서 먹으며, "엄마, 죽은 거 괜찮아?"라고 물으니 말씀은 안 하시고 괜찮다는, 나쁘지 않다는 표정을 지으셨다고 한다. 그러면서 구술자는 살아생전에 가난한 삶에서, 어머니가 자신의 소풍날까지도 텃밭에서 키운 파로 파 무침을 해주는 것을 보고서 계란과 멸치 반찬, 김밥을 싸 오기도 하는 친구들과 비교해서 창피한 생각에 소풍을 가지 않겠다고 서럽게 울었던 경험을 떠올린다. 그러면서 그러나 이제는 그러한 파 무침, 삭힌 고추가 자신의 사랑하는 일상의 양식이 되었고,

14 같은 책, 266쪽.

"어쩌면 일용할 양식은 이런 밥상이 아닐까 하는 생각도 든다"라고 하며 그렇게 "깻잎 같은, 무나 배추처럼 살다 가신 어머니들…"의 삶을 반추하도록 한 꿈을 이야기 한다.[15]

나는 이러한 구술 앞에서, 오늘 여기서의 한 평범한 구술자가 '영'으로 만난 어머니 이야기가 요한복음 21장 고기 잡는 제자들의 바닷가에 나타나셔서 그들을 위해 숯불을 피우시고, 고기와 빵도 마련하여 지친 제자들을 먹이시는 예수의 '부활' 이야기와 어떻게 다른가를 묻고 싶다. 이 두 그림은 매우 유사하게 진정으로 몸의 죽음이 모든 것의 끝이 아니고, 죽음 속에 남겨진 영의 사랑의 힘으로 큰 고통과 상실에도 불구하고 다시 삶이 시작되며, 살아남은 자는 그 영의 이야기를 계속 구술하고 전하면서 새로운 삶의 장소가 되어 가는 것을 보여준다고 생각한다. '부활이라고 이야기하는 예수 영의 현현과 여기서 평범한 한 어머니 영의 현현이 어떻게 다른가'라는 질문인 것이다. 5주년이 되어 가는 사이 〈생일〉이라는 영화로 만들어져 우리를 다시 찾아 온 세월호 참사의 여러 유족이 들려주는 '죽음 이후'와 '영'에 대한 이야기, 그 이전에 한국 소설가 한강의 『소년이 온다』가 들려주는 80년 5월 광주 항쟁에서 희생된 한 소년의 영에 관한 이야기 등에서도 우리는 유사한 메시지를 받는다. 그래서 '예수'의 부활과 이 '평범한' 사람들의 부활, 요한복음 '성서'의 부활 증언과 오늘 '주변'에서 듣는 부활 이야기가 그렇게 다른 것일까 라는 질문을 하고 싶어진다는 뜻이다.[16]

'정통' 기독교는 지금까지 2천여 년 동안이나 기독교나 서구, 또는 유대인

---

15 https://m. facebook.com/이규원, 4월 10일.

16 이은선, 「세월호, 고통 속의 빛, 영생에 대하여」, 『세월호와 한국 여성신학』, 104-111쪽.

남성 예수의 존재론적 유일회성을 주장하면서, 그 외의 다른 문명이나 종교, 여성과 비성직자 등을 차별하고 소외시켜 온 근거로 항상 이 '부활', '예수'의 부활을 최종적인 근거로 내세웠다. 예수가 '그리스도'가 되는 근거가 바로 이 부활로서 어느 종교 전통에도 그렇게 예수처럼 몸이 부활하는 사례는 없었다는 것이다. 하지만 우리는 묻고자 한다: 이 주창을 우리는 오늘도 여전히 무리 없이 받아들일 수 있겠는가? 앞에서 본 대로 성토요일의 성령론을 가져와서 매우 급진적으로 그 정통을 전복시키려는 램보조차도 이 물음 앞에서 우왕좌왕하는 것을 보니 답하기 매우 어려운 질문임은 분명하다. 그러나 비서구 평신도 여성신학자로서 지금까지 겪어 왔던 존재론적 소외와 불평등, 부정직과 의심을 계속 억누를 수 없기 때문에 또 다른 대안을 찾아보고자 한다. 동아시아적 신유교 전통과 대화하면서 나온 한국적 聖·性·誠(성·성·성)의 여성신학이 어떻게 '다른' 부활, '다른' 그리스도 이해를 통해서 오늘 우리에게 피할 수 없이 다가오는 트라우마 현실 앞에서 다르게 사고할 수 있도록 하는지를 간략하게마나 밝혀보고자 한다.

5. 聖·性·誠(성·성·성) 여성신학의 복수론적 그리스도론과 부활 이해

지금까지 한국적 유교 전통과 대화해 온 여성신학자로서 나는 그 대화에서 얻어진 '聖·性·誠'(성·성·성)의 세 언어를 가지고 신론과 기독론, 성령론을 재구성하고자 노력하면서 특히 "성(聖)의 평범성의 확대"를 주장해 오고 있다.[17] 또한 저자 램보가 많이 의지하는 캐더린 켈러의 '테홈'이라는 하

17 이은선, 「종교문화적 다원성과 한국 여성신학」, 『한국 생물生物여성영성의 신학: 종교聖·여성性·정치誠의 한몸짜기』, 도서출판 모시는사람들, 29쪽 이하.

느님의 이름을 아주 좋게 여긴다. 그러나 그 테홈(심연)과 많이 유사하지만 거기서 더 나아가서 좀 더 크게 유(有)와 무(無), 있음과 없음, 하늘과 땅, 삶과 죽음, 몸과 영 등을 불이적(不二的)으로 통합하는 '태허'(太虛)나 '무극'(無極), '태극'(太極)이나 '리'(理) 등의 이름을 선호하면서, 특히 그 모든 이름을 아주 보편적으로 '성'(聖)(거룩)이라는 이름으로 명명하면서 그 속성을 '통합성'(the integrity)으로 해석해 왔다.

'성'(聖)으로서의 하느님은 비록 트라우마의 현실, 성토요일의 지옥에 놓여 있는 상태에서도 모든 피조물이 결코 본래적 거룩과 신적 본질로부터 소외되어 있지 않고, 반복되는 죽음과 고통과 상처의 현실에서도 선험적 선성(善性)과 거룩으로 무조건적으로 하늘의 자녀라는 것을 좀 더 분명하게 선포한다. 그런 통합성의 '성'(聖)의 영성에서 보면 하느님이나 예수의 영만을 '성령'으로 보지 않고, 온 우주에 편재한 영을 같은 거룩의 영, '성령'(聖靈)으로 인지하고, 한국적 전통이 '천지생물지심'(天地生物之心)이나 '생리'(生理, 낳고 살리는 영), 또는 '인'(仁, 인간성) 등의 언어로도 강조해 온 그 거룩한 영이[18] 트라우마의 현실에 놓여 있는 죽음과 고통의 당사자에게서 결코 떠나지 않음을 좀 더 확고하게 말할 수 있다.

성토요일의 죽음과 고통, 상처, 즉 트라우마는 우리 삶에서 진정 '타자'이다. 같이 하고 싶지 않고, 피하고 싶고, 항상 억누르고자 하고, 단번에 처치하고 싶지만 우리 삶이 다하는 동안 '남아서' 어떻게든 우리는 그와 관계해야 한다. 나는 聖·性·誠(성·성·성)의 여성신학에서 두 번째의 성(性)을 그 '타자성'(the otherness)으로 해석하면서 우리의 신적 본래성인 통합성의 성

18 이은선, 「한국 천지생물지심(天地生物之心)의 영성과 기독교 영성의 미래」, 『다른 유교, 다른 기독교』, 도서출판 모시는사람들, 2016, 179쪽 이하.

(聖)과 함께 이 세상성, 몸성, 섹슈얼리티, 여성성 등을 지시하는 언어로 말해 왔다. 그 성(性)은 우리가 먼저 '타자'로 취급하지만, 그러나 동시에 그 타자야말로 진정 우리 '거룩'[聖/神]의 현현장소임을 밝히는 의미이다.[19]

오늘 현대 사회에서 우리 몸의 욕망과 욕구, 특히 섹슈얼리티를 이 성(性)이라는 단어로 표현하며 사는 데서도 드러나듯이, 이 성(性)은 지금 일반적으로 부정적으로 이해되고, 정신과 영적 존재로서의 우리 대신에 어두운 몸적 속성을 지시하는 것으로 여겨졌다. 하지만, 우리는 점점 더 이 성(性)이야말로 우리가 저버릴 수 없고 억누를 수 없는 인간성의 또 다른 핵심이고, 그 성(性)과 잘 관계해야지만 우리 삶과 정신적, 영적 이상이 유지, 신장되는 것을 알아간다. 그러므로 나는 이 성(性)이라는 단어로 램보가 트라우마에 대한 탐색에서 다각도로 밝혀준 대로 죽기까지 계속해서 다시 등장하면서 우리가 그와 관계 맺어야 하는 '트라우마'를 표시하는 데도 부족함이 없다고 여긴다. 더군다나 신유교 전통[性理學]에서 본래 이 성(性)이란 결코 부정성이 아니라 바로 하늘의 태극[聖]이 우리 안에 인간적인 모습으로 내재해 있는 하늘적 씨앗[性]을 드러내는 단어로 쓰여 왔다면, 램보가 죽음의 성토요일과 트라우마의 의미를 적극적으로 끌어들여서 기독교의 부활과 성령 담론을 더욱 더 삶(긍정성)과 죽음(부정성)의 긴밀한 관계로 나타내고자 할 때 이 한국적 성(性)이야기가 매우 적실해 보인다. 왜냐하면 이 성(性) 이야기는 또 다른 기독론, 또 다른 인간론과 트라우마론으로서 우리가 앞에서 본 대로 램보가 그러면서도 여전히 우왕좌왕하며 둘 사이의 연결을 충실히 밀고나가지 못하는 것과는 달리, 좀 더 보편적이고 분명하게 참으로 인간적인 것 속에 하늘이 남아 있다는 것을 지시해 주고, 부활의 장소가

---

19 이은선, 「여성으로 종교 말하기」, 『한국 여성조직신학 탐구-聖·性·誠의 여성신학』, 46쪽.

바로 이 인간적인 것, 트라우마, 우리의 몸과 섹슈얼리티라는 것을 가리키기 때문이다.

여기서 들려주는 부활과 새로운 시작과 영 이야기는 우리로 하여금 트라우마의 현실을 더욱 진지하게 받아들이게 한다. 그 현실에서 우리로 하여금 '중간의 길' 위에서 남아 있는 하늘[性]의 증언자가 되도록 한다. 사실 단순히 보더라도 우리는 우리 성(性)을 통해서 다음 세대를 낳고, 전하고, 증언한다. 그래서 이런 모든 사실과 맥락을 고려해 볼 때 우리가 모두 한편으로 성(性)의 존재라면, 2천 년 전 유대인 청년 예수만이 그리스도가 되는 것이 아니라 우리가 모두 그리스도가 될 수 있고, 그래서 우리는 이제 '복수론적(複數論的) 그리스도론'을 받아들일 수밖에 없는 시점에 도달했다는 것이다. 트라우마[性]가 우리 부활의 장소라면 '거룩[聖]의 보편성'(평범성)뿐 아니라 '부활의 보편성'도 말해져야 하고, 그런 의미에서 '그리스도의 보편성'도 인정해야 한다. 서구 여성신학자 램보는 켈러와 함께 '부활(시작)의 복수성'은 인정하지만 '그리스도의 복수성'에 대해서는 분명히 말하지 않는 것 같다. 그러나 이제 우주적 블랙홀을 통서 인간 모두가 보편적으로, 우리 몸의 보편적 감각으로 함께 인식하는 새 시대가 되었다면, 서구여성신학자들도 자신들의 서구적 전통에만 머물러 있을 수는 없을 것이다.

램보는 성령은 "눈에 보이는 대상이 아니며, 활동으로 현존한다"라고 하면서 그 힘은 "지속하는 힘"이며 "견디는 힘"이라고 밝혔다.[20] 그리고 "새로운 삶의 모습을 낳는 성령론적 운동"을 이야기하면서 "성령은 형체(form)

20 셰리 램보, 같은 책, 214쪽.

를 만들어 내는 숨"이라고 지시했다.[21] 이런 이야기는 한국적 성·성·성(聖·性·誠)의 여성신학이 세 번째의 성(誠)을 '지속성'(the endurance/ continuity)으로 풀면서 한국적 성령론으로 이해하는 것과 잘 통한다. 유교 전통의 『중용』은 '誠(지속성)은 하늘의 길이고, 그 성(誠)을 따르는 것은 인간의 길이다'[誠者 天之道也, 誠之者 人之道也]라고 하면서 성(誠, 지속성)이 없이는 아무것도 이루지 못한다'[不誠無物]라고 했다. 또한 신학자 윤성범은 오래전 그의 『성(誠)의 신학』에서 중용적 '성'(誠)을 요한복음 1장의 '말씀[言]이 육신이 되었다[成]'라는 의미로 풀어내면서 성(誠)을 그 신학적 사고의 핵심으로 삼았다.

한국적 트라우마 세월호 이야기는 참으로 평범했던 변방 지역 어머니들의 지속하는 저항과 진실규명운동의 수행[誠]으로 인해서 우리 시대의 부활과 구원과 남은 사랑의 이야기가 새롭게 그 형태를 이루어 가고 있는 중임을 보여주고 있다.[22] 그 끔찍한 트라우마의 현실에도 불구하고 또 하나의 '성토요일'의 영적 진실이 마련되고 있고, 복수(複數)론적 그리스도론이 증거 되고 있는 것이다. 이런 모든 것들을 살펴보면, 켈러와 램보의 새로운 성령론과 부활 담론이 동아시아의 '성'(誠) 이야기로 많이 접근해 오는 것을 볼 수 있다. 그런 의미에서 한국 교회와 신학이 그러한 고유한 자산에도 불구하고 여전히 서구 신학에 대한 해바라기만 해서는 안 된다고 여긴다. 오늘 한국 교회가 스스로가 고유한 종교적 전통과 신학적 탐색 안에 서구적 '정통' 신학의 승리주의와 제국주의를 넘어설 수 있는 보물들을 풍성히 가지고 있다면, 그것들에 대한 탐색이 우리의 긴요한 신학적 작업이 되어야

21 같은 책, 258쪽.

22 이은선, 『세월호와 한국여성신학』, 155쪽 이하.

할 것이다. 그런데도 오늘 우리의 현실 기독교와 목회 현장은 오히려 여기서 램보나 켈러 등이 비판하는 서구 교회의 '정통주의'보다도 더욱 경직되어 있고, 폭력주의적 성취 지상주의에 차 있는 것을 보면 매우 안타깝다.

6. 마무리 성찰—'구원하는 자기'의 한국 여성신학적 해석

나는 그런 의미에서 마지막으로 지금까지 간단히 살펴본 한국적 聖·性·誠(성·성·성) 여성신학의 테두리 안에서 유교와 기독교 대화의 새로운 상상력으로 기독교 여성신학자 램보가 비판한 '구원하는 자기'(The Redemptive Self)의 담론을 '다르게' 해석해 보고자 한다. 램보는 책 마무리에 미국의 성인발달심리학자 맥아담스(Daniel P. McAdams) 교수의 미국 성인 삶의 내러티브 연구를 가져와서 트라우마와 성토요일의 죽음과 실패에 대한 의식이 없는 미국식 기독교의 '구원 이야기'가 어떻게 그들의 의식과 삶에 부정적인 영향을 미치는가를 밝히고 있다.

맥아담스에 따르면, 미국인들의 자기 삶 이야기는 항상 '구원하는 결말'(redemptive ending)의 "구원하는 자기" 이야기로 마무리된다고 한다. 하지만 이러한 의식이 개척정신과 도전의식의 미국인들 정체성의 최고의 장점이기도 하지만, 그러나 "최악의 단점"이 되어서 성공하기 위한 폭력과 자기애를 정당화하고, 강한 개인주의적 경향과 특별함에 대한 요구와 선택받았다는 믿음의 "미국 우월주의'를 강화했다고 지적한다. 그것이 "구원이라는 이름으로 침략을 묵과하기도"하고, 삶 속에 "일종의 학대"를 유발하는, "개인적으로나 집단적으로 극히 해로운 것일 수 있다"라는 것이다.[23]

---

23 같은 책, 299-304쪽.

사실 이러한 지적은 특히 오늘 한반도의 평화와 통일을 위해서 요사이 패권주의적 미국과 사사건건 씨름해야 하는 우리의 처지로서는 매우 수긍이 가는 것이고, 또 경청해야 하는 연구이다. 하지만 나는 오늘 한국 기독교의 과도한 그리스도론 중심주의, 서구 바라기와 배타적 그리스도 우상주의 등을 마주하면서 오히려 앞에서 살핀 대로 복수론적 기독론, 트라우마와 고통의 현실에서도 견디며 스스로를 이루어나가는 성(誠)으로서의 성령론 이해에서는 이렇게 스스로의 주체성 속에 내재하는, 지속하고 형태를 이루고, 죽음과 고통 속에서도 남겨진 자의 역할을 담당하는 성령의 힘으로서의 '구원하는 자기' 담론이 요긴하다고 본다. 물론 이 담론의 사각지대에 대한 의식도 있지만, 미국과 한국 교회가 처한 정황이 다르다는 것을 말하고자 한다. 그래서 한국에서는 미국식 정통의 구원 이야기가 유교나 불교 등 아시아 종교 전통과의 대화 속에서 '다른 정통의 모습'(polydoxal possibility)으로 실행될 수 있고, 또한 그것이 요청된다는 것이다.

오늘 한국 기독교가 서구 남성 그리스도 우상주의에 빠져서 한편으로는 앞에서 맥아담스 교수가 지적한 미국식 정체성의 해악이 심한 것도 사실이지만, 다른 한편으로는 서구 기독교가 제시하는 '구원하는 자기' 담론보다 더 오래되고, 특히 그것이 큰 우주적 공동체 의식[天下爲公]과 깊이 연결되는 '자기 구원의 이야기'를 보유하고 있는 문명의 나라로서 그 진정한 의미를 다시 찾아내야 한다고 보는 것이다. 참된 구원하는 자기의식을 잊고서 외부로부터 전달받은 편협한 구원론과 노예성에 빠져 있는 한국 교회에게 그래서 나는 진정으로 복수론적 그리스도론의 가능성을 열어주는 또 다른 '성토요일의 성령론'을 나름으로 새롭게 상상해 보도록 권하고 싶다.

안산 화랑유원지 내 생명안전공원(가칭) 부지 내에서 열렸던 세월호 참사 5주기 기억 예배에 가 보니 세월호 유족의 엄마들이 어떻게 새로운 그리스도로 부활해 가는지가 보였다. 이제 세상이 세월호 유족들을 돕는 것이 아니라 "아직 끝나지 않은 십자가의 길"이라는 의식으로 성토요일의 길을 가고 있는 유족들이, 그 트라우마와 더불어 알게된 생명과 진실의 이야기가 오히려 우리와 한국 사회를 살려내는 것이 분명해 보였다. 이 유족의 상황이란 여전히 그렇게 희생된 아이들의 기억을 함께 모으기 위한 추모관 건립을 위한 부지만 마련된 상황이고, 앞으로도 그 추모관 일을 마무리하기 위해서는 가야 할 길이 험난하지만, 그녀들은, 그 유족들과 지금까지 지속해서 함께 해 온 시대의 증인들은 여전한 슬픔 가운데서도 떳떳했고, 당당했으며, 고통 속에서 다져진 모습으로 오히려 우리를 부끄럽게 한다.

한편 이렇게 예배드리는 곳 바로 건너편에는 이들 세월호 유민들을 그만두라고 하고, 그들이 겪은 것이 개인 여행 참사라고 호도하면서 그들을 쫓아낸 한 기성 대형교회가 높다랗게 하늘을 찌를 듯 서 있었다. 그러나 그와 같은 교회는 어쩌면 이미 해체의 어두운 그림자를 드리우고 있는지 모른다. 셸리 램보가 성실하게 밝혀준 성토요일의 성령론이 어떻게 한국 세월호의 트라우마 현실 속에서도 그 빛과 진실을 드러내는지를 잘 볼 수 있다. 그래서 이 책을 읽게 된 것을 감사히 여기며, 세월호 유족들에게뿐 아니라 우리 교회와 사회에 진실한 '위로의 책'으로서 더 널리 퍼지기를 기도한다.

3장

비신화화를 넘어 한국적 비케리그마화를 지향하며

—도올 김용옥의 『마가복음 강해』를 읽고

1. 도올 김용옥의 『마가복음 강해』를 읽으며

도올 김용옥 선생의 『마가복음 강해』를 읽게 되었다. 성서신학자가 아닌 여성조직신학자에게 그 서평을 부탁한 이유가 무엇일까를 생각했다. 도올 책 중에서 제일 감명 깊게 읽은 책이 오래전 『동양학 어떻게 할 것인가』와 『여자란 무엇인가』가 있다. 그 후 불교나 노자에 관한 책, 논어와 태권도에 관한 것, 동학과 청소년 교육, 한반도 통일문제 등 도올의 관심과 연구, 저술은 그 끝이 어디인가를 가늠해 볼 수 없을 정도로 확장 또는 수렴되어 가는 것 같다. 특히 그의 "성서신학"에 관한 연구는 요한복음과 도마복음, 큐복음서에 이어서 이번이 다섯 번째여서 감탄에 감탄을 불러일으킨다. 한국 신학계에서 성서신학의 전문성이 어디에 있는 것일까 하는 질문이 일어난다.

6백여 페이지가 넘는 대작으로, 여기서 도올은 예수의 삶과 행적과 관련한 거의 모든 지역에 대한 사진들과 함께—그리고 그 사진들 속에는 항상 도올 자신의 모습이 예수가 꼭 그런 모습이었을 것 같은 형상으로 찍혀 있는데, 마가복음 1장부터 16장 8절까지를 예수 활동 시기와 주제별로 나누어 세세히 "강해"하고 있다. 그는 20세기 초까지는 독일 신학계를 중심으로 "성서신학"이 전개되기까지 "서양인들은 2천 년 동안 성경을 읽지 않았"고, 성서의 말씀이 각종 조직신학적 "추상"에 의해 오염되어 왔다고 여긴다. 하지만 자신의 작업은 그것을 넘어서 성서를 우선 "완벽한 인간의 문헌"으로 읽고, "말씀 자체를 이해하는 작업을 선행"하는 것이라고 밝힌다(p.91). 여기서 도올은 예수의 공생애 기간을 보통처럼 3년여로 보지 않고 그보다 훨씬 짧은 AD 29년 7·8월에 시작하여 AD 30년 4월 초순쯤에 끝나는 10개월 정도의 삶으로 추정한다.

2. 도올이 이해한 '복음'(유앙겔리온)과 마가 유앙겔리온의 고유성

도올은 먼저 "복음"("유앙겔리온")이라는 단어에 주목한다. 그러면서 대략 AD 70년 예루살렘 성전이 로마군단에 의해서 완전히 파괴된 직후에 쓰인 것으로 추측되는 마가복음서만이 진정으로 "복음서"라고 불릴 수 있는 근거를 가진다고 주장한다. 왜냐하면 AD 2세기까지 4복음서의 문헌에 아직 모두 제목이 정해지지 않은 상태였고, 오직 마가복음서만이 그 첫머리에 "하나님의 아들 예수 그리스도 복음의 시작이라."라는 말과 함께 자신의 문서를 "복음서"로 정의할 수 있는 개념적 의식을 가졌기 때문이라고 한다(p.33). 마가복음은 AD 70년대에 팔레스타인 북부 어디엔가에 있었던 "마가공동체"(Markan community)에 의해서 "유앙겔리온이라고 하는 유니크한 문학장르"로 공동창작된 것이고, 거기서 더 나아가서 그 마가복음은 텍스트로 읽히기보다는 '소리'로 들려지는 것이 우선이었다고 도올은 파악한다. 우리 식으로 하면 "교회에서 공연되는 판소리"나 "드라마"의 각본이었기 때문에 기본적으로 "스토리"(story)의 문학이지 "히스토리"(history)가 아니고(p.74), 그래서 복음서 작가들에게 크로놀로지의 객관성은 관심 대상이 아니었다고 말한다(p.111).

여기로부터 도올 성서강해에서 계속해서 충돌하면서 때로는 둘이 서로 잘 연결되지만 때로는 단도직입적으로 한편만 선택되는 "케리그마와 역사적 예수의 대립적 성격"이 지속해서 드러난다. 도올에 따르면 예수 사후 시간의 진행상 먼저 예수와 직접 삶을 같이했던 사람들에 의한 초대 예루살렘 공동체의 예수 '이해'가 있었고, 그다음으로 예수 생전 그와 직접 만나지는 못했지만 그의 '부활'을 경험하고서 예수의 삶과 죽음, 부활을 '복음("케리그마")'으로 선포한 바울 이해가 있었으며, 마가복음이란 그다음의 것이라고 했다. 따라서 마가가 예수 '가라사대'의 말씀 자료(로기온)와 예수의 행적을 기억하는 사람들의 이야기 자료, 그리고 이미 편집되어 있던 문헌 자료를 근거로 예수의 삶과 행적을 이야기로 구술해냈지만, 그 마가복음("역사적 예수") 안에도 초대 예루살렘 교회나 바울의 "케리그마"(신학)가 영향을 미치지 않을 수 없었다고 한다. 그러나 도올에 의하면, 마가의 의도와 기획은 그러한 초대 예루살렘 공동체의 부활 선포나 바울의 신화적 케리그마를 넘어서려는 것이었다. 그래서 "마가의 유앙겔리온은 바울의 유앙겔리온을 부정하는 데서 출발"했고(p.35), 그런 맥락에서 "갈릴리 지평의 예수는 케리그마에 덮일 수 없"으며, 자신은 그 "새로운 예수를 조선의 민중들에게 전하고자 하는 것"이라고 밝힌다(p.83).

3. 도올 비신화화 이해와 그 불철저성

도올의 성서 이해는 기초적으로 불트만의 '비신화화'(demythologization)

를 따른다. 그러나 그것은 신화를 제거하려는 것이 아니라 해석하는 것이라고 하고, 큰 틀에서 "신앙과 상식의 연속, 신앙과 과학의 연속"을 지향하면서 잘못된 미신화된 신앙과 정치적 왜곡으로부터 건전한 상식과 이성, 과학적 진실을 구하려는 것이라고 밝힌다.

하지만 실제 그의 구체적인 마가복음 강해로 들어가면 그에게서도 이 두 차원이 종종 충돌하는 것을 본다. 그는 마가복음을 끊임없이 '드라마'라고 규정하고, 그래서 "구라"라는 말까지 쓰지만, 그 마가복음은 요한복음이나 바울 서신과는 달리 예수의 "삶"과 "행위"("유튀스" 곧바로), "생활사"와 관계된 것이라고 강조한다. 예수는 확실하게 "갈릴리의 민중혁명가"로서 결코 "종말론적 사상가"가 아니었다고 단언한다. 도올에 따르면 예수에게서 전통적인 "죄"의 개념은 부재했다. 또한 예수에 대한 "기적사화"를 크게 세 가지로 나누어서 "귀신 쫓아내기"의 엑소시즘(exorcisms)은 "현실적으로 가능한 것"이지만, 다른 신체적 질병 치유의 기적이나 "자연 기적"(nature miracles)은 "예수의 행위 속에 드러나는 하나님의 권능을 과시하기 위한 드라마적 장치"일 뿐이라고 평가한다(p.294).

그러나 또 다른 곳에서는 "예수의 기적은 미신이 아니다. 그것은 하나님 나라의 도래를 의미하는 복합적 상징체계"(p.320)라고 하면서, 예를 들어 마가복음 5장 혈루증 여인의 치유는 여인의 손이 예수의 옷깃이 닿았기 때문에 등의 "물리적 사태"로 인한 것이 아니라 "순결한 마음자세", "바로 너의 믿음이 너를 구원한 것"(p.345)이라고 답변하는데, 그것은 그 자신 스스로의 주장과 충돌하고, 비일관성을 드러내는 것이다. 그렇게 도올은 한편으로는 급진적인 비신화화와 비종말론화의 입장을 취하지만—그의 '인자'(사람의 아들) 해석이나 '하나님 나라'(카이로스) 해석 등—다른 한편에서는 "'성령의 세례' 이 한마디는 마가복음 전체의 주제를 형성하는 것이다."(p.136)라고 하면서 더없는 영성화의 길을 간다. 그는 특히 서구 기독교가 "신화를 사실로서 인식할 것을 강요"하면서 그것을 "신앙"이라고 불렀다고 세차게 비판한다. 그러나(p.373) 그러면서도 자신은 예를 들어 마가복음 4장의 풍랑을 잠재우신 예수의 능력에 대한 제자들의 "불신앙"을 지적하며 "하나님 나라에 대한 믿음이 있어야만 하나님 나라가 온다."(p.292)라고 언표하는데, 이러한 불일치와 모순을 어떻게 이해해야 할는지 혼란스러웠다.

나는 이러한 도올 저술에서의 혼란과 모순이 단순한 우연이 아니라고 생각한다. 오히려 그것은 도올 사고 안에도 여전히 남아 있는 예수 존재에 대한 배타적 그리스도성을 고수하려는 분투에서 나온 것이 아닌가 생각한다. 즉 그는 저술에서 여러 방식으로 전통 기독론의 '도케티즘'(假現說, docetism)을 비판하지만, 그 자신도 잘 의식하지 못하는 사이에 기독교 예수 존재만을 '그리스도'로 삼아서 그를 높이고자 하는 의도가 보인다. 그래서 예를 들어 그 예수가 참사람으로서 '유대인'인 것도 받아들이기 어려워하여 예수는 유대인이 아니라 "갈릴리인"이며, 우리가 보통 생각하는 것보다 훨씬 더 국제적이었고, 그래서 "유대인"이라는 "황당한 민족 개념" 속에 묶어둘 수 없다고 주장(p.151)한다. 다시 말하면 예수를 어떻게든 유대인이라는 '특수한' 전통으로부터 떼어내어서—그 특별한 이유를 충분히 밝히지 못하여 예수에 대해서 다시 '믿음'을 말하지만—그를 특별히 하나님과 직접 교제할 수 있는 '유일한' 그리스도로 파악하여 모든 특수를 넘어서는 '보편'으로 제시하고자 하는 것이 아닌가 하는 의심이 든다는 것이다. 도올은 예수가 그 유대인 특수에 매이지 않을 때 한국인, "조선사람"에게 진정한 그리스도가 될 수 있으며, 그래서 자신에 의한 새로운 해석, "주체적 해석"도 더욱 의미를 얻는 것으로 여기는 것 같은데, 그런 맥락에서 그는 "예수의 하나님은 유대인이 믿는 종족의 신, 야훼나 엘로힘이 아니었다. 그냥 하나님일 뿐이다."(p.150)라고 하면서 자신의 해석적 관점에서 "기독교는 신생종교다."(p.90)라고 선언한다.

그러나 여기서 우리가 한 번만 더 깊이 생각해 보면 예수도 진정한 '인간'이라면 어떻게 그의 '유대인성'이 그처럼 탈각될 수 있으며, 그의 하나님 의식이 그와 같은 정도로 자신의 인간적 뿌리와 과거로부터 온전히 자유로울 수 있겠는가 하는 의문이 생긴다. 물론 이렇게 묻는다고 해서 예수의 그리스도성을 모두 우리의 합리로 설명할 수 있다고 하거나, 그의 고유성을 전부 과거와의 관계 속으로 환원시키려는 것은 아니다. 그럼에도 불구하고 나는 오늘 우리 시대에는 도올도 여전히 빠져 있는, 예수 인격의 두 차원인 인성과 신성의 '오묘한' 연결[妙合]을 예수에서만의 유일한 사건으로 보거나, 그중 한 측면을 탈각시키고 단차원적으로 환원시키는 방식으로는 시대의 신뢰와 적실함을 얻을 수 없다고 보는 입장이다.

일찍이 미국의 여성신학자 로즈마리 류터(R. Ruether)는 그녀의 뛰어난 책 『신앙과 형제 살인(Faith and Fratricide)-반유대주의의 신학적 뿌리』에서 지금까지의 모든 기독교 신학과 또 서구 문명의 전개가 어떻게 형제인 유대교를 살해하는 방식을 통해서 존재해 왔는지를 잘 밝혀주었다. 그녀에 따르면 지금까지 기독교 신앙과 문명은 자신의 자아 확인의 확고한 원리로서 "심판과 약속의 분리", "특수주의와 보편주의의 분리", "문자와 영의 분리" 등의 방식을 통해서 유대교를 '심판', '특수', '문자'의 화신으로 낙인찍고, 자신들의 구원론과 이해만을 '약속'과 '보편', '영'으로 절대화하면서 온갖 폭력을 저질러 왔다. 가장 심각하고 근본적인 방식으로는 "기독론"을 통해서, 거기서 종말을 부조리하게 '역사화'하면서("종말론적 것의 부조리한 역사화") 종말과 부활과 구원을 독점해 온 것이다. 류터에 의하면 기독교의 그러한 구상이 "복음을 빙자해서" 이루어진 것이고, 이미 신약성서 자체로부터 시작되었으며, 이후 서구 기독교국 역사에서 진행된 모든 반유대주의와 전체주의, 제국주의의 뿌리가 된다. 그녀는 아우슈비츠 이후에도 그러한 잘못이 언제든지 다시 재현될 수 있다고 경고했다.[1]

4. 도올 부활 이해의 자기 모순성

도올은 책의 총론에서 자신의 책에 대해서 "내가 이 책의 집필을 끝낼 무렵이면 독자들에게 궁금한 점이 없이 다 밝혀지리라고 믿는다. 여기서 확고한 사실은 이것이다"(p.48)라고 언술한다. 그러나 도올의 이러한 도발적인 발설에도 불구하고 나에게 앞에서처럼 계속 질문이 떠오르고 궁금증이 해소되지 않는 것은 바로 도올 스스로가 류터가 지적한 대로, "문장과 영의 해결되지 않은 긴장을 알고 있는 생명의 길"을 가는 대신에 구원과 종말, 부활을 다시 '독점'하려 하기 때문은 아닌가 여겨진다. 비록 도올처럼 '한국인'에 의한 "새로운" 시도라고 할지라도 그 새로운 기독교 이해나 마가복음 강해가 또 다른 "이데올로기적 보편주의"나 '절대주의적 보편 종교'로 가려는 것이라면 그것을 받아들이기 어렵다는 것이다.

도올은 부활에 대해서 말하기를, 특히 "전태일의 부활"과 관련해서 그것을 단지 "기억"의 일이라고 한정한다(p.216). 또한 앞에서 보았듯이 마가복

---

1 로즈마리 류터, 『신앙과 형제 살인-반유대주의의 신학적 뿌리』, 장춘식 옮김, 대한기독교서회, 2001.

음은 바울이 전한 복음을 부정하는 데서 시작되었다고 보는 관점에서 바울 신학은 예수의 삶 대신에 그의 죽음과 부활이 함께 내포되어 있는 "십자가"에 집중하는 일종의 "추상"이고, 이론(theoria)을 구성하는 논리적 담론일 뿐이라고 비판한다. 그러한 추상을 변호하기 위해서 바울의 "믿음에 의한 인의"(認義, Justification)나 "재림"에 대한 실존론적 해석이 나왔다고 설명하면서(p.43) "'부활'의 최종적 사실은 '빈 무덤'뿐이다"(p.58)라고 선언한다. 그러면서 자신의 책 맨 마지막에 "빈 무덤은 예루살렘의 멸망을 의미한다"라는 간략한 언어로 부활의 정치사회적 의미에만 국한해서 말한다.

하지만 오늘날 도올과 같은 '비(非) 성서신학자' 알랭 바디우 같은 사람은 오히려 바울 신학에서의 문자(역사)와 영(종말)의 긴장된 이중성을 우리 시대를 위한 참된 영감과 행위력의 원천으로 본다. 또한 도올이 서구인들이 "시·공을 가리지 않고 관념이 사실을 지배한다는 망상에 사로잡혀 있"는 예라고 지적하는 요한복음에 대해서도, 존 스퐁 감독 같은 역사적 예수 연구가는 요한복음이야말로 지금까지 주창되어온 영육 이원론의 영지주의 저서가 아니라 오히려 매우 '유대적인' 책으로서 유대 전통 속에서 내려오는 하나님과 가질 수 있는 "신비한 합일"을 원형적으로 밝혀주는 "유대 신비주의"의 복음서라고 해석한다. 그래서 요한복음이야말로 지금까지 기독교 신학의 문자주의적 가현설에 가장 반대하는 책이라는 것이다.[2] 나는 이러한 관점들을 유의미하게 보면서 오늘 우리 신학의 핵심 문제는 '비신화화'가 아니라 그 비신화화도 넘어서서 '비케리그마화'를 받아들이고, 그러

---

2 존 쉘비 스퐁, 『아름다운 합일의 길 요한복음』, 변영권 옮김, 한국기독교연구소, 2018; 이은선, 「3.1운동 정신의 통합학문적 이해와 기독교 신앙의 미래」, 3.1운동백주년종교개혁연대 편, 『3.1운동백주년과 한국 종교개혁-우리 시대의 독립을 다시 묻는다』, 도서출판 모시는사람들, 2019, 448쪽.

나 그 서구신학에 의한 비케리그마화를 단순히 따르는 것이 아니라 오늘 21세기를 사는 여기·지금 각각의 그리스도인으로서 더욱 적극적으로 우리 자신들에 의한 그리스도 체현 가능성을 열어 놓는 일종의 '재신화화' 기독론을 추구하는 것이어야 한다고 이해한다. 다르게 말하면 '복수'(複數)의 그리스도론과 명멸하는 다수의 부활을 수용하는 방식을 말하는 것이다.[3]

5. 비신화화에서 비케리그마화로

동아시아의 유교 문명과 대화하는 기독교 여성조직신학자로서 나는 오늘 21세기에 이러한 존재의 비의적인 이중성, 류터의 표현대로 하면 "문자와 영의 해결되지 않는(계속되는) 긴장성을 아는(인정하는 또는 경험하는) 생명성"의 담지는 이 책에서 도올 선생이 계속 시도하는 불교와의 대화보다는 신유교적 '이기묘합'(理氣妙合)의 사고로 훨씬 적실하고 신뢰할 만하게 실현할 수 있다고 본다. 책 전체를 살피면서 우리가 보통 유학자라고 알고 있던 도올 선생이 왜 그러한 시도를 거의 하지 않는지 의아했고, 그러나 그런 중에도 그가 '메타노이아(회개)'를 해석하는 일에서 희랍어의 뿌리로부터 '메타'를 "근원적인 변화", '노이아'를 "사유"의 의미로 해석해서 '회개(메타노이아)'를 더 이상 과거 죄의 참회 등이 아니라 "생각의 회전", "생각을 바꾸는" 일로 지적해 준 것이 매우 의미 있게 보였다. 즉 유교의 핵심 메시지가 맹자가 말한 대로 "우리 마음의 맡은 바는 생각하는 일"[心之官則思]이라고 한 지적처럼 회개의 일을 우리의 '사유'(思)와 연결한 것은 예를 들어 오

---

3 이은선, 「부활은 명멸(明滅)한다-4.16 세월호 2주기의 진실을 통과하는 우리들」, 『세월호와 한국여성신학』, 동연, 2018, 147쪽 이하.

늘의 한나 아렌트가 '사유하지 않음'을 악으로 본 것이나 포스트휴먼 논의에서 인간의 삶을 점점 더 사고나 정신의 일로 파악하는 것과도 잘 통하여 시사가 크다고 본다.

나는 이러한 모든 지적에도 불구하고 도올 선생의 강해가 바로 지금까지 2천여 년 기독교 복음과 신학의 정수를 한국인의 눈으로 온전히 새롭게 보려는 의지에서, 그래서 서구인들이 지금까지 자신들의 관점과 문명을 절대화하며 거대한 제국으로 다가와 군림하는 것에 균열을 내는 수행이라는 점에서 매우 의미 있다고 생각한다. 그러나 위에서 밝힌 대로 그 일을 좀 더 적실히 하기 위해서는 기독교 자체, 예수 존재 자체의 상대성도 받아들이는 방식과 정도로 나가야 한다고 본다. 그 예수의 인격 안에 이때까지 인간 정신이 알지 못했던 정신과 몸의 이원성이 놀라운 방식으로 연결되어 있는 것을 인정한다 하더라도, 그것이 또 다른 문명과 정신 속에서도 가능했고, 앞으로도 반복적으로 가능하리라는 것을 인정하지 않는다면 그것을 받아들이기 어렵다는 의미이다. 그럴 경우 또 다른 도케티즘 내지는 그리스도 우상주의가 되기 쉬운 것이다.

나는 그러면서도 예수와 마가복음이 전하는 영적 차원, 부활의 사실성을 탈각시킬 필요가 없으며, 오히려 그렇게 될 때만이 예수의 고유성도 더 돋보일 수 있다고 생각한다. 그런 방식으로 우리에게 예수 그리스도가 이해되어야 하고, 그것이야말로 문자와 영의 참된 긴장성을 폭력적으로 무화시키지 않는 일이라 여긴다. '종말의 부조리한 역사화', '부활의 독점', '그리스도 보편성의 부정' 등이 도올 마가복음 강해가 그 신선한 전복력과 진지함에도 불구하고 더욱더 극복해야 하는 과제라고 보는 바이다.

4장

한국信연구소의 지향과 동서 믿음의 통합학으로서 한국 신학(信學)

—한국信연구소 개소식 및 출판기념회에 부쳐

1. 왜 한국信연구소를 시작하려고 하는가?

이렇게 어려울 때 함께 오셔서 축하해 주시고 뜻을 모아주시니 우선 송구한 마음이 큽니다. 하지만 그래도 오늘 저희 생각을 나눌 기회를 주신 하느님과 함께하신 모든 분께 감사드립니다. 많이 망설였습니다. 2년여 전(2018) 세종대학교를 떠나면서 "이제 온전히 신학자로 살겠다"라는 선언과 함께 '한국信 연구소'라는 이름 아래서 지내왔는데, 오늘 이를 다시 공적으로 표시한다고 하는 것이 어떤 의미가 있는지, 오늘과 같이 여러 가지로 어려운 때에 무슨 유용이 있으며, 제가 이 이름 아래서 진정으로 하고자 하는 일이 무엇인지를 다시 곰곰이 생각해 보았습니다.

최근에 또다시 읽은 책이 있습니다. 1980년대 유럽에서 유학하면서 만난 독일 인지학자(人智學者) 루돌프 슈타이너의 『어떻게 더 높은 세계를 인식하는가?』가 그것입니다. 이 책의 마무리에는 우리 삶과 죽음의 경계에 관한 이야기가 나오고, 그 경계(문지방)를 지키는 두 수호령에 관한 이야기가 나옵니다. 거기서 만나는 첫 번째 수호령과 문지방은 한 커다란 죽음을 의미하는 것으로 거기서의 수호령이란 지금까지 무수히 반복되는 우리 삶에서 행한 온갖 거짓과 잘못, 죄과가 누적된 모습입니다. 그래서 그 문지방을 넘고 첫 번째 수호령을 만난다는 것은 바로 그러한 끔찍하고 부끄러운 자신의 과거와 만나는 일입니다. 그 앞에 적나라하게 서는 일은 매우 두렵고 떨리는 일이지만, 그래도 그 문지방을 넘는 일은 그런 부끄러움과 두려움을 넘어서 그럼에도 앞으로 나아가는 일을 말합니다.

오늘 한국信연구소를 공적으로 드러내고자 하는 일이 어쩌면 저에게는 그렇게 두렵고 떨리는 일인지 모르겠습니다. 두 번째 문지방을 넘는 일은 우리가 이후 더 높은 세계를 향한 인식의 길에서 마침내 도달하게 되는 초감각과 초자아의 참 자유의 세계로 들어가는 일입니다. 거기서 만나는 수호령은 우리에게 묻습니다. 이제 너의 감각적 자아를 구성하던 사고(thinking)와 감정(fealing), 의지(willing)의 상호 연결이 분리되면서 초감각과 초자아의 세계로 들어가는데, 그러나 그러한 너의 해방에도 불구하고 여전히 남아 있는 세상의 불행과 고통을 어찌하려는가? 네가 해방을 위해서 얻은 모든 지식과 좋은 것이 바로 그들 덕분인데, 그들을 그냥 두고서 이 문지방을 넘어서려는가? 한국信연구소를 여는 일이 이렇게 초자아의 해방의 길로 가는 것을 포기하고서라도 다시 나누고자 하는 어떤 선하고 좋은 것이 있어서인지, 또는 여전히 자아로 남아 있는 일에 목메면서도 밝히고자 하는 일이 있어서인지를 묻고 또 물었습니다.

2. '한국적'(Korean)이라는 것

한국信연구소의 이름을 영어로 'Institute of Korean Feminist Integral Studies for Faith'라고 지었습니다. 이 이름을 구성하는 한 자 한 자가 바로 저의 그러한 소망과 의지가 여전히 가닿는 주제인 것 같습니다. 먼저 '한국적'(Korean)이라는 말입니다. 세계적으로 코로나19 사태를 겪으면서 들은 많은 말 중에서도 『공감의 시대』의 저자 제러미 리프킨이 한국이 이번 사태에서 어느 나라보다도 훌륭히 대처할 수 있었던 것은 바로 한국 사람들은 자기가 병에 걸리는 것보다 자신으로 인해서 남에게 피해를 주는 것을 더 못 견디어서 하는 속성이 있기 때문이라고 밝혔습니다. 저는 이 말을 들으면서 매우 기뻤고, 바로 이처럼 한국인에게 잘 드러나지 않았고 언술되지 못한 고유한 자질이 한 외국인에 의해서 긍정적으로 밝혀진 것이 좋다고 생각했습니다.

이렇게 저는 저의 학적 물음을 처음 시작할 때부터 어떻게든 '한국적'이라는 민족적 물음을 놓지 않은 것 같습니다. 그 근거로 가계의 오랜 선험적 정신성을 생각하기도 하지만, 가장 직접적으로는 아버지 이신(李信, 1927-1981) 목사님의 기독교 '환원 운동'을 생각합니다. 아버지는 우리가 비록 기독교를 서구로부터 늦게 받았지만, 거기서 기독교의 현실은 온갖 교리적 분파와 분열로 얼룩져 있다고 여기셨습니다. 그래서 그는 그 본래의 원형적 모습을 한국 사람의 손으로, 한국인들의 의식으로 다시 찾기를 원했습니다. 여러 시각과 시도로 기독교의 '근본'을 찾기를 원했고, 그런 가운데서 '한국 그리스도의 교회 선언'(1974)을 단행하기도 하셨으며, 그러한 일을 위해서 길지 않은 생에서 많은 고통을 감내하셨습니다.

이렇게 한반도 주변에는 새로운 문명과의 만남에서 항상 그 '원형'과 '근본'과 거기서의 '토대'를 찾고자 하는 사람들이 있습니다. 신라의 원효가 그랬고, 고려에서 '단군고기'(檀君古記)를 간직해서 전해주고자 했던 목은 이색(李穡, 1328-1396)의 스승 행촌 이암(杏村 李嵒, 1297-1364) 선생이 있었으며, 조선 유교에서도 비록 '소중화'로 표현하기는 했지만, 한국인의 의식 속에는 끊임없이 '원형'과 '근본', '참'에 대한 추구가 있었음을 보면서 오늘 한국信연구소도 그러한 사상의 젖줄에 기대어서 참 한국적인 신앙과 믿음의 본 모습을 찾고자 합니다. 오늘 21세기 한반도 현실의 삶에서 강하게 야기되는 남북통일과 동북아 평화의 물음도 저희에게는 그러한 맥락에서 성찰되는 일임을 말씀드리고 싶습니다.

3. '여성주의적'이라는 것

어떤 대상이나 일에서 감각적인 눈에는 잘 드러나지 않는 '원형'을 찾고자 하는 사람들의 처지는 어렵습니다. 눈에 보이는 것에 몰두하는 삶의 중심에서는 그것이 잘 보이지 않으므로 중앙의 기득권과 불화하고, 그로부터 멀리 떠나 '변방'으로 가기 때문에 힘든 삶을 살아갑니다. 하지만 그런 변방인과 이방인(pariah)들이 있지 않고서는 현실은 개조되지 않고, 개혁되지 않으며, 생명은 새로워지지 않습니다. 일찍이 함석헌도 이러한 생명의 예민한 내적 원리를 간파하였고, 그것을 우리 민족의 '고난의 역사'로 의미화하였으며, 저는 그 원리를 다시 21세기를 살아가는 한국 페미니스트 여성신학자로서 세계 문명사의 맥락에서 증언하고 싶습니다.

한국信연구소 영문 이름의 두 번째 형용사가 되는 '여성주의적'(feminist)이라는 말도 이러한 맥락에서 저는 이해합니다. 주지하듯이 오늘 페미니즘의 시대에는 '자기희생'과 '헌신', '자기 비움'과 '이름 없음'이 그렇게 순수하게 받아들여지지 않습니다. 그 이름 아래서 지금까지 여성들이 어떤 고통과 아픔을 겪어 왔는지를 잘 알기 때문입니다. 하지만 앞의 두 번째 수호령의 이야기에서도 들어 보았듯이, 지금까지 인류의 모든 종교적 성찰은 한결같이 바로 그러한 길이 구원의 궁극적 길이라고 지시합니다. 그렇다면 그러한 종교적 진실과 페미니즘은 영원히 함께할 수 없는 상극인가를 저는 묻습니다. 그러면서 이 둘 다 놓칠 수 없는 진실의 길을 어떻게든 서로 연결시키고, 어떻게 하면 그 간극을 메울 수 있는지를 찾으면서 저의 미약한 삶에서, 논리에서, 믿음의 일에서 고투합니다.

이것을 저는 지금까지 서구 페미니즘을 넘어서 그와 다른 '한국적 페미니즘', '한국적 포스트모던 영성'을 가져오는 일이라고도 했고, 그런 맥락에서 이른 시기부터 '공감'을 강조하며 '사기종인'(捨己從人)의 여성 리더십을 강조하기도 했습니다. 또한 '모성'의 서구 페미니즘적 탈신화화를 넘어서 일종의 재신화화를 통해서 다시 그 본래를 강조하면서 초기 사회 과학 중심의 페미니스트들과 갈등하기도 했습니다. 유사한 맥락에서 '집사람'을 강조하면서 '사유하는 집사람'을 말하며 그것이야말로 우리 생명 창조와 지속하는 문명을 위해서 필수불가결한 토대가 된다고 주창합니다.

서구 근대 페미니즘 운동 덕분으로 우리 몸이 해방되었고, 성(sex)이 해방되었으며, 감각의 세계가 한껏 피어날 수 있었습니다. 하지만 이러한 모든 사태가 보여주듯이 거기서 생명의 또 다른 차원인 몸의 거룩성이 모두 탈각됨으로써 우리 몸과 섹스와 이 세상의 삶은 그저 무생명의 물질적 쾌락의 도구가 되었고, 무차별한 폭력의 대상이 되었습니다. 이 비참과 불의가 저는 단지 서구 페미니즘적 법적 정의의 회복만으로 치유되거나 해소될 수 없다고 봅니다. 더 근본적이고 세계관적인 전이가 요청되는데, 여기서 뜻밖에도 동아시아의 오랜 신유교적 '성'(性) 이해에서 그 한 가능성을 봅니다. 바로 오늘 우리 시간으로부터 그렇게 멀지 않은 조선 신유교의 성(性) 이해는 우리 시대에서와는 달리 그 성(性)이라는 언어로 오히려 우리 몸 안의 깊은 내재적 초월의 차원과 하늘 차원을 지시하면서 우리 몸과 감정, 성적 관계 등의 신체적 차원이 끊임없는 중용과 섬김, 삼감의 예(禮)로 함께 보살펴지는 일을 강조했기 때문입니다.

물론 그 보살핌[禮]의 실행 주체가 주로 남성이었고 당시 계급사회에서의 양반이기는 했지만, 오늘 그러한 역사적인 차별의 장애가 많이 가신 상황에서는 우리 모두 한가지로 스스로 우리 몸과 성(性)에 대한 존숭과 예(禮)의 일을 실행할 수 있습니다. 다시 말하면 오늘 우리의 깊은 병폐인 몸과 성(性)의 철저한 물화에 맞서서 다시 그 내재적 거룩성을 확보할 수 있는 길을 말하는데, 그것을 오늘 한국의 보수 교회에서처럼 세상 밖의 외재적 구원자에 기대서 하는 방식이 아니라 우리에게 더 오래된 동아시아 전통에서의 성(性)과 몸 이해로 가능해지도록 하는 일을 말합니다. 저는 이것이 더욱 더 진정한 주체와 자유의 길이라고 여기고, 이 길을 더욱 밝히는 데 애를 씁니다. 이 일은 앞에서 밝힌 대로 '한국적'(Korean)이라는 표제어 아래서 먼저 지금까지 서구 기독교가 독점해 온 신(神)과 거룩을 동아시아의 더욱 더 보편적인 초월의 이름인 '성'(聖)으로 해방시키고, 여기서는 또 다른 동아시아의 이름인 '성'(性)을 가져와서 우리 몸과 성(sex), 가족적 삶과 모성 등의 사적 삶의 거룩성을 회복하는 일입니다. 모두 제가 다른 말로 많이 이야기해 온 '聖(거룩)의 평범성의 확대'의 일이라고 생각합니다.

4. '믿음의 통합학'이라는 것

일찍이 20세기 서구 기독교 문명이 낳은 전체주의적 타락인 나치즘에 맞선 본회퍼는 "우리는 바라보면서 살지 않고, 믿음 속에서 살아갑니다. 역사가 존재하는 한, 언제나 그럴 수밖에 없습니다"라고 했습니다. 이것은 결국 삶의 '지속성'[誠]에 관한 이야기인데, 우리 삶과 역사가 지속하기 위해서는 결코 사실성만으로는 되지 않고 그 사실성 너머에 있는, 또는 근저에 있는 초월성에 대해 믿음이 요청된다는 것입니다. 그래서 사실성과 초월성, 세계와 하나님, 기(氣)와 리(理), 신(身)과 심[心, 性], 과학과 종교 등의 두 영역과 측면이 어떻게든 어우러져야 한다는 것, 그 함께 어우르고 연결되도록 하는 일, 이것을 한국信연구소는 계속해서 추구하고, 수행하고, 이루려고 합니다.

이를 우리 존재와 삶의 온 영역에서 밝히고 드러나도록 하는 일을 '불이성'(不二性)과 '지속성'이라는 의미의 세 번째 형용사 'Integral Studies'(통합학문)라는 말로 강조해 왔습니다. 또한 바로 '현장'(顯藏)이라는 말, '나타나고 또 감추어진'이라는 표현이 동아시아의 오랜 생명 표현인 '도'(道)나 '역'(易)의 본래를 지시하는 귀중한 언어라는 것을 알고 얻어 와서 그러한 저희 뜻을 표현하는 언어로 쓰고 있습니다. 이 우주, 만물, 아무리 하찮은 '물건'[物] 하나, 한 가지 '일'[事]에서라도 이 두 차원이 없지 않고 함께 있고, 그래서 우리는 그에 대한 진심 어린 존숭과 겸손[敬]을 보내야 한다는 것을 말합니다.

그런데 저는 오늘 21세기 인류 문명의 다원화 시대에서는 이 불이성, 또는 간단히 표현하면 우주와 만물의 초월성을 이제 어떠한 언어로 표현하느냐의 문제는 많이 열려졌고, 심지어는 한국 기독교의 배타적 유일신론적 보수성도 많이 금이 갔다고 생각합니다. 하지만 오늘 이 이름의 다양성이 불러오는 갈등보다 더 심각한 문제는, 기독교의 하느님 신앙도 포함해서 도무지 이러한 초월의 차원을 인정하는 일, 존재의 불이성을 드러내는 거룩성의 차원[敬]을 어떤 것이든 받아들이지 않는다는 것입니다. 즉 우리 시대의 핵심 관건은 더 이상 '신(神) 이야기(God-talk)'가 아니라 '신'(信), 곧 믿음과 신뢰, 용기의 이야기이고, 그래서 어떻게 하면 사람들이 그렇게 사실성과 더불어 초월성, 그 둘의 불이성을 깨닫고 믿을 수 있도록 할까의 문제라는 것입니다. 한국信연구소는 그 길을 찾아 나서고자 합니다.

무엇이 사람들로 하여금 그것을 믿지 못하게 하는지, 왜 우리 사이에서 신뢰와 믿음이 이렇게 어려운 일이 되었는지, 그와같은 것을 탐색하는 '믿음을 위한 통합학문'(Integral Studies for Faith)의 길을 가고자 하는 것입니다. 그런 의미에서 이 길은 예전 좁은 의미의 종교나 신학의 물음만이 아니라 우리 삶의 많은 영역의 일이 포괄되는 것을 말하며, 특히 거룩의 '성'(聖) 자(字), 우리 몸의 '성'(性)과 더불어 세 번째로 불러오고자 하는 '성'(誠)의 언어로 강조하고자 하는 교육과 문화의 차원을 중시하면서 '한국적 성·성·성(聖·性·誠)의 믿음의 통합학'을 밝히고자 하는 일입니다. 개소 예배에서 함께 읽은 '경(經) 앞에 바로 서기'에서의 믿음에 관한 여러 문단들은 주로 지금까지 써 온 제 글들에서 모아 봤습니다. 이제 우리를 '종'이라고 부르지 않으시겠다는 예수의 선언을 21세기 오늘 한국 땅에서 다시 한번 정직하고 진실되게 사실화해 보자는 의지, 그 예수보다 거의 4백여 년 전에 동아시아에 살던 맹자는 먼저 초월에 대한 믿음이야말로 사람들이 진정으로 원하는 것이고, 그것이 선(善)이며, 그 믿음은 바로 나에게서 나오고 내 몸에 두는 것이라는 사실을 밝혔습니다. 초감각적인 것이 먼저이고, 모든 형상적이고 감각적인 것은 거기서 나오는 것이지만 그것을 믿기 위해서는 감각의 몸으로 느끼고, 경험하고, 통과해야 하므로 이 감각의 기반이 참으로 긴요한 것을 강조하는 말들입니다.

그래서 누구에게나 따뜻하고 친밀한 가족이 필요합니다. 거기서 누구나 자신의 몸과 감정이 소중하게 대접받는 경험을 요청하고, 누구든지 이 지구라는 집에 태어났으면 모두가 평등한 주인이므로, 이곳의 선한 것을 공평하게 누릴 수 있어야 합니다. 그러므로 우리 사회의 기본 소득을 말하고, 또한 누구든지 살던 집을 떠나갈 때 함께 했던 가까운 사람들의 배웅을 따뜻하게 받을 수 있도록 죽어 가는 자의 고독을 다시 깊이 껴안는 사회적 효(孝)의 일 등이 모두 한국信연구소, 현장아카데미가 깊게 관심하는 일입니다.

5. 내 소원은 진정 착한 사람이 많아지는 것[所願善人多] —박원순 시장의 죽음의 시대에

글을 쓰고 있는 동안 박원순 서울시장의 서거 소식이 올라왔습니다. 다시 몸과 정신, 이 세상과 저세상, 사실성과 초월성, 법과 부끄러움, 명성과 내재, 사적 개인과 공적 사회 등의 관계의 문제라는 것이 드러납니다. 어쩌면 고인은 앞에서 언급한 『어떻게 더 높은 세계를 인식하는가?』의 저자가 이야기하는 삶과 죽음의 경계, 거기서의 첫 번째 수호령, 자신의 끔찍한 과거와 이미 자신이 사실로 만든 형상 앞에서 좌절한 것인지도 모르겠습니다. 그것을 견디고 넘어서 두 번째 수호령도 만나고, 거기서 다시 우리 시대의 불행에 대한 큰 책임감을 느끼고 스스로 이곳 세상으로 돌아올 때까지 인내의 일을 지속할 수 없었고, 우리 사회적 삶의 환경도 그것이 좀 더 수월하게 이루어지도록 함께 마련되지 못한 것이 너무도 안타깝습니다.

만약 그랬다면 우리 시대가 여전히 그 현현을 고대하고 바라는 진정한 소셜 디자이너 박원순 시장을 참으로 만날 수도 있었을 텐데, 정말 마음이 아프고, 한편으로 미안하고, 그의 남겨진 가족과 주변의 사람들이, 그들이 그와 어떤 관계를 맺고 살았든 모두 안쓰럽습니다. 그래서 지속성[誠], 믿음과 신뢰[信], 그것을 '하늘의 도'[天之道]라고 했고, 그것을 따르는 것을 '인간의 길'[人之道]이라 했으며, 한국信연구소가 우리 사이에서 누구든 이 길을 가는 일이 그렇게 홀로 외롭지 않도록 서로 이해하고[恕], 용서하고, 격려하고 이끌어주는 따뜻한 힘의 기반이 되었으면 좋겠습니다.

저는 그 일이 가능해지도록 우리 인간의 말을 들어서 그런 인간의 이야기에 봉사하는 집언봉사(執言奉辭)의 길을 가고자 합니다. 한나 아렌트 같은 사상가는 '사실'은 인간적인 행위를 통해서 비로소 완성되고 이루어지는 것[成]이라고 했습니다. 또한 "진실은 다른 사람과 공유하는 현실이 없으면 그 의미를 잃는다"라고 했습니다. 그런 맥락에서 저는 오늘 드리는 말씀을 다음과 같이 16세기 퇴계 선생의 말씀으로 마무리하고자 합니다: "내 소원은 진정 착한 사람이 많아지는 것이다"[所願 善人多]. 그러면서 동시에 저의 유가에서의 첫사랑 같은 16세기 양명 선생의 언어로 저의 속마음을 드러내고자 합니다:

> "저는 제 속의 착한 마음을 믿게 되었습니다. 그래서 저에게 옳은 것은 옳은 것이고, 그른 것은 그른 것이어서 이제부터는 더 솔직하고 과감하게 어떤 작은 것도 감추려 들지 않으면서 '광자'(狂者)와 같은 심경으로 천하의 모든 사람이 저의 행동과 말이 일치하지 않는다고 비난하더라도 꿋꿋하게 이 일을 지속해 보겠습니다."

5장

인류세와 한반도 종교

—함석헌의 『뜻으로 본 인류역사』를 읽고

1. 시작하며

오늘 우리는 과거 역사 공부를 하면서 예를 들어 고대가 지나고 중세가 왔으며, 중세가 지나고 지금의 현대가 왔다고 큰 주저함 없이 말하곤 한다. 그런데 사실 거기서의 전환이란 엄청난 것이었을 터이고, 후대 사람들은 그 구분을 뚜렷이 말하지만, 당시 전환기의 사람들은 대부분 그것을 잘 의식하지 못하고 그저 일상을 살았을 것이다. 오늘 우리에게 점점 더 빈번히 들리는 '인류세'(Anthropocene)라는 구분도 어쩌면 그렇게 될지 모르겠다. 지금 전(全) 지구적으로, 또는 전 우주적으로 큰 전환(the turning Point)의 시기라고 말하고 있지만, 보통사람들은 그렇게 실감하지 못한다. 그러다가 지난 몇 년간 혹독하게 겪은 코로나19 펜데믹이나 제3차 세계대전, 인류 핵전쟁의 위기 등이 거론되면서 같이 이야기되는 우크라이나 전쟁, 그리고 무엇보다도 점점 더 뚜렷이 목도되는 세계 기후위기와 생태 재난 앞에서 사람들은 이것이 무엇인가를 점점 주목하고 묻기 시작했다.

이와 같은 중차대한 때에 함석헌기념사업회에서 새로 펴낸 『뜻으로 본 인류 역사』는 시대를 크게 앞서는 그의 선각자적 의식과 그러한 시대의 전환과 함께 종교와 종교인의 역할이 무엇일 수 있을지를 다시 한번 깊이 성찰하도록 한다. 놀랍게도 선생은 이 글을 이미 1930년대에 시작하였다. 우리가 잘 알고 있는 대로, 『뜻으로 본 한국 역사』와 쌍을 이루는 이 책의 생각들이 나온 때는 한국 민족이 일제강점이라는 큰 고난의 현실에 놓여 있었고, 기독교는 주로 서구 선교사들의 근본주의 신앙에 경도되어 있었으며, 국제적으로는 만주사변과 유럽에서의 나치 등극 등, 인류 제국주의적 전체주의가 다시 제2차 세계대전으로 향해 가던 암울한 시기였다. 이때 선생은 김경재 교수님의 서문이 잘 밝히는 대로, 오늘도 대부분 기독인이 서로 연결을 잘 짓지 못하는 과학적 진화론과 기독교 신앙을 연결하였고, 가난한 식민지의 한 지성인이었지만 인류 국가주의와 제국주의를 비판하며 대안적 민족관과 국가관을 제시했다. 서구 현대 자본주의 비판, 고난의 문명사적 의미, 종교와 신(神)과 영성에 관해서 크게 열린 사고를 드러낸 것이다. 참으로 놀라운 선취성이다. 오늘 우리가 지구인으로서 '인류세'를 말할 때 거기서 동아시아 한국인으로서, 그리고 종교인으로서 나름의 경험과 지혜를 보태고자 할 때 큰 시사가 될 수 있다고 생각한다.

2. 지구 지질대의 새 이름 인류세

'인류세'(Anthropocene)라는 단어는 노벨상 수상자인 대기화학자 파울 크뤼천(Paul Crutzen)이 지난 2000년에 처음으로 공식적으로 썼다. 그는 한 학회의 소식지에 기고문을 냈고, 학술회의장에서 "우리는 인류세에 살고 있습니다!"[1]라고 외쳤다고 한다. 오늘의 과학적 진화론에 따르면 지구는 138억 년 전 거대한 폭발(빅뱅) 함께 시작된 우주에서 수십억 년이 흐른 후 약 45억 년 전 먼지와 기체가 응집되면서 온전한 행성으로 형태가 갖추어진 것이 말해진다. 거기서 최초의 생명체는 38억 년 전 박테리아로 나타났을 것이고, 4억 8000만년 전 생물의 서식지가 육지로 확장되었고 이후 엄청나게 다양한 형태로 진화했다. 그러나 그사이 수억 년에서 수천만 년 전 사이에 다섯 번의 대멸종 시기가 있었다고 하는데, 거기서 대부분의 생물종은 날지 못하는 공룡들처럼 완전히 멸종했다고 한다. 하지만 그런 가운데서도 6500만 년 전의 영장류에 이어서 280만 년 전 인간의 직계 조상인 '호모'(Homo) 속과 초기 인류인 '호모니드'가 출현해 석기를 만들고 불을 통제했으며, 30만 년 전에 호모 사피엔스가 출현했다는 것이 의미 있다.

지금 우리가 말하는 인류세는 45억 년 지구 지질시대의 구분 중 가장 최근에 해당하는 260만 년 전에 시작된 '신생대 제4기'의 '홀로세'(Holocene)에 연결된다. '완전히 최근'이라는 뜻의 홀로세는 지금으로부터 약 1만 1700년 전에 시작되어서 1만여 년 전 신석기 시대로의 전환기에 농경사회를 냈고, 약 5000년 전의 청동기 시대, 약 3000년 전의 철기시대부터 현재까지 걸쳐있다. 지구는 지난 260만 년 동안 여러 번의 추운 '빙하기'를 겪어 왔는데, 그러면서 지구가 따뜻해질 때 탄소를 방출하고 추워질 때는 탄소를 흡수해 보관하는 나름의 기후 역학 체계를 형성해 왔으며, 가장 최근의 홀로세는 상대적으로 따뜻해져서 얼음이 물러간 '간빙기'에 해당한다고 한다.

여기서 이러한 홀로세에서 인류세, 즉 인간 문명이 이렇게 오랜 시간에 걸쳐 형성된 지구 기후 역학 체계를 흔들 수 있을 정도로 능력이 거대해진

---

1 얼 C. 엘리스, 『인류세』, 김용진·박범순 옮김, 고유서가, 2021.

시기를 언제부터로 보는가는 학자들에 따라서 다르다. 지구를 보호하는 오존층 파괴나 세계적인 기후변화 등을 조사하면서 크뤼천은 인류세를 화석연료 연소로 인한 이산화탄소 배출과 연결해서 18세기 말 산업혁명과 함께 시작되었다고 본다. 하지만 다른 편에서는 그보다 먼저 초기 인류가 불을 통제하기 시작한 시기, 또는 농업이 시작된 1만 년 전 등을 들기도 한다. 이처럼 아직 인류세를 지구의 새로운 지질시대로 공식 인정하는 문제에 있어서 논의가 많고 세부사항에서 차이가 나지만, 그러나 오늘 인류세가 점점 더 하나의 '보편 이야기'가 되는 것을 보면, 인류 문명이 지구 시스템에 점점 더 "거대한 가속"으로 영향을 미치고 있다는 사실 앞에는 모두가 겸허히 고개를 숙이는 것 같다.

3. 함석헌의 하느님 존재 증명과 우주의 시작

함석헌 선생은 이미 자신 책의 서언으로 "세계사는 우주적 역사다"라고 선언하였다. 그러면서 역사라고 하면 인간의 일인 줄만 알기 쉽고, 인간의 역사는 단지 인간이나 지구만의 역사라 생각하기 쉽지만, "사람은 우주적 산물이요, 우주를 대표하는 자요, 우주에 향하여 도전하는 자이기 때문에 인사(人事)는 인사만으로 달아서 알려지는 것이 아니요, 우주적 대국을 보는 큰 눈을 가지고 우주와의 산 관련에 있어서 달아서만 알 수 있는 것이다"[2]라고 밝힌다. 대단히 웅대한 관점이다. 이후 선생은 이렇게 지구도 넘어선 범 우주적인 시각에서 당시 그가 얻을 수 있었던 여러 지질학적 정보와 생명현상과 인간 문명의 전개에 관한 지식을 모아서 '진화'의 관점에서,

2 함석헌, 『뜻으로 본 인류역사』, 함석헌기념사업회, 2023, 23쪽.

그러나 그것이 좁은 의미의 과학적 진화론이 아니라 그 안에서 다시 성서와 종교의 '뜻'을 찾는 사유와 신앙의 의미론을 펼쳐낸다.

그는 "진화란 진보는 아니다. 변화다"라고 하고, "이 우주는 알이다. … 이 대우주는 생명의 일대 큰 알[巨卵]이다"라고 말한다. 이것은 온 우주의 생명성과 살아 있음, 그 끝없이 되어감의 역동성 대한 깊은 신뢰와 직관을 밝힌 것이다. 그는 "역사상의 시대를 나눔에 기계적 방법으로만 만족하는 것은 역사를 가지고 생명의 일로 알지 않기 때문이다"[3]이라고 일갈한다. 이 말은 그가 온 우주의 일이란 살아 있는 '생명'의 일이고, 그래서 거기에는 탄생과 자람과 사라짐이 있으며, 또한 그러므로 거기에는 분명 그 변화의 '목적'이 있을 수 있다는 것을 언명한 것이다. 그 일을 "생명은 항상 보다 높은 자유로 향하여 나가지 않았던가?"라고 말하고, 알에서 깨어나 더 큰 자유로 나아가는 일, 또 다르게 말하면 좀 더 인간적으로 "인격의 구성"이라는 말로도 밝힌다. 이렇게 선생이 인류 역사와 우주를 이해하는데 그것이 단지 과학적 분석의 일이 아니고 "정신적·해석학적" 일이라는 것을 강술하며, 그래서 거기서 '뜻'을 찾고, 성서와 종교의 일과 과학과 진화론의 일을 "종합"하려는 시도는 주목할 만하다. 그 일을 위한 선생의 '하느님' 존재 증명은 깊은 논리를 담보하고 있다.

선생은 오늘의 과학자가 생명의 기원을 추론하는 일을 어린아이가 자신의 탄생 시의 경험을 그 어머니가 말해주지 않고도 알 수 있다고 하는 것과 마찬가지라고 본다. 즉 어떤 어린아이라도 어머니나 그보다 먼저 태어난 어떤 이의 설명이나 이야기를 듣지 않고는 자신의 처음 때를 알 수 없다.

---

3 같은책, 42쪽.

그런데도 다 안다고 주장한다면 그것은 어리석고 위험한 일이 될 수 있는 것처럼, 그렇게 오늘의 과학자가 생명의 물질적 현상을 관찰하여 그 근원을 추정하여 생명의 모든 것을 알 수 있는 것처럼 하면 그것은 매우 위험천만하다는 것이다.[4] 다시 말하면 이러한 인간 '탄생성'의 조건에 대한 관점은 모든 인간 인식과 이해의 '선험적 조건성'과 한계, 상대성을 인정하는 일이고, 그것이 무엇보다도 중요하다는 것을 강하게 밝힌 것이라 할 수 있다.

그런 가운데서 선생은 하느님이란 우리가 잘 아는 유명한 출애굽기 3장 14절의 모세 이야기를 가져와서 "하나님은 자기를 있으려 하여서 있으려 하는 자"로 밝힌다. 여기서 우리가 지금까지 한국 성서 번역에서 많이 들었던 '스스로 있는 자'라는 정태적 해석을 지양하고 두 번이나 "있으려 하여서" "있으려 하는"이라는 표현을 쓰는데, 그것은 선생이 얼마나 하느님의 '능동성'과 '창발성', '생명성'을 드러내려고 하는가를 알게 한다. 한마디로 하느님을 '살아 있는 생명의 영', 동아시아적 전통의 언어로 하면 '생리'(生理)로 말하기 위함이라고 나는 이해한다. 다시 더 말해 보면, 바로 '천지의 낳고 살리는 마음과 원리', 즉 '천지생물지심'(天地生物之心/理)을 말씀하려는 것이라는 파악이다. 그래서 만물은 그 안에 항상 "있으려는" 마음과 원리를 가지고, "있으려 하는"것이기 때문에 "생명은 그 본질로서는 있는 자나 역사적으로는 항상 있으려 하는 자다"라는 말의 증거가 된다. 그러므로 온 우주 존재의 역사는 "생명이 있으려 하는 데서 물질이 나오고, 식물·동물이 나오고, 세계가 나온다"라는 것이 진리라는 것이다.[5]

---

4 같은 책, 66쪽.

5 같은책, 125쪽.

4. 일반과학적 진화론의 '역(逆)순'으로서 함석헌 '정신'[理]이해

"생명이 있으려 하는 데서 물질이 나오고, 식물·동물이 나오고, 세계가 나온다"라는 말은 매우 전복적인 선언이다. 함 선생 자신도 지적하였지만, 하느님을 '있으려 하여서 있으려는 자', 다른 말로 하면 '살아 있는 창조의 원리'[生理]로 파악하여서 우주 만물의 기원으로 본다는 것은 우리가 보통 듣듯이 과학적 진화론자나 지금 서구에서 현 인류세 위기를 돌파하고자 크게 유행하는 신유물론적 실재론과는 다른 방향을 지시하는 것이다. 그것은 오히려 "본말이 거꾸로" 되어서 함 선생은 '정신'[理·靈]을 낳는 하느님이 먼저이고, 그 정신이 물질을 내고, 생물들을 내며, 온 우주를 정신화, 영화(靈化)할 것이라는 전망을 나타낸 것이다.

나는 이것이 더 실재적이라고 생각한다. 아니 더 세밀히 말해 보면 서구 현대에서 진화론과 기독교 신앙을 화해시키는 데 선구적 역할을 한 떼야르 드 샤르댕(Teilhard de Chardin, 1881-1955)의 언어대로, '정신과 물질이 따로 있는 것이 아니라 정신으로 되어 가는 물질이 있을 뿐이다'라는 것이 더 정확한 언술일 것이다. 이렇게 정신[理]과 물질[氣]이 불이적(不二的)으로 있어서 서로 떨어져 있지 않지만[不相離], 그러나 그럼에도 불구하고 그 둘이 무조건으로 그냥 하나라거나 섞으려 해서는 안되고[不相雜], 정신(하나님의 영 또는 생리)이 끊임없이 물질을 현현 시키려("있으려") 하면서 그 안에 생명의 이치[理·靈]나 도(道)로서 함께하는 것이라 할 수 있다. 물질[氣(존재)]이 있다는 것은 바로 그 생명의 영과 하나님이 안에서 활동하시는 것의 증거라는 것을 말하려는 표현이라고 나는 이해한다.

이런 맥락에서 함 선생은 "어류·파충류·포유류가 인류를 낳은 것이 아니요, 인간적인 것이 도리어 그 모든 것의 존재 근원이다"[6]라고 발언하셨다. 이것은 내가 보기에 마치 예전 퇴계 선생이 당시 기고봉(奇大升, 1527-1572)이 리기(理氣)의 관계를 기(氣, 물질) 주도적으로 보면서 둘을 쉽게 하나로 섞으려는 병폐에 빠진다고 경계하신 것과 유사하다고 생각한다.[7] 함석헌 선생의 언어로 다시 말하면 우주 진화와 역사에서의 '뜻'을 놓치지 않으려는 것이었고, 퇴계 선생의 의미에서 보면 '리'(理)와 '천'(天)의 차원을 함몰시킬 수 없다는 의지였다고 나는 이해했다. 함 선생은 역사에서 뜻에 대한 감각을 잃는 것을 괴테의 파우스트가 지성주의(과학 또는 氣 주도성)라는 악마의 유혹에 빠진 것과도 비유하면서 "저희가 지성주의로 달아난 때에 역사는 말씀에서 의지로, 의지에서 사업으로 타락하였고, 그 순간 악마에 의하여 정문(頂門)에 일침을 맞은 것이다"라고 매우 상징적이고 시사적으로 말씀하였다.[8] 여기서 '의지'라는 말은 서구적 근대 문명의 자아 중심주의, 개인적 주관주의, 인간중심주의 등이라고 할 수 있다. '사업'이라는 말은 오늘 인류 문명의 자본주의 국가나 공산주의 국가가 차별 없이 빠져있는 산업과 경제 제일주의, 실리주의, 성장 우선주의 등을 비판하는 언어라고 할 수 있겠다.

5. 인류세 이해의 새로운 토대와 함석헌의 정신과 영[理·靈]

이렇게 함 선생이 우주 존재 원리를 물질이나 기(氣)로 보지 않고 '있으

---

6 같은 책, 126쪽.

7 이은선, 「퇴계 사상의 신학(信學)적 확장-참 인류세 세계를 위한 토대(本原之地) 찾기」, 『퇴계학보』 153집, 2024.04, 133쪽 이하.

8 같은 책, 27쪽.

려 하여서 있으려는 자'의 살아 있는 정신과 영, 또 다르게 말하면 '생리'(生理)로 본 것은 오늘 우리 주제가 되는 인류세를 다르게 전망하는 데 좋은 근거가 되고, 근본적인 지지대로 역할할 수 있다고 나는 생각한다. 요사이 우리가 많이 들었듯이, 오늘 지구 지질대의 이름을 바꾸어야 할 정도로 근대 인류 문명이 지구 생명체에게 반(反)생명적이어서 대부분 인류세를 말할 때 부정적인 의미로 논하고 있다. 그런 맥락에서 지구 생명 대멸종과 더불어 그 인류세를 말하고, 인간종 없이도 지구 생명체는 계속 유지되면서 인간종의 멸종을 오히려 새로운 시작으로 말하기도 하고, "우리-없는-세계(world-without-us)라고 부르는 것을 적극적으로 탐구"해야 한다는 주장의 근거가 되기도 한다.[9]

그러나 과연 그럴까? 설사 그럴 수 있다 하더라도 그렇다면 여기 지금의 인간과 인간 문명에게 남은 일은 그저 손 놓고 대 멸망을 기다리든가, 아니면 그때까지 더욱 더 최대한의 개별적 쾌락을 추구하든가, 또 아니면 절대 무의미의 진공 속에서 더할 수 없는 허무주의자가 되는 길밖에 남아 있지 않게 되는데 그것이 과연 우리 인간이 가야 할 길인가? 이에 대한 다른 길로서 나는 함 선생이나 조선 정신의 리(理) 의식이 역설하는 것처럼 이 세상에 현현한 모든 물질(존재)은 그 안의 '있으려 하여서 있으려는' 정신과 영의 구조물과 열매이고, 그 정신은 낳고 살리는 힘으로서, 그래서 물질은 단순히 죽어있는 것이 아니라 '살아 있는 생명체'로 이해하는 길을 주장한다. 그러므로 존귀하게 대하고, 그와의 관계를 서구 생태학자 토마스 베리가 강조하듯이 '주체 대 주체의 관계, "주체들의 친교"(communion of

---

9 스티븐 샤비로, 『사물들의 우주-사변적 실재론과 화이트헤드』, 안호성 옮김, 갈무리 2021, 130쪽.

subjects)로 보는 일로서, 그것이 훨씬 더 생명적이고, 인간적이며, 영적이고 종교적이지 않은가 생각한다.[10]

이렇게 본다면 '주체'라는 의식과, 상대를 주체라고 인지할 수 있는 자기 반성의 인간 정신과 인간성[仁]은 물질의 맨 나중의 현현이 아니라 오히려 이미 처음에 모든 물질의 내재와 씨올로 선재하는 것으로 보아야 한다. 곧 그것이 지향점이 되어서 오늘의 인류세를 이끌 토대와 지향점이 되는 의미이다. 그렇다면 인간 의식의 현재적 부정적인 현현으로 그 인간성 자체를 별 의미가 없거나, 또는 있으나 마나 한 것으로 한쪽으로 치우고자 하는 것은 섣부르고 잘못된 생각이라고 말하고자 한다. 함 선생은 인류가 지구의 빙하와 더불어 그 역사를 같이 한다고 할 수 있다고 지적하면서 인류의 한 조상인 네안데르탈인은 제4 빙하기의 그 어려운 시기를 근 10만 년 동안 살아왔다는 탐구 결과를 언급한다.[11] 또한, 현대 서구인지학자 루돌프 슈타이너(Rudolf Steiner, 1861-1925) 같은 사상가는 지구 땅이 인간 몸의 시신을 계속 받지 않았다면 오늘과 같은 고도의 정신적 진화를 이루지 못했을 것이라고 언술했다. 즉 인간 '정신'[理]이 담지되어 있던 인간 몸은, 아니 다시 말해보면 인간 정신과 몸이 하나로 현존하였을 때가 지나서 그 몸이 땅에 묻히게 되었을 때라도 거기서 인간 몸은 다른 동물 몸이나 식물, 광물이나 기계의 몸과는 다르다는 것이다. 그러한 인간 몸이 없이 지구 생명이 지속할 수 없다는 것이고, 그런 뜻에서 인간 문명의 사라짐이 지구에게 결코 아무것도 아닌 것이 아니라는 의미이다.

---

10 메리 에벌린 터커 외, 『생태 사상의 선구자 토마스 베리 평전』, 이재돈·이순 옮김, 파스카, 2023, 347쪽.

11 같은 책, 141쪽.

6. 리기(理氣) 통합적 문명 이해와 종교

이러한 맥락에서 함 선생이 인류 역사와 문명의 진화에서 지리(地理)라든가 인종, 민족, 국가 등을 해석하는 시각이 무척 흥미롭고 의미 깊다. 우리가 오늘 특히 과학의 시대에서는 한 사람의 외모나 정체성, 성격 등을 밝힐 때 쉽게 듣는 설명으로 지리나 인종, 민족 등 외적 요인들을 들어서 말한다. 그러나 선생은 그러한 설명은 매우 "유물론자류"의 것이라고 일갈한다. 그러면서 예를 들어 지리가 역사의 원인이 된다고 생각해서는 안 되는데, 오히려 "지리는 원인이 아니요, 무대와 마찬가지로 재료"일 뿐이라는 것이다.[12] 이와 마찬가지로 인종이나 민족, 국가 등도 그렇게 보는데, 하지만 그러면서도 동시에 "국가는 결코 방편이 아니다. 생활을 위한 방편이 아니다. 국가 생활 그 자체가 하나의 가치이다"라고 밝힌다.[13] 즉 그것은 지리나 인종, 민족, 국가 등의 외적 조건과 그 다양한 분포를 결코 생명 삶을 위한 '절대'로 보지는 않지만, 그러나 오늘 우리가 또 다른 사유의 장에서 쉽게 하는 것처럼 그것을 아무것도 아닌 것으로 간단히 한쪽으로 치워 버릴 수 있는 것이 아니라는 강조를 하신 것이다.

그보다는 그 자체가 가치이며, 그 다양성과 분화와 현현의 의미[氣]를 지적하신 것을 말한다. 다시 말하면 그가 얼마나 정신과 물질, 영과 몸, 리(理)와 기(氣)의 통합적인 사상가인가를 드러내 준다는 것이다. 그는 인종은 "인종을 이기기 위한 인종"이고, 민족은 애증의 감정으로서 "사랑의 깊은 맛"을 배우고, 참된 사해 동포의 이념이 그 가운데서 나오는 '민족을 넘어서

12 같은 책, 186쪽.

13 같은 책, 208쪽.

기 위한 민족'이라고 본다.[14] "진실한 종교를 위해서 건전한 국가는 필요하다"라는 것이고, 이것은 그가 일[一·理]과 다[多·氣]의 불이적 관계를 깊이 숙지하는 모습이라고 나는 이해한다. 단순한 민족주의나 국가 중시가 아니라, 그리고 또한 쉬운 탈민족주의가 아니라 역동하고 살아 있는 실재로서의 민족이나 국가, 인류를 이해하는 것을 말한다.

7. 참 인류세를 위한 지향과 한반도 종교의 역할

함 선생은 우리가 익히 들었듯이 조선 역사를 '고난'의 역사로 본 것처럼 세계 역사도 마찬가지라고 인정한다. 그는 우주를 거대한 '알'로 보아서 그 알에서 생명이 탄생하고, 새로운 전환과 변화가 있으려면 기존의 껍데기가 깨어지고 부서지는 고통과 포기가 있어야 한다고 보았다. 그와 마찬가지로 "모든 위대한 변화의 순간은 희생의 순간이다"라고 앞의 토마스 베리도 지적한다. 이처럼 지금 인류 문명의 현실은 새로운 시간과 공간을 위해서 어떤 막대한 고난과 희생 앞에 놓여있는지 모르고, 그것을 쉽게 가늠하기 어렵다. 하지만 또 한편으로 이 현실을 "자연을 통한 계시에 눈뜨라는 영웅적 소명"을 깨닫는 시기로 본다면[15] 상황은 훨씬 더 달라질 것이다.

함 선생은 인류의 역사가 정신의 역사인 이상 결국 "종교의 역사"라고 선포하신다.[16] 그리고 모든 사상의 절정에는 신(神)이 앉는 바, 고상한 도덕은 종교사상 없이 있을 수 없고, 고상한 도덕 없이 문명의 발달은 있을 수 없

14 같은 책, 201쪽.
15 토마스 베리, 같은 책, 409쪽.
16 같은 책, 234쪽.

다고 역설하신다. 그러면서 결국 기독교 인격 신관을 인류 종교의식의 정점으로 보는 입장을 드러내신다. 하지만 그도 "문제의 중심이 근원에서 구조로 옮겨진 것이다"[17]라는 말을 했다. 그리고 이 말이 그가 '하느님'이라고 고백하는 초월적 기원이 점점 더 내재의 '구조'로 자리를 옮겨 앉는 것이 진화의 방향이라는 것을 인정하는 뜻이라고 이해하면, 나는 지금까지의 서구 인격신적 하느님 이름보다는 앞에서 함께 언급한 동아시아 종교 전통의 생리(生理)나 리(理), 역(易), 도(道) 등의 언어가 새로운 시대를 위한 종교에서 더 적실한 이름일 수 있다고 생각한다. 선생은 유교·도교의 중국이나 불교의 인도에 비해서 "우리나라 종교, 틀려먹어서"라는 말을 한다. 즉 이웃 나라들이 종교적 사유의 심각성을 이룬 데 반해서 한국은 그렇지 못했다는 것이다. 하지만 나는 그렇게 생각하지 않는다. 오히려 이제 한국의 역할이란 이 인류세 문명이 오기까지 지구 땅에서 태동한 지구 동서의 온 종교들을 함께 통섭해서 지구 생명체 모두를 위한 하나의 '보편 종교'(a common religion)로 거듭나도록 하는 일에 놓여 있다고 보는 바이다.

그래서 그 토대에 근거해서 앞으로의 시간을 '좋은 인류세', '참된 인류세'로 나아가게 하는 일이라고 보는데, 지금 이 지구상에 한국 땅에서만큼 오늘도 인류의 제반 종교들이 여전히 어깨를 나란히 하고 함께 역동하는 곳이 없기 때문이다. 또한, 함 선생도 맹자의 말을 빌려서 '생어우환(生於憂患) 사어안락'(死於安樂)이라고 했듯이, 고난 속에서 참된 생명이 꽃피는 것처럼 그동안 한국 민족이 겪어온 역사의 고난과 지금 21세기 남북으로 분단된 한반도가 오늘 세계 갈등과 혐오, 싸움의 최전방에서 맞닥뜨리고 있는 극심한 고난과 위기의 처지가 결코 무의미하지 않다고 믿기 때문이다.

---

17 같은 책, 48쪽.

8. 마음속 사랑[仁]의 불을 지닌 인동설(人動說)의 시공으로

오늘 인류세를 말하는 우리 시대의 변환을 '제2의 차축 시대'라든가 제2의 코페르니쿠스적 전환기, 또는 인간이 첫 번째 불을 발견한 것에 비유해서 두 번째의 불을 발견한 것으로 말하기도 한다. 나는 거기서 그 '두 번째 불이'란 바로 우리 가슴속의 '사랑'[仁]의 불이고, 우주의 온 존재를 고유하게 주체로 보는 '영적 감수성'이며, 심지어는 우리가 제조한 무생명이라고 여기는 기계조차도 생명으로 보는 다른 차원의 깊은 '호혜적 공감력'이라고 여기고자 한다. 예전 불을 처음 발견한 인류가 그 불의 지혜로운 사용과 서로 간의 선물적 나눔으로 놀라운 인류 문명의 창조자가 되었듯이, 두 번째 우리 마음 안의 사랑과 자비, 인내의 인간적 불을 통해서 인간은 더욱 더 놀라운 우주적 창조자가 될 수 있다는 의미이다.

그러한 일을 할 수 있는 사람을 우리는 '포스트 휴먼'(post-human)이라는 이름으로 부르기도 하고, '신인'(神人)이라고 말하기도 하며, 또 다르게 보면 이제 '천동설'(天動說)과 '지동설'(地動說)의 시간을 보내고 각 사람이 자신 안에 스스로 고유한 우주적 불[各具一太極]을 지니고 스스로가 우주의 중심이 되어서 살아가는 '인동설'(人動說)의 시공으로 나아가는 것이라 말해 볼 수 있다.[18] 앞의 샤르댕의 언어로 하면 온 우주를 '신(神)의 영역'(le milieu divine)으로 확장해 나가는 것이라 할 수 있고, 퇴계 선생의 언어로 하면 "이 땅의 모든 것이 하늘"[地上皆天]이라는 것을 아는 일이라고도 할 수 있겠다. 곧 '거룩[聖]의 평범성'을 확대하는 일로서, 그래서 이제 우리에게 관건이 되

---

18 이은선, 「참된 인류세(Anthropocene) 시대를 위한 이신(李信)의 영(靈)의 신학」, 『李信의 묵시의식과 토착화의 새차원』, 동연, 2021, 172쪽 이하.

는 일은 그 목표를 어떤 이념[神]으로 부르는가의 일[神學]보다는 어떻게 그 목표를 여기 지금에서 잘 깨닫고, 느끼고, 믿고, 실행해내느냐의 일인 '신학'(信學)의 일이라는 것을 말한다.

이 인간적 언어[人+言]와 믿음의 일[信]에 힘쓰면서 지금까지 우리가 겪었던 트라우마나 시련과 고통의 시간을 넘으며 우리 안의 생명과 사랑의 불을 함께 잘 지펴 간다면, 오늘의 대멸종 이야기를 우리는 또 다른 우주의 새 창조와 새 생명의 이야기, 또 새롭게 말하면 '다시개벽'의 이야기로 꾸며 나갈 수 있다. 오늘 우리 모두는 그 일에로 불리어졌다는 것을 안다.

참고문헌

『주역』

『논어』

『맹자』

『대학』

『중용』

『효경』

『퇴계선생문집』

『퇴계선생속집』

『퇴계집』, 이황 · 이이, 한국의 유학사상 삼성세계사상 1, 윤사순 · 유정동 역, 삼성출판사, 1993.

이황, 『자성록/언행록/성학십도』, 고산 고정일 역해, 동서문화사, 2018.

최영진/이황, 『퇴계 이황』, 살림, 2019.

이황, 『성학십도聖學十圖』, 이광호 옮김, 홍익출판사, 2001.

이황/이광호 옮김, 『퇴계집-사람됨의 학문을 세우다』, 한국고전번역원, 2017.

강경현, 「퇴계 이황의 리(理)에 대한 해석의 갈래-'리동(理動) · 리발(理發) · 리도(理到)' 이해를 중심으로」, 『泰東古典硏究』 제39집, 2017.12.

곽진상, 한민택, 『빛은 동방에서-심상태 몬시뇰 팔순기념 논총』, 수원가톨릭대학교출판부, 2019.

권오봉, 『가서(家書)로 본 퇴계의 삶과 사상』 上 · 中 · 下, 삼보문화재단, 2020.

김상준, 『붕새의 날개, 문명의 진로-팽창문명에서 내장문명으로』, 아카넷, 2021.

김상현, 「이황의 격물론에 대한 새로운 이해-주체 · 객체 상호 작용으로서의 인식론」, 『철학논총』 제75집 제1권, 2014, 새한철학회.

김선하, 『아브젝시옹과 성스러움-줄리아 크리스테바와 폴 리쾨르로 프로이트 넘어서기』, 늘봄, 2021.

김성리, 박일준, 손원영, 신익상, 심은록, 『환상과 저항의 신학: 이신(李信)의 슐리얼리즘 연구』, 동연, 2017.

김숨, 『숭고함은 나를 들여다보는 거야-일본군 위안부 김복동 증언집』, 현대문학, 2018.

김용옥, 『동경대전 1-나는 코리안이다』, 통나무, 2021.

김용옥, 『동경대전 2-우리가 하느님이다』, 통나무, 2021.

김용옥, 박맹수, 백낙청, 「특별좌담 다시 동학을 찾아 오늘의 길을 묻다」, 『창작과 비평』 193 제49권 제3호, 2021.

김용옥, 『도올의 마가복음 강해』, 통나무, 2019.
김종석, 『퇴계학의 이해』, 일송미디어, 2001.
김형찬, 「퇴계의 양명학 비판과 조선 유학의 성립」, 『퇴계학보』 제148집, 2020.
김형찬, 「조선 유학의 理 개념에 나타난 종교적 성격 연구-退溪의 理發에서 茶山의 上帝까지」, 『철학연구』 제39집, 2006.
김홍철, 「한국 그리스도의 교회 성장사」, 한국목회대학원 석사학위 논문, 1986.
김흥호, 『주역강해』 券二, 김흥호 전집, 사색, 2003.
담사동, 『인학仁學』, 임형석 옮김, 산지니, 2016.
류승국, 『한국사상의 연원과 역사적 전망』, 유교문화연구총서10, 유교문화연구소, 2008.
박종혁, 『한 말 격변기 해학 이기의 사상과 문학』, 아세아문화사, 1995.
변선환 아키브, 『3.1정신과 '이후以後' 기독교』, 모시는사람들, 2019.
변선환 아키브, 『동서 종교의 만남과 그 미래』, 모시는사람들, 2010.
변찬린 술(述), 『성경의 원리』, 문암사, 1979.
3·1운동백주년종교개혁연대 편, 『3.1운동백주년과 한국 종교개혁-우리 시대의 독립을 다시 묻는다』, 모시는사람들, 2019.
양재학, 『김일부의 생애와 사상』, 상생출판, 2020.
오철우, 『슈뢰딩거의 생명이란 무엇인가』, 사계절, 2022.
왕만하, 「퇴계의 주돈이 사상 계승적 측면」, 『퇴계학보』 제149집, 사단법인 퇴계학연구원 2021.06.
유권종, 「퇴계의 『천명도설』 연구」, 『공자학』 제9호.
윤성범, 『孝』, 서울문화사, 1973.
윤성범, 『誠의 신학』, 서울문화사, 1972.
이경 엮음, 『이신 목사 유고 목록』, 미간행, 한국信연구소, 2021.
이규성, 『중국현대철학사론-획득과 상실의 역사』, 이화여자대학교출판문화원, 2020.
이규성, 『최시형의 철학』, 이화여자대학교출판부, 2011.
이기동, 정창건 역해, 『환단고기(桓檀古記)』, 도서출판 행촌, 2019.
이동준, 「학산전집해제를 대신하여」, 『학산 이정호 연구』, 학산이정호연구 간행위원회, 2021.
이동희, 『화이트헤드의 과정철학과 조선조 성리학』, 심산, 2020.
이솔, 『이미지란 무엇인가』, 민음사, 2023.
이신, 『李信 詩集 돌의 소리』, 이경 엮음, 동연, 2012.
이신, 『슐리얼리즘과 영靈의 신학』, 이은선 · 이경 엮음, 동연, 2011.
이신, 『산다는 것 · 믿는다는 것』, 기독교문사, 1979.
이원진, 「퇴계의 성학십도, 가상현실VR과 만나다」, 『개벽의 징후』, 모시는사람들 2020.
이은선 이정배 심은록 외 8인, 『李信의 묵시의식과 토착화의 새 차원』, 동연, 2021.
이은선, 『동북아 평화와 聖 · 性 · 誠의 여성신학』, 동연, 2020.

이은선, 『사유하는 집사람의 논어 읽기』, 모시는사람들, 2020.
이은선, 『세월호와 한국 여성신학-한나 아렌트와의 대화 속에서』, 동연, 2018.
이은선, 『통합학문으로서의 한국 교육철학』, 동연, 2018.
이은선, 『다른 유교 다른 기독교』, 모시는사람들, 2016.
이은선, 『생물권 정치학 시대에서의 정치와 교육-한나 아렌트와 유교와의 대화 속에서』, 모시는사람들, 2015.
이은선, 『한국 생물生物여성영성의 신학: 종교聖 · 여성性 · 정치誠의 한몸짜기』, 모시는사람들, 2011.
이은선, 『한국 여성조직신학 탐구-聖 · 性 · 誠의 여성신학』, 대한기독교서회, 2004.
이은선, 이정배, 『현대이후주의와 기독교』, 다산글방, 1993.
이은선, 「퇴계 사상의 신학(信學)적 확장-참 인류세 세계를 위한 토대[本原之地] 찾기」 I, II, 『퇴계학보』 153집, 2023.06, 133-180/154집, 2023.12, 49-86, 사단법인퇴계학연구원.
이은선, 「코로나 팬데믹 이후 종교와 교육-한국 信學과 仁學의 관점에서」, 『종교교육학연구』 2021.07.Vol.66, 한국종교교육학회, 97-113.
이은선, 「易 · 中 · 仁과 한국 신학(神學)의 미래-신학(神學)에서 신학(信學)과 인학(仁學)으로」, 『기독교사상』, 2022. 03, 통권 759호.
이은선, 「우리 시대 인물위기(認物爲己)의 병과 그 치유-유교와 기독교의 대화 관점에서」, 〈퇴계아카데미 봄 강연, 퇴계 사상에 비추어 본 현대인의 삶과 극기복례(克己復禮)〉, (사)퇴계학진흥회, 2021.
이은선, 「해학 이기의 신인(神人/眞君)의식과 동북아 평화」, 『유학연구』 제50집, 충남대학교 유학연구소, 153-208. 2020.02.
이은선, 「다른 유교, 다른 기독교-지성, 인성, 영성의 통섭에 대하여」, 2015-12(42호), 한국양명학회.
Lee Un-Sunn, "What Make Human Beings Still Human in our Post-human era-Confucian Feminism and the Other Christology," Collection of Lectures, East-West Theological Forum, 3rd Conference, 23-25 May 2013, Seoul, Methodist Theological University.
이정배, 『유영모의 귀일신학』, 밀알북스, 2020.
이정배, 『생태영생과 기독교의 재주체화』, 동연, 2010.
이정호, 『원문대조 국역주해 정역』, 아세아문화사, 1996.
임종수 외, 『효孝와 경敬의 뜻을 찾아서』, 서울: 문사철, 2019.
정도원, 『퇴계 이황과 16세기 유학』, 도서출판 문사철, 2010.
조성환, 『한국 근대의 탄생』, 모시는사람들, 2018.
조성환, 이병한, 『개벽파선언』, 모시는사람들, 2019.
조성환, 『하늘을 그리는 사람들-퇴계 · 다산 · 동학의 하늘철학』, 소나무, 2022.
조성환, 허남진, 「인류세 시대의 새로운 존재론 모색-애니미즘의 재해석과 이규보의 사물인식을 중심으로」, 『종교교육학연구』 제66호, 2021.

조재형, 『초기 그리스도교와 영지주의』, 동연, 2020.
주희, 『인설』, 임헌규 옮김, 책세상문고 026, 2014.
차정식, 「생성기 기독교의 '부활' 신앙 모티브와 그 전개 과정-신약성서 자료에 대한 '발전론적' 분석을 중심으로」, 『신학과 사회』, 33(4), 2019.
최봉근, 「退溪의 '天命圖說'에 비친 理의 全一的 生命性」, 『양명학』 2004-02(11). 한국양명학회.
함석헌, 『뜻으로 본 인류역사』, 함석헌기념사업회, 2023.
함석헌, 『뜻으로 본 한국역사』, 함석헌 전집 1, 한길사, 1986.
함석헌, 『새 시대의 종교』, 함석헌 저작집 14, 한길사, 2009.
현상아카데미 편, 〈환상과 저항의 신학: 이신(李信)의 슐리얼리즘 연구〉, 동연, 2017.
황상희, 「퇴계의 태극론 연구」, 『퇴계학논집』 제16호, 영남퇴계학연구원, 2015.
그레고리 라일리, 『하느님의 강-그리스도교 신앙의 원류를 찾아서』, 김준우 역, 한국기독교연구소, 2005.
그레이엄 하먼, 『네트워크의 군주-브뤼노 라투르와 객체지향 철학』, 김효진 옮김, 갈무리 2019.
그레이엄 하먼, 『비유물론』, 김효진 옮김, 갈무리 2020.
니콜라스 A. 베르댜예프, 『노예냐 자유냐』, 이신 옮김, 늘봄, 2015.
N, 베르쟈예프, 『인간의 운명』, 이신 옮김, 현대사상사, 1984.
로즈마리 류터, 『신앙과 형제 살인-반유대주의의 신학적 뿌리』, 장춘식 옮김, 대한기독교서회, 2001.
릭 돌피언 · 이리스 반 데어, 『신유물론』, 박준영 옮김, 교유서가, 2021.
메리 에벌린 터커 외, 『생태 사상의 선구자 토마스 베리 평전』, 이재돈 · 이순 옮김, 파스카, 2023.
브루노 라투르, 『지구와 충돌하지 않고 착륙하는 방법-신기후체제의 정치』, 박범순 옮김, 이음, 2021.
브루노 라투르 외, 『인간 · 사물 · 동맹』, 홍성욱 엮음, 2010.
셰리 램보, 『성령과 트라우마-죽음과 삶 사이, 성토요일의 성령론』, 박시형 옮김, 한국기독교연구소, 2019.
시노하라 마사타케, 『인류세의 철학』, 조성환 외 옮김, 모시는사람들, 2022,
스티븐 샤비로, 『사물들의 우주-사변적 실재론과 화이트헤드』, 안호성 옮김, 갈무리, 2021.
얼 C. 엘리스, 『인류세』, 김용진 · 박범순 옮김, 고유서가, 2021.
오사 빅포르스, 『진실의 조건』, 박세연 옮김, 푸른숲, 2020.
유발 하라리, 『호모 데우스』, 김명주 옮김, 김영사, 2017.
제인 베넷, 『생동하는 물질』, 문성재 옮김, 현실문화, 2020.
존 F. 호트, 『다윈 이후의 하느님-진화의 신학』, 박만 옮김, 한국시독교연구소, 2011.
존 도미닉 크로산, 조나단 리드, 『예수의 역사-고고학과 주석학의 통합』, 김기철 옮김, 한국기독교연구소. 2010.

존 쉘비 스퐁, 『아름다운 합일의 길 요한복음』, 변영권 옮김, 한국기독교연구소, 2018.
캐서린 켈러, 『길위의 신학』, 박일준 옮김, 동연, 2020.
캐서린 켈러, 『묵시적 종말에 맞서서』, 한성수 옮김, 한국기독교연구소, 2021.
퀑탱 메이야수, 『유한성 이후: 우연성과 필연성에 관한 시론』, 정지은 옮김, 도서출판b, 2010.
패트릭 우드하우스, 『에티 힐레숨-근본적으로 변화된 삶』, 이창엽 옮김, 한국기독교연구소, 2021.
페터 슬로터다이크, 『너는 너의 삶을 바꾸어야 한다』, 문순표 옮김, 오월의 봄, 2021.
폴 데이비스, 『기계 속의 악마』, 류운 옮김, 바다출판사, 2023.
폴 리쾨르, 『해석에 대하여-프로이트에 관한 시론』, 김동규/박준영 옮김, 인간사랑, 2020.
프란스코 J. 바렐라, 유권종/박충식 옮김, 『윤리적 노하우-윤리의 본질에 관한 인지과학적 성찰』, 서울: 갈무리, 2009.
한나 아렌트, 『과거와 미래 사이에서』, 서유경 옮김, 푸른숲, 2005.
한나 아렌트, 『인간의 조건』, 이진우,태정호 옮김, 한길사, 2002.
한스 요나스, 『책임의 원칙』, 이진우 역, 서광사, 1994.
후레드릭 W. 모오트, 『중국 문명의 철학적 기초』, 권미숙 옮김, 인간사랑, 1991.
후쿠오카 신이치, 『생물과 무생물 사이』, 은행나무, 2008.
Das denkende Herz, Die Tagebuecher von Etty Hillesum 1941-1943, Rowolt, 24Auflage, 2013.
Hannah Arendt, *Between Past and Future*, Penguin Book, NY, 1993.
Hans Jonas, *The Gnostic Religion*, Boston: Beacom Press, 1967.
A. R. Peacocke, *Creation and the World of Science-The Bampton Lectures 1978,* Clarendon Press, 1979.
Mircea Eliade, *The Quest, History and Meaning in Religion*, Chicago: University of Chicago Press, 1969.
Janina Loh, *Trans-and Post humaniamus zur Einfuhrung,* Junius, 2018.
Nicolas Berdyaev, *The Beginning & The End*, Harper Torchbooks, New York and Evanston, 1952.
Paul Ricoeur, *Freud and Philosophy*, trans. by Denis Savage, New Haven and London Yale University Press, 1970.
Peter Hofmann, *Goethes Theologie*, Schöningh, 2001.
Roger Berkowitz, ed, *The Perils of Invention: lying, technology, and the human condition,* Black Rose Books, 2022.
Theilhard de Chardin, *L'energie humaine,* Paris: Editions du Seuil, 1962.
Young-chan Ro Editor, *Dao Companion to Korean Confucian Philosophy,* Springer, 2019.

찾아보기

[ㅂ]

[ㅅ]

[ㅇ]

[ㅊ]

[ㅋ]

神學에서 信學으로

등록 1994.7.1 제1-1071
1쇄 발행 2024년 12월 25일

지은이 이은선
펴낸이 박길수
편집장 소경희
편집·디자인 조영준
관 리 위현정
펴낸곳 도서출판 모시는사람들
03147 서울시 종로구 삼일대로 457(경운동 수운회관) 1306호
전 화 02-735-7173 / 팩스 02-730-7173
홈페이지 http://www.mosinsaram.com/

인 쇄 피오디북(031-955-8100)
배 본 문화유통북스(031-937-6100)

값은 뒤표지에 있습니다.
ISBN 979-11-6629-212-5 93200

* 잘못된 책은 바꿔 드립니다.
* 이 책의 전부 또는 일부 내용을 재사용하려면 사전에 저작권자와
도서출판 모시는사람들의 동의를 받아야 합니다.